아래로부터의 리더십

세계 선교의 현실과 교훈

Leading from Below

Lessons from the Crucible of Global Mission

Copyright © 2025 by GMF Press.
Seoul, Korea

Leading from Below: Lessons from the Crucible of Global Mission
Copyright © 2025 William David Taylor, Published by William Carey Publishing,
10 W. Dry Creek Circle, Littleton, CO 80120, USA. www.missionbooks.org.
All rights reserved.

This Korean translation edition copyright © 2025 by GMF Press, 73 Mokdongjungangbon-ro 18-gil, Yangcheon-gu, Seoul 07976, Republic of Korea.

이 한국어판 저작권은 William Carey Publishing과 독점 계약한 한국해외선교회 출판부(GMF Press)에 있습니다. 신저작권법에 의해 한국 내에서 보호받는 저작물이므로 무단 전재와 무단 복제를 금합니다.

아래로부터의 리더십
세계 선교의 현실과 교훈

윌리엄 D. 테일러 지음 | 김동화 번역

한국해외선교회출판부

추천사

『아래로부터의 리더십』은 나에게 진정한 리더십에 대해 많은 것을 가르쳐 준 저자를 더 깊이 알아가는 창을 열어 주었고, 제 자신의 리더십 스타일에 혁신적인 변화를 불러일으켰다. 매혹적인 스토리텔링과 놀라운 지혜가 담긴 이 책은 잠재력 있는 신진 리더와 노련한 비전가 모두에게 영감의 등불을 밝혀준다. 저자 자신의 약점을 드러내는 이야기는 기존의 리더십 패러다임과 모순된다. 그는 '아래로부터의 리더십'이라는 독특한 관점을 용기 있게 붙들고 섬김, 겸손, 공감, 동료애를 품은 자세로 리더십을 발휘할 때 동역자 집단 내부가 크게 활력을 얻게 되는 심오한 영향력을 갖고 있음을 보여준다. 모든 리더는 섬김의 리더십을 수용하고, 현상 유지에 급급하는 모습에 도전하며, 자신의 리더십 잠재력을 발휘하고, 직위와 직책을 초월하여 긍정적인 영향을 미치고, 마지막으로 잘 마무리하라는 핵심 메시지를 통해 도전을 받게 될 것이다.

Adriaan Adams
Focus 팀 리더십 훈련
WEA 선교위원회

훌륭한 리더는 보석 같은 존재이다. 많은 리더가 평범하고 모두 불완전하지만, 리더십 기술은 배울 수 있다. 이 책에는 그러한 교훈 중 일부가 담겨 있다. 정말로 리더는 해야 할 일이 있다. 늘상 짓는 미소를 머금고 온화하게 앉아 있는 것만으로는 충분하지 않다. 리더가 좋은 목표를 좇는다고 해도 사람들을 거칠게 다루고 막다른 골목으로 몰고 갈 수도 있다.

겸손과 공감적 경청은 결단력과 끈기에 의해 보완되어야 균형을 이루게 된다.

Miriam Adeney, Ph.D.
Seattle Pacific 대학교 세계 기독교학 명예 부교수
Kingdom Without Borders 의 저자

세대 차이를 뛰어넘어 여러 문화를 아우르는 멘토로 활동해 온 선구적인 성찰적 실천가인 빌은 글로벌 리더십에 대해 많은 것을 가르쳐 준다. 그의 솔직하고 진솔한 글은 우리 세대가 갈망하는 진정한 리더십의 실체를 잘 보여준다. 리더십 이론과 실무를 능숙하게 결합한 그는 일을 하면서 타문화 사역의 역량을 키워갈 수 있는 방법을 보여준다. 그는 글로벌 리더가 어떻게 가족에 대한 책임을 다하고 잘못을 바로잡을 수 있는지 모범을 보여준다. 나는 그가 자신의 욕망과 야망을 희생하여 가족을 돌아보기 위해 힘든 시련을 받아들이는 것을 목격했다. 나는 주저 없이 사례 연구, 건전한 신학, 실제적인 교훈, 성찰적인 질문으로 가득한 글로벌 선교 리더십에 관한 이 책을 추천한다.

John Amalraj, Ph.D. Candidate
전 인도 인터서브 대표
WEA 선교위원회 성찰적 실천가

크리스천 리더가 되고 싶다면 이 책을 꼭 읽어보라! 윌리엄 테일러는 현대 사회에서 리더십의 위험성에 대한 걸작을 내놓았다. 그는 자신의 인생 경험을 바탕으로 주 예수님의 부르심을 따라 섬길 수 있는 실용적인 원칙을 제시하였다. 이 책을 통해 주님께서 당신의 양심을 일깨우시고, 당신의 행로를 바로잡으라는 도전을 주실 것이다.

Foley Beach
전 북미 성공회 대주교, 북미 성공회

결국 빌 테일러는, 리더십이란 우리가 일반적으로 이 주제에 대해 논의할 때 연결 짓지 않는 두 가지, 즉 '다른 사람들이 능력을 발휘하도록 도와주는 것'과 '아래로부터의 리더십'(다른 사람들도 그렇게 하도록 격려하는 것)에 관한 것이라고 주장한다. 이 책은 전 세계에서 일생 동안 쌓은 풍부한 경험을 바탕으로 하나님께서 제3의 문화에 속한 한 아이(TCK)를 선택하여 힘든 과정 속에서 배운 교훈을 통해 다른 사람들에게 이러한 가치들을 가르치도록 하기 위해 필요한 능력을 어떻게 주셨는지를 보여준다. 또한 하나님께서 만드신 세계 교회의 복잡성과 다양성, 갈등도 엿볼 수 있다. 이 책은 우리가 잠시 멈추고 하나님이 무수히 많은 방식과 다양한 공간에서 어떻게 일하시는지를 생각하게 한다. 빌, 당신은 그분께 순종해 왔으며, 우리에게 더 나은 길을 보여 주었다.

DARRELL L. BOCK, Ph.D.
하워드 헨드릭스 기독교 리더십과 문화 변혁센터 대표,
Dallas 신학교 신약학 선임 연구 교수

리더의 전형적인 역할 중 하나는 청지기이다. 이 책은 평생을 청지기로 살아온 한 사람의 이야기이자 청지기로서의 역할 중 한 가지를 그대로 보여준다. 빌은 자신의 리더십 여정에 대해 깊이 성찰하고, 탁월한 진정성과 투명성을 바탕으로 이야기를 들려준다. 그는 차세대 리더들을 삶의 정점에서 눈에 띄는 모습을 한 웅장한 바위로 향하는 길이 아니라 그보다 훨씬 아래에 있는 길, 곧 고난과 십자가의 길, 그리고 그를 인생의 푸른 언덕, 마무리를 잘 하려는 시기의 산 기슭으로 향하는 길로 인도하고 있다. 85년의 세월을 살아온 그만이 인생을 잘 마무리하는 시기, 인생의 말년에 궁극적인 마무리를 하는 것에 대한 통찰력을 가지고 쓸 수 있는 책이다.

Joshua Bongunjoko, M.D.
전 SIM 국제 대표

성경 속 인물들의 이야기는, 우리 삶에서 나타난 하나님의 구속 사역은 세월이 지나 뒤돌아볼 때에 온전히 이해할 수 있다는 사실을 일깨워 준다. 우리는 인생의 여러 순간에 혼란스럽거나 지나치게 자신감이 넘쳐 있고, 취약하거나 성공에 들떠 있기도 하며, 불안하거나 승리에 도취하기도 한다. 빌 테일러는 이 모든 감정이 어떤 것인지 잘 알고 있다. 빌은 60년간의 타문화 사역을 회고하면서 자신이 배운 교훈과 자신의 실수를 통해 신실하게 자신의 약점도 그대로 보여주며, 정직하게 우리를 안내한다. 그는 늙어 가는 것과 잘 마무리하는 것에 대한 진솔한 통찰력으로 결론을 맺는다. 『아래로부터의 리더십』은 세례 요한의 말씀을 실천하며 살아가는 글로벌 순례자의 탁월한 인생 요약이다. "그는 흥하여야 하겠고 나는 쇠하여야 하리라."

Paul Borthwick
DAI (Development Associate International) 선임 자문위원

이 책에는 빌이 인생의 롤러코스터를 타면서 얻은 리더십 교훈이 담겨 있다. 우리는 정직하고 겸손하며 취약한 위치에 있는 것을 두려워하지 않는 한, 선교학자의 가르침을 통해 자신의 삶을 성찰할 수 있는 기회를 갖게 되며, 그리스도가 이끌어 주시는 것을 본받아 더 잘 리더십을 발휘할 수 있도록 삶의 용광로에서 벗어날 수 있게 된다. 빌의 틀에 얽매이지 않는 관계 지향적인 성격은 우리의 길이 교차할 때마다 나에게 깊은 감동과 영감을 주었다. "마무리를 잘하고 싶은" 리더라면 꼭 읽어야 할 책이다.

Esme Bowers 목사
WEA 남아프리카 교회 참여 담당 대표

빌 테일러는 리더십의 도가니 속에서 성령께서 자신의 영혼을 어떻게 빚어 가셨는지 놀랍도록 솔직하게 들려준다. 평생 배우는 자로서 살아온

그는 지난 반세기 동안의 세계 선교를 위한 협력의 역학 관계에 대한 놀라운 통찰력을 보여준다. 하나님 나라 대사의 내면의 여정을 통해 배울 수 있는 흔치 않은 기회를 놓치지 않기를 바란다.

Dean Carlson, D.Min.
OC (One Challenge) 대표

『아래로부터의 리더십』은 빌이 자신의 인생 여정, 가족, 우정, 사역, 선교에 대해 마음과 영혼 깊은 곳에서 우러나오는 글을 통해 빌의 개인적인 모습을 보여준다. 그는 자신의 기쁨과 슬픔, 최고점과 최저점, 진보와 좌절, 성공과 실수에 대해 솔직하고 정직하게 이야기한다. 이 책을 통해 그와 대화하면서 "네, 저도 그런 경험을 했어요!" 또는 "귀중하고 실제적인 통찰력을 공유해 주셔서 감사합니다!"라고 응답해야 할 것 같은 느낌이 들 정도이다. 내가 리더십 역할을 맡기 시작하던 35년 전에 이 책을 읽었더라면 좋았을 텐데라는 아쉬움이 있다. 빌은 제자를 양성하고, 멘토링하고, 가르치고, 다른 사람들을 준비시키는 것을 좋아한다. 이번에는 그가 오랫동안 잘 해왔던 조직의 리더십, 교육, 지식이 아니라, 경험과 예수님을 섬기며 사랑을 나누며 살아온 그의 삶을 보여주는 이 책을 통해 그 일을 하고 있다.

Decio De Carvalho
OM 선교회 중남미 동원 담당

영혼을 울리고, 여러 세대를 아우르며, 전 세계 많은 사람들이 경험적으로 공감할 수 있는 책은 드물다. 리더가 형성, 해체, 재형성될 때 그의 영혼은 유연하고 부드러워지며 하나님의 의도에 따라 리듬을 타게 된다. 『아래로부터의 리더십』에는 지혜의 묶음, 깊은 경청의 이야기, 자기 죽음을 통해 새로운 연구, 리더, 성찰적 실천가들의 운동으로 이어지는 이야기가 담겨 있다. 빌 테일러는 수십 년의 갈등과 다른 사람들에게 힘을 실어준 시간들, 그리고 무언가를 이루기를 간절히 원했던 순간으로 독자들을 조심스럽게 초대한다. 10장도 놓칠 수 없는 부분이다. 이 개인적인 회고록을 강력히 추천한다.

Samuel E. Chiang 목사
WEA 사무부총장

주 예수님은 자신이 섬김을 받으러 오신 것이 아니라 섬기러 왔다고 말씀하셨다. 바울의 아름다운 빌립보서 찬송은 자신을 낮추시고 종의 형체를 가지신 주님에 대해 이야기한다. 성경적 리더십에 대해 생각할 때, 그때나 지금이나 얼마나 세상의 문화와 상반되는가! 빌 테일러의 책은 리더를 포함한 주님의 백성들이 세상에서 번성하려면 주님의 모범을 따라야 하며 그러기 위해서는 대가를 치러야 하지만 그 대가는 절대적으로 필요하다는 것을 보여준다. 그는 그 과정에서 겪은 자신의 실패와 여러 상황에서 얻은 교훈, 그리고 삼위일체 하나님의 가르치시고 단련하심에 있어서 은혜롭게 인내하심을 고통스러울 정도로 솔직하게 공유하고 있다. 읽고, 표시하고, 배우세요!

Rose Dowsett
저술가, WEA MC와 로잔 선교학자
OMF 선교사, 국제 OMF 이사회 전 부의장

1992년 빌 테일러가 나를 마닐라에서 열린 WEA 선교 컨퍼런스에 초대했을 때 "나는 거의 알지 못했다."(『아래로부터의 리더십』에서 빌려온 말). 그것이 나의 멘토이자 동료, 친구가 된 한 남자와 30년이 넘는 여정을 시작하게 되는 계기가 될 줄은 꿈에도 몰랐다. 그와의 오랜 세월 동안의 관계는 내가 '아래로부터의 리더십'의 의미를 이해하고, 글로벌 선교를 섬기는 리더로 성장하는 데 결정적인 역할을 하였다.

함께 여행하고, 전 세계 사람들을 만나고, 선교의 주요 이슈에 대해 논의할 수 있는 많은 기회에 깊이 감사드린다. 또한 일상적인 고민을 나누고, 기도하고, 웃고, 울고, 비전을 공유하고, 서로 다른 관점을 존중하는 등 이 책에서 볼 수 있는 보다 평범한 것들에 대해서도 감사하고 있다. 『아래로부터의 리더십』은 도전적인 제목과 겸손하게 섬기는 리더의 이상적인 특징을 묘사한 책이 아니라, 빌의 사역과 함께 그가 우리 중 많은 사람을 '성찰적 실천가'가 되도록 도와준 방식을 진실하게 보여주는 책이다.

Bertil Ekström, Ph.D.
WEA MC 전 대표

이 책은 지난 수십 년 동안 세계 선교 운동의 무대에서 일어난 많은 진전을 맨 앞줄에서 보게 하는 책이다. 이 책은 꾸밈없고 솔직하며, 빌의 독특한 관점에서만 쓸 수 있는 글로 이루어져 있다. 긍정적으로 변해 온 빌의 선교학뿐만 아니라 선교 리더십 재임 기간 동안 리더, 구조와 조직, 네트워크가 어떻게 성공하고 실패했는지에 대해서도 잘 보여주고 있다. 이 책은 복음주의 지도자들이 어떻게 세계 교회를 격려했는지를 이해하고자 하는 모든 선교학도를 위한 책이다.

Ted Esler, Ph.D.
Missio Nexus 대표

『아래로부터의 리더십』은 예수님과 삼위일체 하나님의 선교에 온전히 헌신하는 삶을 살아온 저자가 경험한 기회, 도전, 희생을 돌아보며 반추한 것에서 배울 수 있는 풍성한 지혜가 담긴 책이다. 이 책은 제3의 문화에 속한 자녀로서의 성장, 결혼, 가족, 우정, 개인적인 야망, 바쁜 국제 선교 리더십 역할, 성실성, 사랑에 대한 감동적인 개인적 여정을 기록하고 있다. 이 책은 축복과 의심, 심지어 환멸의 계절 속에서도 굳건히 설 수 있는 신앙을 품으라는 초대장이다. 이는 또한 하나님의 지역-국가-세계 선교에 대한 믿음, 헌신, 참여를 재평가하라는 모닝콜이다.

Kirk Franklin, Ph.D.
전 위클리프 글로벌 얼라이언스(WGA) 대표
옥스퍼드 선교 연구 센터(OCMS) 선교 리더십 교수
멜버른 신학교 선교적 리더십 강사

선교지에서 섬기고 있는 사람들을 위한 놀라운 선물! 우리는 멘토의 삶의 이면, 즉 무엇이 그들을 슬프게 하는지, 개인적인 기쁨은 어떤 것인지, 명료함과 성장의 순간은 어떤 것이지를 들을 수 있는 기회가 거의 없다. 이 책에서 빌 테일러는 자신의 초기 훈련 과정, 60년간의 선교 사역과 리더십, 그리고 그 과정에서 배웠고 지금도 배우고 있는 교훈에 대해 정통한 시각을 제시하며 커튼을 걷어낸다. 나는 이 책을 읽으면서 감동과 영감을 받았고, 하나님께서 선교 사역의 가장 어려운 경험조차도 우리를 '아래로부터의 리더십'을 발휘하도록 만드시고 변화시키는 데 사용하실 수 있다는 용기를 얻었다.

Robin Harris, Ph.D.
글로벌 민족학 네트워크(GEN) 회장
Dallas 국제 대학교 세계 예술 우수성 센터 이사장

기쁨과 고통: 훌륭한 리더들이 빌의 삶에 끼친 은혜로운 나눔과 그에게 끼친 영향에 대해 기쁨을 느낀다. 또한 타락하여 하나님과 단절되고 가족을 희생하거나 물질, 자아, 권력에 중독된 기독교 지도자들을 목격하면서 빌이 겪은 것과 같은 아픔을 느낀다. 글로벌 선교 공동체의 맥락에서 배운 그의 리더십 교훈은 개인과 리더십의 책임을 위해 헌신하는 공동체와 함께 그리스도 중심의 삶을 살라는 마음으로부터의 외침이다. 요컨대, 리더는 돌봄이 필요하다!

Harry Hoffmann
코디네이터, 글로벌 멤버 케어 네트워크

내가 빌과 그의 아내를 처음 만난 것은 1982년 트리니티 복음주의 신학대학원(TEDS)에서였다. 그는 교수로 재직 중이었고, 나는 D.Miss. 과정을 마무리하던 때였다. 놀랍게도 그 후 몇 년 뒤에 영국에 위치한 '올네이션 스크리스천칼리지'에서 그를 다시 만나게 되었다. 우리는 여러 해 동안 함께 사역했으며, 그는 WEA 선교위원회 책임자로, 나는 위원회 멤버로 시작해 나중에 집행위원회 의장으로 사역하였다. 우리의 관계는 그 이후로도 계속되었으며, 나는 그가 발휘한 동료로서의 리더십을 보고 그를 더 깊이 존경하게 되었다. 『아래로부터의 리더십』은 여러 질문에 답을 제시하고 있다. 나는 이 책을 모든 사역 리더들과 잠재적인 리더들에게 추천한다.

이태웅, D.Miss.
전 GMF 이사장

1990년대 초 남태평양에서의 사역을 마치고 돌아온 후 빌 테일러를 만났다. 우리는 그의 가족들과 마찬가지로 열대 지역에서 시카고로 이사하며 문화적 충격과 함께 전혀 다른 기후로 인한 충격을 경험하고 있었다. 우리는 다양한 임무를 수행하며 서로를 멀리서 지켜보았다. 우리가 마지막으로 함께 한 것은 그의 평생의 사역에 대해 감사를 표한 미시오 넥서스 컨퍼런스 때였다. 빌은 깊은 신앙, 놀라운 다문화 소통 능력, 그리고 어떤 모임에도 놀라움과 기쁨을 선사하는 독특함을 지닌 인물이다. 이 책을 읽으며 그가 아래에서 이끌며 보여준 독특한 기여를 자연스럽게 인정하게 된다. 리더십에 관한 수많은 책들 중, 저자가 조직 성공의 중심축으로 묘사되는 책들과 달리, 이 책은 자신의 가장 큰 기여가 충실한 추종자(follower)였다는 것을 아는 이의 정말로 신선한 증언이다. 이 책에서 제시한 교훈에서 배울 점이 많다!

Douglas McConnell, Ph.D.
풀러 신학교 명예 총장, 리더십 및 타문화 선교 교수

빌 테일러 박사는 이 책을 통해 글로벌 복음주의 운동과 그 선교적 차원의 참여자이자 증인으로 사역해 올 수 있었던 것을 감사하면서 선교적 리더십의 본질이 무엇인지를 드러내 보여주고 있다. 저자는 선교적 리더십의 성육신적 본질을 다양한 사역 맥락에서 나온 풍부한 이야기들로 깊이 있게 설명하고 있다. 이 책은 문화와 세대의 장벽을 넘어 다양한 사역의 상황에 적용 가능한 '아래로부터의 리더십'에 대한 서로 다른 문화 사이의 해석을 제공하고 있다. 또한 선교적 삶을 실천하고 가르치는 데 많은 시사점을 제공한다.

문상철, Ph.D.
카리스 교차문화학 연구원(CIIS) 원장
그레이스 미션 대학교 문화 간 연구 박사 과정 교수 및 디렉터

수십 년간의 삶과 사역을 바탕으로, 빌은 이 책에서 하나님께서 그의 삶(그리고 그의 가족의 삶)에 임재하시고 인도하신 역사, 맥락, 결론을 설명하고 있다. 빌은 자신의 삶을 공개하는 것을 두려워하지 않고 있는데, 그것이 그의 성향이기 때문이다. 전 세계 수많은 사람들이 그의 일관된 취약성, 즉 자신의 연약함을 그대로 보여주는 모습 때문에 그를 가까운 친구로 생각한다. 그를 통해 감동받은 우리는 그가 마음으로 리더십을 발휘하기 때문에 변화되었다. 주요 교훈 중 하나는 그의 끊임없이 배우려는 자세이다. 이는 단순히 그의 교육이나 독서 습관만을 의미하는 것이 아니다. 오히려 그의 지속적인 자기 이해 추구, 그의 실수, 그의 은사, 하나님이 그를 어떻게 사용하시려는지를 보여주는 양태, 그의 인생 단계, 그리고 그가 사람으로서, 남자로서, 남편으로서, 교사/멘토로서, 그리고 긴 세월 동안 성장하는 리더로서 어떻게 변해왔는지를 인식하려는 그의 열망을 의미한다.

Howard C. Morrison, D.Min.
Taylor Global Consult 이사회 의장

대부분의 리더들은 언젠가 한 번쯤 용광로의 강렬한 열기를 경험하게 된다. 이는 하나님이 우리를 다듬고 재형성하며, 겸손하게 만들고, 선교적 목적에 유용하게 만들기 위해 사용하시는 과정으로 우리에게는 피하고 싶고 불편한 것이다. 하나님은 빌의 삶에서 반복적으로, 끊임없이, 의도적으로 그런 과정을 통과하게 하셨다. 평생의 경청과 성찰을 통해 이러한 정련의 과정은 빌을 리더들에게 검증된 지혜와 그들에게 필요한 조언을 제공하는 위치에 있게 하였다. 하지만 이 책은 단순히 또 하나의 리더십 책도, 단순한 회고록도 아니다. 독특하게도 둘 다이다. 나는 이제 빌의 아버지가 15년간 능숙하게 이끌었던 동일한 조직의 리더십을 맡게 되었다. 나는 지금 이 책이 필요하다!

Phil O'Day
Avant Ministries 회장 겸 CEO

리더들, 특히 글로벌 사역에 참여하는 이들은 현자들로부터 배우고자 한다. 이제 우리는 또 하나의 자원이 생긴 것이다. 『아래로부터의 리더십』에서 빌 테일러는 스스로 원했던 것은 아니지만 세계적인 타문화 사역의 리더가 되는 과정에서 겪은 삶의 경험과 솔직한 성찰을 나누고 있다. 그는 실제적인 가족의 역동성, 사역에서의 실수와 도전, 자신의 소망이 평생에 걸쳐 형성되는 과정을 이야기하며, 더 완전한 배경을 그려내고 있다. 빌의 폭넓은 리더십의 지혜는, 특히 섬기는 모델을 추구하는 이들에게는 깊이 생각해 볼 만한 많은 것을 제공한다. 빌의 성찰은 부드럽게 독자로 하여금 잠시 멈추고 생각하게 하며, 이 현자의 리더십 여정이 자신의 길을 어떻게 안내할지 궁금하게 만든다.

Michael A. Ortiz, Ph.D.
Dallas 신학교 글로벌 사역 부총장, 선교학 및 다문화 사역 부교수
복음주의신학교육 국제 이사회 대표

이 책은 나를 포함하여 많은 글로벌 리더들이 빌 테일러에게 깊은 영향

을 받은 이유가 무엇인지 보여준다. 빌 테일러가 시간을 내어 우리에게 투자해 주었기 때문에 우리의 삶은 예수님 중심의 새로운 방향으로 나아갈 수 있었다. 그는 우리를 자세히 살펴보고, 도전하고, 사랑했다. 그는 종종 자신이 주도하는 글로벌 모임에 참석하는 '잘 알려진' 리더가 아닌 경험이 없는 리더들에게 집중하였다. 약 33년 전 첫 WEA-MC 회의에 참석한 젊은 리더였던 나를, 빌은 서로를 안다는 것 외에는 다른 어떤 요구도 없이 받아주었다. 이 책은 그러한 실제를 반영한다. 한 재능 있는 형제가 어떻게 사람들을 투명하게 이끌고 연결하려고 노력했는지 알고 싶다면 이 책을 보면 된다.

Greg Parsons, Ph.D.
프론티어 벤처스, 글로벌 연결 전문가

세계복음주의연맹의 오랜 동료였던 빌 테일러 박사는 『아래로부터의 리더십』에서 글로벌 기독교 연합 운동 네트워크의 리더가 되는 과정에 대한 보기 드문 '내부자의 관점'을 제시한다. 그 과정에서 빌은 일종의 내러티브 리더십 신학을 펼친다. 이 신학에서는 경험이 리더를 형성하고, 변화시키고, 가르치고, 성숙시키는 일을 일으킨다. 빌이 추구한 아래로부터의 리더십 스타일은 세계복음주의연맹의 모든 다양한 구성 요소, 참여자, 사역 단위 및 관련 사역에 대한 기본 리더십 접근 방식을 반영한다. WEA의 어떤 지도자도 지위나 돈, 문화적 우위를 통해 지도력을 발휘하지 않는다. 대신 아래로부터의 리더십을 통해 WEA 지도자들은 서로 협력하고, 비전을 세우고, 다른 사람들과 나누고 참여하도록 초대해야 한다. 나는 신실한(때로는 좌절감을 느끼는) 사역의 삶에 대한 이러한 성찰을 진심으로 지지하며, 우리 부서, 사역 단위, 국가, 지역, 세계 복음주의 연합과 네트워크의 모든 섬기는 지도자와 떠오르는 리더들이 이 성찰을 마음에 새길 것을 권한다.

Thomas Schirrmacher, Ph.D.
Bishop, 전 WEA 사무총장 겸 신학위원장

『아래로부터의 리더십』은 독특한 반전, 유머러스한 사이드노트, 설득력 있는 결론, 무수한 "아하! 그래서 그런 일이 있었구나"라는 감탄을 갖고 최근의 선교 역사를 새롭게 보게 하는 책이다. 재미있고, 진정성과 통찰력이 있고, 날카로운 빌은 역사의 한가운데서 1인칭 시점으로 자신의 이야기를 들려준다. 빌은 때로는 경이로운 일을 관찰하는 호기심 많은 아이처럼, 때로는 오랜 세월 연구를 통해 얻은 결론을 친절하게 설명하는 현명한 교수처럼 글을 썼다. 이 책은 단순한 독서를 위한 것이 아니다. 탐험하는 모험가가 되도록 하는 책이다.

Brad Smith
Bakke 대학원 대학교 총장

이 책의 앞과 뒤, 그리고 한가운데에는 빌과 빌의 주님, 그의 삶, 이본과 아이들, 그리고 그의 소명이 있다. 그리고 이것으로 충분하다. 사람들을 돌보고 영원을 설계하는 풍미를 지닌 선교의 씨앗을 조심스럽게 다루면서 우정과 유익한 만남을 키워온 평생의 소명을 추적하기에 충분하다. 빌의 주님이 돌보시는 증인의 구름은 빌과 같은 사람들로 이루어져 있다. 그는 "착하고 충성된 종"이라는 주님의 속삭임을 듣는 특권을 누린 사람들 속에 함께 있다. 그 속삭임은 우리 인생을 살 가치가 있게 만드는 속삭임이다.

빌, 인생의 모든 복잡한 일에도 불구하고, 그리고 그 와중에도 당신으로 존재해 줘서 고마워요. 당신은 나를 성장하게 해 주었고, 내가 커피 한 잔을 더 갈망할 때에 나를 두고 떠났지요. 그때 우리가 함께 말한 것처럼 내가 사우다드(saudade, 포르투갈어로 잃어버린 것, 특히 그리운 사람이나 장소, 경험에 대한 깊고 애절한 그리움이나 향수를 의미한다)를 말하고 있어요. 사우다드.

Vladir Steuernagel, Ph.D.
선교학자, 브라질 복음주의 연맹 대사
월드비전 브라질, 루터교 목사

빌 테일러는 『아래로부터의 리더십』에서 선교지에서의 삶을 이야기하면서 그의 눈을 통해 보게 할 뿐만 아니라 가슴으로 느끼도록 우리를 초대한다. 세계 선교에 지대한 영향을 끼친 그 자신의 삶을 이야기하는 이 책은 아주 상세하고, 그 삶이 그대로 드러나 있으며, 통찰이 그득하다. 빌만큼 이 세계를 잘 아는 사람은 드물며, 이 매력적인 내레이션은 그 자체로 보물 창고와도 같은 역사적 세부 사항을 우리에게 제공하고 있다. 항상 솔직하고 담대하게 개인적인 고난과 실패를 피하지 않고, 예수님을 본받아 사역의 리더십을 발휘한 그의 이야기는 내가 읽은 책 중에 고전이다. 그의 성찰은 수십 년 동안 리더십의 중심에 있었던 한 사람의 삶에서 세계 선교가 어떻게 움직이고 있는지 알고 싶어하는 모든 연령대의 사람들을 위한 것이다.

Brian C. Stiller
WEA 글로벌 대사

나는 『아래로부터의 리더십』을 정말 재미있게 읽었다. 빌 테일러는 자신의 신앙과 리더십 여정을 매우 솔직하고 담백하게 들려준다. 나는 마치 평생의 교훈과 성공, 실패를 이야기해 주고 있는 아프리카 마을 촌장의 발치에 앉아 있는 것 같았다. 그리고 그의 영혼의 깊이를 매우 상세하게 엿볼 수 있기도 했다. 그는 내가 씨름하고 있던 바로 그 문제들에 대해 말해 주고 있다. 새롭게 부상하는 리더와 노련한 리더 모두가 꼭 읽어야 할 책이다.

Peter Tarantal
글로벌 리더십 팀 및 OM 선교회 국제 부대표

진정으로 평생 배우는 사람이라면 누구나 현자가 될 수 있고, 관계 중심의 사역에 헌신하는 사람이라면 필연적으로 다른 사람들을 깊이 축복할 수 있을지도 모른다. 현자이자 멘토로서 그의 이야기는 귀담아들을 가치가 있다! 그의 따뜻함, 깊이, 진실성, 겸손함, 관대함은 그의 글에서 만큼이나 직접 만나서도 그대로 느낄 수 있다. 나는 그의 성찰과 질문이 담긴 생생한 역사에 빠져들었고, 리더십의 나선형 커리큘럼을 떠올리며 내 자신의 경험과 리더십에 대한 교훈을 깊이 생각하게 되었다. 빌이 이 책을 쓴 주된 목적이자 기도제목은 아마도 자신의 성찰의 역사를 공유함으로써 우리 자신을 더 잘 이해하고, 우리 안에 하나님과 그분의 역사를 더 많이 갈망하는 마음을 갖게 하는 것이었을 것이다. 용기 있고 관대한 모습이다.

Ruth Wall, Ph.D.
WEA MC 집행 위원회 위원장

이 책에는 매우 진지한 의도 뒤에 특유의 자기 비하적 유머를 숨기고 있는 빌 테일러 자신의 인생 이야기(그중 일부는 나도 공유할 수 있는 특권을 누렸다)가 담겨있다. 그가 겪은 사건과 관계에 대해 매혹적인 자서전적 만화경(kaleidoscope) 같은 다채로운 이야기와, 교회와 선교계에서 그리스도와 같은 리더십이 어떤 모습이어야 하는지에 대한 냉정하고 철저한 성경적 통찰이 결합되어 있다. 안타깝게도 그런 리더십을 찾기가 쉽지 않다. 빌과 이본을 아는 분이라면 이 책에 담긴 엄청난 기록에 놀라겠지만 메시지에는 별로 놀라지 않을 것이다. 그렇지 않다면, 오랜 길을 걸어오며 계속 배움을 이어온 나이든 형의 어깨에 기대어 도전과 멘토링을 받을 준비를 하면 좋겠다.

Christopher J. H. Wright, Ph.D.
랭햄(Langham) 파트너십 글로벌 대사

기독교와 선교에 있어서의 리더십을 오랫동안 발휘하면서 순례의 상처와 전투의 상흔을 지니게 된 한 지도자의 솔직한 성찰을 읽는 것은 매우 신선한 경험이다. 이 책은 "좋은 것, 나쁜 것, 추한 것"을 모두 이야기하면서 우리에게 삶을 긍정하고, 하나님을 영화롭게 하라고 안내하고 있다! 동시에 오늘날 전 세계 복음주의 선교 운동이 직면한 어려움과 도전에 대한 풍부한 통찰력을 제공한다. "십자가의 낮은 길"을 따르는 섬김의 리더십이 무엇을 의미하는지 진지하게 이해하고자 한다면 이 책을 읽어보기 바란다. 마음과 영혼을 다 바쳐서 우리 모두가 삶을 잘 마무리할 수 있도록 도전해 주셔서 감사합니다, 빌!

Hwa Yung, D.Miss.
말레이시아 감리교회 명예감독, 말레이시아 감리교회

헌사

나에게 깊은 영향을 주고, 아래로부터의 리더십을 본보여 주신 세 분께. 세 분 모두 잘 마무리하셨고 지금은 본향집에 계십니다.

윌리엄 H. 테일러(사랑하는 아버지). 당신은 정직과 은사, 리더십과 겸손, 용기와 믿음, 그리고 목자의 마음을 가진 삶의 본보기를 보여 주셨습니다. 당신은 저를 사랑하시고 제가 앞으로 더 나아갈 수 있도록 이끌어 주셨습니다. 당신의 신발은 아직도 저에게 말을 합니다.

에밀리오 안토니오 누녜스(안토니오). *Fuiste ejemplo de brillantez intelectual combinado conprofunda humildad, y por lo consiguiente, un ejemplo del liderazgo "desde abajo."* 당신은 지적인 탁월함과 깊은 겸손이 어우러진 리더십의 본보기였습니다. 그러므로 당신은 '아래로부터의 리더십'의 본보기를 보여 주셨습니다.

데이비드 M. 하워드(데이브). 1967년 어바나 선교대회에서 당신은 저를 주의 깊게 보셨지요. 그 이후로 당신은 저를 돌보고, 믿고, 사랑하며, 세상의 여러 문을 열어 주셨습니다. 제 삶에 당신이 없었다면 제가 세계 곳곳에서 섬기는 일을 하는 것은 상상도 할 수 없었습니다.

양해를 바라는 말

이 책은 솔직하게 그리고 최선을 다해 아픈 기억 속에 남아 있는 일들도 그대로 기록해 보려고 애쓰면서 만든 논픽션이다. 저 자신과 이 책의 내용과 관련된 사람들을 보호하기 위해 일부 이름, 장소, 그리고 세부 사항을 실제와 다르게 표현했다. 나는 다른 사람들과의 개인적인 교류를 가능한대 정확하게 표현하려고 애썼음을 밝힌다. 여러분에게 은혜를 입었다. 감사하다.

특별한 감사의 말씀

나의 아들 W. 데이비드 O. 테일러. 너는 나에게 이 책을 구상하고, 편집하고, 형태를 잡아가는 데 있어서, 작가로서 나를 멘토링 해 주었다. 고맙다. 나의 가장 친한 친구이자 인생의 동반자인 이본에게 감사한다. 아내는 이 책을 집필하고 출간하는 과정이 진행되는 동안 모든 장을 최소 12번 이상 수정해 주었다.

내 소명을 확인해 주고 나의 기술과 재능을 갈고 닦도록 도와준 전 세계 동료와 친구들에게: Theo, Stanley, Wade, Panya, Barbara, Rose, Luis, David L, Miriam, Joshua, Ted, Kirk, Steve, Greg, Valdir, Brian, Peter, Ruth, Chris, Hwa, Rajendran, John, Richard, Bertil, Jon, Kees, Rob, David R, Rudy, Decio, Reg, Younoussa, Willie, Adriaan, 그리고 그 외 많은 분들.

탁월한 편집자이자 자매, 동료, 그리고 친구인 Koe Pahlka에게. 당신은 이 책을 비범한 은사를 사용하여 만들어 주셨지요.

그리고 나에게 이 책을 집필할 기회를 준 TaylorGlobalConsult 이사회에도 감사드린다.

한국어판 저자 서문

감사하는 마음으로

60년 동안 다문화 선교 사역을 하면서, 내가 트리니티 복음주의 신학대학원(TEDS) 교수 시절 이후 30년 동안 세계복음주의연맹(WEA) 선교위원회에서 한국인 동료들과 함께 일할 수 있었던 것은 영광스러운 일이었다. 처음에는 TEDS 학생으로 만났다가 동료가 되고 친구가 된 분들도 있다. 이 책의 한국어판 제작에는 많은 동료들이 기여했다.

나는 처음에 이태웅(David Lee) 박사의 TEDS 교수였지만, WEA를 섬기기 시작하자마자 그를 선교위원회에 초대했고, 그 후 우리는 친구이자 동료가 되었다. 하나님의 섭리 가운데 그는 우리 운영이사회 의장이 되어 탁월하게 섬겨주었다. 그러나 이러한 공식적인 관계를 넘어 이 박사(이 박사는 나를 Bill이라고 불렀고 나는 그를 David이라고 불렀다.)는 그의 예언자적 비전과 겸손, 창의성으로 내 삶에 큰 영향을 끼쳤다. 그는 용기와 은혜로 지도력을 발휘하여 한국에 사단법인 한국해외선교회(GMF)를 설립하고, 산하에 10여개의 전략적 선교 기관을 세워서 조직의 라이프 사이클에 따라 새로운 리더들을 발굴하고 멘토링하여 풍성한 결실을 거두어 왔다.

이 박사는 젊은 리더들이 부상하는 것을 두려워하지 않았다. 그는 미래를 구상한 다음, 선교지에서 삼위일체 하나님을 열정적으로 섬기기를 원하는 재능 있는 종들을 그 비전으로 초대했다. 그는 또한 신앙이 깊은 사람이었다. 이 박사와 함께 다른 두 명의 동료를 언급하고 싶다. 이 박사와는 다른 방식으로 특별한 은사를 받은 문상철(Steve) 박사는 GMF 내의 한국선교연구원(KRIM)의 창립 대표로 오랫동안 사역하였다. 나는 그를 TEDS에서 만났고, 수년 동안 WEA MC에서 함께 일했다. 그리고 성경 번역 선교 운동에서 국제적인 리더십을 발휘한 정민영 선교사를 언급하지 않을 수 없다. 그 역시 WEA MC의 동료였으며, 위클리프 성경번역선교회(WBT)의 선교 운동 관점에서 선교 동원 비전과 MC 2016 출판물에 대해 독특한 통찰력을 갖고 기여하였다.

이 친구들은 한국 기독교 리더십의 모델이 되었다. 그들은 나에게 큰 영향을 끼쳤다.

리더십과 문화

로잔의 주요 문서를 읽어보면 문화, 그리고 나중에는 리더십에 대한 중요한 통찰을 발견할 수 있다. '로잔 언약'(1974)은 짧지만 중요한 내용을 담고 있다. "남녀는 모두 하나님의 피조물이기 때문에 그들의 문화에는 아름다움과 선함이 풍성하게 나타나 있는 부분도 있다. 하지만 인간은 타락했기 때문에 모든 것이 죄로 오염되어 있고 일부는 악마적이기도 하다." 감사하게도 이후 로잔 대회에서는 모든 문화권에서의 진정한 기독교 리더십에 대한 더 많은 문제를 다루었다.

1974년의 언약에 나타나 그 풍부한 표현 덕분에 나는 이 책의 서문에서 다음과 같은 글을 쓰게 되었다.

> 우리 모두는 문화적 렌즈를 통해 리더십을 이해하며, 그 이해는 문화적 또는 단순히 인간적 유혹에 의해 손상될 수도 있다. 모든 문화는 창조주의 거룩한 손길이 깃들어 있지만, 최초의 조상들의 큰 반역으로

인해 모두 망가졌다. 어떤 문화도 이상화되어서는 안 된다. 나는 문화가 리더십을 발휘할 사람에게 어떤 영향을 끼치는지 생각해 보았다. 서로 다른 문화는 특정 환경에 더 적합한 리더를 배출하는 것처럼 보인다. 남성과 여성 모두 리더십을 제대로 발휘하는 것을 저해하는 유혹의 대상이 될 수 있다. 야망의 파괴적인 요소, 진실을 외면하고 은폐하는 것, 지름길에 대한 유혹은 전 세계 어디에서나 존재한다. 따라서 모든 국가와 문화권에는 각기 화려한 이미지와 막강한 권력의 유혹에 넘어간 기독교 지도자들의 역사가 있다. 이는 어떤 사람의 삶과 가정, 사역을 탈선시키는 다른 죄를 향한 교활하고 은밀한 유혹일 수도 있다. 선교 지도자도 이러한 치명적인 함정을 피해가지 못한다. 우리는 부자가 되기 위해 타문화권 선교에 뛰어들지 않는다. 그러나 우리를 타락시키는 해로운 대안이 존재한다. 권력과 영향력, 심지어 "하나님을 위해 위대한 일을 행하는 것"에 대한 왜곡된 버전들이 존재한다. 이 모든 경우에 문화는 리더십 실천에서 강력한 역할을 한다.

한국 독자들에게 드리는 글

사랑하는 형제자매 여러분, (글로벌화된 특정 문화권에서 쓰인) 이 책을 읽고 참여하는 것은 여러분의 몫입니다. 결국 저는 미국인이고, 그 교육 시스템과 문화, 가치관에 의해 형성된 사람이라는 것을 알고 있습니다. 하지만 라틴 아메리카에서 보낸 30년은 저를 크게 변화시켰습니다. 저는 여전히 지난 30년간의 세계 선교를 위한 사역이 기독교 지도자로서 저를 어떻게 변화시켰는지 평가하고 있으며, WEA 선교위원회를 중심으로 나타나는 50여 가지 다양한 국가별 리더십 스타일을 이해하려고 노력하고 있습니다. 이제 여러분이 그 자료를 가지고, 그것을 사용하여 상황화하고, 비판하고, 경우에 따라서는 몇 가지 요소는 버리되, 진짜 한국판 '아래로부터의 리더십', 즉 예수님 방식이 나와야 합니다.

제가 외람되지만 여러분들끼리 토론할 수 있도록 다음과 같은 주제를 제시하겠습니다.

1. 한국 기독교계에서 볼 수 있는 주요 리더십 모델은 어떤 것인가? 문화는 그 리더십 모델의 성격과 영향력이 결정되는 데 어느 정도나 관련이 있는가?
2. 명예와 수치심을 크게 의식하는 사회에서 리더십은 어떻게 형성되는가 또는 잘못 형성되는가?
3. '목사'와 '교수'를 지나치게 높은 명예와 존경의 위치에 두는 것이 위험한 이유는 무엇인가? 이는 예수님께서 제자들에게 "이제부터는 너희를 종이라 하지 아니하리니 종은 주인이 하는 것을 알지 못함이라 너희를 친구라 하였느냐 내가 내 아버지께 들은 것을 다 너희에게 알게 하였음이라"라고 하신 말씀에 부합하는가?
4. 유교적 세계관에서 미묘하게 드러나는 교육적 가치와 구조가 여러분의 신학 교육, 교회 사역, 선교 프로그램과 선교지의 센터에 어떤 영향을 미치고 있는가? 지배적인 모델과 대조되는 사례가 있는가?
5. 교회와 회중, 사역을 위한 교육-준비, 타문화권 선교 소명, 다양한 교회 밖 사역 등 사역의 네 가지 차원에서 어떤 바람직한 리더십 모델이 나타나고 있는가?
6. 젊은 리더나 신진 리더(남녀 불문)가 리더십 은사를 발휘하기 위해 지나치게 오랜 시간을 기다리게 하는 '유리 천장'을 느끼거나 그에 맞서서 싸우는 이유는 무엇일까? 이러한 장벽은 어느 정도 문화적인 것이며, 또 어느 정도 성경적인 것일까?
7. 사역과 리더십을 위해 성령의 은사를 받은 젊은 여성들이 리더십에서 영적 은사와 타고난 능력을 발휘할 수 있는 공간을 어떻게 찾을 수 있는가? 장기적인 타문화권 선교의 세계는 그들이 '고향'에서는 찾을 수 없는 공간과 장소를 만들어 내는가?
8. 한국 지도자들은 남성과 여성 모두 후배 지도자들을 멘토링 하는 데 헌신하고 실천한다고 생각하는가? 당신의 대답에 대해 설명을 해보라.

9. 한국의 교회 성장과 선교 운동이 정체되고 약화되는 것처럼 보이는 이유는 무엇인가? 한국의 그리스도를 따르는 사람들이 세상의 물질적 성공, 과업 지향, 숫자 중심, 권력 집중의 유혹에 넘어갈 위험에 처해 있는 것인가?

10. 최근의 데이터는 한국 선교사 수가 꾸준히 감소하고 있음을 보여주는데 한국 선교의 마이너스 성장의 원인은 무엇이라고 생각하는가? KRIM의 2024년 조사에 따르면 한국 선교사 21,621명이 228개 선교 단체를 통해 171개국에서 사역하고 있다고 한다.

11. 외람되지만 기독교인들도 영향을 받고 있는 한국의 낮은 출산율에 대해 한국 기독교인들이 진지하게 설명해 줄 것을 요청해도 되겠는지? 얼마나 심각한 문제라고 생각하는가?

12. 과거의 성공과 성장, 교회 건물의 물리적 규모에 안주하기 쉽고, 더 나아가 깊이 있는 선교학과 삼위일체적인 영성이 약화되는 이유는 무엇일까?

13. 한국 문화의 과업 지향, 실용적 지표, "현대적인 인생의 게임에서 승리하는 것"에 지나치게 몰두하고 있는 모습이 그리스도인들에게서도 나타나는 것은 아닌가?

글을 마치며

나 자신의 글을 인용하는 것을 용납해 주기 바란다. 하나님께서 내가 한국의 친구들에게 마지막으로 하고 싶은 말을 할 기회를 주셔서 감사드리며 그 적절한 말이 이 책의 서문에 있어서 그대로 옮겨 본다.

오대양 육대주의 복음주의 세계에서 60년 동안 사역해 온 나는 지도층에 있는 사람들에게 찾아오는 교묘한 유혹이 무엇인지를 뼈저리게 알고 있다. 지위와 영향력, 권력과 명성, 효율성과 성공, 높은 생산성과 측정 가능한 결과를 보상하는 문화, 그리고 어떤 분야에서는 부와 명성이 독성이 담긴 가치관을 만연케 하여 삶을 잘 마무리하는 것을 매우 어렵게 만들기도 한다. 정직성을 훼손하고, 결혼 서약을 어기고, 사역의 제단 위에 자녀를 희생시키고, '예수님을 위해 모든 것을 바친다'는 명목으로 신체적 건강을 포기하는 것을 조장하는 문화가 있다. 이는 개인의 삶을 은밀한 삶과 사적, 공적 삶으로 위험하게 삼분화하여 이중적인 삶을 조장하는 문화이다.

지난 40년 동안 나는 무엇보다도 마무리를 잘하고 싶었다. 그리고 나에게 그것은 세 가지 중요한 확신을 의미했다: 우선 나는 내가 삼위일체 하나님에 대한 영적 서약을 지켰다는 것. 다음으로 신부 이본 앞에서 결혼 서약한 것에 진정으로 충실했다는 것. 마지막으로 나의 자녀들이 나의 관을 무덤으로 옮길 때 "아버지는 사역의 제단에서 가족을 희생하지 않았다"고 말할 수 있는 것이었다.

리더십에 관한 책(일반 서적과 기독교 서적 모두)에서 '잘 마무리하기'라는 주제를 다룬 경우는 거의 없지만, 이는 그저 '마지막'뿐만 아니라 우리 인생의 모든 실질적인 계절에 해당되는 문제이다. 하지만 나는 이러한 아이디어를 책의 전체 구조와 내용 속에 엮어 넣으라고 하나님의 영이 저를 부르시는 것을 느꼈다.

글로벌 선교 리더십에 대한 이러한 성찰과 교훈이 여러분에게 용기를 줄 수 있기를 기도한다. 또한 여러분 자신의 리더십에 대한 생각과 경험, 이해와 실천을 점검할 수 있는 또 다른 렌즈, 즉 아래로부터의 리더십이 여러분에게 주어지기를 기도한다. 나의 묵상은 삶과 열정, 재능과 기술의 도가니에서, 고통과 유혹과 기회의 용광로에서 넘쳐흘러 나온 것이다.

친애하는 한국 형제자매 여러분, 이 책을 읽고 이야기와 교훈을 묵상하여, 개인적이고 사적인 삶의 가장 깊은 실체의 일부를 있는 그대로 보여주는 저자를 만날 때 하나님께서 친히 여러분을 인도하시길 바란다. 그리고 '아래로부터의 리더십'의 핵심적인 진리를 한국의 상황에 맞게 이해하려고 할 때 성령께서 여러분을 인도하시기를 바란다.

목차

추천사 4
헌사 20
한국어판 저자 서문 22
머리말 30
들어가는 글 33

1. 거짓 희생 63

2. 그럴듯한 슬로건 77

3. 몇 번의 죽음과 부활 101

4. 성찰적 실천가 133

5. 중요한 것을 놓치지 말자 155

6. 언제나 순례길에 177

7. 성령, 마스터해야 할 확실성이 아니라 포용해야 할 신비 201

8. 놓아주기—산기슭의 비전	223
9. 하나님께 자신의 눈먼 것에 대해 솔직하게 말하기	251
10. 자신을 너무 심각하게 생각하지 않는 사람은 복이 있다	271
11. 리더십 여정에서 만난 힘든 사람들	291
12. 그런 사람들에게서는 배울 것이 없다	295
13. 성령의 은사에 놀람	317
결론	343
기도문	374
후기	375
역자 후기	380
참고 문헌	382

머리말

최근 기독교 및 기타 관점의 리더십에 관한 수많은 책들이 쏟아져 나왔다. 이는 오늘날 유포되는 많은 아이디어들이 성경적 근거보다는 기업 세계에서 비롯된다고 느끼는 많은 기독교인들에게 부정적인 반응을 불러일으켰다. 일부는 심지어 '리더'라는 용어를 사용하는 것을 중단하고 '종'이나 '목자'와 같은 용어로 대체하는 것이 좋겠다는 주장을 하기도 한다.

이와 함께 섬기는 리더십에 대한 책들이 많이 출간되고 있다는 것은 반가운 일이다. 그렇다면 섬기는 리더십은 무엇을 의미하는 것일까? 종됨과 기독교 리더십의 핵심은 사람들의 복된 삶과 하나님 나라의 더 큰 임재를 위해 개인적인 헌신을 다하는 쉽지 않은 삶의 방식을 포함하고 있다.

비현실적인 이상주의자로 리더십 여정을 시작한 사람들 중에는 시간이 흐르면서 다양한 고통스러운 경험을 하는 사람들도 있다. 그들은 냉소적이고 낙심하여 비통한 마음을 갖고 노년기를 살아가는 경우도 있다.

리더십을 맡을 때, 불가피하게 발생할 수 있는 수많은 어려운 상황에 대해 미리 경고하는 것이 좋다. 그렇게 하면 그러한 상황에 직면했을 때, 비록 피할 수 없는 고통과 실망을 경험하더라도 환멸에 빠지지 않을 것이다. 이러한 어려운 경험들은 리더로서의 소명을 따라 살아가는 데 있어서 수반되는 불가피한 것으로 받아들여야 할 것이다.

리더들이 혼란스러운 어려운 상황에 직면하도록 돕는 한 가지 방법은, 리더십 여정을 솔직하게 되돌아보는 노련한 베테랑들의 발치에 앉도록 하는 것이다. 윌리엄 테일러 박사의 이 책이 바로 그러한 역할을 할 수 있다. 빌은 세계 교회로부터 널리 인정받고 존경받는 리더이다. 그는 자신을 "성찰적인 실천가"라고 칭하며, 자신의 여정을 우리와 솔직하게 공유한다. 그는 기복이 많았던 자신의 경험과 그 과정에서 직면해야 했던 신학적, 전략적, 관계적 어려움을 이 책에 담았다. 그는 당혹스러운 실패와 잘못된 선택들을 기록하는 것을 두려워하지 않았다. 이 책에는 리더십이 무엇을 수반하는지에 대한 귀한 통찰이 많이 담겨있다. 그리고 그러한 어려움을 겪으면서 하나님과 하나님의 나라 그리고 그의 백성을 섬기는 지도력을 발휘한다는 것이 무엇을 의미하는지 이해하게 된다.

이 책은 또한 다문화 환경에서 일하는 데 필요한 많은 지혜를 담고 있다. 특히 섬기는 지도자로 낯선 문화에서 일할 때, 겸손한 자세, 즉 실수를 통해 배우고 변화하려는 태도를 갖는 것이 꼭 필요하다는 점을 알게 된다.

나처럼 여러분도 이 책을 통해 격려를 받기 바란다.

아지쓰 페르난도(Ajith Fernando)
스리랑카 YFC 교육 책임자
『다문화 세계에서의 제자 훈련』의 저자

들어가는 글
아래로부터의 리더십

내 형제들아, 너희는 선생된 우리가 더 큰 심판을 받을 줄 알고 선생이 많이 되지 말라(약 3:1).

세상은 강박적으로 리더를 발굴하고, 훈련하고, 리더가 되는 일에 집착하고 있다. 교회조차도 명백하게 이 일에 지나칠 정도로 몰두하고 있다. 그러나 예수님은 리더를 세우는 데 관심이 없다. 오히려 섬기는 자들을 세우는 일에 관심이 있다.[1]

그 한계 공간

엘리베이터 문이 열리자 아버지가 그 안에 계셨다. 엘리베이터 문이 열리는 소리를 들으셨는지 아버지는 고개를 천천히 내가 있는 쪽으로 돌리셨다. 내가 그에게 다가가자 휠체어에 앉자 눈물을 머금은 눈으로 나를 응시하셨다. 나는 "아버지, 아버지 아들 빌이에요, 아버지를 만나러 왔어요."라고 말했다. 그는 내 손을 잡고 내 눈을 똑바로 바라보며 알츠하이머로 인해 어눌해진 목소리로 더듬거리며 "비… 일… 네가 나… 에게 잘… 마쳐야(finish well) 한다고 가르쳐…주었지. 그… 렇게… 하려고… 애써… 왔

---

[1] Hwa Yung, *Leadership or Servanthood?*, 표지 뒷면.

어…"라고 말씀하셨다. 아버지는 얼마 지나지 않아 호스피스 병실에서 여든 여덟 살, 30kg의 몸무게로 소천하셨다. 나는 소리 내어 울었고, 지금도 울고 있다.

그때로부터 약 22년이 지난 지금 돌이켜보면 그 미묘한 감동의 순간이 리더십에 대한 나의 이해와 끝까지 잘 마무리(finish well)하는 것이 무엇을 의미하는지를 깊이 깨닫는 데 엄청난 영향을 미쳤다는 것을 알게 된다. 나는 66년 동안 아버지를 지켜보았고, 소명을 받아 선교사가 된 이후 아버지가 리더로서 중요시한 가치와 그것이 어떻게 실천되었는지를 연구했다. 그는 솔선수범하고 용기와 은혜로 이끄는 비저너리(visionary)이자 목자였으며, 어떻게든 중요하고 단순한 결정이 내려지는 장으로 사람들을 초대하여 크고 작은 방식으로 역사에 영향을 미쳤다. 그도 완벽하지 않았다. 실수도 있었다. 그러다 알츠하이머가 점차 그의 정신을 앗아갔고, 결국 삶의 마지막 단계로 접어들었다.

현명한 리더는 사람, 사역, 조직, 변화, 꿈, 창의성과 같은 요소들을 모두 아우르는 일을 해야 하는 복잡한 상황 속에서 잘 마무리하는 것이 무엇을 의미하는지 깊이 고민한다. 그리고 마무리를 잘해야 한다는 것은 삶과 부르심을 따라 맡은 일의 각 주요 시기에도 적용된다. 특히 낮은 자세로 아래로부터 이끄는 사람들, 섬기는 자의 관점에서 겸손하게 다른 사람을 자신보다 높이면서 이끌고자 하는 사람들에게는 더욱 그러하다고 생각한다. 리더에 대한 이해와 경험이 쌓이면서 내가 생각하는 리더의 정의는 다음과 같은 것이 되었다. "리더란 바람직한 미래에 대한 비전을 제시하고 다른 사람들이 그 비전에 동참하도록 초대하여 함께하며, 힘을 실어주는 사람이다." 나중에 리더십에 대한 이러한 이해의 강점과 미묘한 점에 대해 자세히 설명하려 한다.

아직도 스르르 엘리베이터 문이 열리는 소리가 들린다. 아직도 아버지가 그 안에 계신 것을 본다. 그러면 다시 눈물이 흐른다.

선교사 경력의 정점에 있던 아버지는 왜 대표직을 사임했을까?

아버지는 리더십, 인지도, 영향력의 정점에 있었고 어떤 일이든 추진할 수 있는 아주 좋은 위치에 있었다. 그는 매우 전통적인 선교 단체를 새롭고 바람직한 미래에 대비하는 조직으로 탈바꿈하도록 이끌고 있었다. 그의 신앙과 그리스도를 섬기는 일에 대한 헌신은 평생 동안 시험을 받아왔다. 그것은 예수님에 대한 헌신 때문에 그의 삼촌으로부터 유산을 물려받지 못하게 된 어린 시절부터 시작되었다. 부모님은 무디성경학교(Moody Bible Institute)에서 공부했고 동시에 인디애나주 이스트 시카고(East Chicago)에 있는 교회에서 목회를 하고 있었다. 두 분은 여러 선교 단체에 지원했지만 두 곳은 건강이 좋지 못하다는 이유로 거절했고, 결국 세 번째 선교 단체에서 허입하였다. 코스타리카에서 사역한 초창기에 아버지는 리더십 자질을 인정받아 전국 및 지역 선교 지도자들 중 한 사람이 되었다. 24년 동안 선교지에서 사역한 후, 그는 선교회 대표로 선출되어 미국으로 이주해야 했다. 그는 그 직을 맡는 것에 동의하였지만 어머니는 반대했다. 자녀들을 대학에 보내고 나서 어머니는 이제 자녀 양육의 큰 짐을 벗고, 자신의 소명과 은사, 열정, 인간관계, 뛰어난 스페인어, 리더십 기술을 라틴 아메리카를 위해 온전히 사용할 수 있게 되었다는 안도감을 느낄 때였기 때문이다.

두 분은 서서히 그 곳에서의 삶을 정리하고 시간이 지나면서 과테말라에서 텍사스주 댈러스(Dallas)로 이주하였다. 그 후 아버지는 10년 넘게 선교회의 대표로 사역하였다. 그러던 어느 날 아버지가 섬기던 선교회의 이사회가 발칵 뒤집히는 일이 벌어졌다. "이사님들, 저는 이제 59살이고 스페인에서 현장 선교사로서 60세를 맞고 싶습니다." 이사회 전체가 깜짝 놀랐다. 이사장(은행장)이 "빌, 은행 텔러(창구 직원)로 일하다가 은행장이 된 사람이 다시 텔러로 돌아간 적이 없어요. 그렇게는 할 수 없어요." 그러자 아버지는 "프랭크, 난 은행에서 일하는 게 아니잖아요. 1년 안에 내 후임자를 찾아 주시길 바랍니다."라고 말씀하셨다.

그리고 이사회와 부모님 모두 그렇게 실행했다. 새로운 선교회 대표가 임명되고 부모님은 스페인의 마드리드에서 다음 생일을 축하할 수 있었다. 부모님은 뒤로 물러나 아버지가 여러 해 전에 영입했고, 몇 년 후 선교회 대표가 될 젊은이 밑에서 기꺼이 사역하였다. 부모님은 마드리드에서 서쪽으로 70킬로미터 떨어진 곳에 위치한 캠핑 및 컨퍼런스 센터인 '피노스 레알레스'(Pinos Reales)에서 5년간 일하셨다. 두 분이 떠날 때 아버지는 센터의 열쇠를 스페인 출신의 사역 파트너에게 넘겼다.

아버지는 사역 전환의 결정과 과정을 회고하면서 나에게 "빌, 사람들이 네가 떠나기를 바랄 때 남으려 하지 말고 그들이 네가 남기를 바랄 때 떠나는 것이 좋아."라는 현명한 조언을 남겨 주셨다. 부모님은 어머니의 고향이라고 할 수 있는 조지아주 스톤 마운틴(Stone Mountain)에서 '은퇴'하셨지만 하나님은 두 분을 다시 부르셨다. 조지아에서 부모님은 스페인어를 사용하는 사람들을 위한 교회를 개척했고, 10년 동안 개척과 분립을 거듭하며 최소 10개의 교회가 시작되게 하였다. 그들은 처음에 하던 교회 개척과 복음화 사역으로 끝을 맺었다.

나는 아버지가 무디에서 공부하면서 인디애나주 인디애나 하버(Indiana Harbor)에서 목회하던 3년 동안, 그리고 코스타리카에서 사역을 시작한 첫해에 쓴 일기를 살펴보았다. 그곳에서 아버지는 선견지명을 갖고 리더십을 발휘하여 선교부에 의존하던 코스타리카 목회자들이 자신들의 급여를 스스로 해결하게 하였다. 1941년 스물일곱 살에 불과했던 그에게 이는 힘들지만 반드시 필요한 전환이었다. 같은 해 말, 그는 과테말라에 있는 중앙아메리카성경학교(IBCA)의 졸업식 축사를 하였는데, 이 기관은 나중에 중앙아메리카신학교(SETECA)로 승격되었다. 내가 초등학교 6학년 때 아버지는 니카라과로 파견되어 전체 리더와 선교사 리더들 간의 극심한 분열을 해결하고, 가능하면 치유가 이루어지도록 하는 임무를 맡게 되었다. 그 갈등은 폭발 직전인 상황이었다. 그 후 그는 나중에 대표가 되어 이끌게 될 선교회의 현지 사역 책임자(중앙아메리카, 파나마, 멕시코)로 임명되었다.

> 나는 아버지에게서 많은 것을 배웠다. 나는 그의 독보적인 리더십을 지켜보았다.

나는 아버지에게서 많은 것을 '배웠다'. 나는 그의 독보적인 리더십을 지켜보았다. 아버지는 리더십을 추구하지도, 회피하지도 않으셨다. 그것은 그의 성품, 여러 가지 재능과 기술, 그리고 아마도 테일러 가문의 피가 흐르고 있었기 때문일 것이다. 하지만 그에게 리더십의 기회가 찾아왔고, 그는 성령께서 그 역할을 그에게 맡기시기 원하신다는 것이 분명할 때만 초청을 수락했다. 그는 강인하기도 하였다. 한 통찰력 있는 아버지의 동료는 나에게 "자네 아버지는 강철로 된 손 위에 벨벳 장갑을 끼고 있었지. 필요할 때는 직설적으로 명확하게 말씀하시는 것을 여러 차례 보았어. 심지어 지나치게 고집 센 한 선교사에게 '이제야 당신에게 무엇이 최선인지 알 것 같군. 선교사직을 사임하면 이 새로운 정책과 부딪힐 일도 없겠지'라고 했었다."고 말씀하셨다.

부모님이 마지막으로 다시 조지아주 스톤 마운틴으로 이사한 후, 나는 아버지에게 잘 끝마치는 것을 상징하는 물건으로 아버지의 낡은 신발 한 켤레를 보내 달라고 부탁했다. 그의 낡은 가죽 구두는 지금도 내 왼쪽 서가에 놓여 있고, 나는 이 문장을 입력하면서 그 구두를 바라보았다. 80대 초반에 리더십 역할은 끝났지만, 잘 끝마치는 것에 열정을 쏟아 부었다.

그리고 그는 해내었다. 알츠하이머로 쇠약해진 상태에서도 말이다. 아버지가 돌아가셨을 때 마지막 몇 주 동안 아버지를 돌본 무슬림 의사는 "아버님은 거룩한 분이셨다"라고 말했다.

리더십의 정의

> 리더는 장래 비전을 제시하고 다른 사람들이 그 비전에 동참하도록 초대하고 권한을 부여하는 사람이다.

나는 영향력, 고위직, 측정 가능한 목표, 바람직한 숫자, 성공, 목표 달성 또는 "거인, 위대한 리더로부터 배우기"에 초점을 맞춘 기독교 리더십 서적을 별로 좋아하지 않으며, 저자 자신들이 제시하는 10가지, 12가지 또는 15가지 중요한 리더십 단계를 적용하면 성공할 수 있다고 말하는 책은 더 좋아하지 않는다. "당신의 성공적인 리더십을 위한 패키지를 온라인에서 할인된 가격으로 구매하세요."라는 식의 광고에는 관심이 없다. 나는 재능 있고 효율적이며 경건하고 글로벌한 리더십을 발휘할 수 있는 쉬운 길은 물론, 성령으로 충만한 성공적인 삶으로 가는 지름길도 없다고 믿는다. 하나님은 그런 식으로 일하지 않으신다. 나는 진정한 크리스천 리더가 가리키는 진북(true north) 방향은 십자가로 나타나야 한다고 생각한다. 그러나 너무나 많은 사람들이 현대 문화의 영향을 받아 잘못된 방향으로 나아가고 있다. 아래로부터의 리더십은 대중적인 성공 원칙과 사례를 그다지 중요하게 생각하지 않는다. 물론 그러한 것들로부터 배울 수 있는 교훈, 특히 반면교사적인 교훈이 있기는 하다.

기독교 리더십 책들은 이러한 문제들을 다양하게 다루고 있다. 일부는 구조적으로 이야기 중심으로 되어 있고, 나머지는 매우 실용적이다. 어떤 책은 예수님을 대표적인 예로 들며 성경적 모델에만 초점을 맞추고 있다. 리더십의 본질에 대한 폭넓은 연구를 통해 도움을 주는 책도 있다. 일부 저자는 제목에 자신의 학위를 포함시키기도 한다. 왜 그럴까? 세속적이고 현대적인 문화에서 나타나는 모델을 취한 다음 기독교적 언어를 사용하고 적용하여 신앙적인 것처럼 보이게 하는 저자들도 있다. 어떤 이들은 비지니스와 산업, 군대와 학계, 교회와 그 관련 기관에서 '위대하며 성공적인' 크리스천들의 이야기와 간증을 수집한다. 그들은 '승리뿐인' 결과 또는 '데이터에 기반한 의사 결정'을 내세우며 기독교적인 것처럼 포장된 세속적(미국이나 영국식, 싱가포르나 한국식, 나이지리아나 브라질식 등) 가치에 너무 근접해 있다.

나는 신뢰할 수 있는 전 세계 동료들에게 가능한 하나님의 글로벌 교회와 선교에 특히 도움이 될 수 있는 소명 및 리더십 서적 3권씩을 추천해 달라고 요청했다. 이 책들은 우리가 함께 앞으로 나가면서 알게 될 것이며 참고 문헌으로 열거되어 있다. 사려 깊은 복음주의자가 되기를 바라는 나는 리더십에 관한 세 가지 주요 지혜의 샘에 주목해야 한다고 생각한다. 첫째, 성경이다. 둘째, 역사적인 생생한 경험이다. 셋째, 기독교 세계관 여부와 관계없이 이러한 문제와 씨름한 사람들로부터 나온 자료이다. 그러나 결국 성경에 대한 우리의 이해가 리더십 문제에 대한 우리의 확신을 뒷받침해야 한다.

신약성경의 세 가지 교훈을 주목해 보자. 예수님은 다양한 잠재적 리더들에게 투자하셨고, 나중에 배신한 유다를 포함하여 그들을 위해 3년 동안 비공식 학습 공동체를 만드셨다. 둘째, 바울은 디모데전서 3:1-7과 디도서 1:6-9에서 지역 교회 리더십에 대한 명확한 지침을 제시하였다. 이러한 요건들이 나이, 성별, 생애 단계에 관계없이 미래의 선교사를 평가할 때 적용될 수 있을까? 여성이든 남성이든, 나이가 어리든 많든 어떤 사람을 지도자로 임명할 때 이러한 규범을 참고해야 할까? 그러면 상황이 어떻게 달라질까? 마지막으로 야고보는 우리에게 경고한다. "내 형제들아, 너희는 선생된 우리가 더 큰 심판을 받을 줄 알고 선생이 많이 되지 말라"(약 3:1). 리더가 되고자 하는 우리 모두는 이 말씀을 깊이 새기고 끊임없이 주의를 기울여야 한다.

'리더'와 '리더십'에 대한 정의와 설명은 약간씩 다른 형태로 다양하게 나타나지만 대부분 공통적인 요소가 있다. 사전에서는 리더를 이끌거나 인도하는 사람, 또는 다른 사람을 책임지거나 지휘하는 사람이라고 간결하게 설명하고 있다. 신학교 시절 헨드릭스 교수는 리더를 단순히 "팔로워가 있는 사람"이라고 하였다. 세월이 많이 지난 다음에 나는 그 말의 출처가 유명한 리더십 학자인 피터 드러커임을 알게 되었다. 이 정의는 거의 모든 종류와 단계의 리더십에 포괄적으로 적용되며, 여성과 남성, 부모, 주일학교 학급이나 디스커버리 성경 공부의 리더 모두에 잘 적용된다. 리더십은 모든 것을 어우르는 것이며, 이는 강점이기도 하고 약점이기도 하다. 이 정의는 매우 일반적이고 너무 포괄적이다. 하지만 가장 폭넓은 리더의 스펙트럼에 적용할 수 있는 출발점이 된다.

하지만 여기서 정의하고자 하는 리더십은 훨씬 더 복잡하다. 이 점에서 말레이시아 신학자 화융의 통찰은 매우 가치 있는 것이다.

> … 리더십은 다양한 형태를 취한다. 은사에 대한 성경의 가르침을 진지하게 받아들인다면, 행정 및 조직 리더십으로 정의되는 리더십은 모든 사람이 잘할 수 있는 것은 아니라고 해야 할 것이다. … 따라서 우리는 은사를 받은 분야에 집중해야 한다. 그러나 하나님의 은혜로 우리 중 일부는 조직이 필요로 하는 리더십을 포함하여 여러 가지 은사를 가지고 있다. … 그러나 리더십의 개념은 다양한 형태로 영향력을 행사하는 것을 포함해서 더 넓은 의미로 이해해야 할 것이다. … 따라

서 모든 상황에서 우리가 신실하게 자리를 잡고 있을 때에 그리스도의 왕적 통치와 그분의 샬롬이 이 망가진 세상에 점점 더 많이 나타나도록 하는 리더십을 발휘하게 되는 것이다.2

에드 스테처(Ed Stezer)는 좀 더 구체적으로 "기독교 리더십이란 한 무리의 사람들이 성령의 인도하심에 따라 그리스도 중심의 목표와 목적을 향해 함께 모여 하나님이 주신 은사를 집단적으로 사용하도록 영향을 미치는 과정이다."3라고 정의하였다.

이안 파킨슨(Ian Parkinson)은 리더십을 "사람들이 영감을 받고, 능력을 힘입어, 긍정적이고 새로운 방식으로 하나님의 목적 달성을 위해 행동하도록 하는 사회적 영향력의 관계적 과정"4이라고 정의한다. 메리 레더라이트너(Mary Lederleitner)는 "이 책에서 나타나는 하나님의 선교를 위해 섬기고 이끌어 나가는 것의 정의는 '세상에서 하나님의 목적을 향해 다른 사람들에게 영향을 미치는 것'이다."5라고 하였다. 제임스 플루드만(James Pleuddemann)은 "훌륭한 리더는 성령의 은사를 받은 예수 그리스도의 열렬한 제자이며, 하나님께 영광을 돌리고자 하는 열정을 가지고 있다. 그들은 사람들을 계발시키고 하나님 나라를 세워가기 위해 리더십의 은사를 활용하여 다른 사람들의 여러 은사에 초점을 맞추고, 조화롭게 하며, 향상시키는 데 앞장선다."6라고 말한다.

나의 정의는 리더십에 관한 책을 읽고, 여러 사람들로부터 듣고, 관찰하고, 경험하는 과정에서 자연스럽게 떠올랐다. "리더는 바람직한 미래에 대한 비전을 제시하고 다른 사람들이 그 비전에 참여할 수 있도록 초대하고

---

2 Yung, *Leadership or Servanthood?*, 132-135.
3 Stetzer, "Defining Leadershop."
4 Parkinson, *Understanding Christian Leadership*, 47.
5 Lederleitner, *Women in Gods Mission*, 11-12.
6 Pleuddemann, *Leading Across Cultures*, 15.

힘을 실어주는 사람이다." 따라서 리더십은 타고난 재능과 영적 은사, 훈련, 목적을 결합하여 비전을 제시하고 팔로워들을 그 모험에 동참하도록 초대하는 것이다. 나는 이를 남녀 모두에게 똑같이 적용한다. 그리고 나는 이 정의가 모든 리더십 범주를 완전히 포괄한다고 생각한다. 이 정의는 주도성, 창의성을 가진 용기 있는 리더십을 보여준다.

내가 이해하는 리더십의 핵심은 "아래로부터 이끄는 것"(leading from below)으로 설명할 수 있다. 이는 "십자가의 하향 지향"의 모습을 따르는 것이다. 이는 세속적 리더십에 대한 지배적인 견해와 너무나 많은 복음주의 조직이나 모임에서 나타나는 리더십과는 극명하게 대조되는 것이다. '위로부터의 리더십'은 강력한 개인적 주도성, 개인주의, 중앙집권적 권한, 측정 가능한 결과로 나타나는 지표를 강조하는 경향이 있다. 거의 모든 그리스도인들과 많은 세속적인 사람들이 섬기는(servant) 리더십에 대해 말하지만, 섬기는 리더십을 주요 동력으로 삼는 사람은 너무 적다.

나의 이 실제적으로 적용하기 쉬운 정의(working definition)는 남녀를 불문하고 기독교 리더십의 거의 모든 범주에 적용할 수 있으며, 모든 문화 속의 리더십에 대해 신중한 상황화를 필요로 한다. 나는 네 가지 리더십 범주를 염두에 두고 있다. 첫째, 단기 임무를 맡은 스타터(starter)이다. 단기 선교사, 기술 전문가, 긍휼 및 공의를 위한 사역을 섬기는 사람들, 또는 새로운 교회 개척을 지원하는 사역자일 수도 있다. 또한 장기적인 교회 개척자나 기관 또는 네트워크의 설립자로 처음 시작하는 사람일 수도 있다. 이들은 특정한 기술과 은사를 필요로 하며 성령의 인도하심에 따라 새로운 임무를 수행하는 기업가적 개척자이다.

두 번째 리더십 유형은 내가 장기적인 과제를 수행하는 '빌더'(builder)라고 부르는 형태이다. 아마도 조직, 학교 또는 기관을 맡게 되는 사람일 것이다. 나의 아버지는 코스타리카 현지 선교부 리더를 시작으로 지역 리더,

그리고 마지막으로 기관의 대표를 거의 10년 동안 맡으셨다. 그러다 물러나셔서 '더 낮은' 직책을 맡으셨다. 나는 세테카(SETECA) 신학교에서 17년 동안 가르치는 일을 하였고, 신학교 내에서 다양한 직책과 직무를 맡았다. 또한 새로운 교회 개척을 도왔다. 빌더는 더 오랜 기간 동안 봉사할 자세를 갖고 헌신한다. 그들은 또한 기술을 갖고 있고, 헌신적인 자세로 만족감을 가지고 봉사할 수 있는 능력과 은사를 가지고 있다.

세 번째 범주는 가장 장기적인 임무를 맡은 스타터-빌더이다. 교회 개척자는 한 교회에 장기적으로 머무르면서 새로 생겨나는 회중의 네트워크를 섬기는 사람이다. 여러 해 동안 섬기는 조직의 설립자도 이에 해당한다. 이런 유형의 사람에게는 더 복잡하고 다양한 기술이 필요하다. 나는 세계복음주의연맹-선교위원회(World Evangelical Association Mission Commission, WEA-MC)에서 20년 동안 리더로, 다음 10년 동안은 선임 멘토로 봉사하였고 요청에 따라 다른 임무를 맡기도 했다. 많은 조직과 기관의 창립자들은 평생을 그 단체를 위해 일하기도 한다. 그들의 퇴임 후에 일어나는 일은 다양하고 흥미롭다.

마지막으로 네 번째 유형은 다양한 상황, 문화, 조직 구조에서 자신의 은사를 발휘하는 평생 리더이다. 이들은 한 사역에서 다른 사역으로 전환하면서 일한다. 이들은 은사와 기술을 통해 이러한 인간의 구조를 넘나들며 멋지게 효과적으로 섬기는 일을 할 수 있다. 영리를 위해 사업을 하는 세계에서는 이들을 "전문 CEO"라고 부른다. 데이비드 하워드(David Howard)는 매우 다른 일련의 다양한 국제 사역을 맡아서 그 일들을 잘 해 내어 이 특별한 범주의 리더십의 모범을 보였다.

권위주의적인 리더를 포함한 모든 리더는 아래로부터의 리더십을 통해 배워야 하며, 보다 훌륭하게 협력하며 섬길 수 있도록 자신의 스타일을 크게 변화시켜야 한다. 이를 위해서는 경청이 필요하며, 리더가 팀의 다른 사람들과 이사회의 피드백에 진심으로 귀 기울이는 것을 확인할 수 있는 실행 가능하고 주기적인 피드백 메커니즘을 확보해야 한다. 이러한 유형의 리더는 성실성을 잃지 않고 필요하면 기꺼이 방향을 바꿀 의지가 있으며, 방어적이거나 자신을 보호하는 데 급급해하지 않는다.

남녀를 불문하고 리더의 범주를 이해하는 또 다른 방법이 있다. 간단히 말해서, 하향식 피라미드 구조를 벗어나 권력 구조의 영향력을 평준화하는 파이 차트를 그리는 것이다. 지역 리더(교회 선교위원회 위원장, 목사, 선교 기관들), 네트워크 또는 교단 리더(더 넓은 사역 지역), 국가 리더(또는 문화적으로 복잡한 큰 나라의 경우 미국 남부 또는 중국 서부와 같이 국가 내의 지방 리더) 등을 포함시킨다. 넓은 지역 또는 대륙의 지도자(아시아, 남태평양, 라틴 아메리카, 아프리카, 카리브해, 유럽, 북미와 같은 가장 큰 지역 공간을 포함하는 광범위한 문화 및 하위 지역의 매트릭스에서), 마지막으로 글로벌 지도자(WEA, 로잔과 같은 조직 또는 국제적인 교단 또는 글로벌 선교 기관의)가 있다. 분명히 첫 번째 범주에 가장 많은 수의 리더가 있으며, 글로벌 공간에서는 상대적으로 적은 수의 리더십 풀(leadership pool)이 있다.

리더십에서의 여자와 남자, 남자와 여자

이 주제에 대한 나의 견해는 몸소 겪은 생생한 역사에서 나온 것이다. 라틴 아메리카에서 선교사 자녀(MK)로 자랐고, 성인이 되어 과테말라에서 17년 동안 사역하면서 나는 (공적인 역할과 직함의 측면에서) 남성의 세계를 물려받고, 남성의 세계 속에서 살아왔다는 것을 깨달았다. 나는 남성 '마초주의'(*machismo*)와 그에 대응하는 여성주의인 '엠브리즘'(*hembrismo*)의 문화가 존재하는 라틴 아메리카(América Latina)에서 살았다. 앞에서 얘기한 것처럼, 나의 부모님은 제2차 세계대전 이후와 대공황 이후의 미국의 위대한 세대

(the American Great Generation)의 산물로서 세계 선교에 평생을 바쳤고, 그와 함께 물려받은 문화적 관점과 전제 속에 사신 분들이었다. 놀랍게도 그 세대에서는 미국에서 여성에게 허락되지 않았던 역할을 그 후에 전 세계에서 자유롭게 맡을 수 있게 되었다.

아내 이본과 내가 과테말라에서 첫 임기를 시작했을 때 나는 미혼이든 기혼이든 여성의 역할에 대한 우리 기관의 현명한 정책을 이해했었다. 전업주부에서부터 전업 커리어 여성에 이르기까지 다양한 스펙트럼에서 각자가 원하는 역할을 선택할 수 있었다. 이본은 인생의 주기와 부모/엄마가 해야 할 일을 고려하여 스펙트럼의 중간 지점을 선택했다. 나는 독신 선교사들이 존경과 존중을 받아야 한다는 분명한 비전을 가지고 있었다. 그들 중 일부는 비범했다. 나는 코스타리카에서 어린 시절에 만났던 현지인과 외국인 '바이블 우먼'(Bible Women)들의 모습을 기억하고 있다. 그들은 모든 사람에게 복음과 성경 말씀을 전하기 위해 자신의 삶을 희생하고, 지칠 줄 모르고 여행하고, 흙바닥에서 잠을 자고, 실무 회의에서 자신의 견해를 밝히고 영성을 통해 은사를 보여주어 존경을 받고 있었다.

나의 어머니는 장기적으로 사역하는 선교사로서 적합한 분이었다. 어머니가 리더로 성장해가는 동안 아버지는 어머니의 열정, 은사, 기술, 에너지, 비전으로 인해 위협을 느낀 적이 전혀 없었다. 그는 어머니가 일할 수 있는 공간을 열어 주었다. 하지만 이사회에서 아버지를 본부 대표로 선출하면서 과테말라에서 미국 댈러스로 이주할 것을 요구하자 부모님 사이에 위기가 찾아왔다. 결국 어머니는 중남미에서의 꿈을 접고 미국으로 내키지 않는 이주를 하면서 아마도 2년 동안은 슬퍼하셨던 것으로 기억한다. 그때 어머니는 과연 자신의 역할이 무엇이라고 느꼈을까? 성령께서 어머니에게 서서히 세계 선교를 향한 마음을 가진 동부 텍사스 감리교회들의 새로운 네트워크를 열어 주셨다. 그리고 그 감리교 목회자들은 남편이자 선교회 대표인 아버지가 아닌 어머니를 강사로 세우고 싶다는 의사를 분명히 밝혔다.

도로시 맥컬러프(Dorothy McCullough)는 대단한 분이었다. 부모님의 무디 동창인 그녀는 부모님보다 먼저 코스타리카에 도착했고, 갓난아기였던 나를 품에 안아주었으며, 유나이티드프룻컴퍼니(United Fruit Company)의 철길을 따라 이 마을 저 마을로 걸어다니며 전도했고, 사회경제적 수준이 다른 세 나라에서 세 교회를 개척하고 모두 라틴 리더십에게 이양하였다. 그 후 그녀는 휘튼 대학원에서 석사 학위를 취득하고 선교회의 기관 출판사인 ELA에서 최고의 기독교 교육 전문가로서 어린이, 청소년, 성인을 위한 커리큘럼을 만들었다. 그 후 그녀는 나중에 중앙아메리카신학교(SETECA)로 발전한 중남미교육연구소(Instituto Bíblico Centroamericano)의 교수진에 합류하여 기독교 교육 담당 교수로 일하였다. 만성 두통과 이명과 싸우면서 그녀는 그곳에서 다시 개척자로 일을 시작했다. 1970년 무렵 나는 그녀의 후임이 되어 달라는 요청을 받았다. 그녀는 희생과 봉사를 몸소 실천하며 이타적인 나눔을 실천한 여성이었다. 이 땅에서의 그녀의 육신은 슬프게 끝을 맺었다. 안타깝게도 그녀는 당뇨병으로 두 다리를 절단하고 정신적으로도 고통을 받으며 세상을 떠났다. 나는 그녀가 맡았던 역할을 감당할 자격이 없었다.

내가 1986년 중반에 WEA-MC의 사역을 시작했을 때만 해도 그 일은 남성이 하는 일이었다. 내가 리더십을 물려받았을 때 이 선교 조직은 구조적으로 남성이 리더십의 압도적 다수를 차지하고 있었다. 회원 자격은 국가 및 지역 선교 지도자와 네트워크를 이끄는 소수의 남성으로 제한되어 있었다. 하지만, 이 '하지만'은 매우 중요한 '하지만'인데, 선교위원회의 첫 번째 디렉터는 한국인이자 파키스탄 최초의 아시아 여성 선교사인 전재옥 박사였다. 어떻게 그렇게 되었냐고? 이유는 모르겠지만 그랬었다.

우리의 첫 번째 정관은 남녀노소, 전국적 또는 광범위한 영향력을 가진 선교 사역에 종사하는 모든 사람을 선교위원회에 초청할 수 있도록 하는 개방적인 발판을 만들었다. 이러한 역사를 돌아보면서 버틸 엑스트롬(Bertil Ekström)은 최근 나에게 다음과 같은 이메일을 보내왔다.

> MC는 문화적 배경과 성별 측면에서 다양한 배경을 가진 사람들에게 활동의 장을 개방하기 위해 노력해 왔다고 생각합니다. 우리는 위원회, 특히 MC의 리더십에 더 많은 여성을 참여시키는 방법에 대해 여러 번 논의했습니다. 안타깝게도 (여성의 지혜를 보여주는 것일 수도 있지만 차별을 보여주는 것일 수도 있습니다.) 선교 단체, 국가 및 지역 선교 협회, 글로벌 네트워크의 리더십에 여성은 거의 없었습니다. 우리는 더 많은 여성과 젊은 리더들을 초대하기 위해 MC 정관에 더 많은 카테고리를 만들어 넣기로 결정했습니다. 흥미롭게도 이들 중 상당수는 언어와 재정적인 문제로 인해 제한이 있기는 했지만 여성 리더십이 많은 분야에서 비교적 잘 받아들여지던 비서구 지역(Global South) 출신입니다. 나는 현재의 리더십 팀과 MC에서 볼 수 있는 성별, 연령, 문화적 배경의 균형 잡힌 대표성에 대해 기쁘게 생각합니다.
>
> 선교위원회(MC)는 "복음주의, 삼위일체론적 선교학, 은혜를 바탕으로 하는 관계와 상호 책무, 풀뿌리가 필요로 하는 것의 분석과 전략적 비전, 교회, 선교 기관 및 훈련 프로그램, 동료애와 섬김, 성찰적 실천가와 미래 지향적 사고를 중요시합니다(MC 정관)." 특히 건강한 관계, 책임성, 동료애, 섬김을 강조하고 있습니다![7]

하지만 초창기에는 실망스러운 면도 있었다. 1992년 MC의 마닐라 글로벌 컨설테이션에서는 92명의 참가자 중에 여성은 단 두 명뿐이었다. 1994년 첫 번째 MC 회원명부에는 마흔일곱 명의 회원 중 여성이 네 명에 불

---

7 Ekström, 개인적 email, 2023년 7월 21일.

과했다. 하지만 우리는 변화하고 있었다. 영국의 젊은 리더 리처드 티플레이디(Richard Tiplady)가 주도한 2003년 밴쿠버 글로벌 컨설테이션에는 24개국에서 136명이 참가했고, 그중 여성이 24명이었다. 젊은 여성들이 전략기획팀에서 활약하였고 전체 모임의 주강사가 되기도 했다. 현재 MC 핵심 리더십 팀은 젊은 층과 노년층, 여성과 남성으로 구성되어 있으며 모두 각자의 분야에서 리더로 활동하고 있다.

독자들과 리더들

이 책의 독자들은 다양한 리더들이 될 것이라고 생각한다. 나는 전 세계 곳곳에서 나와 세계 곳곳으로 흩어진 선교사들을 위해 이 글을 쓰고 있다. 여러분 모두는 어떤 의미에서 든 리더가 될 것이다. 나는 내 세대와 그보다 젊은 세대의 하나님의 종들 중 시험을 받고 상처를 입은(타인에 의해서든 자신에 의해서든) 분들을 위해 이 글을 쓴다. 여러분은 이런 저런 '어려움'을 경험하고 나름의 교훈을 얻었다. 여러분에게는 여러분 만의 상처가 있다. 나는 리더십의 초기 단계에 있거나 새로운 영역에 진입하여 영향을 끼치고 방향 설정에 도움을 주려는 전환기적 리더십 지형에 있는 분들을 향해서도 이 글을 쓴다. 여러분 모두 성령의 임재와 지혜를 구할 필요가 있고 또 구해야 한다. 또 다른 불확실한 미래로 전환을 할 수 없었던 이전의 리더들이나 이미 리더십에서 물러났거나, 또는 원하는 대로 마무리를 잘하지 못한 사람들도 있을 것이다.

나는 또한 지역 교회 선교 지도자, 특히 선교지에 있는 동역자들의 운명과 재정을 결정하는 지도자들을 염두에 두고 있다. 또한 리더십을 인정받

> 이것은 성육신적 리더십 이야기이자 성찰의 생생한 역사이다.

지 못한 채 "저 사람은 어떻게 저런 직책을 맡게 되었을까?"라고 궁금해하는 독자층에도 관심이 많다. 아마도 여러분도 리더십으로 인해 상처를 받은 사람일 것이다. 나도 그런 마음이 어떤지 잘 안다. 나는 학자, 리더십 전문가 또는 이론가를 위해 이 글을 쓰지는 않지만, 정규 학교에서 또는 학위나 학교와 상관없이 리더십을 공부하는 학생들을 위해서도 이 글을 쓴다. 마지막으로, 나는 어쩌면 성숙과 지혜에 관한 시험을 통과한 사람이 되기 위해 인생의 마지막 바퀴를 돌고 있는 지도자들을 위해서도 이 글을 쓴다.

리더의 범주에 상관없이 나는 모든 동료 및 친구들을 비롯하여 모두를 위해 이 글을 쓴다. 나도 다른 많은 사람들과 마찬가지로 내 인생에서 내가 다양한 범주에 속해 있음을 발견했다. 이 책은 리더십 이론을 탐구하는 대신, 수십 년간 다양한 문화권에서 섬기면서 겪은 가족과 사역, 전환과 변화, 상처와 웃음, 실수와 성숙에 대한 개인적인 이야기로 독자들을 초대하려는 시도이다. 이 책은 성육신적인 리더십 이야기이자 성찰의 생생한 역사이다. 나는 이 책을 통해 여러분이 1) 공동체적 리더십을 배우고, 2) 공동의 목적을 위해 공동체를 만들고, 3) 십자가를 지시는 예수님의 리더십 방식을 본받고, 4) 성령과 동행하는 리더십의 정신을 갖게 되기를 바란다. 무엇보다도 훌륭한 리더는 삶의 매 계절마다, 특히 마지막 남은 한 바퀴를 돌며 끝마무리를 잘하는 것이다.

나는 내 자신이 리더가 될 것이라고는 전혀 생각하지 못했던 사람이었고 균형을 갖춘 성장을 하지도 못했지만, 놀랍게도 거칠고 힘든 경험을 통해 유기적으로 리더로 부상하면서 많은 것을 배웠다. 이 책은 내가 다양한 문화권에서 사역을 하면서 배운 것을 담고 있다. 나는 리더십 매뉴얼을 만들거나 효과적이고 영향력 있고 효율적이며 장기적이고 엄청난 유산을 남기는 리더십을 갖추는 방법에 대해 글을 쓰려는 것은 아니다!

> 나는 내 자신이 리더가 될 것이라고는 전혀 생각하지 못했던 사람이었고 균형을 갖춘 성장을 하지도 못했지만, 놀랍게도 거칠고 힘든 경험을 통해 유기적으로 리더로 부상하면서 많은 것을 배웠다.

서사(narrative) 신학은 성경의 이야기에서 중요한 교훈을 찾고 배우게 한다. 성경 이야기는 우리에게 매우 중요한 진리를 가르쳐 준다. 이러한 교훈은 성경의 가르침, 선교학, 성경신학, 조직신학에 대한 우리의 이해를 풍부하게 해 준다. 구약성경의 많은 부분이 여기에 속한다고 할 수 있다. 나는 내가 목격한 이야기에서 나타나는 리더십 교훈을 제시하려고 한다. 나는 하나님의 은혜와 성령의 능력의 강줄기가 흘러가는 가운데 그저 지나쳐 가기도 한 많은 사람 중 하나이다. 때로는 불확실함 속에서 그냥 지나가기도 했다.

리더십에 대한 나의 이해는 그러한 위치에 있었던 사람들의 실제 사례 연구를 살펴보면서 형성되었다. 나의 아버지와 데이비드 하워드가 대표적인 사례이다. 그 외에도 많은 동료들이 리더십에 대한 나의 이해를 형성하는 데 도움을 주었다. 이는 앞으로 보게 될 것이다. 일부는 긍정적인 방식으로, 일부는 부정적인 방식으로 검토하게 될 것이다.

우리 모두는 문화적 렌즈를 통해 리더십을 이해하며, 그 이해는 문화적 또는 단순히 인간적 유혹에 의해 손상될 수도 있다. 모든 문화는 창조주의 거룩한 손길이 깃들어 있지만, 최초의 조상들의 큰 반역으로 인해 모두 망가졌다. 어떤 문화도 이상화 되어서는 안 된다. 나는 문화가 리더십을 발휘할 사람에게 어떤 영향을 끼치는지 생각해 보았다. 서로 다른 문화는 특정 환경에 더 잘 적응하는 리더를 배출하는 것처럼 보인다. 남성과 여성 모두 리더십을 제대로 발휘하는 것을 저해하는 유혹의 대상이 될 수 있다. 야망의 파괴적인 요소, 진실을 외면하고 은폐하는 것, 지름길에 대한 유혹은 전 세계 어디에서나 존재한다. 따라서 모든 국가와 문화권에는 각기 화려한 이미지와 막강한 권력의 유혹에 넘어간 기독교 지도자들의 역사가 있다. 이는 어떤 사람의 삶과 가정, 사역을 탈선시키는 다른 죄를 향한 교활하고 은밀한 유혹일 수도 있다. 선교 지도자도 이러한 치명적인 함정을 피해가지 못한다. 우리는 부자가 되기 위해 타문화권 선교에 뛰어들지 않는다. 그러나 우리를 타락시키는 해로운 대안이 존재한다. 권력과 영향력, 심지어 "하나님을 위해 위대한 일을 행하는 것"에 대한 왜곡된 버전들이 존재한다. 이 모든 경우에 문화는 리더십 실천에서 강력한 역할을 한다.

나는 1989년에 출간된 헨리 나우웬의 보석 같은 책인 『예수님의 이름으로』[8]를 읽고 큰 감명을 받았다. 나우웬은 가톨릭 지도자들을 대상으로 한 세 차례의 강연에서 사탄의 예수님에 대한 유혹을 바탕으로 각 유혹과 관련된 문제를 검토하고, 이를 요한복음 21장의 베드로의 삼중 회복의 맥락에서 차례로 설명하였다. 그 적용은 날카롭고, 세속 문화를 거스르는 것이며, 예측할 수 없으며, 삶을 관통하는 것이다. 다음은 그 책의 결론 부분에서 발췌한 것이다.

> 하버드에서 라르슈(L'Arche)로 옮겨가면서 기독교 리더십에 대한 내 생각이 적합성, 인기, 권력에 대한 욕망으로부터 얼마나 많은 영향을 받았는지 새롭게 깨닫게 되었다. 나는 적합성, 인기, 권력을 효과적인 사역의 요소로 생각한 적이 많았다. 그러나 이것들은 소명이 아니라 유혹이다. 그것이 진실이다.

---

8 Nouwen, *In the Name of Jesus*, 71.

리더십과 마무리를 잘하기

아이러니하고 당혹스럽게도 내가 이 책을 위해 공부한 리더십 자료에서 마무리를 잘하는 것을 다루는 글은 거의 찾아볼 수 없었다. 그것은 아마도 저자들이 인생의 전성기에 있었거나, 아니면 단순히 이 주제를 실제적인 리더십 카테고리에 속하는 것으로 보지 않았을 수도 있었기 때문일 것이다. 하지만 주어진 임무의 각 단계를 잘 마무리하는 것이든, 인생의 마지막 바퀴를 앞두고 있는 것이든 끝마무리를 잘해야 한다는 것은 빠트릴 수 없는 주제이다.

오대양 육대주의 복음주의 세계에서 60년 동안 사역해 온 나는 지도층에 있는 사람들에게 찾아오는 교묘한 유혹이 무엇인지를 뼈저리게 알고 있다. 지위와 영향력, 권력과 명성, 효율성과 성공, 높은 생산성과 측정 가능한 결과를 보상하는 문화, 그리고 어떤 분야에서는 부와 명성이 독성이 담긴 가치관을 만연케 하여 삶을 잘 마무리하는 것을 매우 어렵게 만들기도 한다. 정직성을 훼손하고, 결혼 서약을 어기고, 사역의 제단 위에 자녀를 희생시키고, '예수님을 위해 모든 것을 바친다'는 명목으로 신체적 건강을 포기하는 것을 조장하는 문화가 있다. 이는 개인의 삶을 은밀한 삶과 사적, 공적 삶으로 위험하게 삼분화하여 이중적인 삶을 조장하는 문화이다.

> "아래로부터의 리더십"은 아래로부터의 봉사, 아래로부터의 섬김을 내포한다.

끝마무리를 잘 하려면 꿈이 이루어지지 못할 수 있고, 응답 받지 못한 기도도 있을 수 있다는 것을 인정해야 한다. 잘 마무리하기 위해서는 오직 하나님만이 우리의 자녀를 온전히 돌보실 수 있으며 그 자녀들이 우리가 원하거나 기도하는 대로 될 수도 있고 그렇지 않을 수도 있다는 현실을 받아들여야 한다. 잘 마무리한다는 것은 사람들로부터 인정을 받지 못하고, 측정 가능한 생산성의 증거가 거의 없는 채로, 또는 미미한 성과에 만족하면서 말년을 지내야 할 수도 있다는 것을 포함한다. 잘 마무리한다는 것은 망가진 건강과 임박한 죽음을 잘 받아들이는 은혜를 받는 것을 의미한다.

지난 40년 동안 나는 무엇보다도 마무리를 잘하고 싶었다. 그리고 나에게 그것은 세 가지 중요한 확신을 의미했다. 우선 나는 내가 삼위일체 하나님에 대한 영적 서약을 지켰다는 것, 다음으로 신부 이본 앞에서 결혼 서약한 것에 진정으로 충실했다는 것, 마지막으로 나의 자녀들이 나의 관을 무덤으로 옮길 때 "아버지는 사역의 제단에서 가족을 희생하지 않았다."고 말할 수 있는 것이었다.

제목과 얼개

> 도가니를 통과하여 금이 만들어진다.

이 책의 제목인 "아래로부터 리더십"은 아래로부터의 섬김을 내포하는 것이다. 아래로부터 종으로 섬김, 아래로부터의 하향 지향의 십자가의 길, 아래로부터의 공동체성, 아래로부터의 상호성, 아래로부터 잘 마무리하는 것 등이 그것이다. 도가니라고? 그렇다, 타문화에서의 봉사는 도가니, 항아리, 주전자 속에 있는 것 같은 일이고, 시련, 시험, 곤경, 고난을 겪게 되며, 짐을 지는 일도 있다. 도가니를 통과하여 금이 만들어지듯. 그런 맥락에서 나의 인생은 빚어졌고, 단련되고, 연마되었다. 나는 실수를 통해 많은 것을 배웠고, 섬기고 이끄는 법을 배우는 동안 나를 용납하고 용서해 준 동료와 친구들과 하나님께 감사드린다. 부정적이든 긍정적이든 그러한 교훈이 있었기에 지금의 내가 있는 것이다. 그리고 나는 지금도 여전히 배우고 있다.

하나님께서 나에게 다양한 리더십 역할을 맡게 해 주신 글로벌 무대라는 더 큰 캔버스에 그림을 그리는 마음으로 이야기를 해보려 한다. 물론 내 삶과 타문화권 사역자로서 살아온 것에 대한 더 큰 뒷이야기가 있다. 나는 코스타리카 '선교지'에서 태어났다. 나는 제3문화의 아이(TCK)이다. 나는 정서적, 영적, 지적, 관계적 발달 과정에서 고르지 않고 느리게 성장했다. 초등학교 2학년 때 낙제를 하였다. 나의 부모님은 나를 깊이 사랑했지만 소극적인 분들이셨다. 나는 공부에 대한 어떤 지도도 받지 못했고, 초기 학창 생활은 그러한 현실을 반영하고 있었다. 50대 초반에 나는 우리 집의 가족 제도가 하나님에 대한 관점을 포함하여 나를 어떻게 형성하였는지 이해하기 시작했다. "하나님은 거기 계시지만 정말 바쁘시니 걱정거리를 정확하게 말씀드리고 넘어가라. 수백만 명이 네 뒤에 차례를 기다리고 있어. 빨리, 빌리!" 대학과 신학교 과정을 마친 후 나는 1967년 6월에 이본 크리스틴 드아커티스(Yvonne Christine DeAcutis)의 남편이 되는 영예를 누렸다. 미국에서의 마지막 해에 아내는 대학을 마쳤고, 나는 '인터바시티 크리스천 펠로우십'(IVCF) 간사로 지낸 3년을 마칠 수 있었다.

코스타리카에서 1년간 어학연수를 마치고 과테말라에서 살면서 사역을 시작했고, 그곳에서 17년 동안 중앙아메리카신학교(SETECA)에서 사역하였다. 우리 부부는 대학생 사역도 하였고, 사역이 끝날 무렵에는 교회 개척 팀에서 섬겼다. 1985년 중반, 우리의 교회 공동체인 엘 카미노 성경센타(Centro Bíblico el Camino)가 우리를 글로벌 북방 선교사로 파송하고 지원하게 될 줄은 꿈에도 몰랐다. 우리는 미국으로 이주하게 되었다. 놀랍게도 2024년 그 교회의 창립 50주년을 맞아 우리가 강사로 초빙되었다.

하나님은 우리가 과테말라에 머무르는 동안 세 자녀를 주셨다. 크리스틴(1970), 데이비드(1972), 스테파니(1976). 이들의 모국어는 영어였지만 과테말라의 오스트리아 문화원에서 독일어, 스페인어, 영어를 배울 수 있는 특권을 누렸다.

1985년 트리니티 복음주의 신학교(TEDS)에서 강의를 시작하면서 라틴 아메리카 시대는 끝났다. 그러나 하나님은 TEDS가 미지의 미래를 향한 지렛대, 중심축, 디딤돌이 될 것이라는 사실을 깨닫게 하셨다. 세 번이나 죽을 뻔하다 살아난 눈물겨운 경험을 한 그 강렬한 전환기에서부터 이 책의 이야기가 시작된다. 그 초창기의 이야기는 나중에 『아버지의 신발: 글로벌 순례자의 회고』(My Father's Shoes: The Memoir of a Global Pilgrim)라는 제목을 갖게 될 가능성이 있는 '전편'(prequel) 책에서 다룰 예정이다.

이 책을 읽기

각 장이 펼쳐지는 형식은 다음과 같다. 각 장은 성경이나 통찰력 있는 저자의 인용문, 예시적인 이야기로 시작하여 전체 이야기로 이어지고, 결론에서 그 장에서 배운 교훈을 제시하며, 마지막으로 개인이나 그룹을 위해 생각과 토론을 유도하는 성찰적 질문으로 구성되어 있다. 지금 읽고 있는 서론에서는 내가 지금의 내가 될 수 있도록 기여해 주신 분들을 소개하고, 주요 용어와 그 의미, 특히 **리더십과 아래로부터의 리더십, 마무리를 잘하는 것**을 설명하고 정의하며, 상호 관계를 정리하는 것으로 책의 틀을 만들었다. 내가 생각하는 독자가 어떤 사람들인지를 생각해 보고 다양한 유형의 리더를 분류하였다.

1-3장에서는 이 책의 핵심 주제를 이루는 배경 정보와 이야기를 제시한다. "나는 미처 몰랐다"는 시간이 지나면서 진부한 문구가 되었지만, 정말 사실이었다. 나는 하나님이 나에게 그토록 많은 시간 동안 무엇을 하고 계시는지 전혀 몰랐다(하지만 누구인들 알았겠는가?). 나는 선교 구호와 노래, 그리고 너무 많은 선교사 홍보물에 의해 형성되었고 또 잘못 형성되기도 했

다. 그렇다, 나는 하나님을 위해 위대한 일을 하고 싶었지만 그것이 무엇을 의미하는지 알지 못했다. 타문화 사역과 결혼 생활 초기의 위기는 나에게 먼 미래를 준비하기 위한 교훈적인 비유가 되었다. 시간이 지나면서 하나님은 나를 가르치셨다. 성령께서 내 이름을 바꾸어 주셨고, 라틴 아메리카의 세계에서 광활한 국제 선교의 세계로 영구히 전환하게 하셨다. 하지만 부활하기까지 세 번의 죽음이 필요했다. 하나님은 나를 더 깊고 높은 영적 여정으로 데려가셨고 나의 자아 정체성을 바꾸셨다. 나는 수동적인 리더가 아니라 의도적인 리더가 되어야 한다는 것을 깨달았다.

4-7장에서는 세계 선교의 맥락에서 성찰적 실천가가 되어 사역하는 과정을 설명한다. MC 출판 벤처를 통해 나는 "글로벌 이슈를 다루는 글로벌 목소리"를 위한 문을 열었다. 나의 선교 비전은 진정으로 그리고 온전히 국제적인 것이 되었다—모든 민족에서 모든 민족으로, 창조(creation)에서 새 창조(the New Creation)로.

어머니 뱃속에서부터 근본주의자로 자란 나에게 하나님은 신학적 성찰의 핵심 요소들을 분별할 수 있는 안목을 갖게 해 주셨다. 이는 후에 7년간의 신학과 성경 연구를 통해 확증되었다. 나는 내가 그곳에서 피를 흘리고 죽어야 할 신학적 언덕이 무엇인지 식별하기 시작했다. 나는 복음을 확고히 믿는 교회들의 단면을 통해 나의 순례의 여정을 추적하여 세계 성공회의 성례전적 흐름에 이르렀다. 나는 성령의 인격, 임재, 능력에 대한 제한된 이해에서 벗어나 삼위일체의 세 번째 위격과 생기 넘치는 관계를 갖는 자유를 누리게 되었고, 여전히 그분으로 인해 놀라는 일이 많다.

8-13장은 예상치 못한 언덕의 비전으로 시작된다. 나는 더 이상 사역의 마지막 산맥을 넘지 않고, 오히려 그리스도와 함께 언덕까지 여행한 다음 "내 조상들께로 갈 것이다." 이 비전은 선명하게 나의 관심을 집중시켰다! 그러나 그 일이 일어나기 전에 하나님께서는 나를 더 많은 변화와 신비와

초자연적인 세계로 인도하셨다. 나는 너무 오랫동안 이론적인 초자연주의자로 지내었다. 사회 정의에 대한 성경적-신학적 이해도 전혀 없었다. 슬프게도 나는 다수를 이루는 비서구 세계가 참여하는 장기적인 세계 선교에 대한 비전도 없었다. 예술에 대한 신학도 없었고, 창조세계 돌봄(creation care)의 신학이 어떤 것인지도 몰랐다.

다소 심각한 실수도 있었고, 그냥 웃어넘길 수도 있는 실수도 있었지만 모두 교훈을 얻게 되는 실수였다. 나는 함께 하기가 매우 어려운 사람들을 만났고, 어떤 경우에는 그들과 함께 일하기도 했다. 하지만 그들로부터 배운 것도 있었다. 언덕의 비전은 계속해서 나를 당황하게 했지만, 그것이 펼쳐지는 것을 통해 자유롭게 되었다.

결론은 '아래에서 이끄는 것'과 '끝마무리를 잘하는 것'의 관계에 대한 나의 여러 묵상을 요약한 것이다. 그것들은 수렴하고 함께 노래한다. 그리고 나의 여정은 아직 끝나지 않았다는 것을 상기시켜 준다. 나는 그 묵상을 통해 여든 셋의 나이에도 여전히 배우고 성장하고 있으며, 선교하시는 삼위일체 하나님의 신비를 향해 마음을 열고 있음을 상기하게 된다.

나는 코스타리카 출신의 어린 빌 테일러에 대해 곰곰이 생각해 보며, 성령께서 어떻게 그를 앞서 가셔서 그 자신과 원수 마귀로부터 그를 보호해 주셨는지, 그리고 그가 어떻게 하나님이 원하시는 사람으로 서서히 성장해 갔는지를 떠올려 본다. 이 여정에서 고통이 나를 찾아왔다. 나는 어떤 대가를 치르더라도 예수님을 따랐다는 이유로 상처를 입고 흉터가 생긴 사람이다. 하나님은 우리의 모든 기도에 다 응답하지는 않으신다.

> 무엇보다도 내가 원하는 것은 끝마무리를 잘하는 것이다.

나는 상처입고 흉터를 가진 리더들을 존경한다. 나는 여전히 슬픔의 면면을 떠올리며 깊은 한숨을 쉬고 있다. 나는 늙어가면서 슬픔의 손길을 반갑게 맞이한다. 나는 익명성이라는 새로운 친구와 함께 동행하는 법을 배웠다. 나를 사역으로 초청하던 그 많은 초대는 이제 멈추었다. 하지만 무엇보다도 내가 원하는 것은 끝마무리를 잘하는 것이다.

결론

글로벌 선교 리더십에 대한 이러한 성찰과 교훈이 여러분에게 용기를 줄 수 있기를 기도한다. 또한 여러분 자신의 리더십에 대한 생각과 경험, 이해와 실천을 점검할 수 있는 또 다른 렌즈, 즉 아래로부터의 리더십이 여러분에게 주어지기를 기도한다. 나의 묵상은 삶과 열정, 재능과 기술의 도가니와 고통과 유혹과 기회의 용광로에서 넘쳐흘러 나온 것이다. 성령께서 여러 차례 나를 해체와 재건의 교실로 인도하셨다. 감사하게도 나는 예전의 내가 아니다. 나는 잊을 수 없는 실수를 저질렀고, 그 모든 것을 후회하고 있다. 하지만 거기에 하나님의 은혜가 나를 찾아왔다.

이러한 모든 성찰을 통해 우리는 살아 계신 예수님의 아이콘을 가장 중요한 리더십 모델로 삼는다. 주님을 개념적 모범으로 삼는 것은 너무 쉽게 '지나치게 경건화'(devotionalize)하는 것이 될 수 있으므로 조심해야만 한다. 그러나 실제로 우리의 리더십 스타일은 시대 정신과 우리가 형성되고 훈련받은 방식에 따라 기본값이 정해진다. 우리는 우리 문화의 소산이다. 그러므로 성경을 읽자. 우리는 말씀을 통해 메시아 그리스도를 발견한다. 솔선수범하고 비전을 제시하는 열정적인 리더이면서도 아래로부터 섬기는 스타일이었던 예수님에 대한 확고한 이해를 가지고 성경을 읽어 보자. 마가복음 10장 45절은 그분의 모습을 매우 명확하게 보여준다. "인자가 온 것은 섬김을 받으려 함이 아니라 도리어 섬기려 하고 자기 목숨을 많은 사람의 대속물로 주려 함이니라."

하나님이 여러분의 여정에 함께하시길 바란다. 나도 아직 끝나지 않았다. 나는 이제 겨우 여든 넷이다. 그러니 인생의 각 계절과 그 길고 긴 마지막 바퀴를 잘 마무리할 수 있도록 서로 격려하자. 스페인어로 "나는 내 손에 있는 마음을 담아 글을 쓴다"(*escribo con el corazón en la mano*)라는 말이 있듯이 말이다.

1
거짓 희생

여호와께서 이와 같이 말씀하시되 "지혜로운 자는 그의 지혜를 자랑하지 말라, 용사는 그의 용맹을 자랑하지 말라, 부자는 그의 부함을 자랑하지 말라, 자랑하는 자는 이것으로 자랑할지니, 곧 명철하여 나를 아는 것과 나 여호와는 사랑과 정의와 공의를 땅에 행하는 자인 줄 깨닫는 것이라. 나는 이 일을 기뻐하노라. 여호와의 말씀이니라"(렘 9:23-24).

팬아메리칸 항공 501 편

1971년 3월이었다. 서른 살의 나는 과테말라 시티에서 첫 번 임기를 시작한 신입 선교사로, 이미 최고의 실력을 갖춘 신참이었다(내 생각과 느낌으로는). '고향'으로 돌아온 성인 TCK로서, 나는 스페인어 실력도 꽤 좋았다. '미국인'(gringo)인 나는 스페인어의 복잡한 가정법을 마스터하고, 대중 설교에서 라틴 아메리카 속담을 사용하며, *don de gente* 즉, 사람들과 친밀한 관계를 맺는 타고난 재능을 갖고 있었다.

나는 중앙아메리카의 대표적인 복음주의 신학교인 '중앙아메리카신학교'(Seminario Teológico Centroamericano)에서 유망한 젊은 교수로 자리 잡아가고 있었다. 과테말라의 도시와 시골 지역 교회에서 인기 있는 새 강사이기도 했다. 나는 과테말라 국제 복음주의 학생 연합에 속한 '대학복음주의그룹'(Grupo Evangélico Universitario)에서 정기적으로 대학생들을 제자훈련하고 있었다. 나는 수백만 명에게 복음을 전하는 하나님의 긴급한 사역을 하면서 나의 일을 사랑하고, 꿈을 이루며 행복하고 바쁘게 살고 있었다.

나는 또한 "더 많은 일을 할수록 더 영적인 사람", "더 열심히 일할수록 더 많은 하나님의 축복을 받는다", "믿음이 클수록 더 큰 수확을 거둔다"고 믿는 복음주의 하위문화의 산물이기도 했다. 나는 무의식적으로 미국식 경영의 생산성 지표를 받아들였고, 실용주의적 영성과 결합되어 최대의 그리고 정량화 가능한 결과물로 가치를 측정하는 것을 당연하게 생각했다. 나의 삶에는 성령에 대한 인식이 거의 없었다.

나는 위험하게 익어가고 있었고 온 사방에 '내가' 날뛰고 있었다.

목요일 저녁 6시쯤 집에 도착한 나는 간단한 식사가 필요했다. 나에게는 지역 교회에 강의 약속이 있었다. 꼭 지켜야 할 약속이었다. 나는 딸기색이 섞인 금발의 한 살배기 크리스틴과 25살의 텍사스 출신 아내 이본의 뺨에 키스를 하였다. 그때 아내가 "당신과 얘기 좀 해야겠다."고 말했다. 나는 아내의 말을 가볍게 생각하고 주말 토요일에 얘기하자고 제안했다. 아내는 조용하고 단호하게 "당신과 얘기해야 해요. 오늘 밤에요."라고 말했다. 나는 그녀의 요청을 무시하고 냉장고에서 먹을 것을 찾았다.

나는 혼잣말로 중얼거렸다. "어떻게 저렇게 내 소명, 내 사역, 주님의 일을 전혀 이해하지 못할 수 있을까? 할 일은 너무 많은데 시간은 부족하고, 추수할 밭은 희어졌고, 일꾼은 부족하다는 것을 이해하지 못할까?"라고 생각했다. 나는 긴장되고 매우 당황스러운 대화에 금세 지쳐버렸다.

그러자 그녀는 내 말을 끊으며 간결하고 단호하게 천천히 말했다. "빌, 날 봐요. 내 말 잘 들어요." 나는 먹는 것을 멈추고 고개를 들어 강한 어조로 말하는 그녀의 얘기를 들었다. "지금 당장 멈추고 나와 얘기하지 않으면 내일 아침 **내 딸**을 데리고 공항으로 가서 댈러스로 가는 팬아메리칸 501편을 탈 거예요. 나는 부모님과 함께 있을 테니 당신은 여기 남아서 수백만 명의 영혼을 구하는 당신의 빌어먹을(그녀가 사용한 이 단어는 더욱 강하고, 생생하고 잊을 수 없는 것이었다) 사역을 계속하세요."

순식간에 나는 나에게 심각한 문제가 생겼다는 것을 알았다. 그러나 여전히 실마리를 찾지 못한 나는 "도대체 이본이 왜 이러는 걸까?"라고 스스로에게 계속 물었다. 나는 그녀를 깊이 사랑했고, 그녀도 나를 사랑한다는 것을 알고 있었다. 나는 존경받는 선교사 가문 출신의 열정적이고 외향적인 선량한 사람이며, 부모로부터 확고한 복음주의 신학을 물려받은 사람이었다. 하지만 지난 몇 달 동안 나 홀로 초래한 결혼 생활의 위기를 전혀 감지하지 못하고 있었다.

그때 두 번째 음성이 들려왔는데 이번에는 성령의 음성이었다. "조용히 해, 빌. 아내의 말을 들어봐. 결혼 서약을 기억해봐. 하던 일을 멈추고 주의를 기울여." **망가트리지 마!**

나는 시간이 멈춘 것 같은 분위기를 느끼며 식사를 중단하였다. 그녀의 강렬한 눈빛이 고통으로 가득 차 있었다. 나는 기대 반, 두려움 반으로 그녀를 바라보았다. 나는 아내와 대화를 나누다 잠깐 멈추고 옆집 만돌리니의 걸프 주유소에 전화를 빌리러 갔다. 그렇지만 내가 연락해야 할 교회 담당자에게 전화가 없다는 사실을 깨닫고 돌아왔다. 이미 중요하지 않은 약속이 되어버렸지만 취소를 통지할 수도 없었다. 그날 밤 나는 약속을 지키지 못했고 아무런 연락도 받지 못했다. 학장에게 전화해서 다음 날 강의할 수 없게 되었다고 말했다. 그날 밤 용감한 아내와 긴 대화를 나누면서 문제는 내가 "사역을 어떻게 할 것인가"로 바뀌게 되었다. 초청의 수락 여부를 어떻게 결정하고 남편, 아버지, 선교사, 교수, 그리스도인, 그리고 인간으로서의 나의 정체성과 역할을 어떻게 할 것인가에 대한 지침이 정해졌다.

나는 진심으로 아내에게 미안했다. 나는 아내에게 그 사실을 말하고 용서를 구했다. 그녀는 경청했지만 현명하게도 즉각적으로 용서를 해주지는 않았다. 오히려 그녀는 내가 "주님을 위한 사역에 바쁜" 동안 가족, 친구, 신앙 공동체라는 지지기반이 없이 낯선 나라, 새로운 언어 문화와 씨름하면서 새내기 선교사이자 엄마로서 홀로 고군분투해야 했던 것을 이야기하였다. 그리고 나의 화려한 사역에서 부차적인 존재로 뒤로 밀려난 아픔에 대해 이야기해 주었다.

나는 그날 밤을 결코 잊을 수 없다. 거의 결혼 생활이 파탄 날 지경에 이르게 되다니. 내가 초기 탈락 선교사 통계 숫자에 포함될 뻔하다니. 가장 기본적인 리더십 역할, 즉 아내를 사랑하고 돌보는 일에 실패하다니. 아내가 정말로 가족, 고향, 문화, 국가, 언어, 친구, 공동체를 떠나온 '진정한 선교사'임을 이해하지 못하고 있다니.

내가 잠재적 리더십을 위한 유치원 과정을 이수하고 있었던 것일까? 나는 전혀 몰랐다. 분명히 나에게 리더의 자질이 있는지도 확실치 않았다. 그리고 나는 그 초기 몇 년 동안 그녀에게서 다른 교훈도 배워야 했다.

팬암 항공 501 편의 해석

위험하게도 나는 바쁘게 지내면서 희생을 하고 있다고 생각했던 것일까?

장기적 타문화 사역이라는 평생의 꿈을 이루기 직전이었던 선교사 경력 초기에 정말 무슨 일이 있었던 것일까? 내가 단지 미성숙하고 어리석고 둔감했던 걸까? 아내가 나에게 너무 많은 것을 요구했던 걸까? 그녀가 타문화권 사역에 맞지 않았던 것일까? 아니다, 시간이 지나면서 나는 내 어깨 위에 무겁고 사랑스러운 하나님의 손길을 느꼈다. 나는 우리 대부분이 인생의 소명을 따르기 시작할 때에 흔히 저지르는 실수에 대해 책망을 받고 있었다. 나는 너무 일찍 결혼 서약을 무시했고, 이본이 겪고 있는 어려움을 이해하지 못하고 있었다―아내가 겪는 문화 충격의 정도, 우리 특유의 복음주의 선교 정신과 문화, '고향'에서 멀리 떨어져 있으면서 어린 딸을 돌보며 남편(사역과도 결혼한)과 함께 지내는 상황이 아내에게 어떤 영향을 주고 있는지를 이해하지 못했다.

나는 아내를 사랑하고 사역에 헌신했었다. 그러나 균형 잡힌 관점을 잃은 젊은 남자인 나를 향한 하나님의 훈계를 깨닫게 되었다. 만약에 내가 조기에 구체적이고 중요한 방향 수정을 하지 않았으면 하나님이 원하시는 사람이 될 수 없었고, 글로벌 선교 사역에서 영적 리더십을 발휘할 자격을 갖추지 못했을 것이다.

1987년경 WEA-MC 초창기에 두 번째 가족 위기가 닥칠 때까지 그때 우리 부부가 세운 지침은 오래 동안 도움이 되었다. 우리는 아칸소의 작은 도시로 이사했고 미국으로 재입국하는 과정을 밟고 있었다. 나의 업무상 장기간 해외 출장이 필요했다. 집과 가족으로부터 아주 멀리 떨어진 곳에서 환상적이고 의미 있는 사역 여행을 마치고 돌아온 어느 날 오후, 나는 집에 도착하여 아내의 뺨에 키스를 했다. 그 당시 열여섯 살이었던 크리스틴에게는 겉으로 보기와는 달리 어려움이 있었다. 그녀가 학교에서 돌아왔을 때 나는 그 아이 뺨에 키스했지만 그녀는 "언제 또 떠나요?"라고 말하며 자기 방으로 들어갔다. 나는 할 말을 잃고 망연자실했다. 어떻게 이런 불균형이 다시 나타난 것일까?

두 번째 분수령이 된 이 경험은 새로운 가이드라인을 만들게 하였고, 이를 통해 나의 모든 여행 및 강연 약속을 평가하게 되었다. 아내가 이 가이드라인의 초안을 작성하는 데 도움을 주었다. 이 8가지(첫 번째 버전에서는)

기준이 나를 보호해 주었다. 첫 번째는 "성령과 아내의 음성을 듣기 위해 초대에 응하기 전에 24시간에서 48시간 정도 기다린다."는 것이었다. 여덟 번째는 "이 초대를 수락하지 않으면 누군가 죽게 될까?"라는 아주 명확한 기준이었다. 더 늦기 전에 "하나님을 위해 중요한 일"을 하고 싶다는 유혹이 노년의 내가 이 마지막 한 바퀴를 도는 중에도 짐짓 나타나기 때문에 지금은 또 다른 지침이 나를 보호해 주고 있다!

돌이켜 보면, 하나님의 은혜로운 손길을 의식하면서 나는 그분이 나를 시험하시고, 미래를 위해 나를 준비시키면서 나와 함께, 내 안에서, 나를 위해 무엇을 하고 계시는지 분별하려 했다. 성령은 어떤 기독교 지도자도 잘못된 제단에서 결혼과 가족을 희생시키는 것을 정당화할 수 없다는 것을 나에게 가르쳐 주셨다. 나는 감사할 것이 많은 사람이다.

아, 그때는 잘 몰랐었다.

혹독하게 다듬어짐

지역, 싱가포르. 날짜, 1986년 6월 28일. 나는 노보 오키드 호텔의 한 회의실에 45명의 노련한 세계 선교 지도자들과 함께 입이 마르고 긴장된 상태로 앉아 있었다. 그들은 세계복음주의연합(WEF) 총회(2001년 말레이시아 총회에서 세계복음주의연맹[WEA]으로 명칭 변경) 참석자들이었다. 나는 그중 몇 명만 알고 있었다. 인도의 시어도어 윌리엄스(Theodore Williams, WEF 의장, 전 MC 위원장)가 나를 새로 임명된 WEF MC의 총무라고 참석자들에게 소개했다. 놀랄 일은 아니었지만 아무도 박수를 치지 않았다. 나는 싱가포르에 도착한 후 24시간 동안 일어난 일을 이해할 수 없었다. 또한 9,683마일 떨어진 미국 아칸소주 러셀빌(Russellville)에 있는 임시 거처에서 아내가 내 결정에 대해 심각한 의문을 품고 있다는 것도 알고 있었다. 그것은 당연한 의문이었다.

그렇다, 나는 내 인생의 전반적인 소명에 대한 예감이 있었다. 나는 어린 시절의 선교로의 '부르심'을 시험해 보았다. 그 부르심은 시간이 지나면서 다양한 경험과 도전 속에서 사역을 시도하는 과정에서 확인되었다. 일찍이 텍사스에서 열린 교회 캠프에서 소명과 직업에 대한 확신을 갖기 시작했다. 이후 학생으로서 '인터바시티 크리스천 펠로우십'(IVCF)을 통해 소명을 확인했고, 3년 동안 간사로 일한 후 댈러스신학교(DTS)에서 4년을 공부하였다. 라틴 아메리카로 떠나기 전에 하나님께서 나를 이 세상에 보내신 목적을 알고 있다고 느꼈다. 하지만 1986년 이 분수령이 된 사건은 어떤 것이었나?

코스타리카에서 태어나 흙먼지가 날리는 거리가 있는 마을에서 살았고, 초등학교 2학년 때 낙제를 하고, 자라면서 새로운 삶의 상황을 이해하지 못해 힘들어하던 어린 빌리 테일러가 바로 그였을까? 그렇다, 어린 빌리에게는 그와 그의 누나를 사랑하는 신실한 선교사 부모가 있었지만, 두 분은 소극적인 분들이었다. 선교사인 어머니가 그에게 애정과 격려를 표현하는 것은 거의 불가능에 가까웠다. 빌리는 평생 동안 정기적으로 그 두 가지를 보여준 아버지에게 감사했다. 하지만 부모님의 양육 방식은 소극적이었고, 그 소극적인 면은 수십 년 동안 '빌리-빌'의 성장에 영향을 미쳤다.

그는 평탄하게 자라지 못했지만 어떻게든 해 내었다. 고등학교 3학년 때 가족은 일리노이주 휘튼(Wheaton)으로 이사했고, 열 여섯 살에 불과한 그는 미국 문화에 익숙하지 않아 어리둥절했다. 열일곱 살에 선교 사역을 목표로 무디에 입학했다. 그는 미숙하였고 첫해에는 탁구를 전공하다시피 했다. 그는 또한 기말고사에서 부정행위를 저질렀고 그 대가를 치렀다. 그의 자백으로 공식적인 용서를 받았지만, 2년 동안 징계를 받으면서 공부했다. 그는 수년간 학업에 어려움을 겪었지만 나중에 댈러스신학대학원(DTS)

에서 신학석사 학위를, 텍사스대학교(UT)에서 라틴 아메리카 연구 및 교육의 문화적 기초에 대한 연구로 박사 학위를 취득했다. 그는 총 27년 동안 학교를 다녔다.

그는 40대 중반에 명백한 경력의 정점에서 세 번의 죽음을 겪은 사람이다. 불과 2년 만에 라틴 아메리카에서 평생을 섬기겠다는 꿈도 사라졌고, 학교에서 가르치겠다는 꿈도 이루어지지 않았으며, 마지막으로 역기능적인 아칸소주의 미자립 교회를 섬기면서 목회적 은사에 대한 감각도 사라져 버렸다.

이 모든 과정을 통해 그는 죽음 뒤에는 부활이 따르지만 부활은 죽음을 전제로 한다는 것을 배웠다. 그리고 그 죽음은 새로운 삶으로 이어졌다. 그는 하나님의 침묵의 세례의 리듬을 다시 배우게 되었다. 물속에 잠겼다가 적절한 시기가 되어야 새 삶으로 떠오르게 된다는 것이었다.

하지만 1986년 그날, 빌을 믿어준 사람이 있었으니 바로 1967년 어바나 때부터 그의 멘토였던 데이비드 하워드였다. 그리고 그와 함께 경건한 인도 선교 지도자인 테오도르 윌리엄스도 있었다. 데이브는 "여러 나라의 친구들을 소개하겠다"며 나를 싱가포르로 초대했다. 나는 WEF 총회가 무엇인지도 몰랐고 WEF 자체에 대한 이해도 거의 없었다. 데이브와 테오는 싱가포르에 도착한 첫날 나를 두고 WEF MC 총무직에 대한 면접을 진행하였다. 그들은 나에게 다음 날까지 생각할 시간을 주었다. 그날 밤 이른 시간에 나는 내가 하나님의 능력 주시는 영이 임하신 한가운데서 인생의 중대한 갈림길에 서있다는 것을 알고 마음속으로 그 초대에 "분명하게 예스"라고 대답했다. 나중에 나는 데이브와 테오가 일방적으로 국제이사회에 나를 새 MC 책임자로 추천했다는 사실을 알게 되었다. 팀이나 공동체의 추천 절차를 통해 내가 지명된 것이 아니라 이 두 사람의 권한에 의해 지명된 것이었다.

도대체 내가 지금 뭘 하고 있는 걸까? 이 사람들이 나를 받아들일까? 어떻게 하면 그들의 신뢰를 얻을 수 있을까? 나는 빨간 머리에 주근깨가 있는 전형적인 북미 사람처럼 보였을 것이다. 하지만 나는 나의 내면은 다르다는 것을 알고 있었다. 나는 라틴 아메리카에서 17년 동안 사역한 마흔 다섯 살의 제3의 문화에 속한 사람이었다. 트리니티 복음주의 신학교(TEDS)에서 2년 동안 교수로 재직하였고 한 여인의 남편이자 세 아이의 아버지였다. 그리고 나는 사역의 꿈을 세 번이나 접었고, 그동안 하나님께서 나를 버리신 건 아닌지 처절하게 고민했다. 나의 미래가 어떻게 펼쳐질지 무척 궁금했다.

하지만 왠지 그 순간 나는 의심과 의문, 불확실성의 소용돌이 속에서도 내가 있어야 할 바른 곳에 와 있다는 것을 알았다. 첫 번째 겸손의 교훈은 (아마도 하나님의 유머 감각 때문인지) 빠르게 나에게 주어졌다. 업무를 의논하는 회의가 시작되자 테오가 "빌, 당신은 신임 총무이니까 회의 내용을 메모하고 결정된 사항을 기록해 주세요."라고 말하였다.

아, 내가 얼마나 무지했는지 하나님은 아시겠죠.

결론과 교훈

이 장의 시작 부분에 인용된 예레미야 9장 23-24절은 두 가지 리더십 즉, 학력, 권력, 부를 바탕으로 한 리더십과 참으로 한 분이시면서 또 삼위일체를 이루시는 하나님(the One True Three in One)과의 관계에서 나오는 리더십을 보여준다. 하나님은 그 이름이 독특하시며, 홀로 경배 받으실 분이며, 변함없는 사랑을 베푸시고, 이 세상에 정의와 공의를 이루시는 유일한 분이시다. 이러한 가치와 이를 실천하는 행동은 그분을 기쁘시게 한다. 아래로부터의 리더십에 대한 적용은 이 근원적 구절에서 비롯된다. 그리고 이 구절은 결혼 생활과 타문화 사역 초기에 나의 모습을 평가하고, 잘못된 동기와 규범에서 벗어난 희생에 대해 유죄 판결을 내렸다. 또한 내가 변화하기 위해 취해야 할 조치를 분명하게 해 주었다.

> 사역이라는 엉터리 제단에 당신의 가족을 결코 희생시키지 말라.

하나님은 어떤 사역의 제단에서도 가족을 희생시키지 않는 미래를 준비하기 위해 나를 여러 번 학교로 데려가셨다. 내가 그 서원을 지킬 수 있었을까? 나는 라틴 아메리카에서 17년간의 풍요로운 사역을 마치고 트리니티 복음주의 신학교(TEDS)의 선교학 부교수직을 수락했다. 그것은 라틴 아메리카를 떠나야 한다는 것을 의미하였지만, 어떤 의미에서는 강의실과 내 열정을 통해 세계로 나가는 길을 가게 되는 것이기도 했다. 나는 나의 핵심 은사가 가르치는 것이라는 것을 알고 있었다. 나는 북미에서 그 기술을 다 연마하고 싶었다. 그래서 나는 미국 플랫폼에서 라틴 아메리카와 세계 선교를 맞바꾼 셈이었다.

하지만 내가 TEDS에서 일하는 기간이 9개월밖에 안 될 줄 누가 알았겠는가? 그 이후에는 도대체 내가 무엇이 되어 어떤 일을 할 수 있었을까? 가족을 어떻게 부양할 수 있을까? "아이구! 하나님, 어디 계십니까?" 우리는 가족을 위해 아칸소의 작은 마을로 '내려'갔고, 그곳에서 나는 친구들이 설립한 작은 후원 교회의 파트타임 목사 겸 장로로 일하게 되었다. 우리 가족은 인구 약 19,500명의 조그만 도시 러셀빌로 이사하게 되어 매우 행복했다. 하지만 곧 먹구름이 끼기 시작했고, 나를 반대하고 나의 기질을 싫어하는 사람들의 거센 공격이 시작되었다. 6개월 만에 나는 나의 목회적 은사로는 버텨내지 못할 것이라는 것을 깨달았다. 그리고 그것이 3중의 죽음의 끝이 되었다.

하지만 하나님은 알고 계셨다. 그분은 나를 돌보고 계셨다. 성령께서 나를 감싸고 계셨고, 성자께서는 그분을 따라 십자가를 향해 낮은 곳으로 내려가라고 가르치셨다. 나는 극렬한 반대로부터 나 자신을 방어하지 않았다. 다른 사람들은 그럴 수 있었을지 모르지만 나는 그렇게 하지 않았다. 아내 이본도 마찬가지였다.

그러던 1986년 2월 초, 그 침묵 속에서 하나님의 음성이 데이브를 통해 들려왔다. "빌, TEDS를 그만두고 러셀빌로 이사한다면 6월 말에 싱가포르에 와서 여러 나라에서 온 친구들을 만나도록 하지." 그때부터 하나님께서는 내가 꿈꿀 수 없었던 글로벌 여정 속으로 나를 이끌어 주셨다.

나는 미처 몰랐다.

나는 방금 이야기한 생생한 경험에서 얻은 네 가지 리더십 교훈, 또는 원칙을 깊이 생각해 보았다. 우선 가장 분명하지만 실천하기가 쉽지 않았던 것은 "사역이라는 허울을 쓴 거짓된 제단에서 가족을 희생시키지 말라"는 것이다.

둘째, 하나님은 주권적으로 우리가 우리에게 맡기시는 일을 할 때를 정하시고, 우리가 올바른 교훈을 배울 수 있도록 혹독한 제자훈련과 해체를 겪는 학교로 우리를 돌려보내실 수 있다는 것이다. 그것이 내가 3중의 죽음과 … 그 후 이어진 부활을 통해 내 삶이 변화된 것을 이해할 수 있는 유일한 길이었다.

셋째, 하나님은 우리가 스스로를 믿지 않았을 때에 우리를 믿었던 하나님의 사람인 데이비드 하워드와 테오 윌리엄스를 통하여 우리를 만들어 가셨다. 나는 과테말라에서 테오를 두 번 만났었다. 그는 경건한 선교 지도자로서 새롭게 부상하는 많은 라틴 선교 지도자들에게 큰 영향을 끼쳤고, 그들은 오늘날까지도 그의 메시지를 기억하고 있다.

넷째, 예수님 자신도 시험을 받으셨다. 두 가지 성경 구절이 눈에 띈다. 첫째, 마태복음 4:1-11에서 마귀의 세 가지 유혹이다. 놀랍게도 예수님을 배고픔과 목마름, 시험의 광야로 이끄신 분은 성령이시다. 둘째, 히브리서 2:18과 4:15에서 우리는 예수님께서 모든 면에서 시험/유혹(헬라어로는 같은 단어)을 받으셨지만 죄는 없으셨다는 사실을 보게 된다. 따라서 우리는 시험과 유혹을 받을 때 예수님을 우리의 본보기와 그 싸움에서 우리를 돕는 분으로 삼을 수 있다.

가치 있는 희생, 반복해도 좋은 희생. 그러면 후회는 없다.

성찰 질문

1. 리더가 자신의 연약함을 드러내는 것의 위험과 가치는 무엇인가?

2. 사역의 제단에서 가족을 희생시킨 크리스천 리더의 사례를 한두 가지 얘기해 보라.

3. 이 장의 제목이 "거짓 희생"인 이유는 무엇인가?

4. 지금 당장 당신이 기도할 수 있는 지도자 두 명(남자 한 명, 여자 한 명)은 누구인가?

2
그럴듯한 슬로건
하나님을 위해 위대한 일을 하기

나는 몇 번이나 이런 말을 들었는가?
오 그리스도여, 내가 선의의 사람들로부터,
세상을 향해 나가는 것이 나의 운명이고 나의 책임이라고
세상에 나가서
주님을 위해 위대한 일을 하는 것이 나의 운명이자 임무라는 말을
얼마나 많이 들었는지?

내가 이에 대한 응답으로 그런 일들을 이루어 주시고
당신의 나라를 위한 일을 위해 내가 크게 쓰이도록
이런 저런 일들을 다 무시하게 해 주십시오라고
얼마나 자주 간절히 기도했는지?

그런 다음 얼마나 많이 기대하며 기다렸는가?
기다리고,
또 기다렸지.
그 위대한 일이, 그것이 무엇이든 간에.
분명해지기를.

그때 나는 몇 번이나 느꼈던가?
환멸과 실망과 혼란이 무겁게 서서히 내려앉는 걸,
위대한 일이 실현되지 않았을 때,
인생을 바꿀 기회가 홀연히
내 눈앞에 나타나지 않을 때, 그런 소명의 순간이 오지 않을 때
분명하게 모습을 드러내지 않을 때.[1]

성찰

여러분도 나처럼 이 가슴 아픈 성찰을 적어도 부분적으로나마 공감할 수 있는지? 그러면 그것이 리더십과 어떤 관련이 있을까? 많은 관련이 있다. 이러한 갈망은 우리 내면의 동기 부여, 즉 우리를 움직이는 욕망의 중요한 문제들과 관련이 있다. 성경은 타락한 세상 시스템이 보여주는 가치를 본받지 말라고 우리에게 권고한다. 그러나 우리는 교회/사역의 세계(그리고 종교적 소명의 모든 표현)에서는 특유의 숨겨진 중독 세트가 유혹하고 있다는 것을 안다.

> 우리는 하나님으로부터 우리가 균형을 잡고 올바른 판단을 할 수 있도록 도움을 받아야 하고, 우리 영혼을 변화시키는 성령의 역사를 필요로 한다.

이러한 중독은 우리를 오도하거나 심지어 파괴할 수도 있다. 더 나쁜 것은 그러한 것들이 지나치게 영적인 언어와 가치로 포장되어 있다는 것이다. 우리 모두는 혼란스럽게 뒤섞인 동기를 부추기는 주변의 유혹에 취약하다. 따라서 우리는 하나님으로부터 우리가 균형을 잡고 올바른 판단을 할 수 있도록 도움을 받아야 하고, 우리 영혼을 변화시키는 성령의 역사를 필요로 한다. 무엇보다도 리더는 자신의 영혼과 자신이 섬기는 사람들 모두를 위해 이러한 유혹과 욕망에 넘어가지 않도록 조심해야 한다.

예수님을 따르는 사람으로서 우리의 과제 중 하나는 우리의 관심을 끌고 본받기를 간절히 바라고 유혹하는 혼란스러운 소리를 무력화시키는 것이다. 삶을 통해 이루고자 하는 꿈과 비전을 분별하려고 할 때 우리는 누

---

1 McKelvey, "For Those Who Have Not Done Great Things for God," in *Every Moment Holy*, 203-204.

구의 말에 귀를 기울여야 할까? 누가 우리의 본보기가 되고 모델이 되어야 할까? 누구의 말이 명확하고 순수하며 진실된가? 성령은 언제 어디서 어떻게 다음과 같은 말을 통해 확신을 갖게 하는가? "그래, 빌, 이 사람의 지혜와 통찰력에 귀를 기울여봐, **이** 전기를 읽고 메모하고, **저** 책의 내용을 깊이 생각해 봐. **이** 성경 구절을 다시 읽어 봐. 가만히 있어 내가 너와 함께 한다는 것을 알아라. 멈추어라!" 우리 세대의 미국 선교사들은 그 뿌리가 오순절파이든 그렇지 않든 간에 다양한 근본주의의 영향을 받았거나, 성경 학교(institute)를 졸업한 사람들이 많았다. 일반 대학이나 기독교 대학의 인문학부를 졸업한 사람들은 더 큰 세계관을 가지고 평생 동안 세계 선교에 참여하는 경향이 있다. 영국, 유럽, 호주, 뉴질랜드 출신의 우리 시대의 선교 일꾼들도 더 큰 세계관의 틀을 가지고 있는 것 같다. 잘은 모르지만.

우리 중 일부는 성경, 신학, 교회사, 영성, 선교 신학, 선교 실천에 대한 근본적인 질문을 던지며 더 깊이 탐구할 자유를 갈구하여 여러 해에 걸친 노력을 통해 그러한 한계를 벗어났다. 그 일은 평생에 걸친 과제가 되어야 한다. 내가 미성숙했던 무디 시절에 선교사가 되려는 꿈을 갖게 된 동기는 구체적이지 않았고, 형태도 없었으며, 심지어 말로 표현되지도 않았지만, 분명히 존재했다. 솔직히 그 시절 3년 동안 나는 내 미래가 선교에 있다는 것만 알았고, 막연하게 훈련을 받아야 한다고 생각했다. 점차 깊이가 생겨났다.

어떻게 우리가 현대의 성공 지표들, 그 부드러운 속삭임, 특히 기독교적 용어로 포장된 그러한 것들의 영향에서 벗어날 수 있을까? 우리의 꿈과 비전이 세속적인 성공 모델, 목표에 의한 관리, 비전을 확고히 하고 2000년 또는 2033년까지 지상명령을 구체적인 날짜에 맞춰 '완수'하도록 확정하는 계획(어쨌든 우리가 최고의 기술을 가지고 있지 않은가, 그렇지?)에 의해 왜곡되고 있지는 않은가? 우리가 역사적으로 어느 지점에 있는지를 알려주고 우리 생애에 "왕의 재림" 가능성을 알려주는 지표에 지나치게 매료되어 있지는 않은가?

요컨대 우리는 구체적 부르심, 우리의 과업, 그리고 성격, 성별, 나이, 지역, 언어, 문화, 신학에 따라 정해진 역할과 상관없이 하나님을 섬기려는 우리의 열망과 결정의 동기가 무엇인지 솔직하게 답해야 한다. 결국 이러한 결정은 선교에 대한 삼위일체 하나님의 마음에 뿌리를 두어야 하고, 성경의 총체성(totality)에 기초를 두며, 오늘날의 현실에 뿌리를 내린 것이어야 한다. 그러면 우리는 "그분이 다시 오실 때까지 하나님 나라를 확장"하기 위해 최선을 다할 것이며, 그것이 역사의 끝까지 우리의 과업이 될 것이다.

선교를 독려하는 슬로건과 노래들에 관하여

다양한 그룹에 속한 대부분의 나이 많고 사려 깊은 그리스도인들을 만나면 "여러분 중 그리스도와 동행하는 여정 초기에 '하나님을 위해 위대한 일을 하겠다'고 생각한 적이 있는 분이 있습니까?"라고 물어볼 수 있다. 변함없이 상당수가 "물론 그랬지만 인생에 큰 어려움이 생기고, 여러 가지 일로 인해 내 꿈이 어떻게 되었는지 잘 모르겠다"고 대답할 것이다. 나의 경우에는 그런 말을 생각해 본 기억조차 없다. 나는 제3의 문화에 속한 사람으로 불확실성에 휩싸여 평탄하게 성장하지 못하였고, 정말로 고향이 어디인지도 잘 몰랐다. 몇 년 동안 혼란스러웠지만, 나는 미래에 다른 문화권에서 사역하는 선교사가 될 것이라는 것을 알고 있었다.

아마도 나는 하나님을 위해 위대한 일을 할 것이라고 생각하지 않았기 때문에 위대함에 대한 꿈과 씨름하지 않았던 것 같다. 나는 리더십 개발과 다양한 사역의 분야에서 내 기여가 그렇게 중요할 것이라고 생각하지 않앉다는 것을 알고 있다. 살아가면서 훨씬 후에 나는 하나님이 내 안에서 그리고 나를 통해서 이루신 일이 내 어떤 꿈보다 더 위대한 것임을 깨달았다.

어린 시절 언제인가 "가라!"라는 강렬하고 명령적인 선교 구호가 내 마음속에 새겨졌다. 1949년 여름 휘튼에서 열린 여름 성경학교 프로그램에서 어린 빌리의 순수한 결단으로 내 인생의 진로가 정해졌다. 돌이켜보면, 나는 이제 부드럽지만 항상 함께하신 성령께서 내가 내릴 수 있는 최악의 결정과 행동으로부터 나를 어떻게 보호하셨는지 깨닫는다. 마치 내 앞과 뒤, 위와 아래에 정말로 하나님의 손길이 있었던 것 같이 느낀다. 내가 미래의 리더가 될 것이라는 어떤 예감이 있었을까? 아니다, 나에게는 없었다. 다른 사람에게는 있었을지도 모르겠지만.

나는 선교사로 사역하기 위한 준비를 갖추기 위해 무디성경학교(역사상 이렇게 많은 장기 타문화 사역자를 배출한 교육 기관은 없었다)에 입학하였다. 나는 어린 새내기였다. 아마도 나의 미성숙함이 나의 의식이 깨어나기 시작했을 때 성령의 보호를 받을 수 있는 공간을 열어주었던 것 같다. 천천히, 점진적으로 나는 성장하면서, 결단을 내리고, 큰 죄를 고백하고, 그 죄에 대해 이 땅에서 치러야 할 대가를 치르고, 내 삶에 대해 책임을 지는 자세를 갖게 되었다. 3학년 때 나는 라틴 아메리카 기도 모임과 스페인어 클럽을 이끄는 최고의 리더십 위치에 올랐다. 그게 전부였다! 그러나 무디에서 선교사에 관한 슬로건이 중요한 의미를 갖게 되었다. D. L. 무디 자신도 "세상은 아직 하나님이 자신에게 온전히 헌신된 사람을 통해 무엇을 하실 수 있는지 보지 못했다."라고 말한 적이 있다. 하나님의 도우심으로 나는 그런 사람이 되고자 한다. 우리 모두는 어떤 일을 하든 그런 사람이 되라는 도전을 받고 있다. 그러나 우리 중 일부에게는 그러한 분명한 부름이 나중에 실망감을 안겨주거나 인생의 시련이 닥쳤을 때 큰 타격을 받게 하기도 한다. 그런 말들이 우리에게 어떤 비현실적인 부담을 줄 수 있을까?

나는 19세기 후반 예일대학교의 윌리엄 보든(William Borden) 선교사(유명한 미국 보든 우유 회사와 관계 있는)의 짧은 생애에서 나온 두 구절을 기억한다. 예일대 재학 시절 그는 동급생들에게 열정적인 전도자가 되었다. 그는 또한 뉴헤이븐(New Haven)에 예일 희망 선교회(Yale Hope Mission)를 설립하여 취약한 사람들, 상처받은 사람들, 알코올 중독자, 매춘부, 버림받은 사람들에게 다가가는 도심 구호 사역(자비로 건물을 구입하였다)을 펼쳤다. 그는 예일대 재학 중 중국의 무슬림들을 향한 소명을 느꼈지만 끝내 그곳에 가지는 못했다. 그는 이집트로 가는 도중에 뇌수막염에 걸려 스물다섯 살의 나이로 사망하였다. 그의 투병 소식을 들은 그의 어머니는 아들의 병상을 지키기 위해 이집트로 향했지만 이틀 늦게 도착했다. 그럼에도 불구하고 그의 유산은 많은 사람들에게 감동을 주었다. "열 명의 남자가 통나무를 들고 있고, 그중 아홉 명은 가벼운 쪽을, 한 명은 무거운 쪽을 들고 있는데, 당신이 돕기를 원한다면 어느 쪽을 들겠습니까?"라는 말을 남겼다. 그리고 "머뭇거릴 일은 없다. 후퇴는 없다. 후회도 없다."라는 말도 남기었다. 나도 선교 동원 사역 초기에 이 말을 사용했던 기억이 난다. 나는 그 말을 믿었다.

기억에 남는 다른 슬로건도 있다. C. T. 스터드: "어떤 사람들은 교회와 예배당의 종소리 속에서 살고 싶어 한다. 그러나 나는 지옥 마당에서 사람들을 구출하는 일을 하고 싶다!" 오스왈드 J. 스미스: "아직 복음을 한 번도 듣지 못한 사람들이 많이 있는데 어떤 사람들에게는 두 번이나 들을 기회를 줄 필요가 있겠는가?" 데이비드 리빙스톤: "하나님은 독생자를 두셨고 그를 선교사가 되게 하셨다." 존 R. 모트: "이 세대 안에 세계 복음화를 이루자." (1947년 모트가 81세의 나이로 노벨 평화상을 받았다는 사실을 아는 사람은 거의 없다.)

보다 최근의 슬로건도 있다. 월드비전의 설립자 밥 피어스(그의 열정과 결정으로 인해 그의 가족이 대가를 치렀다)는 "하나님의 마음을 아프게 하는 일로 내 마음도 아프게 하자."라고 말했다. 열정적인 음악가 키스 그린은 갑작스러운 죽음을 앞두고 "이곳에 머물러야 할 확실한 소명이 없다면, 당신은 가라는 부름을 받은 것이다."라고 외쳤다. 존 파이퍼: "선교는 교회의 궁극적인 목표가 아니다. 예배가 목표이다. 예배가 없기 때문에 선교가 존재하는 것이다."라고 말했다. 가톨릭 선교는 부분적으로 초기 세계 선교 지도자들과 주요 기관의 설립자들의 열정에 의해 추진되었다. 프란시스 자비에(예수회의 공동 창립자이며 인도와 중국 선교사로 활동하다 사망했다)는 "나는 멀리 아주 멀리 완전한 이교도들이 있는 곳에 가고 싶다."라고 말했다.

그리고 최근 미국에서는 더 많은 주장들이 나타났다. 1995년경 한때 나의 동료였던 한 사람이 우리 그룹에게 "우리는 마침내 지상 명령을 완수할 기술("예수 영화"만으로도 그렇게 할 수 있다는 주장도 있다)을 갖게 되었다."라고 말했다. 아마도 가장 최근의 슬로건은 "과업 완수"(Finishing the Task, FTT)일 것이다. 미국의 유명하고 막강한 재력을 가진 목사가 이 사역을 하기로 하고 10억 달러를 목표로 모금을 하였는데, 누가 감히 반대할 수 있었을까? 그러나 내가 이 책의 초안을 쓰고 있는 지금도 FTT의 최고 지도부는 지혜와 검증된 현장 경험을 가진 북반구의 선진국과 남반구의 가난한 나라의 베테랑 그룹을 진지한 자세로 인정하거나 참여시키지 않고 있다. 그들이 다시 제시한 이 과업 달성의 시기는 언제인가? 그것은 2033년이며, 대위임령(the Great Commission)이 주어진 지 2000주년이 되는 해이다.

이러한 슬로건에는 장단점이 모두 있다. 결국, 단기적으로는 영감을 줄 수 있지만, 도움이 될지 방해가 될지는 잘 모르겠다. 나는 환원주의가 우리에게 도움이 되지 **않는다**고 생각하지만, 이런 문구를 만든 사람들의 영성에 대해서는 의문을 제기하지 않는다.

선교 찬송가와 합창은 슬로건 범주에 속한다. 내가 생생하게 기억하는 것은 "열방에 전할 이야기가 있네"인데, 후렴구에는 후천년설 신학이 담겨 있다.

어둠은 여명으로 바뀌고
여명이 정오의 밝은 빛으로 바뀌어,
그리스도의 위대한 왕국이 이 땅에 임할 것이니,
사랑과 빛의 왕국이 이 땅에 임할 것이니.

나는 처음 20년 동안 짧고 간결한 "복음 전하러 가자"라는 내용의 헌신을 독려하는 여러 노래를 엄청 많이 들었다. 캐나다 시인 마가렛 클락슨(Margaret Clarkson)의 노래인 '그래서 나는 너를 보낸다'(1954)의 옛 버전이 한 예이다. 이 노래의 분위기는 도입부(stanza)에서 만들어진다. 이 노래는 온 세상에서 장기 사역자로 일하고 있는 우리의 현실의 한 면을 반영하고 있지만, 여기에 담긴 정신은 사실적이면서도 부정적이고 음울하다.

그러니 나는 너를 보상 없는 수고를 하도록 보낸다.
보수도 없이, 사랑받지도 못하고, 찾는 이도 없고, 아무 관심도 갖지도 않는 이들을 섬기기 위해
책망을 견디고 경멸과 비웃음을 참아야 하리라.
그러니 나(하나님)를 위해 홀로 수고하도록 보내련다.

클락슨 자신도 나중에 이 찬송가가 부정적인 측면만을 담고 있다는 사실을 인정했다. 그래서 1963년에 그녀는 "어바나"라는 제목의 다른 버전의 시를 만들었는데 이는 적절한 제목인 것 같다. 나는 1967년 어바나에서 이 노래를 배웠다.

그러니 나는 너를 보낸다 – 은혜로 힘을 내어
지옥의 무리들, 어둠과 죽음과 죄를 이기기 위해,
내 이름을 품고 그 이름으로 정복하리.
그러니 나는 너를 보낸다, 승리를 얻기 위해.

아, 우리는 열정적으로 모든 노래를 불렀고, 우리가 부르고 있는 그 노래들에 대해 비교적 잘 이해하고 있었다. 결론적으로 나는 우리 내면 형성에 필수적이었던 그 합창곡, 복음송, 찬송가들에 대해 감사하고 있다. 이상하게도 주기적으로 그리고 무의식적으로 약 65년 전으로 돌아가서, 오래된 찬송가와 합창곡(일부는 영어로 시작해서 스페인어로 끝난다)의 조각들—"이어웜"(ear worm) 이라고 부르는 것—이 내 마음속에 울려 퍼지고 있다. 그 노래의 흔적은 희미하지만 잊지 못한다.

슬로건과 노래는 나의 초기 선교 사역 준비와 삶, 추억에 없어서는 안 될 요소이다. 재미로 '선교사 슬로건'이 얼마나 많은지 구글을 검색해 보라.[2] 나는 주의를 집중시키는 구호들의 적절한 역할에 대해 생각해 보았다. 이 문구들이 우리가 그로 인해 어떤 대가를 치르게 되더라도 하나님을 위해 대단한 결정을 내리도록 영감을 줄 수 있을까? 그럴지도 모른다. 슬로건, 통계, 변화가 일어나도록 할 수 있는 기회, 연민과 정의에 대한 열정, 영적인 인간의 욕구 등 이 모든 것들은 일정한 역할을 한다. 특히 우리가 누구인지, 하나님이 우리를 어떻게 만드셨는가 하는 것과 같은 가장 핵심이 되는 것을 형성하는 데 역할을 한다. 이러한 것들은 우리의 생각을 명료하게 하고, 우리가 바라는 것과 꿈에 집중하도록 도와주는 역할을 할 수 있다. 이러한 것들은 사람들을 자신들이 원하는 대로 조정하기 위해 만들어진 것이 아니라 사람들에게 동기를 부여하기 위해 만들어졌다. 하지만 결국 찬송가는 성경이 아니라 슬로건이다.

오늘날까지도 오래된 찬송가와 비교적 최근에 나온 찬송가들이 나의 기억 속에 맴돌고 있다. 그레이엄 켄드릭(Graham Kendrick)의 강렬한 노래 "이는 내 사랑하는 아들"은 "죽임을 당한 어린 양이 고난의 상을 받게 하려

---

2 Google 검색의 한가지 예, https://growchurch.net/famous-missionary-quotes-the-great-commission.

하심이라"는 모라비안의 고전적인 클라리온을 바탕으로 한다. 나의 장례식에서 그의 노래 "그대를 알기에"가 불려 지기를 원한다. 키스와 크리스틴 게티(Keith and Kristyn Getty) 부부는 세계 선교를 향한 마음으로 신학적으로 탄탄한 음악을 만들고 있다. 폴 잭(Paul Zach)의 음악과 다른 현대 작가들의 음악은 내 영성을 만들어 주었다. 감사하게도 우리 교회의 예배는 새로운 음악에 맞춰진 베테랑 찬송가와 함께 고대의 것과 오래된 것, 그리고 현대의 것을 멋지게 통합하고 있다. 우리의 견고한 하나님 중심의 찬송가는 우리를 더 깊은 영성과 선교의 다양한 면으로 초대한다. 주님, 감정 중심의 가벼운 복음주의 음악에서 우리를 해방시켜 주십시오!

선교에 관심이 많은 나의 세대는 자라나는 동안 선교를 네 가지로 분류하였다. 첫째, "가는 자" 또는 보냄을 받은 자, 그리고 나머지 세 명은 "기도하고, 선교비를 지원하고, 보내는 자"이다. 첫 번째 그룹은 하나님이 진정으로 사랑하고 축복하는 사람들이며, 나머지 세 그룹은 보냄 받은 사람들이 "현장에서 진정으로 주님을 섬기며" 사역하도록 하기 위해 존재한다. 이러한 분류는 "모두가 선교사"라는 권면으로 더욱 정당성을 얻고 있다. 여기에는 사실과 맞지 않는 부분이 있었지만 우리들 중 일부에게는 일용할 양식이었다. 그것은 또한 소명과 직업이라는 잘못된 이분법을 낳았다.

보다 젊은 선교사 세대도 나름의 슬로건을 가지고 있지만, "주의 영광을 위하여"(For the glory of the Name!)와 같은 더 깊은 진실함이 그들을 도전하고 동기를 부여했다고 생각한다. 그들 또한 그리스도를 잘 알지 못하는 사람들과 민족들의 명백한 영적 필요에 관심을 갖게 되고 인도를 받아 그분을 받아들이거나 배척하는 합리적인 결정을 내릴 수 있도록 돕는다. 그들은 긍휼을 베푸는 것과 공의를 세우는 사역 플랫폼에서 섬기고자 하는 열망에 따라 움직이고 있다. 그러나 이러한 사역은 우리의 신앙이 갖는 사회적 의미와 구원의 복음과 예수님을 경배하는 예수 공동체(즉, 교회)의 개척에 대한 동등한 헌신 사이에서 신중하게 균형이 이루어지도록 해야 한다. 나는 고귀하고 큰 희생을 치러야 하는 소명을 위해 자신의 삶을 바치겠다는 열망을 가진 사람들로 인해 용기를 얻는다. 그들은 다른 사람들이 아직 가지 않은 곳에 주님의 이름으로 가려고 하는 사람들이다.

이번 주에 한 선교 단체의 정기 간행물에서 나를 불안하게 하는 눈에 띄는 문장을 발견했다. 그 문장이 왜 신경이 쓰이는 것일까? 이 단체는 자신들의 방법을 사용하면 효과적인 학습을 보장할 수 있다고 자랑했다. 인용해 보자: "요컨대, 우리는 실험 조건을 조성하고 매 분기별로 평가를 실시하여 유익한 방법은 크게 장려하고 결실이 없는 방법은 제거하기 위해 성과 지표를 만들고 매 분기별로 평가를 수행한다." 흠... 생산성이 보장되는 시스템 얘기처럼 들린다.

반면에 나는 "어려운 것을 받아들이라"(embrace)고 하는 도전을 좋아한다. 근래에 세계에서 가장 거친 민족들 중 한 '민족'(ethné)으로 향하는 한 젊은 부부의 이 말은 나에게 도전이 되었다. 첫해에 그들은 낯설고 생소한 것과 상실감, 부적절한 지원으로 어려움을 겪었다. 하지만 그들의 헌신은 나에게 용기를 주었다. 강인하고, 견고하며, 진실한 그들의 삶은 타문화권 선교에 부름 받은 사람들에게 계속해서 동기를 부여한다. 그렇다, "어려운 것을 받아들이세요."

선교사 전기에 관하여

선교사 전기에 대해서도 비슷한 관찰을 할 수 있다. 나는 무디에서 공부하는 동안 그러한 책들을 읽기 시작했다. 학교에서 꼭 읽으라고 한 것은 아니었다. 그것은 선교사 지망생들이 그냥 하는 일이었다. 나의 부모님은 나보다 한 세대 앞서 훨씬 이전에 발간된 선교사 전기와 선교 경건 서적을 읽으셨다. 1930년대에 쓰신 아버지의 일기에는 그런 책들의 내용이 반복적으로 인용되어 있다. 시간이 지나면서 나는 그 '위인'들의 전기 일부가 실제 이야기를 부풀린 허구의 '성인 열전'(hagiography)이라는 사실을 알게 되었다. 성인 열전은 복음주의적 "성자"(saints)가 이상화되고 잘못을 저지를 수 없는 영웅으로 묘사된 문학 장르를 말한다. 우리는 이러한 선구자들을 존중하고 깊은 존경심을 가지고 있지만 그들이 행한 모든 일을 무비판적으로 받아들일 수는 없다.

허드슨 테일러의 영적 비밀은 탐사가 필요한 광맥과 같으며 그에 관한 책은 방대하다. 그런데 저자들은 왜 그가 살아온 이야기를 포토샵으로 처리하여 "부정적인 내용"을 제거했을까? 1960년대에 **허드슨 테일러와 마리아** 같은 책을 쓴 J. C. 폴락(Pollock)과 같은 신진 작가들의 새로운 저술이 나오면서 변화가 일어났다. 허드슨 테일러의 후손들이 그 출판을 막으려 한 이유는 무엇이었을까? 폴락이 실제 이야기에 너무 충실하여 이상적으로 꾸며진 이전 스크립트를 따르지 않았기 때문일까?

나의 무디 세대는 '케임브리지 7인'과 그들의 감동적인 희생, 헨리 마틴과 순교자 등 선구자들 이야기로부터 도전을 받았다. 나는 존 폭스(John Foxe)의 『순교자 열전』(Foxes Christian Martyrs of the World) 구판과 현대 순교자들을 포함시킨 최신 버전 모두를 갖고 있다. 약 12년 전, 나는 폭스가 메리 여왕의 세 번째 순교자 로랜드 테일러(Rolland Taylor) 목사를 포함시켰다는 사실을 알게 되었다. 그는 1555년 화형을 당하였으며 나의 직계 조상이다. 나에게 순교자의 피가 흐른다고?

1956년 1월 3일부터 12일까지는 내 기억 속에 생생히 새겨진 날짜이다. 과테말라에서 열다섯 살의 TCK이던 나는 단파 라디오로 에콰도르의 기독교 방송국 HCJB를 청취하고 있었다. 에콰도르 열대우림의 쿠라레이(Curaray) 해변에서 일어난 소름 끼치는 소식이 흘러나왔다. "남자들과 연락이 끊겼다." 그리고 1월 12일, 강변에서 이들이 살해되어 매장되었다는 것이 확인되었다. 아, 다섯 명의 젊은 선교사들이 잔인한 아우카(Auca)족의 손에 순교를 당하다니! 네이트 세인트(Nate Sanit)의 시계는 1월 7일 토요일 오후 3시 12분에 멈춰 있었다. 이제 우리는 '아우카'라는 용어가 경멸적인 표현이며 그들의 정확한 이름은 '와오라니'(Waorani)라는 것을 알고 있다.

주여, 얼마나 오래 기다려야 하나요?

> 다섯째 인을 떼실 때에 내가 보니 하나님의 말씀과 그들이 가진 증거로 말미암아 죽임을 당한 영혼들이 제단 아래에 있어 큰 소리로 불러 이르되 거룩하고 참되신 대주재여 땅에 거하는 자들을 심판하여 우리 피를 갚아 주지 아니하시기를 어느 때까지 하시려 하나이까 하니(계 6:9-10).

무디 시절에 엘리자베스 엘리엇(Elizabeth Elliot)의 첫 번째 흥미진진한 책들이 출간되었다. 1957년 다섯 남자와 그들의 가족, 그리고 '아우카 작전'의 드라마를 다룬 『영광의 문』(Through Gates of Splendor), 1958년 남편 짐 엘리엇의 일기와 휘튼 대학과 에콰도르에서 함께한 추억을 바탕으로 그의 삶과 간증을 상세히 다룬 『전능자의 그늘』(Shadow of the Almighty)이 그것이다. 우리가 갖고 있는 것은 초판본이다. 책 표지 뒷면에는 "그의 미망인은 잘 기록된 이 일기장을 최대한 활용하여 가장 감동적이고 실체를 보여주는 구절을 골라 그의 삶의 이야기를 엮어내었다. 이 책은 모험적인 삶을 기록한 엄청난 전기이자 탁월한 경건 서적이기도 하다. 짐 엘리엇의 삶과 간증은 오래도록 남을 위대한 기독교 저술 중 하나로 꼽힐 것이다."[3]라고 적혀 있다.

그리고 이런 일이 일어났다. 선교사로 미래를 함께할지도 모르는 젊은

---

[3] 참고문헌에 나와있는 6권의 책은 오래동안 특별히 도움이 되었다.

독신이었던 이본과 나는 토요일 데이트에 이 책을 들고 댈러스 북쪽의 수영장으로 가서 서로 한 장씩 읽어 주었다. 우리는 그 이야기에 깊이 빠져들었고 하나님을 위해 위대한 일을 하고 싶었다. 우리는 1949년 짐 엘리엇이 남긴 유명한 말, "잃어서는 안 될 것을 얻기 위해 자신이 지킬 수 없는 것을 드리는 사람은 바보가 아니다."(He is no fool who gives what he cannot keep to gain what he cannot lose.)라는 구절을 결코 잊을 수 없다.

1967년 어바나에서 영광스럽게도 엘리자베스 엘리엇의 오빠인 데이비드 하워드가 나의 멘토가 되었다. 데이브는 그 사건이 있은 직후 콜롬비아에서 에콰도르로, 그리고 '쿠라레이' 강으로 날아가 순교 현장을 목격했다(짐과 데이브는 휘튼 대학 룸메이트였다). 그는 그 장면을 생생하게 기억하고 나에게 얘기해 주었다. 그 후에 나는 세월이 지나면서 그로부터 그의 세대에 대한 이야기를 여러 차례 들을 수 있었다. 그는 또한 하나님께서 휘튼 대학에서 어떻게 엄청난 희생을 치르면서도 영원한 것을 바라보며 세계 선교를 위해 세상으로 나아갈 가장 뛰어난 학생들을 준비시키셨는지를 설명해 주었다. 짐 엘리엇은 1948년 휘튼을 졸업하면서 "하나의 보물, 하나의 눈, 유일한 스승"[4]이라는 글을 남기었다.

중요한 것은 엘리자베스 엘리엇의 저술이 이후 다른 방향으로, 더 깊이 있는 방향으로 전개되었다는 점이다. "안데스 고산지대에서 한 젊은 미국인 선교사가 상황과 비극에 의해 신앙이 시험받는 과정을 그린 소설"(뒷표지)인 1966년작 『새겨지지 않은 이미지』(No Graven Image)는 그녀의 독자들에게 큰 충격을 주었다. 이 책이 젊은 엘리자베스 엘리엇의 어두운 면을 기록한 자서전일까, 아니면 허구의 인물일까? 분노한 비평가들은 이 책이 너무 부정적이며, 이런 책을 읽고 격려를 받는 사람은 아무도 없을 것이라고 말했다. 글쎄, 나는 격려를 받았고 다행스럽게도 그 초판을 소장하고

---

[4] Elliot, *Shadow of the Almighty*, 71.

있다. 그녀가 사람들을 놀라게 한 다음 책은 1968년에 출간된 『누가 승천할 것인가: 코스타리카의 R. 케네스 스트라찬의 생애』(Who Shall Ascend: The Life of R. Kenneth Strachan of Costa Rica)였다. 그녀는 라틴 아메리카 선교회(LAM)로부터 켄 스트라찬의 '공식 전기'를 써 달라는 의뢰를 받았다(그의 자녀들과 조카들은 내가 코스타리카에서 처음 다녔던 MK 학교의 동급생이었다). 비평가들은 그녀의 책이 너무 비판적이라고 평가하고, 꼭 말해야 할 좋은 부분은 제대로 말하지 않았다고 비난했다. 그래서 LAM은 내부 인사에게 또 다른 전기를 의뢰했다. 하지만 아내와 나는 이 두 권의 책을 첫 번째 임기 동안 읽고 큰 감명을 받았다.

엘리자베스 엘리엇은 선교사를 지나치게 미화하는 전기는 더 이상 발붙일 곳이 없도록 만들었다. 그녀의 혹독한 (개인적인?) 이야기인 『이 이상한 재』(These Strange Ashes, 1975)는 아마도 에콰도르 정글에서 성경 번역 선교사로 일한 첫해의 이야기를 편집한 것이라고 생각된다. 나는 1976년 어바나에서 이 책을 구입했는데, 최근에야 그 책에 그녀의 서명이 들어있는 것을 발견했다. 이 책은 진정한 영성과 고통과 응답되지 않은 기도와의 복잡한 관계에 대한 나의 이해를 재구성하는 일을 시작하게 하였다. 최근에는 루시 오스틴(Lucy S.R. Austin)이 쓴 방대한 전기인 『엘리자베스 엘리엇: 그 삶』(Elisabeth Elliot: A Life)을 읽었다. 그리고 2023년 말에는 엘렌 본(Ellen Vaughn)의 결정적인 전기 두 번째 책이 출간되었다. 『엘리자베스 엘리엇이 된다는 것』(Becoming Elisabeth Elliot)과 『엘리자베스 엘리엇으로 산다는 것』(Being Elisabeth Elliot)이다. 엘렌 본은 오스틴이 접근할 수 없었던 자료를 접할 수 있었기 때문에, 독자들이 이 다재다능하고 복잡한 엘리자베스 엘리엇의 전모를 파악하는 데 도움이 되었을 것이다. 그녀도 역사적으로 그녀 시대의 소산이다. 다행히도 이 두 저자는 엘리자베스 엘리엇을 지나치게 미화(이상화)하거나, 비판적으로 해체(비방)하지 않았다. 사려 깊은 이해와 연민의 관점으로 엘리엇을 바라보았지만 여전히 많은 의문을 남기었다.

엘리자베스 엘리엇이 오늘날 복음주의자들의 관심을 불러일으키고 상상력을 자극하며 심지어 분노까지 갖게 하는 이유는 무엇일까? 부분적으로는 그녀가 선교사 전기라는 장르를 새로운 형태로 바꾼 방법 때문일 것이다. 나는 그녀가 에콰도르에서 초기에 고통과 죽음의 신비와 맞닥뜨린 모습에 감동을 받았다. "그녀는 아마도 처음으로 이음새가 없이 단단하고 침투할 수 없는 하나님의 방법의 신비에 정면으로 부딪쳤다."[5] 그것은 용감하고 단호한 것이다. 결혼 서약과 남녀의 역할에 대한 보완주의-평등주의 논쟁을 포함하여 논란의 여지가 있는 문제에 대한 그녀의 신념은, 특히 현재의 미국 문화의 시대정신에 비추어 볼 때, 인기가 없는 경우가 많았다.

나의 개인 서재에는 150권이 넘는 선교사 전기가 있다. 일부는 아버지로부터 물려받은 것이고, 대부분은 수십 년 동안에 걸쳐 구입—젊은 독자들을 위해 YWAM에서 출판한 30권으로 된 『크리스천 영웅: 그때와 지금』(Christian Heroes: Then and Now)[6]을 포함해서—한 것이다. 선교사 전기는 우리 가족을 풍요롭게 해 주었고, 우리는 그것들을 소중히 여긴다. 그러나 나는 이 중 어떤 것이 실제와 가까운지 알고 있다. 지혜는 우리로 하여금 참되고 진실한 이야기를 발견하도록 도와준다. 내가 이 글을 쓰고 있는 지금도 아내는 불굴의 아프리카 개척 선교사 메리 슬레저(Mary Slessor)의 전기를 읽고 있고, 식사 중에 몇 단락을 소리 내어 읽어 주었다.

그러니 선교사 전기는 필요하다… 분별력을 가지고 읽는다면.

---

[5] Vaughn, *Becoming Elisabeth Elliot*, 101.
[6] https://www.ywampublishing.com. 이번에는 이 범주의 리스트에 들어있는 45 타이틀 이상이 인쇄, 전자, 또는 오디오 판으로 소개되었다.

결론과 리더십에 대한 특별한 교훈

나와 내 세대가 전 세계 그리스도 선교에 (적어도 우리 생애의 상당 부분을) 헌신하게 된 동기는 무엇일까? 나는 다음과 같은 요소들이 우리로 하여금 집중하며, 부름을 받아 실천하고, 인도하심을 받게 하였다고 생각한다. 성경 전체에 녹아 있는 선교의 성경적 근거, 삼위일체 하나님의 선교에 동참하라는 성령의 초대, 일종의 '부르심' 또는 초청과 촉구, 인간적-영적 필요, 소명과 직업, 지역-타문화 선교에 대한 우리의 분별, 그 여정을 떠나게 한 실제적이고 이성적인 결정, 마지막으로 그에 따르는 대가를 기꺼이 지불하려는 의지 등.

하나님을 사랑하기 때문에 하나님을 위해 중요한 일을 하고자 하는 것은 수수께끼와도 같다. 우리는 아버지 하나님께서 하시는 일에 함께 참여할 때에 그 결과로 결실을 거두게 되기를 원한다. 우리는 또한 우리의 꿈과 삶의 현실 사이의 역설과 씨름한다. 솔직히 말하자면, 우리 모두는 깨어진 열망, 한계, 질병, 실패, 고통, 상실, 지루한 일상의 현실과 싸우게 될 것이다. 현실 속의 이러한 요소들은 진정한 리더십의 구조에 녹아 들어 있다. 우리가 그러한 요소들을 어떻게 다루느냐 하는 것이 관건이다.

"하나님을 위해 위대한 일을 하라"고 부르는 사이렌 소리는 우리 자신의 육체적이고 개인적인 동기와 숨겨진 중독을 파고 들 수 있다. 우리 모두는 놀라운 일을 **하지 않고 있는** 현실과 씨름하는 것도 여정의 일부라는 것을 배워야 한다. 우리 모두는 이러한 긴장과 더불어 평화롭게 사는 법을 배워야 한다. 온유한 자, 가난한 자, 마음이 상한 자, 낮은 자, 핍박 받는 자들을 신임하지 않는다면 예수님의 팔복이 무슨 의미가 있을까? 평범-함(ordinary-ness)이 거룩-함(holy-ness)이다.

하나님을 위해 위대한 일을 하는 것(또는 하지 않는 것)은 어떨까? 개인적으로 나는 20대 중반까지만 해도 그것이 무엇을 의미하는지 전혀 몰랐다. 신학교에서 하나님은 나에게 새로운 비전을 주셨다. 그곳에서 나는 평생의 소명이라고 생각했던 변혁적 신학 교육을 통해 사람들의 삶을 변화시키는 제자도를 확산시키는 일을 미래의 천직으로 삼기로 결심했다. 과테말라에서 하게 될 것이라는 것은 자명한 것이었다. 가르치게 될 곳으로는 SETECA가 등장했다. 돛이 세워지고, 용골과 방향타가 제 역할을 하게 되었으니 움직일 수 없는 현실처럼 보였다. 이제 나에게 필요한 것은 이러한 꿈을 함께 공유할 아내를 찾는 것뿐이었다.

　하나님은 감사하게도 아내를 주셨다. 그러나 그 아내는 내가 생각했던 사람이 아니었고, 부모님이나 내가 속한 선교사 문화가 선호할 만한 사람도 아니었다. 하나님은 나의 진정한 반쪽, 인생의 동반자를 통해 나를 놀라게 하셨다. 나는 종종 좌뇌와 우뇌 중 한쪽만 사용할 수 있지만, 그녀는 우뇌와 좌뇌를 동시에 사용할 수 있는 더 큰 능력을 가지고 있다. 그녀는 복음주의 하위 문화가 아닌 성례전적 전통을 가진 성공회에서 자랐다. 하지만 그녀의 가족이 성경을 믿고 가르치는 교회로 옮겼을 때 그녀는 스펀지처럼 하나님의 말씀에 흠뻑 젖어들었다. 아내는 클래식 피아니스트인 예술가이다. 아내는 확고한 신념을 가진 사람이기도 하다. 나는 현명하고 은혜로운 남편이 되는 법을 배워야 했다. 최근 저녁 식사에서 나는 웃으며 "이본, 당신과 결혼하길 정말 잘했어. 당신이 아니었다면 내가 무슨 일을 하였을까?"라고 말하였다. 그녀는 평탄하지 못한 성장을 했지만 인생을 잘 살아낸 TCK와 결혼을 한 것이다. 영원한 최고의 친구.

　우리 둘 다 하나님을 위해 위대한 일을 하겠다는 생각은 하지 않았다. 신실하고, 지속적인 열매를 맺고, 아버지 하나님을 기쁘시게 하는 것이 더 중요했다. 수십 년 동안 우리는 그 여정이 영혼의 긴 어두운 밤, 덥고 건조한 사막에 있는 성령의 해체 학교에 앉아있는 것과 큰 관련이 있다는 것을 깨달았다. 하나님께서 우리를 몇 번이고 만나주신 곳은 바로 그러한 곳이었다.

그렇다, 슬로건은 진리의 제한된 측면을 명료화한다는 점에서 어느 정도 가치가 있다. 맞다, 수많은 전기와 기타 선교 서적은 하나님께서 우리를 형성하고 변화시키는 데 사용하실 것이다. 우리가 변화하는 동안에만 성령께서 영성이 깊고 성장하는 리더의 자질을 만들어 주실 수 있다. 우리에게는 하나님께서 눈에 잘 띄는 공개적인 방법뿐만 아니라 숨겨져 있고 잘 알려지지 않은 곳에서 사용하신 사람들의 강력하고 도전적이며 현실적인 이야기가 필요하다. 중요한 것은 보도 자료나 부고 기사, 기념비가 아니라 거룩함, 고난, 신실함의 진실성이다. 어쩌면 그들의 이야기는 전혀 알려지지 않았을 수도 있지만, 그들이 남긴 이야기는 그들이 끝마무리를 잘 하였다는 것을 보여준다.

이 장에서는 리더십에 대한 다른 관점을 제시하며, 잠재적 리더, 현재 또는 이전의 리더인 우리에게 동기 부여하고 이끄는 특별한 요소와 힘이 어떻게 작용하는지 살펴보았다. 나는 오히려 리더십에 빠져 들었거나, 아니면 거꾸로 들어왔는지 모르겠다. 나는 리더십을 추구하지 않았다. 하지만 리더십이 나를 찾아왔고, 섬김과 아래로부터의 리더십이라는 새로운 영역으로 나를 초대했다. 나의 동기와 비전은 정화되어야 했다. 그것은 평생 이루어지는 과정이며 그 여정에서 나는 변화되었다. 리더십 사례 연구로서 아버지를 살펴보면서 나는 아버지가 유전적 패키지, 즉 오랜 테일러 가문의 리더들의 유서 깊은 혈통을 물려받았다는 사실을 발견했다. 나의 누나는 아버지가 군인이 되셨더라면 "훌륭한 리더가 되었을 것"이라고 아쉬워했다. 하지만 아버지는 남들이 가지 않은 길을 택했고, 세계 선교에서 당신의 세대의 위대함을 보여주셨다. 그는 부분적으로는 중앙아메리카의 실제 현장에서, 부분적으로는 휘튼에서 공부하면서 리더십 기술을 연마하였다. 그는 기술과 은사, 훈련, 비전을 모두 갖추고 있었다. 유전. 나도 그 흐름 속에서 살았다.

나는 잘 알려진 기독교 지도자들이 망가져버린 이야기를 너무 많이 알고 있다. 그들은 추락했고, 그 결과는 수많은 사람들과 가족에게 파괴적 영향을 미쳤다. 그들은 권력과 영광을 얻었지만, 참호에서 오랜 세월의 시험과 상처를 견디지 못했다. 이 글을 쓰면서 너무 많은 현대의 저명한 복음주의 지도자들의 이름과 슬픈 이야기가 떠올랐다. 슬픔이 밀려온다. "자신에 대한 언론 보도를 믿지 말라"는 경고의 문구가 있다. 맞는 말이다. 유명 기독교 잡지의 표지에 "미국의 40세 미만 복음주의 지도자 50인"이라는 제목으로 자신이 소개되는 것은 특히 위험하다. 한 이전 동료가 그 명단에 올랐기 때문에 다음에 그를 만났을 때 나는 "이보게, 자네는 지금 사탄의 표적이 되고 있으니 매우 조심하고 자신에 대한 언론 보도는 믿지 않는 게 좋아."라고 경고했다. 그는 눈에 띄게 흔들렸지만 교훈으로 삼은 것 같지는 않았다. 몇 년 후 새로운 직책을 맡은 후 그가 "드디어 내 가치를 인정받고 있다."라고 말했다는 것을 전해 들었다.

이 장의 처음 부분에 소개한 성공회 기도문은 다음과 같이 끝난다.

중보자: 하늘나라를 위해 큰 일을 하고자 하는 것이 여전히 당신의 진정한 소망입니까?

청원자: 그렇습니다. 비록 전에는 그것이 무슨 뜻인지도 몰랐지만요. 이제 저의 이전 기도 속에 묻혀 있던 허영의 뿌리를 깨닫고 진실하고 겸손하게 회개할 수 있도록 은혜를 구하며, 또한 하나님의 선한 일들이 저의 마음과 삶에서, 항상 그리고 모든 면에서 힘써서 그분을 기쁘시게 하실 수 있도록, 그분의 많은 일들로 나타나기를 순전한 마음으로 바르게 구할 수 있도록 은혜를 구합니다.[7]

---

[7] McKelvey, "For Those Who Have Not Done Great Things for God," in *Every Moment Holy*, 209.

마가복음 3장 13-19절에 따르면 우리 주님은 매우 다양한 청년 열두 명을 친히 자신의 제자로 선택하셨다. 주님은 분명한 목적을 가지고 그들을 선택하셨는데, 그것은 자신과 함께 하기 위한 것이었으며, 사도라고 이름을 바꾸시고, 말씀을 전하고 치유하며 귀신을 다스리는 권세를 행사하도록 파송하셨다. 이름을 바꾼 제자 중 일부는 나중에 각광을 받았고, 일부는 그늘진 곳에서 봉사했다. 아, 유다 같은 제자도 있었다. 예수님은 친히 그들의 삶에 3년을 투자하신 후 그들이 성령의 능력을 받아 평생의 사명을 이루도록 그들을 보내셨다. 어떤 면에서 나는 그 열두 제자와 동일시된다. 나는 3년제 프로그램에서 공부했고 어린 나이에 선발되었지만, 나에 대한 성령님의 투자는 장기적이었다. 그리고 아주 서서히, 수년에 걸쳐 하나님께서는 리더십의 여러 가지 면을 알게 하셨다. 나는 전혀 생각지 못했지만 삼위일체 하나님께서 그렇게 하셨다. 예수님은 나에게 잠재적 리더를 선택하여 그들에게 투자하고, 그들을 놓아주라고 가르치셨다.

우리 대부분은 특별한 공적인 삶을 살지는 않을 것이다. 하지만 우리는 최선을 다해 이 세상에서 하나님의 세계 선교에 기여하고 싶어한다. 우리의 도전은 십자가의 낮아짐을 받아들이면서도 모든 것을 하나님께 드리고자 하는 역설적인 긴장감 속에서 사는 것이다. 그렇게 함으로 리더로서 우리의 정체성을 형성하게 되고, 하나님께서 우리가 섬기도록 부르신 사람들에게 그 리더십을 행사하는 방식에서 우리가 어떤 리더인지가 드러날 것이다.

성찰 질문

1. 앞에서 읽은 예배 전례시(liturgy-poem)에는 어떤 감동이 있는가? 큰 꿈을 꾸고, 하나님께서 비범한 일을 행하시기를 기대하는 것은 괜찮은가? 설명해 보라.

2. 슬로건이 어떻게 예수님의 종으로서 우리가 해야 하는 과업의 중요성을 축소시킬 수 있는가?

3. 좋은 선교 문헌이 여러분의 삶에서 어떤 역할을 했나? 지금 당신에게 하나님 나라를 위해 도전하는 책은 어떤 것인가?

4. 오랫동안 신실한 삶을 살았고 끝마무리를 잘하고 있는 지인이 있다면 그 모습을 기술해 보라.

5. 리더십에 관한 어떤 책이 당신에게 가장 큰 도전을 주었나? 그 이유는 무엇인가?

3

몇 번의 죽음과 부활

여호와의 말씀이니라 너희를 향한 나의 생각은 내가 아나니 평안이요 재앙이 아니라 너희에게 미래와 희망을 주는 것이니라(렘 29:11).

우리가 왕의 왕께 예배하고 순종하며 살 때, 하나님은 리더와 팀, 모든 형태의 사회적 교류를 하나님의 사명을 위해 부름 받고 그분의 뜻을 이루기 위해 연합하여 함께 일하는 언약 공동체로 변화시켜 주신다. 십자가 앞에서 예배할 때, 우리는 강함보다는 약함의 길을, 정죄보다는 상호 용서를 베푸는 것을 택하고, 관계와 팀워크에 있어서 권력을 추구하고 타인을 우리의 뜻에 복종시키려 하기보다는 서로에게 복종하는 법을 배운다.[1]

나의 장기적인 미래의 꿈을 이루기

친구의 장례식 때문에 과테말라 시티의 공동묘지에 가게 되었는데, 그 옆길로 우리 선교회의 '부동산'이 있는 곳으로 가는 길이 있었다. 두 개의 소박한 묘소 구조물에서 내가 들어본 적이 있는, 그리고 몇몇은 알고 있던 사람들의 이름이 보였다. 심장 개복 수술을 받은 후 한 살의 나이에 세상

---

[1] Lingenfelter, *Leading Cross-Culturally*, 170.

을 떠난 사랑스러운 여자 아기의 이름도 보았다. 그 아기는 다운증후군을 장애를 갖고 있었다. 나는 태어난 지 얼마 안 된 그 아이를 하나님께 맡기는 기도를 했었고, 나중에 장례식을 주관했었다. 빈 '슬롯'이 몇 개 있었는데 왼쪽 상단에 있는 슬롯이 내 눈길을 끌었다. 그곳에 내 시신이 안치될지도 모른다. 그것이 나의 솔직한 성찰이었다. 나는 과테말라에서 평생을 사역하며 살다가 그곳에서 죽는 것이 꿈이었다. 그러기 위해 선교 사역에 뛰어들었다고 생각한 적이 있다.

나는 9살 무렵에 '선교의 부르심/결단'이 있었고, 성령께서 그 어린 나를 수년 동안 보호하고 양육해 주셨다. 그 빨간 머리 소년은 결단을 내렸고, 그 결단은 그를 달라지게 하고 변화시켜 갈 것이었다. 나는 어린 시절과 청소년 시절을 몽유병자처럼 보냈고, 무디성경학교에 다니면서부터 비로소 명료하게 생각을 하기 시작했다. 내가 열일곱 살(아주 미성숙한 채로)에 그 학교에 입학한 이유는 무디가 많은 선교사들을 배출한 역사적인 DNA 정체성을 가진 학교였기 때문이었다. 부모님도 1930년대에 그곳에서 공부하셨다. 하지만 그곳에서의 3년이 끝나갈 무렵 나는 전혀 준비가 되지 않았고 너무 어리다는 것을 깨달았다. 그래서 나는 일반 대학에서 공부하게 되었고, 그곳에서 처음으로 내 믿음이 시험대에 올랐다. 일리노이대학교(University of Illinois)와 노스텍사스대학교(North Texas University)의 IVCF를 알게 되어 학생 리더로 성장하게 되었다. IVCF를 통해 나는 예배를 드리고, 성경을 공부하고, 세상 속에서 나의 신앙을 전하는 법을 배웠다. 또한 처음으로 신앙에 대한 회의로 갈등하였다. 텍사스에서 3년 동안 IVCF 간사로 일하면서 리더로서의 자질을 나타내었다.

나는 무디에서 일리노이대학을 거쳐 노스텍사스대학(스페인어 전공)에서 공부한 후 댈러스신학교(DTS)로 가서 4년간의 신학석사(Th.M.) 과정을 마쳤다. DTS에서 나는 진지하게 생각하고, 질문하고, 마음과 영혼을 단련하는 법을 배웠다. DTS에서는 헬라어 4년, 히브리어 3년, 신학과 성경 4년, 기독교 교육(나의 전공) 4년 과정을 이수해야 했다. 내가 받은 교육에는 성경에 대한 사랑과 귀납법적 연구로 성장해 가는 풍요로운 과정이 포함되어 있었다. 나는 DTS에서 남자가 되었고, 과테말라로 가서 SETECA(Seminario Teológico Centroamericano)에서 가르치며, 중남미에서 장기적인 타문화 사역을 하는 꿈을 공유할 아내를 찾는 것이 필연적이고 바람직한 일이라고 생각했다. 우리의 러브 스토리는 다른 곳에 소개되어 있지만, 나는 예수님을 진심으로 사랑하고 예리한 사고를 하는 아름다운 클래식 피아니스트이자 가장 친한 친구가 된 아내를 나에게 인도해 주신 하나님께 거듭 감사드리고 있다. 내가 다섯 살이 많지만 그녀는 나보다 훨씬 성숙한 모습을 보여 주었다. 우리 두 사람은 어디를 향해 갈 것인지를 알고 있었고, 서로의 사랑과 헌신이 결혼 생활과 평생의 우정의 토대를 든든하게 해 주었다. 결혼 첫해에 아내는 NTU를 졸업했고 나는 IVCF 간사로 마지막 해를 보냈다.

중앙아메리카선교회가 우리를 받아들였고, 우리는 SETECA에 배치되었다. 우리는 5개월 만에 사역에 필요한 후원금(월 441달러)을 모았고, 1968년 12월 13일 금요일 댈러스에서 차를 몰고 출발했다. 남쪽으로 향하는 긴 여정은 코스타리카로 이어졌고, 우리 둘은 1969년 그곳에서 스페인어 공부를 시작했다. 이본은 이미 라틴어를 4년, 독일어를 2년 배웠고, 음악을 아는 청각 덕분에 정확한 학습이 가능했다. 나는 어려서 길거리에서 배운 스페인어 실력을 향상시키려고 노력했다. 1년 후 우리는 북쪽으로 차를 몰고 과테말라로 가서 그곳에서의 생활을 시작했다. 코스타리카에서 받은 영원한 선물 중 하나는 첫 아이 크리스틴을 잉태한 것이었다. 크리스틴은 1970년 4월에 과테말라에서 태어났다. 데이비드는 1972년 4월에, 스테파니는 1976년 4월에 태어났다. 그들의 출생지는 과테말라이고, 부모는 미국인이니 TCK이다.

나는 성급하게 이본과 내가 SETECA에서 함께 일하는 것이 당연하다고 생각하여 처음에 이본은 그 학교에서 피아노 초보 과정을 가르치게 되었다. 그러나 그 일은 잘 맞지 않았고, 나는 기대를 접고 성령께서 그녀를 독특하게 인도하시도록 맡기는 법을 배웠다. 그녀의 가장 깊은 헌신과 소명은 가정주부이자 엄마였다. 나는 SETECA에서 나의 타고난 재능과 영적 은사를 발휘하며 교육자로서의 경력을 시작했다. 그때 '상황화'라는 용어가 존재한다는 사실조차 몰랐지만, 수업을 그곳의 문화적 상황에 맞게 하는 방법을 배웠다. 나는 미국 교육 시스템의 산물이었고, 그로 인한 편견이 있음을 서서히 알게 되었다. 당시 SETECA는 미국에서 개념적이고 실용적인 교육 시스템을 그대로 이식한 학교였다. 화분, 토양, 뿌리 시스템, 줄기 등 모두를 그대로 옮겨온 것이었다. 그 학교는 과테말라 IVCF-IFES 학생 운동을 지원했고, 나는 과테말라의 마르크스주의에 영향을 받은 대학에서 공부하던 청년들을 제자화하는 법을 배웠고 그들의 미래를 위해 투자하였다. 우리 집은 아내의 피아노 연주회 장소가 되어 복음을 듣기 전 단계의 학생들을 초대하였고, 이는 우리 선교회의 기독교 라디오 방송국 TGN과 훌륭한 파트너십을 맺게 되는 데까지 발전하였다.

라틴 아메리카 대학생들과 함께 일하면서 나는 그들이 학업과 제자훈련에서 직면하는 근본적으로 다른 문제들을 접하게 되었다. 초기 제자훈련 그룹은 깊은 대인 관계를 위한 기본적이고 장기적인 공동체가 되어갔다. 미국에서 IVCF를 통해 처음 연마한 나의 리더십 기술은 이제 라틴 아메리카에서 업그레이드되고 다듬어졌다.

1967년 DTS에서 정규 교육을 마친 후, 나는 정말로 **결코** 다시는 학생이 되지 않을 것이라고 생각하고 하나님께 감사하였다. 1972년 중반에 오스틴에 있는 텍사스대학교(University of Texas)로 가서 라틴 아메리카 연구와 교육의 문화적 기초에 관한 연구로 박사 학위를 취득하기 위해 공부에 몰두하게 될 줄은 상상도 못했다. 우리 가족은 거기서 건강한 교회(내가 발견한 첫 교회)인 그레이스언약(Grace Covenant) 교회를 발견했고, 평생의 친구와 새로운 사역 파트너를 만났으며, 그중 일부는 여전히 우리를 위해 기도하고 지원하고 있다.

1974년 중반, 나는 아내와 크리스틴(4살), 데이비드(2살)와 함께 과테말라와 SETECA로 돌아갔지만, 나는 아주 다른 사람이 되어 있었다. 2년 동안 라틴 아메리카의 역사, 정부, 문화, 사람들을 공부하면서 나는 완전히 달라졌다. 이제 서른 세 살이 된 나에게 예상치 못한 새로운 봉사와 리더십의 기회가 찾아왔다. 내가 찾은 것이 아니라 그 기회가 나를 찾아온 것이다. 다른 사람들이 나를 '찾아낸' 것이다. 나는 SETECA의 첫 번째 글로벌 선교 컨퍼런스에서 리더십을 발휘했다. 하지만 그 행사가 마무리된 후 나는 다시 선생으로 돌아가서 상황화에 대한 이해를 넓히며 나의 재능을 연마하였다. 우리 세 아이들은 과테말라의 오스트리아 문화원에서 독일어, 스페인어, 영어 등 3개 국어를 기본으로 공부하면서 상황화의 여정을 함께했다. 이본은 아이들에게 모국어인 영어로 읽고 쓰는 법을 가르쳤다.

나는 다시 라틴아메리카신학회(LATF)에 초대되어 라틴 아메리카 내에서 성경과 상황화에 대해 진지하게 생각하는 복음주의자들로 구성된 대륙별 협의체에 합류하게 되었다. LATF에 가입한 것은 급진적으로 변화를 일으킨 1974년 로잔 대회에 참석한 것과 거의 동시에 이루어졌다.

하나님의 도우심으로 첫 임기 동안의 학생 사역은 새로운 거버넌스 모델로 세대 간 공동체를 이루어 이에 대한 깊은 헌신을 바탕으로 풍성한 교제가 이루어지고, 많은 새 신자들과 함께 새로운 교회를 개척하는 데 중요한 역할을 했다. 제자훈련의 핵심 멤버중의 한 사람인 경제학도인 세자르는 대기업인 알루미늄 생산 회사에서 일하고 있었다. 그는 나와 함께 나눈 내용을 자신의 상사와 공유했다. 나는 "거기서 우리가 해온 것처럼 함께 공부를 하되 가족들과 함께 하는 것은 어떨까? 나도 아내와 함께 참여하겠네."라고 하였다. 놀랍게도 그렇게 해서 리더십 위치에 있는 두 부부가 우리와 함께하게 되었다. 그 성경 공부 공동체는 한 가정에서 시작되었다. 어느 날 저녁, 우리가 공부를 시작하자 호스트인 로베르토(본명이 아님)가 "발언해도 될까요?"라고 말했다. 그는 자리에서 일어서서 "저 로베르토 아퀼라는 51세의 남성으로 온전한 정신으로 오늘 밤 예수 그리스도를 믿기로 결심하였음을 선언합니다."라고 말했다. 그는 자리에 앉았고 우리 모두는 깜짝 놀라 아무 말도 하지 못했다. 잊을 수 없는 저녁이었다. 성령께서 역사하고 계셨다.

> 이 작은 공동체는 단순한 성경 공부 모임에서 새로운 교회가 되겠다는 의식을 가지고 그 '변혁의 공간'에서 성장하고 있었다.

우리가 오스틴에서 지내는 동안 주님은 그 그룹이 더 커지고, 더 크고 건강한 또 다른 그룹과 합하여 풍요롭게 되도록 하셨다. 우리가 과테말라로 돌아온 직후, 이 작은 공동체는 단순한 성경 공부 모임에서 새로운 교회가 되겠다는 의식을 가지고 그 '변혁의 공간'에서 성장하고 있었다. 나는 곧 서른 세 살의 아주 젊은 장로가 되었다.

리더십은 장로직과 어떤 관련이 있었을까? 거의 모든 면에서 관련이 있었다! 기도하고 성령의 역사를 기다리는 것, 공동의 의사 결정, 비전을 제시하고 그 비전의 미래로 다른 사람들을 초대하는 목양, 새 신자들을 받아들이고 제자화하는 것, 새 장로들을 발굴하여 사랑과 섬김을 위해 훈련하여 공동체로 보내는 것, 전도와 제자훈련에서도 동일한 일을 하는 것 등이 포함되었다. 젊은 빌 테일러는 가족, 특히 아내와 함께 기도와 금식, 사랑을 나누고, 제자훈련을 하며, 공동체를 세우는 일을 통해 타문화 사역을 해 나갔다. 엘 카미노(El Camino)에서의 그 몇 년 동안 새로운 영적 은사가 나타났고 새로운 도전이 생겼다. 나는 본질적으로 핵심 팀원 다섯 명 중 막내인 목회자로 사역하였고, '목사'라는 호칭이 두렵지 않았다.

1976년 2월에 발생한 지진으로 과테말라에서의 삶과 인간의 생존, 일상은 산산조각이 났고, 약 23,000명이 사망하고 76,000명이 부상을 입었다. 수십만 채의 주택이 파괴되고 수백 채의 교회 건물이 돌더미로 변했다. SETECA는 축구장에 거대한 텐트를 치고, 그 안에 남녀를 분리하기 위해 커튼을 설치하였고, 2주 동안 수업을 하지 못했다. 그 재난으로 인한 슬픔은 극심한 것이었다. 그러나 하나님께서는 그 시기에 수많은 사람들을 당신에게로 인도하셔서 믿음의 가족이 되게 하셨다. 그들은 확실하고 견고하며 영원한 것을 찾고 있던 사람들이었다. 우리는 생존 모드로 바꾸어, 엄청난 재난을 당한 이들을 돌보는 긍휼과 구호 사역에 전념했으며, 그 과정에서 더 큰 그리스도의 몸을 발견하게 되었다.

지진 이후 우리는 과테말라에 이본이 직접 설계하고 꾸민 아름다운 집을 지었다. 그 집은 사역, 성경 공부, 비신자들을 위한 저녁 식사, 복음을 듣지 못한 사람들을 위한 피아노 연주회, 지역사회, 오스트리아 문화원의 친구들과 선생님들을 위한 장소가 되었다. 이본과 친한 친구 로이즈(Lois)는 매주 금요일마다 우리 집에서 금식하며 기도했다. 나는 친구 에드 세이포드(Ed Seiford)의 숙련된 도움으로 '크리스티나'라는 이름의 아름다운 작은 범선을 만들었고, 과테말라의 호수에서 항해하는 법을 배우며 우리 가족의 잊을 수 없는 추억을 만들었다.

그러나 ….

불안한 직감

1980년대에 들어서면서 나에게 열두 번의 초청이 있었다. 선교회의 대표, 신학교 교수, 새로운 교회에서 목회하는 것 등. 나는 그것을 어떻게 받아들여야 할지 고심하였다? 모두 미국에서 온 것인데? 나는 그것들을 라틴 아메리카에 대한 나의 '소명'에 대한 도전이라고 생각했다. 과테말라에서 지낸 17년 중 13년이 지난 후, 아내는 "빌, 이 초대가 하나님이 보내신 것일 수도 있고, 당신의 꿈을 내려놓고 정말 가고 싶지 않은 곳으로 가라는 것일 수도 있지 않나요?"라고 말하여 나를 놀라게 했다. 당연히 아니다! 나는 아무도 좋아하지 않는 "북쪽 굴라그"(Northern Gulag, 강제 노동 수용소)로 가는 데는 전혀 관심이 없었다. 하지만 내 마음속 깊은 곳에서 무언가 변화가 일어났다. 불안한 느낌이 들었다.

여러 가지 질문이 우리를 괴롭혔다. 평생의 타문화권 선교 사역에서 "나에게 맡겨진 임무가 끝났다"는 것을 어떻게 알 수 있을까? 소명이 바뀌었나? 어떻게 하면 중도탈락 통계 숫자에 포함되지 않고 "선교지를 떠날 수 있을까?" 다양한 사역을 위해 다시 돌아오라는 요청을 받을 수 있는 여지를 남겨놓고 "잘 떠나는" 것이 가능한가? 복잡 미묘하여 설명하기 어려운 것을 어떻게 설명할 수 있을까? '진짜 이야기'를 누가 알 수 있을까? (배우자와 아마도 가장 가까운 친구들만 알 것이다.) 후원자들은 알 수 있을까? 파송 기관과 교회는 "현장 이탈 사유"로 무엇을 기록할 것인가? 중도탈락이란 무엇인가? 17년 동안 "선교지에서" 지낸 후 이제 우리가 **정말로** 알고 있는 것은 무엇일까? 우리는 과테말라와 라틴 아메리카에서의 시간이 끝나가고 있는지를 판단해야 하는 시점에서 이러한 문제와 그 밖에도 많은 문제를 생각해야 했다. 슬퍼하고, 한숨을 쉬고, 울고, 애도해도 괜찮을까? 역문화 충격이란 도대체 무엇일까? 이 잔인한 전환을 어떻게 다루어가야 할까? 새로운 임무를 시작하면서 동병상련의 처지에 있는 사람들을 찾을 수 있을까? 과테말라 엘 카미노의 활기찬 분위기를 느낄 수 있는 교회를 찾을 수는 있을까? 우리는 많은 전환기의 질문과 씨름했다. 우리는 혼자가 아니라는 것을 알고 있었다. 전 세계 수많은 타문화권 사역자 동료들이 비슷한 길을 걸어왔다. 하지만 그들은 멀리 떨어져 있거나, 우리가 신뢰할 수 있는 친구나 동료들 사이에 있지 않았다. 모국으로의 재입국을 돕는 자료나 프로그램도 거의 없었다. 그 순례는 외로운 여정이었다.

하나님은 나에게 이 초대를 진지하게 받아들이라고 요구하셨다. 이본, SETECA, 트리니티 복음주의 신학교(TEDS) 지도부와 오랜 논의 끝에 나는 1년 동안 평가를 받는 임시 교수직을 수락했다. 아이러니하게도 나에게 TEDS에서 강의하는 것을 생각해 보겠냐고 물어본 사람은 이전에 DTS의 선교학 교수였던 조지 피터스(George Peters) 박사였다. 당시 TEDS의 총장이었던 월터 카이저(Walter Kaiser) 박사에게 나에 대해 얘기한 사람이 바로 그분이었을 것이다. 1982년 여름, 우리는 과테말라시티에서 댈러스를 거쳐 일리노이주 디어필드까지 차를 몰고 가서 1년 동안의 테스트를 받게 되었다. 그해 대니(Danny)와 조안 캐롤(Joan Carroll) 부부와 그들의 자녀들이 과테말라에 있는 우리 집을 사용하게 되었다. TEDS에서 우리는 가장 오래된 학생 아파트인 건더슨(Gunderson) 홀에서 살았는데, 2월에는 **방 안의** 얼음이 50미리 두께로 얼었다. 하지만 작고 좁은 공간에서 세 아이가 한 침실에, 이본과 나는 다른 침실에 지냈지만 행복했다. 사적인 공간은 욕실뿐이었고 전화선이 화장실 문 밑으로 뱀처럼 길게 지나갔다. 화장실에서 통화하면 사생활이 두 배로 보호되었다. 여러 유학생들이 그곳에 살았고, 몇몇은 평생의 친구이자 글로벌 동료가 되었다. 한국인 이태웅 박사와 송헌복 부부, 차드 출신의 아벨(Abel) 박사와 프리실라 은제라레우(Priscilla Ndjerareou) 부부, 나이지리아 출신의 무사 아사케(Musa Asake) 박사 등 많은 유학생들이 그곳에서 함께 생활했다. 우리는 세계와 학문 공동체, 그리고 방에 얼음이 어는 겨울을 공유했다.

　우리에게 그해는 참 좋은 해였다. 아이들은 교외의 좋은 시설을 갖춘 학교인 배녹번(Bannockburn) 초등학교에 다녔다. 스테파니는 유치원에, 데이비드는 4학년, 크리스틴은 6학년이었고, 둘은 그곳에서 당분간 함께할 친구를 사귀었다. 하지만 같은 반 친구들은 과테말라인이 아니라 부유한 미국인이었다. 아이들은 과테말라의 오스트리아 문화원의 교육 시스템과는 너무나 다른 미국의 교육 시스템에 적응해야 했다. 우리가 과테말라로 돌아갈 경우에 대비해 독일인 TEDS 학생인 노버트 슈미트(Norbert Schmidt)가 독일어 과외 선생이 되어 주었다. 우리 모두에게 그것은 세계가 이상하게 뒤섞인 곳이었다.

　우리의 교회 경험은 예외였다. 우리는 과테말라에서 전국적으로 부흥이 일어난 상황에서 엘 카미노 교회를 떠나 왔다. 우리는 삶이 변화되는 것을 보았다. 우리는 라틴 아메리카 사람들의 따뜻함을 사랑했다(미국인들은 너무 차가워 보였다). 우리는 공동체가 그리웠다. 스페인어와 독일어, 그리고 과테말라의 오스트리아 문화원이 그리웠다.

　이본과 나는 이 모험에 함께 참여하였는데, 이본은 서른여섯, 나는 마흔한 살이었다. TEDS 예배당에는 웅장한 오르간이 있었고 이본의 아버지는 이본이 연주 기술을 새롭게 할 수 있도록 레슨비를 지불해 주었다. 독신, 결혼 생활, 가족, 학교 교육 등 잠재적인 선교 사역과 관련된 문제를 논의하는 강의 시간에 아내는 주기적으로 참여하였다. 나는 이전에 영어로 정식 수업을 해본 적이 없었지만 수업 시간이 정말 즐거웠다. 나는 '세계선교개론'이라는 어려운 과목을 맡았는데, 그 과목은 전공 필수 과목이어서 일부 교수들은 그다지 좋아하지 않았다. 하지만 오히려 나는 어렵다는 점이 좋았고 학생들을 내가 안내하는 여정으로 초대했다. 나는 동료와 행정진이 나를 존경하고 있음을 느꼈다. 그렇다, 내가 앞으로 그곳에서 전임 교수로 가르치는 모습을 그려볼 수 있었다.

아, 놀라운 일이 기다리고 있었다.

돌아가기, 유턴하기, 슬픔

헨리 나우웬은 설교를 할 때 아주 기이한 일이 일어날 수 있는데, 그것은 설교자 자신이 설교를 하면서 회심하게 되는 것이라고 하였다. 1982년 11월 8일에 나는 내 자신이 가르치려 한 것에 의해 나 자신이 크게 변화하였다. 나는 열정적으로 '제3세계 선교'를 강의하고 있었다. 나는 국제OC선교회의 레리 키스(Larry Keys)와 레리 페이트(Larry Pate)가 새롭게 연구한 자료를 사용하고 있었다. 나는 하나님께서 아시아와 아프리카에서 무슨 일을 하고 계신지를 설명하면서 상당히 들떠 있었다. 그 때 하나님이 나에게 "테일러, 당신은 라틴 아메리카도 그러한 비전을 갖게 하기 위해 무슨 일을 했지?"라고 하셨다. 나는 충격을 받았다. 아무것도 하지 않았을 뿐만 아니라, 더 큰 문제는 세계적으로 타문화 선교는 주로 제1세계의 과제라는 전제를 가지고 있었다는 것이다. 나는 "모든 나라에서 모든 나라로"라는 비전을 진지하게 받아들이지 않았다. 더 나쁜 것은 라틴 아메리카는 대위임령과 상관이 없다고 생각하고 있었다는 점이다. SETECA의 커리큘럼에 선교 과목이 없다. 라틴계 학생들이 나에게 선교에 대한 '소명'에 대해 이야기했지만, 나는 그것을 실행 불가능한 사항이라고 무시해 버렸다. 아파트로 돌아와서 나는 이본에게 내가 깨달은 것을 나누었다.

1982년 11월 18일에 주님께서 나에게 주신 말씀인 이사야 50:10의 "너희 중에 여호와를 경외하며 그의 종의 목소리를 청종하는 자가 누구냐 흑암 중에 행하여 빛이 없는 자라도 여호와의 이름을 의뢰하며 자기 하나님께 의지할지어다"라는 말씀이 적힌 바로 그 종이가 지금 내 앞에 있다. 나는 내 길을 비춰줄 등불도 없이 어둠 속에서 걷는 법을 배우고 있었던 것이다.

나는 정말로 라틴 아메리카로 돌아가고 싶었지만 미국도 나를 활용할 수 있는 공정한 기회를 주는 것이 필수적이었다. 그 후 몇 주 동안 나는 하나님과 '거래'를 했고, 하나님께서 여섯 가지 요구 사항을 충족시켜 주시면 우리가 영구적으로 **고향**을 떠나겠다고 결론을 내렸다. 대담하고 건방진 도전이었다. 1) SETECA에 선교학 센터를 설립할 것, 2) 커리큘럼에 선교를 필수 과목으로 포함할 것, 3) 동료인 에우헤니오 캄포스(Eugenio Campos, 나중에 TEDS에서 선교학 박사 학위를 받게 됨)와 함께 지역 교회를 위한 선교 워크북을 공동 집필할 것, 4) 과테말라 교회가 글로벌 타문화 선교 비전에 헌신하고, 5) 과테말라에 선교사 파송 단체가 시작되는 것을 보게 되고, 6) 과테말라에 기반을 둔 선교사 훈련 프로그램이 시작되는 것이 그것이었다. 그렇게 되려면 과테말라에서 10년 정도는 더 머물 수 있고, 그 다음에는 마음 편히 떠날 수 있을 거라고 계산했다.

1983년 7월에 우리는 다시 과테말라로 돌아갔다. 아이들은 마치 전혀 떠난 적이 없었던 것처럼 기적적으로 오스트리아 문화원 학교에 복귀하였다. 우리는 교회와 SETECA에서 이전과 같이 살아가고 일하게 되었다. 그곳 사람들과 우리의 우정은 더욱 깊어졌고 다시 이전의 일상을 회복했다.

나는 하나님께서 얼마나 빨리 내가 제시한 거래를 취소하실지 알지 못했다.

놀랍게도 1983년 7월에 우리가 돌아오기 전에 이미 나의 목록에 있던 두 가지 항목이 실현되어 있었다. 과테말라에서의 첫 주일, 수석 장로인 아벨 모랄레스(Abel Morales) 박사가 따뜻한 **포옹으로** 나를 환영하며 (스페인어로) "기예르모(윌리암), 성령께서 우리 교회 지도자들이 하나님의 세계적인 타문화 사역에 참여하지 않는 것에 대해 책망하고 있습니다. 도와주시겠어요?"라고 하고 침을 꿀꺽 삼켰다. 1년 후 우리 교회는 첫 번째 선교 컨퍼런스를 개최하여 내 예상을 훨씬 뛰어넘는 믿음과 약속의 모험을 시작했다. 곧 에우헤니오와 나는 지역 교회를 위한 실용적인 선교 매뉴얼인 『세계 선교』(Misiones Mundiales)를 쓰기 시작했고, 이 책은 뜻밖에도 두 차례의 라틴 아메리카 대륙 선교 대회의 교재로 사용되었으며, 나중에 아르헨티나 출신의 동료 페데리코 베르투찌(Federico Bertuzzi)가 2014년과 2025년에 수정 증보판으로 출간했다.2

선교사를 파송하기 위한 선교회를 설립하기 위한 과정이 시작되었고, 잠재적인 파송 전 훈련 프로그램에 대한 논의가 시작되었다. 1984년, SETECA는 세계 선교 대회를 개최하였고, 아프리카(나이지리아의 Tokunboh Adeyemo), 아시아(인도의 Theodore Williams, 한국의 노봉린), 라틴 아메리카 및 미국에서 WEF 관련 연사들이 참석했으며, 이들 모두는 당시 WEF 국제협의회 위원이었던 에밀리오 안토니오 누녜스(Emilio Antonio Núñez) 박사를 통해 연락을 취했다. 그 대회가 분수령이 되었다. 솔직히 말하자면, SETECA에서 세계 선교의 열정은 교수진이 주도한 것이 아니라 성령의 인도하심에 놀랄 정도로 열려 있던 학생들에 의해 주도되었다.

SETECA는 내 마지막 배움의 장이 되었다. 나는 가르치는 일을 하기 위해서 파송되었고, 따라서 가르치는 법을 배웠으며, 다른 문화권에서 나의 모국어가 아닌 스페인어로 가르치게 되어 있었다. 나는 이 일을 비교적 잘 해냈다고 생각했다. 그러던 중 다른 사역의 리더십을 맡아 달라는 제의가 들어왔고, 나는 나의 기존의 역량과 재능에서 벗어나는 일을 맡게 되었다. 캠퍼스 전체에서 일주일 동안 진행되는 다른 행사를 맡아 달라는 요청을 받았다. 또한 나는 사역 부서의 책임자라는 새로운 차원의 임무도 맡게 되었다. 그 일은 점점 커졌고 나중에 라틴계 동료에게 기쁜 마음으로 넘겼

---

2 Taylor, *Estudios CLASE*, 2025.

다. 나는 새로운 대학원 프로그램의 첫 번째 책임자를 맡아달라는 요청도 받았다. 일을 하면서 새로운 기술과 은사가 나타났고, 리더가 무엇인지, 그리고 내가 새로운 일을 맡는 것이 적절한지에 대한 이해가 점점 커지고 있었다.

나는 기독교 라디오 방송 TGN을 위해 세 개의 라이브 대담 강좌 시리즈("성경 공부하는 법", "크리스천 가정", "영적 은사")를 녹음 방송하였다. 반응은 뜨거웠다. 과테말라에 있는 동안 댈러스신학교에서 나를 교수로 초빙했는데, 하나님께서 곧 그 문을 닫으셨다. 1984년 초, TEDS 학장인 월터 카이저 박사 부부가 과테말라를 방문하여 SETECA와 엘 카미노에서 강의했다. 그의 방문한 진짜 동기는 나를 TEDS 선교학부에 다시 채용하기 위해서였다. 그를 통해 분명한 뜻이 전해졌고 이제 나는 순종해야 했다.

시간이 너무 빨리 흘러갔다. 라틴 아메리카, 스페인어와 문화, 동료와 친구, 신학교와 교회, 집과 학교, 요트, 난초와의 작별이 정말 아쉬웠다. 내 인생에서 성령께서 그렇게 빠르게 저를 몰아가시는 것을 본 적이 없었다. 우리는 사랑하는 과테말라를 이제 영구적으로 떠나야 했다. TEDS에서 돌아온 지 24개월 후인 1985년 6월에 우리는 그렇게 해야 했다. 내가 바랐던 10년이 아니었다. 하나님은 도대체 무슨 일을 하고 계셨던 걸까? 그러나 또 다른 문제가 우리가 그곳을 떠나도록 재촉했다. 우리 선교회의 리더십은 점점 더 오래된 근본주의로 나아가고 있었고, 반면에 우리는 관계, 사역, 신학의 플랫폼에 있어서 그러한 경계를 넘어 성장하고 있었다. 다른 동료들도 우리와 같은 고민을 하고 있다는 것을 알고 있었다.

우리는 1985년 1월 아티틀란 호수에서 마지막 휴일을 보내며 마지막으로 항해를 했다. 아이들은 아주 훌륭한 교육을 받아 스페인어와 독일어를 능숙하게 구사할 수 있게 되었다. 하지만 우리 가족은 상실과 이별이라는 다면적인 트라우마와 재입국 문화 충격에 직면할 준비가 되어 있었을까?

아니다.

나와 아내는 과테말라에 파송된 지 17년째 되는 해에 드디어 이 나라와 신학교를 떠나야겠다고 생각했다. 나는 세계 선교 대학원, 교수진, 이사회, 총장, 학장과의 인터뷰를 위해 시카고를 거쳐 TEDS로 날아갔다. 학장은 과테말라에 계약서를 팩스로 보내어 나를 조교수로 임용하겠다고 하였다. 나는 불공평하다고 느껴서 다시 팩스를 보내어 만약 미국에서 나 정도의 교수 경력이 있는 사람을 채용한다면 그 정도 수준에서 계약할 수 있겠냐고 물었다. 그는 즉시 나를 부교수로 임용하겠다는 새 계약서를 보내왔다. 나는 봉급에 관한 협상을 하지 않았는데, 그것은 우리가 일하던 방식이 아니었기 때문이었다. 하나님께서 공급해 주실 거라고 믿었고, 실제로 간신히 꾸려갈 수 있을 정도로 공급해 주셨다. 그래도 괜찮았다.

우리의 세 자녀는 과테말라에 태어나 그들의 어린 시절의 영적, 문화적 형성기를 지내었다. 이제 그 과테말라를 떠나게 된 것이다. 크리스틴은 이본과 함께, 데이비드는 나와 함께, 스테파니는 혼자서 TEDS 놀이터에서 신앙을 고백하게 되었다. 나는 그들 모두에게 세례를 주었다. 맏언니인 크리스틴은 '엘 카미노' 청소년 그룹의 영향을 받았다. 엘 카미노는 대단한 교회였다. 당시 그녀의 지도자로는 세르히오 미장고스(Sergio Mijangos, 현재 임상 심리학 박사 학위를 받은 SETECA 교수이자 SETECA 상담 프로그램 설립자)와 프랭크 사엔츠(Frank Saenz, 훌륭한 엔지니어이자 현재 과테말라 비다 레알 교회의 목회팀의 한 사람이며 CRUX 연구소 이사로 활동 중) 등이 있었다. 대부분의 청년들은 과테말라에서 다양한 직업 분야에 진출했다. 일부는 사역자가 되었고 장기적으로 타문화권에서 봉사하기도 했다. 대부분은 여전히 예수님과 동행하고 있다.

영구적으로 떠날 날이 다가오면서 나는 현장에서 테스트하고 동료들과 공동 집필한 세 가지 스페인어 책 출판 프로젝트를 완수할 수 있게 해 주신 하나님께 감사했다. 첫 번째는 지역 교회를 위한 10과로 구성된 기본 교재 『세계 선교』로, SETECA 동료인 에우헤니오 캄포스(Eugenio Campos) 박사와 공동 집필했고, 두 번째는 우정과 구애에 관한 책 『사랑의 피라미드』(La Pirámide del Amor)로, SETECA 졸업생이자 멕시코 심리학자인 디나 살디바르 데 에스코바르(Dina Saldívar de Escobar)와 공동 집필했으며, 그다음에는 『진정한 그리스도인 가족』(La Familia Autenticamente Cristiana)을 집필했다. 처음에는 혼자서 했지만 몇 년 후 세르히오 미장고스(Sergio Mijangos) 박사의 숙련된 도움을 받아 개정-업데이트했다.

마지막 몇 달 동안 나는 너무 많이 한숨을 쉬어서 아내가 "빌, 한숨 그만 쉬어요!"라고 말해야 할 정도였다. 수십 년이 지난 후 나는 그 한숨의 깊은 의미를 발견했다. 나는 애도 중이었다. 나는 그때 '세븐스타 수첩'을 여러 해 동안 사용하고 있었는데, 과테말라에서의 마지막 반년 1월부터 6월까지, 관계, 친구, 일, 글쓰기, 이어지는 작별 인사, 팔고 가야 할 것들과 포장하여 미국으로 보낼 물건을 분류하는 일로 수첩이 빼곡히 채워졌다. 나는 계속 한숨을 쉬었다. 아버지의 신비스러운 지혜는 두 문장으로 우리의 떠나는 길을 안내하였다. "빌, 그들이 네가 남기를 원할 때 떠나라." 그리고 "빌, 그들이 장래에 다시 너를 필요로 할 것이라고 생각될 때 떠나라." 나는 그 사려 깊은 지혜에 순종하였다.

과테말라에서 아내가 아직 믿음이 없는 사람들을 위한 피아노 연주회 마지막 시즌을 끝냈을 때, 그녀는 깊은 상실감에 빠졌다. 그 행사는 아직 교회나 성경 공부에 참석하지 않는 친구들을 초대할 수 있는 창의적인 기회였기 때문이다. 이본은 친구들을 음악에 집중하게 하는 독특한 방법을 알고 있었다. 작곡가에 대한 짧은 이야기들을 들려주고, 바르톡의 짧은 곡인 "파리(fly)의 일기"와 같은 특정 곡이 무엇을 묘사하고 있는지 추측해 보라고 했다. 바흐는 신앙과 스타일에서 현대적이고 불협화음을 사용하는 작곡가와는 대조를 이룬다. 미국으로 이주하면서 아내의 이러한 예술적 표현이 중단되어 대단히 아쉬워했다. 미국에서는 클래식 음악을 전혀 그런 식으로 사용하지 않았고, 너무나 많은 음악가들이 있다.

우리는 라틴 친구들과 우리 가족 모두에게 마음 아픈 작별의 시간을 보내었다. 과테말라 태생의 제3문화권 아이들이 학교와 교회를 떠나는 것은 가슴 아픈 일이었다. 가장 가슴 아픈 이별은 교회와 가장 친한 친구들과의 이별이었다. 그때까지 몇 가지 예외를 제외하고는 친밀한 관계는 라틴 동료들과의 관계였다. CAM 선교회 직원들과 SETECA 신학교와는 별도로 작별 인사를 나눴는데, 솔직히 나는 우리가 떠나는 것을 좋아하는 사람들이 있음을 감지하고 그런 기관 행사에는 참석하고 싶지 않았다. 하지만 나의 리더는 "빌, 자네는 자네 마음대로 할 수 있는 위치에 있지 않아. 참석해야 해."라고 말했다. 그래서 우리는 참석하였고, 나쁘지 않았다.

우리는 나중에 미국으로 배송하기 위해 대부분의 가구와 생활용품을 보관했다. 나머지는 팔고 유럽을 경유해 TEDS로 돌아가는 여정을 계획하기 시작했다. 무엇보다도 과테말라 화폐의 평가절하로 인해 집은 팔리지 않았다(16개월 후 우리가 원하지 않는 구매자가 그 집을 사들였지만 어쩔 수 없었다). 크리스틴과 데이비드는 그해 여름 두 달 동안 오스트리아의 친구 집에서 지내기 위해 나머지 가족들보다 일찍 떠났다. 두 아이가 과테말라를 떠날 때 공항에서 찍은 사진이 내 기억 속에 각인되어 있는데, 두 아이 모두 울고 있었다. 우리 모두에게는 사랑하는 과테말라와의 작별이 너무나도 힘들었다.

1985년 6월, 스테파니, 이본과 나는 마지막 작별인사를 하고 스페인으로 날아가 기차를 타고 친구들, TEDS와 SETECA 졸업생들을 방문하고 스트라스부르크에서 크리스틴과 데이비드를 만났다. 그곳에서 우리는 스위스 클로스터스로 이동하여 TEDS 친구인 해롤드 브라운(Harold O. J.

Brown)과 그의 아내 그레이스(Grace)의 환대를 받았다. 그다음에는 도티와 칼튼 메러디스(Dotti and Carlton Meredith) 부부와 함께 벨기에로 여행했다. 유럽에서의 시간은 과테말라에서의 강렬한 감정적 작별을 뒤로하고 미국으로 향하는 길에 풍성하고, 아름답고, 치유적인 전환점을 만들어 주었다.

우리는 7월 중순에 텍사스에 도착하여 후원 교회를 방문하였다. 그리고 나서 우리는 그간 기도와 지원을 약속했던 그들에게 이제는 기도와 지원을 중단해 달라고 요청했다. 우리는 TEDS 급여에 의존하기로 했다. 우리는 댈러스에 있는 이본의 가족을 방문했고, 1985년 8월 31일 토요일이 CAM International과의 마지막 시간을 보냈다. 퇴직 인터뷰도 없었고 이제부터는 우리가 모든 것을 알아서 하게 되었다. 그리고 우리는 수치스러운 일 또는 개인적인 재난을 당한 것으로 표시되지는 않았지만 중도탈락으로 기록되었다. 우리 부부는 각자가 처한 개인적 상황이 달랐기 때문에 중도에 그만두었다고 보는 현실을 받아들이는 방식도 각기 달랐다. 중도탈락은 일반적으로 통제할 수 없는 정치적 갈등이나 추방, 계약 만료, 도덕적 문제, 가족 갈등, 자녀 교육, 건강 문제, 다른 직업으로의 전환, 신학적 변화, 기독교의 핵심 교리에 대한 믿음 상실 같은 것 때문일 것이다. 또는 하나의 영역과 임무에서 우리 삶을 향한 하나님의 인도하심에 따르려 하기 때문에 생기는 일이 아닐까? 각 상황마다 독특한 요인들이 복합적으로 작용한다. 나중에야 우리는 기도 파트너십을 끊은 것은 큰 실수였음을 깨달았고, 미국으로 돌아온 지 몇 년이 지나서야 기도 파트너십을 재건하려고 노력했다.

나는 마흔 넷이었고 이본은 서른아홉 살이었다. 우리는 댈러스에서 중고차를 구입해 다시 TEDS로 차를 몰고 갔고, 그곳에서 남은 인생을 살면서 **나의** 교수로서의 경력이 꽃을 피울 것이라고 생각했다. 우리는 **임시로** 지난번과 같은 군더슨 홀 아파트로 이사했고, 다른 유학생들을 만나고, 집을 사려고 노력했다. 그때 크리스틴은 열다섯 살, 데이비드는 열세 살, 스테파니는 아홉 살이었다. 데이비드가 밤에 침실에서 침대를 펼쳤을 때 그들이 서있을 수 있는 공간만 남아 있었다. 그러나 아무도 불평하지 않았다. 우리는 세상 대부분의 사람들이 더 열악한 환경에서 살고 있다는 것을 알고 있었다.

우리는 지역 교회를 방문했지만 과테말라 엘 카미노의 활기찬 모습은 전혀 찾을 수 없었다. 시들어버린 미국의 문화적, 영적 풍경은 과테말라의 영적 굶주림과 개방성과 대비되어 이해하기 어려웠다. 그리고 미국인들은 **너무 차갑고** 불친절해 보였다!

그 이전 2년 동안 과테말라에서 라틴 학생들과 동료들이 내가 사물을 범주화하고 이해하는 것과는 다른 방법이 있다는 것을 깨닫게 하면서 나는 성숙한 모습으로 발전해 갔다. 그리고 그해 TEDS에서 나 자신의 선교학적 이해가 발전하고 성숙해졌다. 나는 폭넓게 책을 읽었고, 동료들과 유학생들, 즉 각자의 상황에서 핵심 리더들이 하는 이야기를 경청했다. 나는 전 세계를 하나님의 선교의 장('선교'라는 단어는 나중에 내 어휘에 포함되었다)으로 생각하게 되었다. 나는 마침내 하나님의 글로벌 사역에서 하나님의 선교의 길이와 폭을 인식하게 되었다.

우리는 새로운 친구를 사귀려고 노력했지만 쉽지 않았다. 1985년 당시에는 자신의 "국적 문화"를 떠나 타문화권에서 일하면서 오랫동안 지내다가 귀국한 사람들이 재입국하는 데 도움이 될 만한 자료가 거의 없었다. 우리 스스로 알아서 해결해야 했다. 감사하게도 우리를 아껴주신 TEDS 교수님들, 페기와 존 니퀴스트(Peggy and John Nyquist), 조와 그레이스 브라운(Joe and Grace Brown)이 있어서 큰 도움이 되었다. 조는 단검처럼 날카로운 유머 감각을 가지고 있었고, 매년 열리는 교수진과 행정진 간의 토론회 중 어떤 모임에서 나에게 '*illegitimi non carborundum*'(대략 번역하면 '가짜들이 당신을 지치게 하지 말라'는 뜻)이라는 엄청난 라틴어 속담을 가르쳐 주었다. 이 말은 나의 다양한 개인적 경험에 독특하게 들어맞는 것이었다. 다행히도 일부 트리니티 학생들과의 우정은 지금까지도 이어지고 있다. 우리는 장기적인 안목을 가지고 정착하였다.

내가 얼마나 무지했던가.

감사하게도 사려 깊은 친구들이 있었다. 우리의 경우 대부분의 후원자들은 성령께서 우리 삶에서 역사하신다는 것을 이해했다. 역문화 충격은 크리스틴과 나에게 가장 큰 충격을 주었고, 이본과 데이비드, 마지막으로 스테파니에게까지 영향을 미쳤다. 2년 지난 후 이본은 나에게 "빌, 이제야 미국이 고향처럼 느껴지기 시작한 것 같아요."라고 말했다. 하지만 나는 여전히 힘들었다. 우리는 여러 해 동안 여름에 과테말라로 여행을 갔다. 우정은 지속되었지만 그곳에서 더 마무리할 것들을 정리하였다. 과테말라 교회는 중요한 버팀목이 되어주었다. SETECA는 나에게 많은 문을 아낌없이 열어주었다.

라틴 아메리카에서 17년 동안 이본과 나는 선교회 내에서 동등한 위치에서 사역했고, 매달 받는 사역비는 이본과 윌리엄 테일러의 이름으로 입금되었다. 하지만 TEDS는 달랐다. 나와 조건을 협의하고 계약을 맺었고, TEDS는 교수진이 안심하고 가르칠 수 있도록 배우자의 동의를 받았다. 많은 교수의 아내들은 각자의 직업이 있었고 만족스러워 보였다. 그렇다면 이본은 어떠했을까? 예상치 못한 많은 어려움과 스트레스 요인이 나타났다.

우리의 겪은 일을 생각하면서 예상보다 일찍, 또는 원했던 것보다 일찍 해외 사역을 접고 돌아와야 할 상황이어서 우리처럼 여러 가지 위기를 겪은 수많은 사람들의 사례를 생각하게 된다. 그들은 어떻게 극복했을까? 그들의 경험은 우리보다 더 힘들었을까, 아니면 더 쉬웠을까? 그들은 여전히 예수님과 동행하며 그분이 주신 사명을 감당하고 있을까? 1996년 WEA의 선교위원회가 14개국의 선교사 중도탈락에 관한 연구를 하여 이에 대해 부분적으로 답을 얻게 되었다. 그 연구 결과를 논의하는 컨설테이션 모임이 있었고 새로운 이정표가 된 출판이 이루어졌다. 통계는 개인적인 사례 연구만큼 나를 감동시키지는 못했다. 나는 울었고, 이해했다.

돌이켜보니 하나님께서 우리를 과테말라에서 떠나게 하기 위해 TEDS를 사용하신 것을 깨달았다. 내가 예상하지 못했던 것은 트리니티에서 몇 달 만에 하나님께서 내가 나갈 방향을 변경해 주실 거라는 것이었다. 다시 한번 나에게는 놀라움과 슬픔, 혼란의 연속이었으며, 1년 만에 라틴 아메리카와 신학교에서 가르치는 일을 모두 잃었다.

우리는 기도하며 신중하게 하나님의 뜻을 구하며 TEDS로 이주하기로 결정했지만, 그곳에서 새롭게 정착하기 위해 애쓰는 과정에서 이해할 수 없는 장애물과 닫힌 문에 계속해서 부딪혔다. 타문화 사역 선교사들은 귀국하면 가족이나 지리적 연고지, 또는 이미 친밀한 공동체를 형성된 파송 교회 근처로 이주하는 경우가 많았다. 우리는 모든 면에서 제로에서 출발했다. 이는 우리가 포기했던 모든 것에 대한 상실감과 허탈감을 더욱 크게 하였다. 몇 달이 지나도 우리는 계속해서 어정쩡한 상태에 있었다.

1985-86학년도는 하나님의 마음과 뜻을 찾고 가족을 위해 최선의 방법을 모색하는 또 다른 인생의 분수령이 되는 결단의 해였다. 또한 우리 모두에게 혼란스럽고 고통스러운 한 해였다. 우리는 과테말라와 과테말라를 상징하는 모든 것들과 오랫동안 가슴 아픈 작별을 고했다. 우리는 차량과 많은 물건을 팔았고, 가구는 과테말라에 보관했으며, 집은 팔리지 않은 채로 남아있었다. 우리는 상실을 슬퍼하면서도 모든 면에서 안정된 미래를 예상하고 있었다. 우리 가족은 미지의 여정을 떠나온 것이었다. 성령께서는 라틴 아메리카에서의 우리의 임무가 끝났다는 것을 분명히 알려주셨

다. 하지만 그게 끝이었을까?

그 첫해는 잔인했다. 데이비드는 축구를 좋아했지만 감수성이 예민한 열세 살이었다. 경기 중 어느 순간 그는 울음을 터뜨리지 않을 수 없었다. 그는 괴롭힘과 조롱을 당했다. 우리는 그가 그날 마음속으로 어떤 상황에서도 다시는 울지 않겠다고 다짐했다는 사실을 전혀 몰랐다. 그 맹세는 그를 멍들게 했고, 20년이 지난 후에야 그는 그 상처로부터 깊은 치유와 자유를 경험했다. 그가 방문한 청소년 그룹에서 다른 남자와 무심코 신체적 접촉을 했다는 이유로 동성애자로 낙인이 찍히기도 했다. 집을 낙찰 받고 계약금을 많이 지급했는데, 집주인이 이전에 홍수가 있었다는 사실을 숨겼다는 것(아무도 이런 일에 대해 조언해 주지 않았다)을 알게 되었다. 그로 인해 법적 절차를 밟아야 했고, 우리는 결국 9개월 동안 군더슨 홀 아파트에서 계속 살게 되었다.

그해 가을, 이본은 주님으로부터 두 가지 말씀을 받았다. 첫 번째는 내면의 음성을 듣는 특별한 경험인 '내적 직감'의 형태로 다가왔다. 성령께서 "이본, 당신은 엄마로서 아이들을 이런 힘든 일로부터 보호하고 싶을 거야. 하지만 나는 이 어렵고 고통스러운 상황을 허용하고 있어. 이 힘든 시련을 통해 아이들을 단련하고 훈련시킬 테니 아이들을 나에게 맡기고 나를 믿어. 나는 그들을 악한 자에 맞서 싸우는 무서운 전사로 만들고 싶어." 우리는 여전히 그 내면의 상처를 치유하기 위해 노력하고 있다.

1985년 11월 말 어느 날 오후, 그녀는 나에게 다음과 같은 충격적인 메시지를 전했다. "빌, 트리니티는 당신과 우리에게 매우 특별한 곳이자 공동체로, 우리가 멋진 경험을 하고 교수진과 학생들로부터 매우 환영받는다고 느꼈지만, 나는 이곳이 우리 가족이 하나님의 장기적인 보호를 받으며 발전해 갈 수 있는 곳이 아니라는 것을 깨닫고 있어요. 이곳은 당신의 은사와 소명에 아주 잘 맞는 곳이지만, 왠지 주님께서 '이곳은 전환기에 잠깐 머무를 곳일 뿐, 영구적으로 머무를 곳은 아니다'라고 말씀하시는 것 같아요. 우리가 여기 머무르면 안 될 것 같아요."

나는 부엌 바닥에 주저앉아 울음을 터뜨렸다. 믿을 수가 없었다. 내 꿈이 산산조각 나고 있었다. 나는 라틴 아메리카와 미국 모두에서 실패한 젊은 새 리더가 된 자신을 다시 보게 되었다. 이듬해 여름, 우리는 친구들이 있는 작은 후원 교회의 파트타임 목사 장로로 사역하기 위해 아칸소주 러셀빌(Russellville)로 차를 몰고 갔다. 우리 아이들은 그곳으로 이사하게 되어 무척 기뻐했다. 나는 죽어가고 있었다. 이본은 나와 함께 슬퍼했지만 다른 미래가 펼쳐질 것이라고 생각하고 있었다. 하나님은 과테말라에서 나를 이끌어내신 다음 방향을 틀게 하셨다. 나는 이해할 수 없었다.

세 번의 죽음

2년 사이에 내가 라틴 아메리카에 대해서 죽고, 정규 학교에서 가르치는 일에 대해서도 죽고, 나중에 교회를 목양할 수 있다는 확신에서도 죽게 될 줄 상상이나 했을까? 하지만 그런 일이 일어났다. TEDS에서 그 힘든 몇 달 동안 유일하게 현명한 조언을 해준 사람은 당시 휘튼 지역에서 한 시간 거리에 살고 있던 데이비드 하워드였다. 그는 그의 아내 필리스와 네 자녀와 함께 라틴 아메리카를 떠나 IVCF 선교회를 섬기게 되었을 때 비슷한 길을 걸었기 때문에 우리의 위기를 잘 이해했다. 그는 자신의 실수를 공유했다. 그는 우리에게 조언을 해 주고 함께 기도해 주었다. 하지만 그보다 더 중요한 것은 그가 우리 삶을 '들여다보았다'는 점이다. 마침내 결단을 내려 TEDS를 다시 떠나게 되었을 때, 나는 데이브와 점심 식사를 같이 했다. 1986년 3월 중순 오후 1시 25분, 그가 "빌, TEDS를 그만두면 이번 6월에 나와 함께 싱가포르에 가서 사람들을 만나면 좋겠어요. 내 말 잘

들어요. 당신이 가족의 앞날을 위해 어떤 결정을 내리든 하나님께서 풍성한 축복을 내려 주실 겁니다. 당신이 어디에 사는지는 중요하지 않아요." 그가 몰랐던 것은 오후 1시 10분에 내가 TEDS를 떠나기로 결심했다는 사실이었다. 희미한 불빛이 깜빡였다.

그해 6월 중순, 우리는 아칸소로 차를 몰고 가서 한 시즌 동안 주인이 떠나며 맡긴 집에 들어가 살다가 우리 집을 구해 이사했다. 그리고 나는 도쿄와 홍콩을 거쳐 싱가포르로 날아가 인생의 급격한 변화를 맞이했다. 나는 아직도 그때 내가 노트하며 미래에 하게 될 일의 세부사항을 적었던 책상용 매트를 간직하고 있다. 새로운 우리 집이 있게 될 아칸소에 도착하여 나는 주로 목사 겸 교사이자 회중 목회자로 교회를 섬기기 시작했다. 그렇게 일이 잘 풀리는 듯하다가 갑자기 상황이 나빠졌다. 첫 가을 어느 일요일, 아내와 함께 집으로 돌아오는 길에 아내는 나에게 설교를 하는 동안 내 기분이 어떠했는지 물었다. "글쎄, 왜 물어보는 거지?" 그러자 그녀는 다음과 같이 말했다. "나는 당신의 입에서 나온 말이 갑자기 땅바닥에 떨어지고 사람들의 생각과 마음으로 들어가지 않는 것을 보았어요. 마귀의 영이 당신을 대적하는 것 같아요." 나는 믿을 수 없었다! 나는 전혀 동의할 수 없었지만 나중에 그녀가 옳았다는 것을 깨달았다.

시간이 좀 걸렸지만 결국 손쓸 틈도 없이 사태가 악화되어 반대파가 공개적으로 움직였고, 친했던 친구들이 장로 모임에 와서 내가 교회를 분열시켰다고 비난했다. 한 집사는 나를 장로로서 자격이 없는 돈 먹는 하마라고 비난했다. 장로들은 중립을 지켰다. 하나님이 어떤 일을 하고 계신지 분명했다. 하나님께서는 곧 내가 교회 사역을 그만두고 세계복음주의연맹-선교위원회(WEA-MC)라는 새로운 세계에 전적으로 헌신하게 하셨다. 1989년 말에 나는 교회를 사임했고 1990년 중반에 우리는 오스틴으로 이사했다. 우리는 친구들과 몇몇 교회들의 관대한 반응에 놀라 파트너십과 기도 팀을 재건했다.

1986년 6월 싱가포르에서 열린 WEA 총회에서 나는 선교위원회(MC)의 리더를 맡게 되었다. 나는 그것이 무엇을 의미하는지 전혀 몰랐지만, 하나님께서 나를 부활시키시는 일을 하고 계신 것을 마음속 깊이 알고 있었다. 1985년부터 1990년까지 세 번이나 죽을 것 같은 고비를 넘기는 동안 하나님은 과테말라에서 TEDS, 아칸소로 나를 이끄셨고, 그다음에는 전 세계를 향해 나의 방향을 바꾸게 하셨다.

부활이 실현되었고, 낯선 잿더미에서 새 생명이 피어났다.

결론과 교훈

> 내 인생 전체가 슬로우 모션으로 펼쳐지는 것을 보았다.

이해하기 어려웠지만 이 책을 위해 이미 글을 쓰는 작업이 진행되고 있던 2023년 중반에 성령께서 원고를 6개월 동안 천천히 숙성시키라고 인도하셨다. 그 후 편집을 새롭게 하면서 나는 처음으로 과테말라에서 17년간의 사역의 핵심을 어떻게 설명할 수 있는지를 알게 되었다. 또한 내 인생에서 겪은 세 번의 죽음과 부활도 더 깊이 이해하게 되었다. 나는 마침내 내 인생의 여러 주요 시기, 특히 WEA-MC와 함께한 30년의 세월을 더 넓은 시야에서 볼 수 있었다. 내 인생 전체가 슬로우 모션으로 펼쳐지는 것을 보았다.

그러던 중 예상치 못한 질문이 떠올랐다. 라틴 아메리카에서의 사역 전체가 글로벌 사역을 위한 준비 과정이었을까? 그리고 TEDS-아칸소 시기에 성령께서 나를 사막의 계절, 희망이 사라진 계절을 통과하는 또 다른 훈련학교에 등록하게 하셨을까? 너무 단순하게 들릴지 모르지만 라틴 아메리카에서의 사역을 검토하면서 리더십 개념과 경험이 어떻게 부상하였는지 알 수 있었다. 나는 스스로를 리더라고 생각하지 않았고, 리더가 되려는 생각도 없었지만, 그렇다고 회피하지도 않았다. 나를 설명하는 데 리더십이라는 명사를 사용하지 않았지만 서서히 리더십 위치에 서게 되었다. 과테말라는 나에게 매우 다양한 리더십의 장을 제공했다. 나에게 새로운 재능과 기술을 받아들이고 발휘할 수 있는 공간, 장소, 기회가 열렸던 것이다. 나는 실수를 저지르기도 했고, 그중에는 아직도 부끄러운 실수도 있었다. 하지만 은혜가 넘쳤다. 어려움은 나를 확장하고 성장시켰다.

나는 남자, 남편, 아버지, 교사, 제자, 멘토, 교회 개척자, 장로, 목회자, 행정가, 비저너리, 질문하는 사람, 섬기는 자로서의 삶이라는 인생의 학교에서 여러 분야를 배우고 성장했다. 이 모든 것이 나를 시험하는 실험실이 되어 남은 인생, 특히 WEA와 함께한 30년, 그리고 그 이후부터 오늘에 이르기까지의 삶을 준비시켜 주었다.

나는 성인이 된 제3의 문화에 속한 사람(TCP)이고, 타문화권 선교사로서 글로벌 리더십을 발휘할 수 있도록 독특하게 준비되었다. 우리 TCP는 복합적인 렌즈를 통해 세상을 바라보는 본능적 성향을 가지고 있다. 우리는 말로 하지 않는(nonverbal) 언어를 구사하며 상황과 사람을 잘 파악하는 능력이 있다. 이것은 세상을 보는 방식 중 하나이다. 라틴 아메리카 문화는 시스템과 구조보다는 개인적 관계를 기반으로 작동한다. 관계성은 집단적 리더십으로 나타날 수 있지만, 라틴 사람들은 로마법의 유산, 계급 관계, 우두머리, 상사, 소유주(the *cacique, caudillo*)의 하향식 권력에 아주 익숙하다.

그 안에도 하나님이 계신다.

이 문장을 곰곰이 생각하다가 1969년 12월, 과테말라로 이사하기 전 아버지가 나에게 하신 예언의 말씀이 기억났다. SETECA에서의 나의 미래에 대해 말씀하시면서 아버지는 "얘야, 너의 먼 미래가 거기에 있지 않아."라고 말씀하셨다. 깜짝 놀라고 당황한 나는 아버지께 설명을 부탁했지만 아버지는 거절하셨다. 아버지가 미래를 '보신' 걸까?

이사야의 강력한 예언의 말씀을 들어보라.

> 야곱아 너를 창조하신 여호와께서 지금 말씀하시느니라 이스라엘아 너를 지으신 이가 말씀하시느니라 너는 두려워하지 말라 내가 너를 구속하였고 내가 너를 지명하여 불렀나니 너는 내 것이라 네가 물 가운데로 지날 때에 내가 너와 함께 할 것이라 강을 건널 때에 물이 너를 침몰하지 못할 것이며 네가 불 가운데로 지날 때에 타지도 아니할 것이요 불꽃이 너를 사르지도 못하리니 대저 나는 여호와 네 하나님이요 이스라엘의 거룩한 이요 네 구원자임이라(사 43:1-3).

성찰 질문

1. 주요 사역 전환기를 건강하게 통과하려면 어떻게 해야 할까? 모든 경우에 어떤 긴장 상태가 발생하는가? 보다 흔한 실수에는 어떤 것이 있는가?

2. 설교에서 일어날 수 있는 독특한 일 중 하나는 설교자 자신이 회심하게 되는 것이라는 나우웬의 말의 의미는 무엇인가? 당신에게도 그런 일이 일어났는가?

3. 하나님께서 저자가 제시한 라틴 아메리카를 떠나기 전 이루어야 할 여섯 가지 조건을 '충족'시킨 속도를 어떻게 설명할 수 있는가? 이와 유사한 경우에 하나님은 우리에게 어떻게 가르치시는가?

4. 이본이 주님으로부터 받은 두 가지 강력한 말씀을 어떻게 이해할 수 있는가? 부부는 어떻게 서로가 하는 말을 진정으로 경청할 수 있는가?

5. 당신은 어떤 종류의 슬픔, 죽음, 전환, 부활을 경험하였나?

6. 마지막에 인용한 이사야서 구절은 당신에게 어떤 의미가 있는가?

첫 번째 집, 코스타리카 투리알바, 왼쪽 예배당, 1940년

빌리, 약 7세 무렵

첫 번째 기도 카드의 가족 사진, 1943년

첫 여권, 1953년

Huehue Academy, 8학년, 1954년

아버지와 함께, IBCA, 1966년

결혼식, 텍사스주 댈러스, 1967년 6월

젊은 부부, 새내기 선교사, 1971년

초임 교수, SETECA, 1972년

SETECA 세계 선교 대회, 1985년

엘 카미노 교회에서 설교

아내의 피아노 연주

4
성찰적 실천가

예수께서 그 자라나신 곳 나사렛에 이르사 안식일에 늘 하시던대로 회당에 들어가사 성경을 읽으려고 서시매 선지자 이사야의 글을 드리거늘 책을 펴서 이렇게 기록된 데를 찾으시니 곧

주의 성령이 내게 임하셨으니 이는 가난한 자에게 복음을 전하게 하시려고 내게 기름을 부으시고 나를 보내사 포로 된 자에게 자유를, 눈 먼 자에게 다시 보게 함을 전파하며 눌린 자를 자유롭게 하고 … 책을 덮어 그 맡은 자에게 주시고 앉으시니 회당에 있는 자들이 다 주목하여 보더라 이에 예수께서 그들에게 말씀하시되 이 글이 오늘 너희 귀에 응하였느니라 하시니(눅 4:16-21).

예수께서 나아와 말씀하여 이르시되 하늘과 땅의 모든 권세를 내게 주셨으니 그러므로 너희는 가서 모든 민족을 제자로 삼아 아버지와 아들과 성령의 이름으로 세례를 베풀고 내가 너희에게 분부한 모든 것을 가르쳐 지키게 하라 볼지어다 내가 세상 끝날까지 너희와 항상 함께 있으리라 하시니라(마 28:18-20).

"단순하게 하자"

잊을 수 없는 댈러스신학교(DTS)의 졸업반 설교학 수업 시간이었다. 학생 설교자는 북한 출신이었기 때문에 그에게 영어는 어려운 외국어였다. 하지만 그의 설교는 특별했다. 강단에 서서 성경을 펼치더니 "가라!"라고 말했다. 긴 침묵이 있은 후 다시 "가라!"라고 외쳤다. 두 번째 의미심장한 멈춤이 강의실을 가득 채운 후, 세 가지 요점으로 구성되는 설교의 피날레인 "가라!"라는 외침이 있었다. 그리고 설교자는 자리에 앉았다. 담당 교수는 그저 어떻게 해야 할지 당황하였고, 김씨인 그 형제가 어떤 성적을 받았는지는 모르겠지만 그 설교가 보여준 엄청난 단순화는 내 마음을 사로잡았다.

> 나의 핵심적 선교의 자양분은 대부분 복음서와 사도행전의 대위임령에 있었고, 킹 제임스 성경에서 단호하게 표현된 "너희는 가라!"(Go ye!)로 단순화 되었다.

"단순하게 하자"(Keep it simple)는 스물여덟 살, 갓 선교사가 된 나의 모토였다. 나의 핵심적 선교의 자양분은 대부분 복음서와 사도행전의 대위임령에 있었고, 킹 제임스 성경에서 단호하게 표현된 "너희는 가라!"(Go ye!)로 단순화되었다. 나의 어릴 적 기억 속에서는 이 두 단어에 초점을 맞춘 선교 과업의 슬로건과 노래가 반복되고 있다. 누가 우리의 이 과업에 대해 이의를 제기할 수 있을까? 나의 미래의 역할은 스페인어를 사용하는 지도자들이 새 신자들로 성장하는 교회에서 목회할 수 있는 역량을 갖추도록 돕는 것이었다. 당시에는 0과 1의 2항만으로 이루어진 과업은 '온 세상에 나가 복음을 전해야 한다'는 단순한 것이었다. 그리고 당시에 선교는 당연히 서구에서 **파송되어** 비서구 나머지 지역(보잘것없는 2항 언어)으로 가는 것이라고 생각했다. 빌, 기본에 충실하도록 해라. 슬로건을 기억해 봐: "하나님에게는 아들이 하나 있었고 그는 선교사였다", "선교사가 될 수 있다면 당신 나라의 대사가 되기 위해 몸을 굽히지 마라."

이러한 정서는 나의 개인사를 관통하여 선교의 여정으로 이어졌다. 무디와 DTS 시절, 과테말라 시절, 라틴 아메리카에서 TEDS로 떠난 일, 아칸소와 WEA-MC로의 예상치 못한 전환은 점진적으로 나를 크게 변화시켰다.

무디는 우리를 3년 과정의 직업 교육 프로그램을 통해 '중보자'(gap people)가 될 수 있도록 준비시켰다. 학교는 우리 대부분이 3년간의 "직업 훈련"만 받으면 된다고 생각했다. 성경 학교(Bible Institute) 운동은 전 세계의 훈련과 선교의 양상에 변화를 가져왔다. 이 프로그램들은 평생 사역을 위한 실질적인 준비를 위해 모든 것이 포함된(one-stop) 패키지였다. 평탄하기 못했던 성장 과정과 미성숙함으로 인해 무디의 신학 과정을 이수한 기억은 있지만, 그 과정을 마침으로 나에게 도움이 된 것은 별로 없다. 신학 수업에서 분명히 기억나는 것은 "성령의 내적 증거"와 "성경 본문에 대해 어떤 판단도 하지 않아도 되는(중립적인) 사람은 있을 수 없다"라는 두 구절 뿐이다. 마치 새로 시작되는 이단의 말처럼 들렸었다. 그것이 무슨 뜻인지 … 이제는 알겠다. 하지만 그 시절, 열일곱 살부터 스무 살 사이에 나는 어디에 있었던 걸까? 간신히 깨어나고 있었던 것 같다.

장년기에 성찰을 하게 되면서 나는 무디에서의 세월이 나를 조용한 변화의 파도 속에 들어가게 하였다는 것을 깨달았다. 당시 무디의 정신에는 "중보자"(gap people)로서의 최종 훈련부터 "준비의 일부로서의 무디"까지 포함되었는데, 선교 교육 과정에서 시작하여 선교 의학(구시대의)을 공부하게 되었고(나는 아직도 회충 진단법을 기억한다), 당연히 서구에서 비서구 지역으로 가는 다양한 선교 사역이 포함되어 있었다. 또 통합적인(integral) 선교에 대한 이해 없이 복음 전도로서의 대위임령에만 집중했고, 서구 선진국(the Global North)에서 쓰여진 글들만 사용되었다. 당시에 누가 다른 것을 상상이나 했겠는가?

하지만 변화는 시작되고 있었다. 졸업을 앞둔 마지막 해의 어느 날 저녁이 기억에 남아 있다. 강당에 가득 찬 사람들 앞에서 두 명의 선교 거장이 공개적으로 열띤 토론을 벌였다. 아트 글래서(Art Glasser, 중국 선교의 베테랑이자 풀러의 선교학자)와 케네스 파이크(Kenneth Pike, 성경번역선교회의 언어학 천재)가 그 두 사람이었다. 문제는 복음을 잘 받아들이고 반응이 아주 좋은 지역에 세계 선교의 에너지를 집중해야 할 것인가, 아니면 자신들의 모어로 번역된 성경이 없는 미전도 종족과 접근하기 어려운 소수 민족에게도 똑같이 집중해야 할까 하는 것이었다. 나는 나에게 새로운 뇌세포가 생겨나면서 미래의 선교학적 성찰의 작은 씨앗이 싹트기 시작했던 것을 기억한다. 내 앞에 무엇이 펼쳐질지는 거의 알지 못했다. 하나님은 나에게 자비와 인내를 베풀어 주셨다.

전 세계에 흩어져 있는 수천 명의 우리 세대와 나는 얼마나 달랐을까? 그 세대의 선교사들은 기본적인 준비를 갖추고 (다양한 방식으로 다양한 학교에서) 땅 끝까지 파송되었다. 우리 중 선교학적 탐구를 하려는 생각을 가진 사람은 거의 없었다. 우리는 그저 하나님의 부르심이라고 이해한 것에 진심으로 순종하며 응답했을 뿐이다. "과업을 완수하자"라는 생각만 있었고 신학교에 다닐 때에도 DTS의 몇몇 동급생들은 '해외'에서 신학 교육을 하는 사역을 하게 될 것이라는 사실을 알고 있었지만, 대부분은 복음을 전하는 일을 하는(doer) 사역으로 시작했을 것으로 생각한다. 결국 우리는 실용주의 철학을 온 세상에 전파한 미국인이었다. 우리는 세속적이면서도 복음주의적인 미국 문화의 소산들이었다.

나의 다면적인 여정

무디는 **그 시절** 나에게 좋은 학교였지만, 나는 너무 미숙하여 혜택을 충분히 누리지 못했다. 일반 대학에 다니던 시절에 나의 다른 뇌세포가 깨어났다. 그 시절 인터바시티(InterVarsity)와 기독교 공동체 덕분에 나는 영적으로나 지적으로 성장할 수 있었다. 나는 세속 세계에서 살아남았을 뿐 아니라 심지어 활짝 피어났다. 또한 나는 처음으로 의심과 맞서는 심각한 영적 싸움에 직면했다.

대학 마지막 해에 댈러스 교회에서 들은 한 가지 놀라운 메시지는 나의 선교 환원주의를 해체하기 시작했다. 과테말라 MK 출신으로 당시 브라질에서 사역하고 있던 DTS 졸업생 데이비드 콕스(David Cox)가 마태복음 28장의 대위임령에 대해 설교했다. 나는 금방 지루해졌다. 하지만 그에게는 나의 마음을 여는 스토리가 있었고, 매력적인 스타일이 나를 사로잡았다. 그는 헬라어 구조에 대해 설명했다. 내 머리 속에 천천히 불이 켜지더니 갑자기 불이 밝아졌다. 나는 그제서야 예수님이 하신 말씀을 이해했다. 대위임령의 말씀은 "제자를 삼아라"라는 하나의 명령과 "가서", "세례를 베풀고", "가르쳐 지키게" 하라는 세 개의 분사로 이루어진 하나의 문장이라는 것을 알게 되었다. 이 구절의 여러 가지 명령이 제자리를 찾았고, 이제 무엇을 하라고 하는 것인지 이해되었다. 대위임령의 핵심은 전도가 아니라 변혁적인 제자도(transformational discipleship)에 있다는 것을 알게 된 것이다. 한 편의 설교가 선교학 마스터 클래스가 되었다. 나는 그날 완전히 다른 청년이 되어 집으로 돌아왔다.

4년간의 DTS 과정은 나를 일깨웠고 신학적으로 생각하게 만들었다. 나는 조지 피터스 박사의 선교학 필수 과목 하나와 선택 과목 하나를 수강하였다. 이 독특한(당시 소련에서 태어나 레닌의 서명이 들어있는 고등학교 졸업장을 받은) 교수님은 독특한 영어 억양으로 유럽과 아시아의 경계 어디에선가 오신 듯한 느낌을 주었다. 우크라이나 메노나이트 난민이었던 그의 가족은 처음에는 멕시코로, 나중에는 밀폐된 화물차를 타고 미국을 가로질러 캐나다로 가게 되었다. 저명한 선교학자인 피터스 박사는 나에게 친절한 분이었다. 하지만 나는 그의 강의나 교재를 이해하지 못했다. 나는 신학적으로나 선교학적으로 생각할 수 있는 능력이 별로 없는 상태에서 시작했다. 그래서 입문 필수 과목에서 C를 받은 것인지도 모른다. 하지만 성적이 선교에 대한 어린 시절의 '부르심'을 희미하게 하지는 못했다. 나는 결단을 내렸고, 그 결단이 나를 돌려 세우고, 나를 만들어 갔다.

1967년 6월 DTS를 졸업한 직후, 이본과 나는 결혼했다. 그리고 1968년 12월 13일 금요일, IVCF 간사로 마지막 해를 마친 후 우리는 아주 오래된 파란색 쉐보레 캐리올을 몰고 댈러스에서 출발했다. 이제 막 스물셋이 된 너무도 어린 아내와 함께 마침내 '선교사'가 되었다. 하지만 나는 선교학을 모르는 선교사였다. 코스타리카에서 우리는 스페인어와 라틴 아메리카 문화에 대한 공부에 뛰어들었다. 1년 만에 나는 SETECA(Seminario Teológico Centroamericano)에서 가르치기 시작했고, 나의 은사를 발견하고 탐구하고 연마하기 시작했다. 처음에는 DTS의 유명한 교수인 하워드 헨드릭스 교수의 스타일을 많이 따라하면서 가르쳤다. 또한 앞서 설명한 것처럼 가정과 사역의 가치 사이에서 균형을 잃고 있었고, 몇 번의 위기를 겪으면서 아내의 도움을 받아 방향을 바로잡았다.

첫 임기를 과테말라 기독교 대학 사역 단체인 '대학복음주의그룹'(Grupo Evangélico Universitario)에 속하여 사역한 덕분에 더 깊은 변화가 일어나고 있었다. 나는 고문 겸 스태프가 되었고, 그 일이 정말 좋았다. 나는 다시 학생들에게 자유롭게 그리스도를 소개하고, 제자 양육, 성경 공부 인도, 귀납적 학습 방법 등 IVCF와 헨드릭스 교수가 가르쳐 준 것을 전달하였다. 나에게 학생 사역의 리더십 기술이 다시 나타났지만 완전히 다른 문화 속에서 이루어진 것이다. 이본은 학생들과 다른 외국인들에게 우리 집을 개방했고, 피아노 연주를 시작했다. 의학, 경제학, 공학 전공 학생들로 구성된 소규모 그룹은 끈끈한 공동체가 되었다. 나는 그들에게 내 삶을 열었고, 그들은 보답했다. 그러나 그들의 변증법적 요구는 미국 학생들의 질문과는 완전히 대조적인 것이었다. 그들은 근대성(modernity)의 철학적 문제나 아인 랜드(Ayn Rand)의 도전이 아니라 마르크스주의 교수와 동급생들과 맞닥뜨렸다. 그들에게는 과테말라의 계급 투쟁에 헌신하고, 기꺼이 싸우고, 죽을 각오를 한 동시대 사람들이 있었다. 질문은 진지하고 날카로웠다. "기예르모, 다스리는 자들에게 복종하라는 사도 바울의 말의 진정한 의미는 무엇이지요? 정부가 명백히 부패하고 무능하며 파멸할 것이 분명하다면 어떻게 해야 할까요? 미국 혁명 때 기독교인들이 전투에 참여하고 사람을 죽였나요?" 나중에 나는 라틴 아메리카 해방신학에 큰 영향을 끼친 마르크스주의의 이념적 틀을 이해하게 되었다. 이 신학은 과테말라 게릴라 운동에 참여한 이름만 가톨릭이었던 세력을 철학적, 실제적으로 무장시켰다. 하지만 나는 그 초기에는 비교적 무지했다.

 라틴 아메리카를 연구한 나의 박사 학위 과정은 내가 사랑한 이 대륙에 대해 깊은 통찰력을 갖게 했다. 하지만 1972년 당시 해방신학은 텍사스 대학교에서도 아직 학문적 주제가 아니었다. 나는 나중에 **상황화**라는 이름이 붙은 지적 개념을 서서히 만들어 가고 있었다. 두 번째 박사 학위 과정에서는 사학, 철학, 사회학, 인류학, 그리고 글로벌 연구 등 교육의 문화적 토대에 관한 것을 연구하였다. 그런 맥락에서 나는 불편한 질문을 던지게 되었다. 어떻게 하면 라틴 아메리카의 미국식 신학교를 라틴 아메리카의 역사, 문화, 교육 시스템을 반영하여 재설계 할 수 있을까? 우리가 만든 신학교는 과테말라에 미국식 화분, 뿌리, 나무, 열매 등 모든 것을 그대로 이식한 것에 불과한 것일까? 어떻게 하면 "더 라틴에 적합한 것이 될 수 있을까?" 나의 스승이자 동료인 에밀리오 안토니오 누녜스(Emilio Antonio Núñez)는 DTS에서 박사 과정을 마친 후 SETECA 교수진에게 "우리는 앞으로 북쪽보다 남쪽을 더 바라봐야 한다"고 예언적으로 말했다. 나는 SETECA에서 리더십 역할을 맡지는 않았지만 나의 교육 선교학은 점점 알찬 모습을 갖추어 가고 있었다. 지금 돌아보면 그렇게 해서 느리지만 구체적인 변화가 일어나게 되었음을 추적할 수 있다.

1974년 로잔 대회와 라틴 아메리카 LATF로 알려진 역사적인 선교 대회는 나를 미래로 이끌어 갔다. LATF는 라틴 아메리카에서 "신학을 창조하고 실천"하고자 하는 복음주의자들의 모임이었다. LATF의 창립은 통합적(integral) 또는 통전적(holistic) 선교라는 개념에 대한 관심과 성찰의 물결을 일으켰다. 이 개념은 물결처럼 퍼져 나가며 1974년 로잔 대회에 큰 영향을 미쳤다. 로잔은 선교 신학에 대한 성찰과 신학, 교회, 선교의 상황화에 대한 성찰의 통합에 큰 변화를 가져온 분수령이 된 이벤트였다.

나는 사무엘 에스코바(Samuel Escobar), 르네 파디야(René Padilla), 피터 새비지(Peter Savage), 페드로 아라나 퀴로즈(Pedro Arana Quiróz), 올랜도 코스타스(Orlando Costas), 발디르 스투에르나겔(Valdir Steuernagel), 그리고 나의 SETECA 멘토인 누녜스(Núñez) 등 LATF를 만든 리더들을 알고 있었다. 그리고 그때 30대 초반이 된 나는 그들과 함께 혁신적인 공간을 공유하며 경청하고, 성찰하고, 평가하고, 평가받았다. 대니 캐롤 로다스(Danny Carroll Rodas) 박사가 SETECA 교수진에 합류하면서 나의 삶은 더욱 풍성해졌다. 그는 이중문화적(bi-cultural)인 인물이었다. 과테말라에서 함께 지낸 시간이 짧았던 것이 아쉽기는 했지만 그는 구약성경으로 나를 안내하였고, 나는 그와의 성경 해석학에 대한 긴 대화를 통해 많은 것을 배웠다.

상황화는 복음주의 용어로 자연스럽게 자리를 잡았고 우리 교수진도 이에 대해 논의하기 시작했다. 세계교회협의회(WCC) 신학 교육 기금에서 시작된 이 용어는 보수적인 복음주의자들 사이에서 의심을 받고 있었다. 한 쿠바계 미국인은 "토착화"(indigenization)라는 용어를 강력하게 주장했다. 결국 원래의 표현이 일반적인 통용어가 되었다. 내가 처음 누네스에게 『라틴 아메리카의 위기와 희망』(Crisis in Latin America: An Evangelical Perspective)을 나와 함께 집필해 보자고 요청하면서 나는 "안토니오, 나는 상황화, 해방신학, 로마 가톨릭, 카리스마 운동, 복음의 사회적 함의와 같은 신학적 주제에 대해 논의할 능력이 없습니다. 당신은 할 수 있지요."라고 말했다. 그의 공헌 덕분에 이 책은 정말 가치 있는 책이 되었다. 놀랍게도 제목에 '그리고 희망'을 추가한 1996년 개정판은 미국인들이 라틴 아메리카에서 사역하려고 준비할 때 여전히 활용되고 있다. 한국어판도 라틴 아메리카에서 사역하려는 한국의 복음의 사역자들에게 같은 역할을 하고 있다.

1982-83년에 TEDS가 나의 선교학 실험실이 되었다. 솔직히 나는 불안정한 선교 신학을 가지고 선교를 가르쳤다. 하지만 나는 성찰하는 실천과 토론을 통해 서서히 변화되고 있었다. 몇 년 후인 1985년, 라틴 아메리카를 떠나 TEDS로 돌아오기 직전, 에우헤니오 캄포스와 나는 지역 교회 선교를 위한 워크북인 『세계 선교』의 첫 번째 버전을 완성했다. 그 책은 당시 내가 교회의 선교 과제를 어떻게 이해했는지를 반영했지만, 나는 여전히 "라틴 아메리카에서 선교를 어떻게 할 것인가"에 대한 통계, 실용적인 "정보"에 기반을 두고 설명을 시작하고 있었다. 나의 선교학은 여전히 빈약했다.

과테말라에서 2년 더 일한 후, 우리는 중남미를 영구히 떠났고, 우리는 분명히 임무를 완수한 것처럼 보였다. 사랑하는 라틴 아메리카와 과테말라 문화, 스페인어, 친구와 동료들, 진정으로 건강한 교회, 중요한 상황화와 성장의 첨예한 위치에 있는 신학교를 떠난다는 것은 가슴 아픈 일이었다. 우리 아이들은 과테말라에서 태어나고 자랐다. 이제 우리는 어떻게 될까? 우리가 사랑하지도, 관심도 없는 북미의 어느 수용소(Gulag)로 보내지는 건 아닐까(나는 그렇게 생각했다)? 우리를 미지의 미래로 나아가게 한 것은 순종이었다. 그리고 그 후 2년이 지나면서 드러났지만 정말 알 수 없는 미래였다.

1985-86학년도에 나는 TEDS에서 실용적이고 재능 있는 선교학 교수로서 더 큰 성장을 이루었다. 그러나 그 당시 나에게는 가족을 향한 하나님의 뜻을 분별해야 하는 혼란과 긴장감이 선교학적 발전을 압도하고 있었다. 그 시기에 나는 성령님의 인격과 능력의 임재를 새롭게 경험하면서 이론적인 초자연주의자에서 실천적인 초자연주의자로 바뀌어 가고 있었다. 라틴 아메리카의 사악한 초자연주의에 직면했던 과테말라 시절, 나는 악한 초자연주의에 대처할 신학도, 목회 기술도 갖추지 못하고 있었다. 기껏해야 나는 엉거주춤하면서도 관대하고 재능을 가진 은사 중단론자(cessationist, 사도 시대로 기적을 베푸는 은사는 끝났다고 믿는 사람)이었다. 하지만 나는 성경 말씀과 나의 세계관, 그리고 내가 받은 신학 체계에 대해 새로운 해석학적이고 실제적인 질문을 던지고 있었다. 새로운 현상들이 나의 비교적 오래된 체계에 의문을 갖게 했다. 종종 나는 내가 속했던 것에서 벗어난 기분이었다. 나는 어디로 향하고 있었을까?

1986년 WEF와 그 선교위원회에 임명된 후, 나의 리더십 역할과 선교의 상황화에 대한 이해는 더욱 커지고, 정확해지고, 검증을 받고, 실천을 통해 확장되기 시작했다. 나는 관계, 공동체 및 팀 구축, 여행, 글로벌 의제 수립 및 실행 방법 결정, 비전을 위한 재원 마련, 지속적인 프로그램 및 창의적 프로젝트 개발, 글로벌 컨설팅 조직, 자료 간행물 제작 및 세미나 개최, 젊은 리더들을 도전하고 멘토링하며 그들을 성령이 원하는 미래로 나아가도록 하는 일, 마지막으로 세계복음주의연맹 선교위원회에 구조를 만드는 일 등 실무 차원에서 다양하고 도전적인 과제에 참여했다. 이 모든 것이

상호성과 동료애를 가지고 아래로부터의 리더십을 발휘하고자 하는 나의 의도를 구체화하려는 것이었다. 필연적으로 글로벌 선교, 타문화 및 다문화 리더십, 다양한 지도자 스타일, 교회론 등을 이해하고 존중해야 하는 새로운 용광로 속에서 수행되었다.

하나님의 은혜로 그 짐을 함께 짊어질 다른 사람들이 나타났다. 존 루이스(Jon Lewis)와 버틸 엑스트롬(Bertil Ekström)이 MC 스태프로 합류했다. 그 두 사람은 멋진 친구이자 동료이다. 우리 셋은 TCP였다. 존은 실용적이고 실행 가능한 시스템과 과정에서 진가를 발휘했다. 그는 기금을 모금하는 방법을 알고 있었다. 버틸은 좀 더 선교학적으로 생각했고, 탁월한 조직력을 가지고 있었다. 그리고 두 사람이 모르게 나는 두 사람의 비공식적 제자가 되었다. 우리는 동료이자 친구로서 함께 리더십을 발휘하였다. 네덜란드 출신의 키스 반 데르 빌덴(Kees van der Wilden)이 합류하여 스태프 팀이 보강되었다.

분기점들(Watersheds)

1999년 10월에 열린 이과수(Iguassu) 선교학 컨설테이션은 나와 MC 모두에게 중요한 회의였다. 그 자리에서 우리는 "성찰적 실천가"라는 용어를 생각해 내었다. 그 중요한 모임에서 얻은 통찰을 정리하면서, 오늘날 나는 성찰적 실천가를 "삼위일체 하나님과 그 사역에 헌신하고, 하나님의 말씀과 그리스도의 교회에 뿌리를 두고, 지상 명령과 대위임령의 온전함에 열정적으로 순종하며, 세계화된 관점을 가지고 있으면서도 자기 문화에 충실한 시민이며, 그리스도의 마음을 본받는 열정적인 마음을 가진 지도자로 실천과 성찰을 모두 잘 해내는 사람"으로 정의한다. 이 용어와 그 표현은 기본적인 세계관에 대한 선교학적 관점을 정립하는 과정에 활력을 불

어떻게 되었다.

그 대회가 진행되는 한 주 동안 나는 개인적으로 예상치 못한 자기 이해라는 통찰을 경험했다. 나는 이과수에서 스스로를 성찰하는 실천가이자 선교학자라고 생각했다. 나는 내가 리더라는 사실과 성령께서 나에게 그러한 은사를 사용할 수 있는 힘을 주셨다는 사실을 분명하게 깨달았다. 나는 과테말라에서의 사역 초기부터 곤란한 질문(그중에 일부는 불편한 질문)을 던지는 사람으로 알려져 있었다. 그러나 이 리더십은 '아래로부터' 행사된 것이었다. 그것은 합의를 이루어 가면서, 개인적인 관계와 문화적 지성의 다면적인 차원과 WEA-MC에 주어진 새로운 임무를 분별하면서 이루어진 것이다. 그리스도의 십자가를 향한 길, 그 하향 지향의 길이 영적 주춧돌이 되었다. 사무엘 에스코바의 "선교학"에 대한 정의와 설명은 나의 핵심적 이해를 명확히 해 주었다.

> 나는 선교학을 선교 활동을 이해하기 위한 학제 간 접근으로 정의한다. 선교학은 성서학, 신학, 역사, 사회과학의 관점에서 선교적 사실을 탐구하는 학문이다. 체계적이고 비판적인 연구를 추구하지만, 교회의 근본적인 '존재' 이유의 일부인 선교 과업의 정당성에 대한 긍정적인 입장에서 출발한다.[1]

MC의 이사회는 스태프 팀에게 구체적인 이과수 이슈들이 장기적으로 어떤 결과를 가져올지를 연구하고 적용하도록 요청했다. 이를 통해 우리의 향후 의제, 출판, 자문할 내용이 정해졌다. 그 후 몇 년 동안 나는 MC를 대표하여 여행하고 강연할 때 성찰적 실천가라는 주제가 중심 모티브가 되었다. 2004년 6월, 나는 호주 빅토리아 바이블 칼리지에서 일련의 선교학 강의를 했다. 그곳에서 나는 젊은 동료이자 위클리프 성경번역선교

---

[1] Taylor, *Global Missiology for the Twenty-first Century*, 101.

회 및 하계언어학연구소(WBT-SIL, SIL은 선교지 실행 조직)의 리더 중 한 사람이었으며 곧 MC 위원이 될 커크 프랭클린(Kirk Franklin)을 만났다. WBT-SIL 서클의 리더였던 커크도 같은 비전을 갖게 되었다. 그 결과 2006년 8월 마이애미주 올랜도에 있는 WBT-USA 본부에서 열린 엄선된 WBT-SIL 리더들의 특별한 모임에 참석하여 자문을 해 주고 더 나아가 회의가 주제를 잘 다루어 갈 수 있도록 도와달라는 초청을 받게 되었다. 커크와 WBC-USA의 대표인 밥 크레슨(Bob Creson)은 이 특별한 대화를 조율했고, 밥의 초청장에는 다음과 같은 질문이 들어있었다. "어떻게 하면 위클리프 지도자들을 성경 번역과 관련된 선교학적 이슈를 더 잘 다루어 갈 수 있을까?"

그 모임에서 나는 1937년 여름에 아칸소주 실로암 스프링스에서 열린 성경번역 선교 사역을 위한 두 번째 훈련 프로그램인 캠프 위클리프에 참석했던 아버지의 일기를 인용하여 채플 예배에서 WBT-SIL 선교사들과 이야기를 나누었습니다. 언어학과 번역의 거인들이 이 캠프를 주도했었다. 유진 나이다(Eugene Nida, 당시 20달러[현재 가치로 약 400달러]의 현금을 부모님께 선물한 사람), 케네스 파이크(Kenneth Pike), 카메론 타운센드(Cameron Townsend) 등. 나중에 나는 그 귀한 분들의 사진을 받았다. 아이러니하게도 아버지는 언어학의 한 분야인 형태론(morphology) 시험에 낙방하였고, 그 결과 두 분은 중앙아메리카 선교회에 합류하게 되었다. 나는 부모님이 성경번역 선교사가 되었다면 내 인생이 얼마나 달라졌을지 생각해 보았는데, 역사의 역설이자 섭리 중 하나라고 생각했다.

그렇게 WBT-SIL 동료들과 함께한 그 기간은 매우 만족스러웠다. 재능 있고 경험이 풍부하며 헌신적인 언어학자와 그 밖의 다른 주요 리더들이 자신과 조직이 어떻게 선교학적으로 생각할 수 있을까라는 핵심 문제에 대해 고민하는 모습을 보면서 내가 SIL/WBT에 던진 질문은 다음과 같다.

당신들에게 성찰적 실천가, 즉 여러분이 겪는 실제 상황을 선교학적으로 늘 생각하는 사람은 누구일까? 그들에게 필요한 공간은 어떤 것일까?

나는 그들에게 설립자 카메론 타운센드의 아카이브를 연구하여 그의 성경적이고 실제적인 교회론이 무엇인지를 찾아보라고 요청하였다. 나는 그 전설적인 설립자가 선교사를 보내는 나라와 받는 나라 모두에서 지역 교회에 대해서는 거의 언급하지 않았다는 사실이 놀랍지 않았다. 유감스럽게도 다음 일정으로 인해 후속 선교학 포럼에 함께 참석하여 그들과 함께 하는 여정을 계속할 수 없었다.

사무엘 에스코바, 르네 파디야, 대니 캐롤, 에밀리오 안토니오 누녜스 등 라틴 아메리카 출신의 다양한 친구와 동료들이 내가 고민하는 것에 깊이를 더해 주고 나름대로 생각을 정리할 수 있게 해 주었다. 내 삶에 영향을 끼치는 교제권의 범위가 점점 커졌다. 폴 히버트와 미리엄 아데니, 제임스 엥겔, 필립 젠킨스, 라민 사네, 패트릭 존스턴 등과도 교류하게 되었다. 크리스토퍼 라이트와 같이 친구가 된 사람도 있다. 나는 그의 기념비적인 저서 『하나님의 선교』(*The Mission of God: Unlocking the Bible's Grand Narrative*)를 천천히 공부했다. 2010년 케이프타운 로잔 대회에서 나는 그의 『하나님 백성의 선교』(*The Mission of God's People: A Biblical Theology of the Church's Mission*)를 구입했다. 2023년 말, 내가 이 책의 원고를 작성하고 있을 때 그는 자신의 최신 저서인 『위대한 이야기와 대위임령』(*The Great Story and the Great Commission: Participating in the Biblical Drama of Mission*)에 대해 알려주었다.

다시, 읽고, 밑줄 긋고, 성숙해졌다.

2013년, SETECA는 『세계 선교』 개정 증보판을 출간했다. 나는 1984년에 발표한 나의 미흡한 선교학을 수정하기로 결심했다. 공동 저자인 에우헤니오 캄포스는 편집 작업 중에 세상을 떠났지만 공동 저자로 남아 있다.

새 워크북은 선교에 있어서의 삼위일체 하나님의 역할을 탐구하고 선교, 선교적(missional), 선교 사역들(missions), 선교학적인 것(missiological), 선교의 종(mission servants), 통합적 선교(integral mission) 등과 같은 새로운 용어를 도입하였다. 또한 오늘날 선교사들이 직면한 새로운 도전에 대해서도 다루었다. 이 책은 콜롬비아 보고타에서 열린 2017년 제4차 COMIBAM(이베로-아메리카 선교 협력) 대회에 참가한 1,700명의 참가자들에게 무상으로 배포되었다. 수백 명의 라틴 아메리카 타문화 사역자들에게도 스페인어판 『슬픔과 피』(Sorrow and Blood)를 배포하였다. 그것은 라틴 아메리카 선교가 직면하고 있는 또 다른 도전을 강조하기 위한 것이었다. 이 책은 트리니티 성공회 신학교의 스페인어 과정에서 선교학 분야의 교재로 사용될 예정이다.

수십 년 동안 두 개의 선교학 저널, 즉 「복음주의 선교 계간지」(EMQ)와 「국제 선교사 연구 회보」(IBMR)가 내 마음과 생각에 영양분을 공급해 주었다. 첫 번째 것은 전적으로 복음주의적이지만, 두 번째는 보다 광범위한 신앙고백적 플랫폼을 공유하고 있다. 두 저널 모두 새로운 후원을 받아 인터넷상에서도 볼 수 있게 되었다. 미시오넥서스(Missio Nexus)는 EMQ를 부활시켰다. IBMR은 '선교사'에서 '선교'로 단어 하나를 바꿨고, 지금은 프린스턴신학교에서 제작되고 있다. 최근까지 나는 모든 EMQ 편집자들과 6명의 이전 IBMR 편집자들을 알게 되는 영예를 누리고 있다. 나는 1964년 창간호부터 EMQ 전 권을 소장하고 있었는데, 나중에 SETECA 도서관에 기증했다. 미국세계선교센터(US Center for World Mission)에서 발간하는 「미션프론티어즈」(Mission Frontiers)는 그들의 선교학적 초점인 미전도 종족과 교회 개척 운동에 대한 소식으로 독자들에게 최신의 선교학적 정보를 제공하고 있다. 1974년 로잔에서 랄프 윈터가 촉구한 미전도 종족 선교는 오늘날 세계 선교 운동의 큰 부분을 형성하는 비전과 열정을 불러일으켰다. 그를 중심으로 만든 선교 연구 과정의 교재인 『퍼스펙티브스』(Perspectives on the

World Christian Movement)는 여전히 중요한 자원으로 남아 있다. 나는 미국에서 수십 년 동안 이 책으로 강의를 하였지만, 스페인어 번역이 상황에 맞게 이루어지지 않았고, 급성장하는 라틴 선교 운동이 포함되지 않은 것이 아쉽다.

오랫동안 나는 열정과 성실함으로 섬기는 재능 있는 젊은 동료와 선교 활동가들을 지켜보았다. 시간이 지나면서 그들은 성찰을 통해 어렵지만 좋은 질문을 던졌다. 일부는 대학원에서 학위를 취득하기 위해 공부를 선택했고, 대부분은 새로운 리더십 역할을 맡게 되었다. 빌 테일러는 이제 다른 사람이 되었고, 성찰적 실천가, 글로벌 선교학자, 의도적인 멘토가 되었다. 새로운 역할은 나에게 매우 만족스러운 자유를 누리게 하고 있다.

거꾸로 뒤집힌 선교의 세계

선교와 관련하여 나의 삶을 돌아보면서 나는 두 가지 오래된 환원주의가 사라지는 것을 목격하며 지내왔다는 사실에 놀라게 된다. 첫째, 선교 공동체의 선교 신학이 선교에 대한 단순한 관점, 즉 전적으로 아니면 주로 복음 선포만을 강조하는 데서 강력한 삼위일체의 통전적 선교 신학으로 전환되었다. 둘째, 이전의 세계 복음화 이분법—서구(the West) 대 나머지(the Rest, 다수 세계를 비하하는 언어)로 나누는—이 근본적으로 바뀌었다. 이로 인해 자신의 견해를 밝히는 목소리와 리더십, 교회와 선교 구조들, 비전과 교회의 선교에 대한 교회의 사명을 바라보는 새로운 스타일과 방정식이 나타나게 되었다. 이제는 전략적 제휴라는 오래된 패러다임에 대해 진지한 재검토를 해야 할 상황이다.

두 가지 아이러니. 1940년대만 해도 나의 아버지는 코스타리카 사역 초기의 회심자의 아들이 OM 선교회의 의료 선교사가 되리라고는 꿈에도 상상하지 못했을 것이다. 나의 어린 시절 유모였던 미레야는 공부를 마치고 결혼하여 아들이 코스타리카에서 치과대학을 졸업하는 것을 보게 되었다. 그리고 그가 타문화권 선교에 자신의 삶을 바치고 이를 소명으로 여기자 그녀는 아들을 떠나보냈다. 그는 로고스호에서 사역했고 같은 열정을 갖고 있던 네덜란드인 사역자와 결혼했다. 그들은 네덜란드에 정착했고, 그는 다시는 코스타리카로 돌아와 살지 않았다.

하지만 그 아버지의 아들인 나도 또한 오랫동안 그런 가능성은 꿈도 꾸지 못했다. 하나님의 때에 나는 선교에 대한 하나님의 거대한 서사를 알아가며 이 엄청난 현실을 관찰하는 참여자가 되었고, 그 후 앞서서 변화를 주도하는 지도자가 되었다. 세상이 바뀌었다. 나의 선교적 세계가 변화되었고 나 자신도 변했다. 나는 지금도 변화하고 있다.

크리스토퍼 라이트(Christopher Wright)는 내가 관찰하고 경험한 것을 이렇게 **명명했다.**

> 우리 조부모 세대가 알고 있던 세계 기독교의 지도가 뒤집어졌다. 20세기 초, 전 세계 기독교인의 10%만이 남반구와 동쪽 대륙에 살고 있었다. 90%는 북미와 유럽 그리고 호주와 뉴질랜드에 살고 있었다. 그러나 21세기가 시작되면서 전 세계 기독교인의 70% 이상이 비서구 지역, 즉 다수 세계(the Majority World, 이 표현이 더 적절하다)라고 불리는 지역에 살고 있다.
>
> 영국, 유럽, 북미의 성공회 교인을 모두 합친 것보다 더 많은 성공회 교인들이 매주 나이지리아의 성공회 교회에서 예배를 드리고 있다. 콩고에는 영국보다 더 많은 침례교인이 있다. 공산주의 국가인 중국에서는 매주 일요일마다 서유럽 전체보다 더 많은 사람들이 교회에 출석한다. 라틴 아메리카의 하나님의 성회(Assemblies of God) 교단의 신자 수는 미국보다 10배 더 많다.

과거의 주변부는 이제 중심이 되었고, 오랫동안 중심이었던 곳이 이제 주변부가 되었다.[2]

그의 에세이는 나 자신의 긴 선교학적 여정에 이름을 붙이고 마무리되었다. 그것은 기존의 이분법적 선교에서 상호성을 중시하고, 다기반적(multi-based)이고, 다방향적인 성숙한 선교 운동으로의 변화이다. 나는 구약의 역사서, 시편, 선지서에 녹아들어 있는 세상의 **이방인**(goy)인 열방의 민족을 향한 하나님의 마음을 드러내는 구절들을 새롭게 공부하고 다시 살펴보고 있다. 성전에 와서 자신들의 신들을 경배하려는 이방인을 위한 솔로몬의 대담한 기도와 그다음에 나타나는 솔로몬의 예상치 못한 간구(왕상 8:41-43)에 감탄하게 된다.

결론 및 교훈

나는 빠르게 오늘의 상황을 살펴보았다. 세계 선교의 지형이 어떻게 변화했는지, 수많은 신자와 교회가 예수님을 충실히 따르기 위해 지불한 대가를 더 분명히 보고, '교회'의 새로운 면과 정의(definition)를 목격하며, 선교가 다기반, 다방향을 넘어 복잡한 다중심 그리고 그 **이상으로**(beyond) 나아가는 것을 보고 있다. 역사적인 권력 브로커와 실행자들이 토론하고, 듣고, 결정하고, 시스템과 메커니즘을 만들고, 결정을 실행하는 새로운 방식을 겸허하게 배울 수 있을까?

가난하고 힘없는 가정에서 태어난 예수님을 보라. 마리아는 외양간에서 왕이신 아기(the Baby King)를 낳았다. 예수님은 마리아와 요셉과 함께 이집

---

[2] Wright, *An Upside-Down World*.

트에서 앞날을 알 수 없는 난민으로 지내셨다. 그는 유대 사회에 성육신해서 오셨다. 유대 사회에는 권력자, 영향력 있는 상인, 타협적인 종교인, 지하 혁명가, 공적 공간을 포기하고 쿰란 동굴로 들어간 사람들이 있었다. 성육신하신 예수님은 그리스-로마 시대 신전의 신들과 권력 추구자들과는 극명한 대조를 보인다.

세례를 받고 사탄의 시험을 받으신 후 섬기는 왕(the Servant King) 예수님이 등장했다. 그는 매우 서로 다른 이질적인 무리를 선택하여 첫 번째 제자로 삼고 나중에 사도가 되게 하셨다. 예수님은 자신을 따르고 지지하는 여성 제자들을 위한 공간도 내주셨다. 예수님은 수난과 십자가를 향한 내리막길을 가셨다. 예수님이 일곱 귀신으로부터 해방시킨 막달라 마리아는 부활 첫 증인이자 **사도들의 여성 사도**(apostolorum apostola)가 될 것이었다. 예수님의 이러한 모습은 나에게 리더십의 본보기가 되었다. 리더십 모델을 회고하는 중에 "빌, 물론 아래로부터의 리더십의 모델은 예수님이지." 라고 그 음성(the Voice)은 말했다.

예수님은 또한 나에게 성찰적 실천가의 본보기가 되셨다. 사도이자 오랜 기간 타문화권의 교회 개척자, 작가, 신학자, 순교자였던 바울과 사도, 목사, 작가, 죄수, 선지자, 시인으로 자연사한 사람인 요한도 마찬가지이다. 그리고 더 많은 사람들이 있다.

이 장은 내가 나의 리더십 은사를 알지 못한 채, 어설픈 선교학으로 무장하고 첫 임기를 시작한 젊은 복음주의 미국 선교사 시절의 이야기로 시작되었다. 그 선교학은 성공적인 사역을 하면 보상을 받게 되는 실용적인 지표에 초점을 맞춘 것이었다. 그러나 나 자신의 발전과 성장을 이룬 그 시기를 연구하면서, 오늘날의 나를 있게 한 선교학적 토대가 리더십을 준비하게 했다는 것을 깨달았다. 성찰적 실천가로 성숙해 간 것과, 하나님께서 가져다주신 몇 차례의 컨설테이션과 아이디어가 나를 변화시켰다.

그것이 그냥 평탄치 못하게 자란 어린 빌리의 또 다른 면모였을까? 그럴지도 모른다. 하지만 나는 인생의 적절한 시기에 적절한 사역의 맥락, 즉 세계 선교의 무대에서 성장했다. 성령께서 나에게 새로운 차원의 리더십을 부여하셨고, 그 리더십을 발휘하도록 이끌어 주셨다.

이렇게 급격하게 변화하는 시대에 섬길 수 있는 영광을 주신 하나님께 감사하며 선교사로서의 삶을 돌아보면서 놀라움을 금치 못한다. 그리고 아직 변화는 끝나지 않았다. 하나님이 세상을 거꾸로 보는 관점을 가지고 계시다는 것이 얼마나 놀라운 일인가? 선교적 삼위일체의 구성원들이 하나님의 영원한 구속 계획에서 각각 주요 역할을 담당하고 있다는 사실은 참으로 독특한 것이다.

성찰 질문

1. 자신이 진정한 리더임에도 불구하고 자신이 리더라는 사실을 인식하지 못하는 것의 장점과 단점은 무엇인가?

2. "성찰적 실천가"의 정의에 대해 당신은 어떻게 생각하는가?

3. 성령은 어떤 방식으로 섬기는 자들이 부상하여 지도자 역할을 맡을 수 있도록 힘을 주시는가?

4. 자신의 선교학적 발전과 리더십의 자기 이해 사이에는 어떤 관계가 있는가?

5. 예수님은 어떤 면에서 "성찰적 실천가"인가?

5
중요한 것을 놓치지 말자

근본적으로 우리의 선교는 (성경에 근거하고 검증된 경우) 하나님의 초청과 명령에 따라 하나님의 세상의 역사 속에서 피조물을 구속하시려는 하나님 자신의 선교에 하나님의 백성으로서 헌신적으로 참여하는 것을 의미한다.[1]

모태에서 형성된 신학

1984년 TEDS 교수진, 이사회, 선교학부, 학장, 총장이 나를 교수 후보로 면접했다. 나의 사역, 은사, 훈련, 그리고 당연히 신학에 대해 치열하면서도 보람 있는 대화를 나누었다(아무도 내 가족에 대해서는 묻지 않았다). 한 교수가 다음과 같이 물었다, "빌, 댈러스신학교 졸업생으로서 여전히 DTS의 교리 선언문 전체를 그대로 지지하고 있습니까?" 나는 이렇게 대답했다. "그 질문을 기다리고 있었습니다. 아시는 바와 같이 모든 교리 선언문은 역사, 문화, 특정한 신학적 주제에 대한 관심의 산물입니다. DTS의 교리 선언문은 확장되어 있고, TEDS는 더 짧으며 그 모교단인 미국 복음주의자유교회(EFCA)의 교리 선언문과 동일합니다. 저는 DTS와 몇 가지 점에서

---

[1] Wright, *The Mission of God*, 22-23.

다릅니다. 저는 세대주의적 언어는 특히 글로벌 무대에서 통용되는 데 한계가 있기 때문에 사용하지 않습니다. 저는 '하나님의 다양한 은혜의 경륜'이라는 표현을 선호합니다. 저는 하나님께서 종말론의 세부 사항에 있어서는 우리 모두를 놀라게 하실 것이라고 생각합니다. 그러나 저는 어떤 TEDS 교수도 DTS나 그 졸업생들의 입장을 가볍게 보지 않을 것이라고 믿습니다. 우리는 모두 여정 중에 있습니다." 나의 설명은 받아들여졌고, 교수로 임용되었다.

나는 어머니 뱃속에서 나의 영적, 신학적 여정이 시작되었다고 생각한다. 나는 성령의 은사 중단론자(cessasionist)이자 신앙의 교리를 엄격하게 고수하고 세상과 분리되어야 한다는 근본주의자였다. 내가 태어난 가정이 그러했기 때문이다. 그러므로 어린시절 이런 용어에 대해 알지도 못했고 관심도 없었다. 본성과 양육의 본질이 바로 그런 것이다. 우리도 모르게 우리의 생물학적 가족은 우리에게 체계적이면서도 눈에 보이지 않는 구조를 무의식적으로 주입하여 우리 모두를 어설프게, 또는 잘못 만들어 간다. 이렇게 우리 스스로 감지할 수 없는 현실은 우리 안에 우리 대 그들이라는 신학적 이분법을 만들어 낸다. 하나님을 향한 여정이 우리의 신학 체계에 어려운 질문을 던지게 하는 도전이 이루어지게 하기를 바란다. 내 경우는 그러했다.

성 어거스틴은 『고백록』(Confessions)에서 자신에게 어려운 질문을 던졌는데, 그중 하나는 태어나기 전의 지성이 자신을 어떻게 형성했는지 또는 제대로 형성하지 못했는지에 대한 추측이었다.[2] 그 질문은 내가 태어나면서부터 그리고 성장하면서 갖게 된 이데올로기에 의문을 품게 했다. 성인기에 접어들면서 나는 비판적으로 생각하기 시작하였고, 처음에는 관념, 사소한 의문, 의심을 갖게 되어 이렇게 질문을 하였다. "이건 원래 그렇게 되

---

2 Augustine, *Confessions*, 25.

어 있거나 작동해야 하는 방식이 아닐 텐데, 그렇지?" 그래서 나는 하나님, 예수님과 성령의 신비, 우리 기독교의 틀, 우리의 경험, 미래, 개인적인 가족 신앙, 우리가 선교와 교회를 해 나가는 방식에 대한 신비를 정리하기 위한 여정을 시작하게 되었다. 내가 오순절파, 개혁파, 가톨릭, 또는 세속적이거나 심지어 힌두교에 속할 수도 있었을까? 이러한 각 그룹에는 각각 고유의 "근본주의자"가 있다. 우리의 초기 신앙 생활은 부모, 지역, 문화, 더 넓은 종교적 환경에 따라 달라질 수 있다. 나는 은혜롭고 경건한 가문에서 기독교인으로 자란 것을 하나님께 감사드린다. 우리는 성경을 접할 때 우리가 모두 객관적으로 받아들인다고 생각하는데, 나도 오래 전에는 그렇게 생각했었다. 하지만 그런 식으로 되어있지 않다. 깊이 있는 질문은 진실한 믿음을 더 깊게 할 수 있다. 의심은 지혜롭게 관리하면 건강한 것이 될 수 있다. 의심은 또한 신앙을 죽일 수도 있다. 자신의 의심을 의심해야 한다!

나는 내가 점진적인 깨달음과 신학적 질문을 갖게 인도하신 하나님의 은혜에 감격하고 있다. 나는 세 번의 큰 신앙적 전투(대학교 4학년, 텍사스 대학 박사 과정, 딸의 스물한 살 때의 신앙의 위기)를 잘 기억하고 있다. 그다음으로 기독교 신앙의 유일성과 씨름하면서 나는 보다 실질적이고, 지적이며, 철학적이고 신학적인 기초를 다지게 되었다.

나는 7년간의 정규 성경-신학 공부를 통해 "진리의 말씀을 바르게 분별하기"라는 꼬리표가 붙은 특정한 체계를 물려받고 배웠다. 그 체계는 무디의 핵심적 교리가 아니고 댈러스신학교에서 배운 것, 특히 종말론에 관한 것이었다. 그 시절은 나를 아주 풍요롭게 해 주었다. 많은 교수들로부터 물려받은 유산에 대해 하나님께 감사드린다. 나는 성경적으로 생각하는 법을 배웠다. 말씀을 사랑하며 연구(IVCF의 경험이 더욱 풍성하게 해 주었다)하는 법도 배웠다. 나는 가르치고 설교하는 모든 것에 있어서 기초가 되는 기술을 습득하였다. 성경 공부 습관은 내가 평생 선교사로 섬길 수 있도록 준비시켜 주었고, 미래의 리더십의 기초를 다지는 데도 도움을 주었다. 하지만 그때에도 나의 질문은 시스템과 관련된 것이었다. 당시에는 졸업하려면 DTS의 교리에 동의해야 했다. 나는 동의할 수 있었지만, 흔쾌히 동의한 것은 아니었다. 시간이 지남에 따라 변형된 형태로 내가 진지하게 믿는 바가 정리되었지만 언제나 역사적이고 정통에서 벗어나지 않는 기독교 신학 안에서 이루어졌다. 나는 항상 본질적으로 확신에 찬 복음주의자였다.

> 나는 스스로 성찰적 실천가의 정체성을 갖게 되었다.

이전 장에서는 나의 선교학적 깨달음을 추적해 보았다. 나는 스스로 성찰적 실천가의 정체성을 갖게 되었고, 이는 우리 MC 리더들에게 일종의 강력한 호칭과 같은 것이 되었다. 그리고 선교학자이면서도 그러한 개념에 있어서 실천가적 측면에 더 많았다. 이 장에서는 신학적 성찰에 초점을 맞추려 한다. 하지만 결국 나는 실천가이다. 라틴 아메리카 출신의 박사 학위 소지자로서, 또는 MC의 리더로서 나의 관심사는 사역자들이 스페인어권에서 사람들을 변화시키고 효과적인 사역을 할 수 있도록 준비를 갖추게 하기 위해 어떻게 하면 나의 지식과 경험을 더 잘 활용할 수 있는가 하는 것이었다.

독서 습관

나는 어렸을 때부터 독서를 좋아했다. 토요일 아침이면 언제나 자전거를 타고 누나 그레이스와 함께 휘튼의 공공 도서관에 가서 책을 반납하고 바구니에 책을 가득 담아 집으로 돌아오던 기억이 난다. 지금도 나는 영화

보다 책을 선호한다.

나의 독서는 다양한 카테고리로 나눌 수 있다. 첫째, 진지한 공부를 위해서 하는 독서이다. 이러한 독서는 설교, 가르치는 일, 또는 글쓰기를 준비하기 위해 개인적인 성장을 위해서 또는 보다 실질적인 영적 형성을 위한 것이라고 할 수 있을 것이다. 나는 아버지로부터 물려받은 습관대로 책에 표시를 하면서 천천히 읽는다. 아버지가 남겨 주신 자를 가지고 다니며 깊이 있는 연구를 할 때 밑줄을 긋는 데 쓰고 있다. 이를 위해 나는 두꺼운 독일산 파랑/빨강 색연필을 항상 가지고 다닌다. 나는 이렇게 밑줄을 그은 책을 '파란 책과 빨간 책'이라고 부르며 꼭 간직한다. 이 범주의 책들은 나의 신학과 선교학, 영성과 목회에 영향을 미친 것들이며, 때로는 세상의 현실에 대한 나의 생각에도 영향을 끼쳤다. 이 범주에는 『왜 국가는 실패하는가』(Why Nations Fail: The Origin of Power, Prosperity, and Poverty)도 들어 있는데, 이는 남아공의 친구가 추천한 책이다. 유익하면서도 충격적인 책이었다. 어거스틴의 『고백록』은 연약함과 정직함의 깊은 샘이었다.

두 번째 카테고리는 일반적인 정보나 성장을 위한 책이다. 나는 이 책들에 밑줄을 치지는 않지만 진지하게 읽는다. 여기에는 시사, 문화, 역사, 선교, 영성에 관한 책이 포함된다. 『슬픔과 피: 고난과 핍박과 순교의 상황에서의 기독교 선교』(Sorrow and Blood: Christian Mission in Contexts of Suffering, Persecution and Martyrdom)를 출판하기 위해 편집 팀을 이끌어가는 동안 나는 이 주제에 관한 책 85권을 읽으며 내 마음과 생각을 가득 채웠다. 지금 집필하고 있는 이 책의 내용을 준비하기 위해 나는 세속 및 기독교 저자들이 쓴 45권의 리더십 서적, 전기, 회고록, 자서전을 읽었다.

마지막으로는 다니엘 실바(Daniel Silva), 존 그리샴(John Grisham), 올렌 슈타인하우어(Olen Steinhauer) 같은 스파이 및 탐정 작가뿐만 아니라 이안 랭킨(Ian Rankin), 피터 로빈슨(Peter Robinson), 존 르 카레(John le Carré), 헤닝 만

켈(Henning Mankell) 같은 영국 작가들의 작품도 재미로 읽었다. 나는 스타일, 다양성, 주제를 온전히 파악하기 위해 같은 작가의 책을 여러 권 읽는 것을 선호한다. C. S. 루이스(Lewis), 프란시스와 에디스 쉐퍼(Francis and Edith Shaffer), 데이비드 하워드(David Howard), 엘리자베스 엘리엇(Elizabeth Elliot), 프레드릭 뷰크너(Frederick Buechner), 스티븐 로헤드(Stephen Lawhead), 폴 히버트(Paul Hiebert), 차임 포톡(Chaim Potok, 그의 유대 근본주의에 공감하며), 마릴린 로빈슨(Marilynne Robinson), 올슨 스콧 카드(Orson Scott Card), 알렉산더 맥콜 스미스(Alexander McCall Smith, 기발한 『여성 1호 탐정』 시리즈), 마크 헬프린(Mark Helprin), 아모르 토울(Amor Towels) 등을 포함해 약 20명의 작가의 작품에 대해 그렇게 해 왔다. 몇 년 전에는 이본과 함께 수잔 하워치(Susan Howatch)의 『스타브리지 시리즈』(The Starbridge Series)를 읽어서 헨리 나우웬(Henry Nouwen)과 유진 피터슨(Eugene Peterson)의 묵직한 작품과 균형을 이루게 하였다. 나는 해리 포터 시리즈를 모두 읽고 영화도 봤는데, 루이스(Lewis)와 톨킨(Tolkien)의 진정한 기독교 세계관과 진짜 신화가 담긴 서사적이고 웅장한 이야기를 더 좋아한다. 이 두 작가의 작품은 어떤 혼합물도 섞이지 않은 구속적인 신화와 엄청난 경이로움으로 가득 차 있다.

나의 아들 데이비드는 나에게 공상과학 소설을 소개해 주었는데, 그중에는 도발적인 선교학적 함의를 담고 있는 것도 있다. 메리 도리아 러셀(Mary Doria Ressel)의 『스패로』(The Sparrow) 시리즈와 마이클 파버(Michael Faber)의 『이상한 새로운 것들의 책』(The Book of Strange New Things)이 바로 그것이다. 나는 많은 공상 과학 문학에 조숙한 어린이나 청소년이 등장한다는 사실에 흥미를 느꼈다. 유토피아적 세계는 순진하고 순수한 젊은 세대에 의존한다. 하지만 지나치게 슬픈 디스토피아의 이야기는 나를 지치게 해서 잠시 쉬어야 했다. 최근에 나는 웬델 베리(Wendell Berry)의 소설과 단편을 읽으며 지금은 주택 개발 지역이 된 조지아주 스톤 마운틴(Stone Mountain) 근처의 브릿(Britt) 조부모님의 가족 농장과 비슷한 점을 발견했다.

브릿 목련 나무는 잃어버린 과거에 대한 무언의 기념비처럼 홀로 남아 있다. 아모르 톨스(Amor Towles)의 『모스크바의 신사』(A Gentleman in Moscow)와 마르쿠스 주삭(Markus Zusak)의 『책 도둑』(The Book Thief)은 코로나19 기간 동안 나를 사로잡았다. 리처드 파워스(Richard Powers)의 『오버스토리』(Overstory)는 나로 하여금 나무를 사랑하게 했다.

1962년 어바나 대회에 처음 참석하였을 때부터 나는 중국 선교의 베테랑이자 풀러의 선교학자인 아트 글래서(Art Grasser) 교수의 조언을 따랐다. 그는 세속 뉴스와 주간지를 읽으며 시대를 이해하되 기독교 신앙에 비추어 읽으라고 했다. 그는 칼 바르트(Karl Barth)의 말을 인용하며 "한편으로는 성경을, 다른 한편으로는 신문을 들고 둘 다 읽으라. 그러나 신문을 성경적 관점에서 해석하라"는 말을 되새겼다. 나는 수십 년 동안 『타임지』를 구독했다가 선정성에 실망하여 그만두었다. 나는 매일 유럽, 라틴 아메리카, 아프리카, 아시아, 미국의 뉴스 플랫폼 10여 개를 살펴본다. 각 세속적인 플랫폼은 각자의 관점에 따라 편향된 시각으로 시사 이슈를 조명한다. 마치 서로 다른 행성에서 보도하는 것처럼 느껴진다. 누구를 믿어야 할까? 또는 믿지 말아야 할까? 성령께 강력한 성경적 세계관으로 나를 깨우쳐달라고 하면서 지혜롭게 다양한 관점을 볼 수 있는 독서를 할 때에 뉴스를 분류하고 선별하는 일을 제대로 할 수 있다.

나는 최근에 나의 글쓰기가 어떻게 발전하였고 그에 따라 어떻게 성숙하였는지를 나타내는 궤적을 내가 쓴 책들이 보여준다는 것을 알게 되었다. 책을 쓰면서 나는 좀 더 실질적인 성찰적 실천가로 변모했다. 내가 (라틴 아메리카 사람들과 함께) 쓴 스페인어 책들은 구애, 결혼, 그리고 지역 교회를 위한 선교를 다루었다. 이 책들은 라틴 아메리카의 목회 사역과 관련이 있는 것으로 실용적인 내용으로 되어있다. 놀랍게도 그 책들은 계속 팔리고 있다. 에밀리오 안토니오 누녜스(Emilio Antonio Núñez)와 함께 쓴 『라틴 아메리카의 위기와 희망』은 나로 하여금 라틴 아메리카의 상황에서 선교학을 더 깊이 이해하고 설명할 수 있도록 하기 위해 더 깊이 파고들게 하였다.

MC를 위해 편집한 초기 출판물에는 선교사 훈련, 전략적 제휴, 선교사 중도탈락 등 선교 실제에 대한 나의 풀뿌리 차원의 관심사가 반영되어 있다. 성찰적 실천가로서 나의 면모는 광범위한 선교학 자료 선집인 『21세기 글로벌 선교학』(Global Missiology for the 21st Century: The Iguassu Dialogue)을 통해 모습을 드러냈다. 이 책은 1999년 이과수 컨설테이션의 결과로 출간되었다. 『슬픔과 피』는 나로 하여금 예수님께 순종하기 위해 희생적으로 사역한 사람들이 지불한 엄청난 대가가 무엇이었는지를 살펴보면서 슬픔과 비탄을 불러일으킨 책이다. 『영성 훈련』(Spirituality in Mission)은 전 세계 선교 공동체를 섬기려는 나의 열정을 절정에 이르게 한 책이다. 이 책은 또한 나의 끝마무리를 잘하는 것에 대한 헌신과 아울러 내 개인의 내면의 상태를 형성하는 영성 신학적인 면에서의 나 자신의 성숙을 반영하고 있다.

내가 여기서 독서에 대해 이야기하는 이유는 무엇인가? 부분적으로는 내가 진지한 독서 습관을 갖지 못한 선교 지도자와 교사들로 인해 당황스러웠기 때문이다. 왜 그들은 강의실에서조차 그저 무언가를 하거나 행동하는 것을 선택할까? 부모가 독서를 하도록 격려하지 않아서 그렇게 되었을 수도 있지만, 전문 분야의 기사나 책을 참고하거나 서가에 꽂혀 있는 책을 언급할 수는 있지만 이상하게도 독서는 하지 않는 사람으로 남아 있는 경우도 있다. 블로그나 팟캐스트를 통해 성장하거나 인터넷 사이트에서 깊이 있는 정보를 얻는 것을 선호하는 사람들도 있다. 나는 진정한 리더는 독서를 통해 스스로 성숙해 가는 꾸준한 독서가가 되어야 한다고 생각한다.

긴장 속의 전환

여러 해에 걸쳐 나는 점차 근본주의자(내가 어려서 배운 신앙의 교리를 고수하는 온건한 형태)에서 좀 더 관대하며, 정통적인 글로벌한 복음주의자로 변해 갔다. 오늘날 나는 스스로 세 가지 밧줄로 꼬아 놓은 동아줄 같은 믿음을 가진 그리스도를 따르는 성공회 신자라는 정체성을 갖고 있다. 그 세 가지 밧줄은 성경에 뿌리를 둔 복음주의자, 성령의 능력을 힘입는 은사주의자, 예배와 삶에서 성례전을 존중하는 전례주의자이다. 나의 종교가 무엇이냐는 질문을 받으면 간단하게 대답하기 어렵다. 나는 그저 "저는 헌신적으로 예수 그리스도를 따르는 사람이며, 많은 사람들이 우리를 그리스도인이라고 부릅니다."라고 대답할 뿐이다.

나는 '복음주의자'라는 용어가 부정적인 이미지가 있다는 것을 알고 있다. 주류 미디어는 부당하게 우리를 반지성적이고 편협한 미국 우익 인종차별주의자라고 희화화하는 일을 성공적으로 해 왔다. 특히 미국의 기독교 지도자들은 복음주의자라는 말 대신 새로운 용어를 만들려고 노력해 왔다. 하지만 나는 기독교의 전통에서 그것보다 우리가 누구인지 더 잘 설명하는 용어는 없다고 생각한다. 그것을 그저 더 명확히 하고 흔들림이 없어야 한다. 이 말이 나를 세계복음주의연맹(WEA)에서 30년 동안 사역할 수 있도록 해 주었다. 우리는 전 세계적이고 가장 좋은 의미의 복음주의자였다. 이 용어는 여전히 전 세계 무대에서 널리 통용되고 있다. 그리고 현재 전체 '복음주의' 그리스도인의 77%가 아프리카, 라틴 아메리카 및 카리브해, 아시아, 오세아니아 지역 즉 다수 세계(the Majority World)의 지역에서 살고 있다.[3]

---

[3] WEA의 "Evangelical"이라는 용어에 대한 선언을 보라. https://worldea.org/who-we-are/who-are-evangelicals/.

1995년에 댈러스신학교를 네 번 방문하면서 나의 신학적 정체성의 전환이 분명하게 이루어졌다. 그해 1월에는 아내와 함께 영적 삶에 대한 도전적인 컨퍼런스를, 4월에는 이사회를(그 회의에서 나는 5년 만에 이사직에서 물러났다), 5월에는 여름 학기 수업에 강사로서, 11월에는 선교학 분야의 강의를 맡아서 거기에 가게 된 것이다. 네 번의 방문 모두 세 가지 이유로 초청을 받았다. 첫째, 내가 DTS 졸업생이었기 때문이고, 둘째, 나는 글로벌 선교의 리더였으며, 마지막으로, 세계 여러 곳에서의 신학 교육에 대한 나의 경험은 나에게 독특한 관점과 권위를 갖게 했기 때문이었다.

11월 선교학 강의는 신학적 과정에 초점을 맞추었다는 점에서 중요한 것이었다. 그 선교학 강의를 준비하는 동안 성령께서 나를 성찰적 실천가로서, 그리고 나의 선교학적 여정에서 배운 것을 배경으로 강의하도록 인도해 주셨다. 나는 요한계시록의 하나님의 영광을 찬송하는(doxological) 구절을 염두에 두고 상황화를 다시 살펴보고, 사역자들을 어떻게 더 잘 준비시킬 수 있을지 논의하였고, "이론적 초자연주의자의 고백"을 나누었다.

상황화 분야에서는 "신학하기"(doing theology)의 다섯 단계를 추적했다. 해석학적 연구는 성경 신학을 창출하고, 다시 그것을 조직 신학의 고전적 범주와 새로운 범주로 전환할 수 있다. 하지만 대부분의 신학 연구는 거기서 끝난다. 나는 두 가지 단계를 추가할 것을 제안한다. 우리는 우리의 체계를 성경에 새롭게 적용하여 그러한 신학을 재검토할 필요가 있는지를 살펴본다. 마지막으로, 우리의 시스템에 수정이 필요한지를 생각해 본다. 그러한 것을 발표한 채플 후 교수들의 도시락 점심 식사 시간에 흥미로운 토론을 하게 되었다. 교회사 교수인 한 친구가 "빌, 시스템을 바꿔야 한다는 게 아니라 성경에 다시 비추어 보아야 한다는 말이지요? 그렇죠?"라고 물었다. 나는 "네, 저의 주장은 단순합니다. 문화와 역사의 산물인 모든 신학적 주장을 성경이 그대로 확증하고 있는지를 평가해 보자는 것입니다.

그 결과 사려 깊은 수정이 필요할 수 있습니다."라고 대답했다.

나는 1989년 DTS 이사 후보로 인터뷰할 때 부의장이 "빌, 모든 교리 진술은 문화와 시대의 산물입니다."라고 말했던 것을 떠올렸다. 최근 몇 년 동안 나는 교회와 교단, 선교 단체, 기관, 기독교 대학, 신학교가 교리적 신념의 어떤 면을 수정할 수 있는 건강하고 폭넓은 전략적인 프로세스가 어떻게 가능한지 살펴보았다. 물론 정통성에서 벗어나거나, 내용을 희석시키지 않으면서도 그렇게 할 수 있다는 것이다. 안타깝게도 나는 라틴 아메리카의 한 주요 신학교가 성경과 역사적 신앙고백에서 이탈한 사례를 자세히 알고 있다. 최근 미국복음주의자유교회(EFCA)는 교리 신조를 건전하게 수정하는 모범을 보였는데, 그 결과 TEDS의 신앙고백도 자동적으로 수정되었다. 나는 나의 1995년 강의 이후 28년 만인 2023년에 DTS 지도부가 그들의 신앙고백을 수정하는 과정을 주도했다는 기사를 읽고 놀라움과 기쁨을 느끼지 않을 수 없었다.

오랜 세월 설교를 하는 여정에서 나는 요한계시록에 나오는 스무 가지 정도의 영광송 시나리오(doxological scenarios)에 사로잡혔다. 나의 준비 과정과 설교 두 가지 모두를 통해 이러한 선교학적이고 예배학적인 연구에서 발견한 것이 나를 크게 감동시켰다. 나는 작은 폭포, 졸졸 흐르는 시냇물, 거대한 폭포와 같은 다양한 장면을 상상해 본 적이 없었는데 빅토리아, 이과수, 나이아가라 폭포 등을 눈앞에 그려보았다. 그리고 그 많은 장면들 속에 "모든 지파와 언어와 민족과 나라에서 하나님을 위해 속량된 백성들"이 서로 얽혀 있었다. 성경의 마지막 책인 계시록은 처음부터 끝까지 심오하게 목회적, 교회적, 우주적이다. 그리고 하나님의 영광에 대한 찬송과 선교학적 내용을 담고 있으며 핍박받는 신자들이 듣고 읽어야 할 중요한 소망의 교훈들로 가득 차 있다. 그리고 이 목회적 묵시록에는 박해와 순교, 마귀와 인간의 최후 심판, 그리고 그리스도 안에서 하나님의 승리와 새 창조로 절정에 이르는 두 가지 궁극적인 운명의 실타래가 얽혀 있다. 나는 지금 "다양한 렌즈가 종말을 드러낸다"라는 제목으로 이 책을 다시 설교하고 있다. 요한계시록을 단숨에 읽으라는 과제를 받고 다음 날 아침 "테일러 박사님, 이 책은 암호로 기록되어서 그리스도인만 이해할 수 있어요."라고 외쳤던 한 아프리카에서 온 TEDS 박사과정 학생을 결코 잊을 수 없다. 그렇다!

데이비드, 크리스틴, 크리스틴의 남편 클리프가 리젠트 칼리지(Regent College)에서 공부할 때 나는 "신학교로 돌아갔다"(아내도 합류했다). 나는 그들이 무엇을 어떻게 배우고 있는지, 어느 교수가 그들에게 큰 영향을 끼치고 있는지, 그 공동체에서 공부하는 것이 어떤 것인지, 하나님, 성경, 선교, 교회에 대해 무엇을 배우고 있는지 알고 싶었다. 데이비드는 매년 여름 시즌마다 오스틴으로 돌아와 호프 채플에서 봉사하였다. 나는 그의 비교종교학 및 해석학 집중 과정을 수강하였다. 내 인생은 오래전 DTS의 헨드릭스(Hendricks) 교수의 성경 공부 방법에 대한 강의를 통해 돌이킬 수 없을 정도로 바뀌었다. 그곳에서는 고전적인 귀납적 성경 공부 방법으로 성경 본문을 자세히 분석하였지만 데이비드는 룻기의 이야기와 서사로 시작했다. 나는 그러한 방식에 흥미를 느꼈고 더 창의적으로 가르치기로 결심했다.

나는 전 세계의 많은 기독교 대학, 다양한 기관, 신학교와 긴밀하게 교류해 왔다. 각 기관은 고유한 역사적 DNA를 갖고 있고, 졸업생들이 독특한 강점과 자질을 갖게 되도록 교육한다. 각 기관마다 장점과 단점이 있다. 내가 다닐 때만 해도 DTS는 남학생만 가르쳤다. 유감스럽게도 우리는 여학생들과 함께 공부하고, 그들의 이야기를 듣고, 관계를 맺고 그들로부터 배우는 법을 배우지 못했다. 졸업을 하고 부르심을 받은 사역으로 나아갈 때 그것이 나도 모르게 장애가 되어 초기의 나의 리더십에 대한 이해를 약화시켰다. 리젠트의 재단은 건실했지만 창립 초기에는 갈등이 있었다. 리젠트의 원래 목적은 남녀를 불문하고 모두 모든 직업, 특히 세속적인 일터에서 살아갈 수 있도록 준비시키는 것이었다. 설립자 중 한 사람의 격렬한 반대에도 불구하고 직업을 통한 사역을 위한 훈련은 몇 년 후에 시작되었다. 한 졸업생은 리젠트가 안타깝게도 모든 직업을 인정하면서도 타문화 사역 선교사는 제외하였다고 말했다.

DTS는 내가 성경을 공부하고 가르치고 설교할 수 있도록 준비시켜 주었다(교육학 및 설교학). 오늘날 너무 많은 신학교에서 이러한 기초적인 커리큘럼을 제공하지 않고 있다. 그들은 졸업생들이 당연히 잘 가르치고 설교할 수 있을 것이라고 생각하지만 그렇지 않다. DTS는 종말론에 대한 입장으로 인해 비판을 받아왔다. 그러나 DTS와는 반대편에서 극단적인 입장을 취하는 경우의 상황이 더 심각하다. 졸업생들은 성경의 종말론적 스토리를 잊어버리고 "우리 안에 있는 소망"을 가르칠 자신감이 부족한 상태로 졸업한다. 오늘날 교회 강단에서는 사도신경과 니케아 신조의 종말론적인 면을 제대로 다루지 않고 있다.

아내와 나는 밴쿠버에서 살고 있는 가족을 방문하기 위해 자주 여행했다. 어느 여름에는 리젠트 교수진 밑에서 공부를 하기도 했다. 아내는 로버트 웨버(Robert Webber)와 제임스 휴스턴(James Houston), 나는 유진 피터슨(Eugene Peterson)과 휴스턴(Houston)의 영성 세미나에 참여했다. 나는 기독교의 옷을 입은 서구의 합리성에 의해 왜곡된 '신비'의 중요성을 발견했다. 그리고 웅장하고 부르기 어려운 찬송가인 "성 패트릭의 흉갑 기도"를 배웠다. 나는 리젠트에 있는 가족을 통해 의식적으로 삼위일체 신자가 되었다.

다른 장기 타문화 사역자들도 비슷하면서도 서로 다른 순례의 길을 가고 있다. 친구와 동료들도 각자의 여정이 있었다. 나는 그중 많은 이들의 여정을 추적해 보았다. 일부는 초창기와는 매우 다른 진영에 속하게 되었지만, 다른 일부는 자신의 시스템 내에서 유연하게 적응하며 관점을 확장하였다. 어떤 친구와 동료들은 처음에 갖게 된 신학적 틀이나 체계에 의문을 제기하지 않았다. 그들의 여정은 다른 것이었다. 그리고 나의 이러한 모든 경험은 전 세계 공간과 지역에 있는 동료들 속에서 영향력을 넓혀가면서 다음 단계의 리더십을 발휘할 수 있도록 준비시켜 주었다.

결론과 교훈

> 나의 신학적 은유는 **여정**, 즉 닫힌 시스템이 아니라 과정과 본질의 길의 순례이다.

나의 신학적 은유는 **여정**, 즉 닫힌 시스템이 아니라 과정과 본질의 길의 순례이다. 이는 성경의 풍요로움과 본질, 성경 신학을 더 많이 추구한다. 필요하다면 신학자이자 예술가이며 교수인 아들과 함께 고전적 신학 범주 내에서 작업하기도 한다. 나는 성찰적 실천가로서 신학적으로 생각하는 것은 필수적이다.

어쨌든 나는 어떤 역사적 기독교 교리가 나에게 중요한지 알고 있다. 이러한 자세는 사려 깊은 그리스도인 리더의 특징이 되어야 하며, 빈약한 신학이나 선교학에 매몰되어서는 안 된다. 우리가 태어났을 때부터 있었거나 물려받은 체계에 의문을 제기하는 것은 진지하고 관대하게 그리고 진실하게 이루어져야 한다. 나는 변화된 신학을 가진 사람들 중에 자신들과 똑같이 변화하지 않은 사람들을 질타하는 것을 즐기는 사람들이 있다는 것을 안타깝게 생각한다. 리더십은 겸손해야 한다. 교회는 글로벌하다. 복음주의는 건강한 성경적 다양성을 수용할 수 있다.

1991년 또는 1992년경에 DTS 교수진이 신앙고백에 관하여 이사회에 중요한 제안을 한 것은 의미심장한 것이었다. 그것은 즉, 입학 및 졸업 시 학생들은 DTS의 신앙고백 전체가 아닌 7가지 핵심 교리만 받아들이면 된다는 것이었다. 이제 DTS는 오순절, 알미니안, 성례전, 개혁주의 신학적 배경을 가진 학생들을 환영할 수 있게 된 것이다. 그 중요한 토론과 결정이 진행되는 동안 나는 학장에게 교수진이 가르치는 것과 학생 평가를 어떻게 수정할 것인지 물었다. 가르치는 것과 평가는 꼭 변화되어야 한다. 나는 이 결정이 학생 모집을 위한 마케팅 문제에서 비롯된 것인지 아니면 교회에 대한 더 넓은 비전에서 비롯된 것인지 물었다. 대답은 "둘 다"였다. DTS와는 별개로 SETECA는 비슷한 시기에 학생들이 입학부터 졸업까지 지켜야 할 핵심 신념을 간결하게 정리한 자체 목록을 개발했다.

나는 짧은 기간 동안 운영되었던 오스틴의 리디머 신학교(Redeemer Seminary)의 겸임 교수로서 개혁주의 신학에 대한 새로운 교리적 도전에 직면했다. 나를 임명하기 전에 학장은 나에게 '웨스트민스터 신앙고백서'(안식일에 관한 구절은 무시하라는 말을 들었다)를 보내주었다. 안식일에 관한 것 외에 나머지 부분에는 동의할 수 있었을까? 이 역사적인 선언문을 검토하면서 나는 특히 '이중 예정'에 동의하기 어려웠다. 우리는 대화와 서신으로 의견을 나누었다. 그들은 교수가 필요했고 나에 대해 "유연성을 발휘"했다. 마침내 학장은 솔직하게 "빌, 내가 동의 내용을 써줄 테니 읽어보고 당신이 서명할 수 있는지 말해 주세요."라고 말했다. 그는 그렇게 했고. 나도 그렇게 했다.

어떤 신학적 이슈가 싸울만한 가치가 있는 것인가? 나의 신앙에서 더 이상 양보할 수 없는 핵심은 무엇인가? 4세기의 신학적 논쟁은 '니케아 신조'로 나타났다. 당시의 신학적 논쟁은, 주로 삼위일체와 그리스도의 인격(the person)에 관한 것이었는데 두 차례의 공의회(AD 325, 381년)를 거쳐 분수령이 된 신조로 결말을 지었다. 중요한 것은 오늘날의 주요 논쟁은 기독론에 관한 것이라는 점이다. 니케아는 '선교'에 대한 명확한 소명을 제시하지는 않았지만, 우리 신앙의 기초가 되는 기독론을 확립하였는데, 이는 세계적으로 신앙의 초석이 되며 또 걸림돌이 되기도 하였다. 예수님은 유일하신 분이며 우리는 은혜로운 배타주의자로서 선교에 있어서 그분을 따른다. MC 리더로서 WEA의 신앙 선언문은 나에게 강력하고 안전한 항구, 본질주의자의 항구가 되었다. 세계 복음주의의 넓은 바다를 가로질러 교회적, 신학적 흐름에 따라 신뢰할 수 있는 동료들과 함께 섬기면서 수십 년간 그리스도의 몸인 세계 교회에서 일한 경험은 나의 핵심 신념을 확고하게 해 주었다.

몇 년 전, 나는 WEA와 리젠트 칼리지 신앙고백의 공통점을 발견했다. 설립자 중 한 명인 제임스 휴스턴은 초기에 교리적 선언을 어떻게 할 것인가를 고민하던 중 자신들이 원하던 폭넓고 핵심적인 신조를 만들 수 있게 한 것이 바로 WEA의 신앙고백이었다고 하였다. 나는 오늘 성경의 종말론 구절에 대한 연구를 다시 시작하였다. '니케아 신조'와 '사도신경' 모두 종말론을 다루는 구체적인 항목이 있으며, WEA 및 DTS 신앙고백도 그러하다. 그렇다면 나는 미래에 대해 어떻게 이해하고 있나? 종말론을 제3의 범주로 밀어낼 것인가? 나의 비전은 디스토피아적이면서도 유토피아적인가? 오늘날 너무 많은 교회가 그리스도 안에서 현재 우리의 삶, 연민과 정의에 대한 헌신을 너무 강조한 나머지 성경의 소망의 신학을 소홀히 하고 있는 것은 않은가? 소망은 우주적 도피처(Dunkirk)를 의미하는 것이 아니라 상처 받은 세상에 대한 기대를 선언하는 것이다. 공의로운 심판(Just Judgement)이 다가오고 **있다**! 많은 은사주의 플랫폼과 교회에서 예언적 주제를 가르치지만 그것은 현실 도피가 아니다. 목회자들이 자신의 침묵에 의문을 제기하게 하려면 무엇이 필요할지 궁금하다.

오늘날 전 세계의 젊은 그리스도인들 친구 중에는 근본적인 신학적 도전과 씨름하고 있는 사람들이 있다. 특히 전투적인 철학적, 도덕적 상대주의 때문이다. 이러한 문제는 직면하고 해결해야 할 것들이다. 예수님은 홀로 독특한(singular) 분이지만 유일(unique)하지 않을 수 있는가? 개종 선교(conversionary mission)가 기독교 신앙의 중심에 있어야 하는가? 인격(personhood), 성별, 성, 결혼에 대한 성경적 이해를 신뢰할 수 있는가? 우주의 혼돈과 상처에 궁극적인 목적이 있는가? 우리의 신앙은 구조적 불의와 빈곤을 얼마나 잘 다루고 있는가? 인공지능(AI)은 어떤가? 최후의 심판과 영원에 대해 우리는 무엇을 믿어야 할까? 지옥은 영원한가 아니면 일시적인가?

나는 이러한 질문들에 공감하며 의심을 지나 확신을 얻기 위해 씨름해 왔다. 다른 문제들도 있다는 것을 알고 있지만, 결국 나는 이 모든 문제에 대한 사려 깊은 기독교적 대응에 내 인생을 걸고 있다. 또한 이러한 질문들이 전 세계의 많은 동료 TCK들에게 걸림돌이 되고 있다는 것을 알고 있다. 우리 중 많은 사람들이 예수님에 대한 강한 개인적 믿음에서 표류하거나 자발적으로 떠난 자녀와 손자를 두고 있다. 나는 소망하며 울고, 갈구하며 기도한다.

끝으로 아주 개인적인 얘기를 해 보겠다. 알츠하이머로 인해 정신을 잃기 직전에 아버지가 마지막으로 당부하신 말씀이 있었다. "아들아, 내가 죽거든 내 묘비에 '주님, 저는 믿습니다. 저의 믿음이 없는 것을 도와주세요.'라고 써다오." 아버지는 설명하기를 원치 않으셨지만, 또 다른 수수께끼 같은 말을 하신 것이다. 누나가 아버지의 부탁을 거절했지만 아버지가 뭔가 생각하고 계셨던 것은 아닐까? 즉, 여정이 끝날 때까지도 우리는 이성만이 아닌 믿음으로 살아야 한다는 것을 말해주려 하신 것일까? 그렇다. 미스터리.

리더십 인생의 현재 단계에서 나는 TCK 순례자, 세계화된 복음주의자로, 그리고 가장 중요한 것은 예수 그리스도를 헌신적으로 따르는 자로 살고 싶다는 것이다. 결국 모든 것은 예수님에 관한 것이니까. 나는 그분의 말씀을 읽고 또 읽어야 하는 도전을 인식하고 말씀을 해체하는 것이 아니라 허용해 주시고, 그 말씀과 그 모든 것에 대한 사랑이 점점 더 커지기를 간구하며, 그 말씀과 성령이 나를, 그리고 하나님과 그분이 세상에서 일하시는 방식에 대한 나의 선입견을 해체해 주시기를 하나님께 기도한다. 나는 젊은 세대, 우리 가족, 소외되고 학대받는 약자, 어린이와 여성, 권력자와 부유한 자, 귀신들린 자와 정령 숭배자, 세속적인 사람들과 다른 신앙을 가진 사람들 등 여러 다른 사람들의 시각으로 성경을 읽었다.

내 경우에는 성경적, 신학적 성숙이 리더십에 새로운 차원을 열어주고 지혜를 갖게 하였다. 그렇다, 초기에는 모태신앙에 기반한 신학적 틀이 나를 지탱해 주었다. 나는 20대 중반이 될 때까지 그 체계에 의문을 품지 않았다. 돌이켜보면 내 자신감은 성경과 성령, 지혜가 모든 진리 안으로 나를 인도할 것이라는 확신에서 비롯된 것이었다. 나에게 주어진 리더십이 펼쳐진 무대에서 온화하면서도 강한 믿음에 바탕을 둔 그러한 확신이 두드러지게 나타났다.

내가 30년간 WEA에서 활동하는 동안 무디나 DTS 졸업생이라는 이유로 나를 낮게 평가하는 사람은 아무도 없었다. 그런 학벌은 WEA 내에서 나의 지위와는 거의 상관이 없었지만, 동시에 보이지 않는 중요한 역할을 했다. 거기서 받은 교육이 나를 만들었다. 그러나 다시 말하지만 어떤 학교에서 신학(개혁주의, 오순절-카리스마주의, 침례교, 알미니안, 독립교단, 세대주의, 또는 다른 어떤 신학교든) 교육을 받은 모든 사려 깊은 졸업생들은 조만간 신학에 대한 의문과 씨름하고 검증을 해야 한다. 내가 성경, 신학, 선교학, 실천신학 또는 기타 실체적 범주를 배웠던 방식만이 **유일**한 방법인가? 그것이 **옳은** 방법인가? 공동체 안에서 진실하게 어려운 질문을 던져보자.

MC가 관계, 상호성, 공동체성, 집단적 지혜, 공유 가치에 대해 열정을 갖고 있었던 것을 하나님께 감사드린다. 이 모든 것은 아래로부터의 리더십의 일면이다. 나는 지금도 용기 있고 비정통적인 섬기시는 왕, 예수 그리스도가 나의 그 무엇과도 비교할 수 없는 모델이 되기를 원한다. 나는 그 주님을 지금까지 따르고 있다.

여기가 내가 지금 있는 곳이고, 이 사람이 나이며, 내가 되고 싶은 사람이다. 계속 배우고, 힘있게 그리고 훌륭하게 마무리할 목표를 가지고, 마지막 한 바퀴를 돌고 있다.

성찰 질문

1. 우리가 어머니의 뱃속에서 영적, 신학적 여정을 시작한다는 것은 무엇을 의미하는가?

2. 당신은 어떤 종류의 책을 주로 읽으며, 어떤 독서 습관을 가지고 있는가? 저자의 독서 습관에 대해 어떻게 생각하는가? 왜 많은 리더들이 책을 잘 읽지 않는가?

3. 신앙고백은 어떤 면에서 문화와 시대의 산물인가? 그것은 신학 체계를 물려받은 선교 기관이나 학교의 지도자에게 어떤 의미가 있는가? 신앙고백을 바꾼 기관 중 당신이 알고 있는 것은?

4. 양질의 리더십과 성경적-신학적 기초 사이에는 어떤 관계가 있는가?

5. 죽기를 각오하고 싸워야 할 신학적 신념이 무엇인지를 안다는 것의 의미는?

6
언제나 순례길에

또 내가 네게 이르노니 너는 베드로라 내가 이 반석 위에 내 교회를 세우리니 음부의 권세가 이기지 못하리라 내가 천국 열쇠를 네게 주리니 네가 땅에서 무엇이든지 매면 하늘에서도 매일 것이요 네가 땅에서 무엇이든지 풀면 하늘에서도 풀리리라 하시고(마 16:18-19).

주께 힘을 얻고 그 마음에 시온의 대로가 있는 자는 복이 있나이다(시 84:5).

또한, 어머니의 자궁에서

좀 특이한 이야기다. 내 이야기가 그렇다.

나는 의식이나 성례보다는 설교와 개인적인 구원과 회심을 강조하는 개신교 전통을 따르는 저교회파(low-church) 복음주의자(그리스도인이 된다는 것은 성경의 권위에 순종하고, 단순한 복음에 초점을 맞추며, 개인적으로 '세상과 분리된' 삶을 실천하고, 회심이 큰 기적이며 초자연적인 은사는 1세기로 끝났다고 믿으며, 어느 정도 초교파적이어야 한다는 것을 의미하는)의 가정에서 태어났다. 부모님은 당시 중앙아메리카선교회(Central America Mission) 소속—1890년 C. I. 스코필드와 비슷한 생각을 가진 미국인 선교 동원가들이 설립한 단체로, 이후 CAM

International, 카미노 글로벌(Camino Global)로 불리다가 아방 미니스트리(Avant Ministries)에 합병—으로 평생을 사역하셨다. 이 단체의 본부는 댈러스에 있었다. 1890년에 누가 이 단체가 자체적인 교회 규범과 관행, 원칙과 규정, 안수 및 징계 제도를 갖춘 여러 나라 교회가 소속된 완전한 교단이 되고, 교회, 서점, 라디오 방송국, 진료소와 병원, 고아원, 인쇄소, 언어 분석, 성경 번역, 문해 프로그램, 학교, 성경 학교 및 신학교 등 다양한 기관을 갖게 될 것이라고 꿈이나 꾸었을까? 교단 명칭은 '중앙아메리카교회'(Las Iglesias Centroamricanas)라고 했다. 이 교단은 다른 이름으로 멕시코, 스페인, 북미의 스페인어 사용 지역으로 확장되었다.

그러다가 부모님이 가입한 지 30년이 지난 1968년, CAM 인터내셔널은 나와 이본이 가입한 기관이 되었다. 그 무렵 이 기관은 교리적으로 어느 정도 열려 있었고, 교파적으로 침례교, 장로교, 감리교, 독립교단 신자 모두에게 열려 있었지만, 분명한 복음주의 신앙고백에 따라 사역을 하고 스스로를 지켜가고 있었다. 교회론(장로, 남녀 집사를 강조)과 세례 방식에 있어서도 유연했다. 오늘날까지 과테말라 동부 지역에서는 교회가 일반적으로 물을 붓거나 뿌리는 세례를 주는 반면, 서부 지역에서는 주로 물에 잠기는 침례를 시행하고 있다. 과테말라의 '중앙아메리카교회' 교단에는 현재 1,500개 이상의 교회가 등록되어 있으며, 중앙아메리카의 다른 국가에는 그보다 적은 수의 교회가 있다. 멕시코에서는 '성서교회'(Iglesias Bíblicas)라고 알려져 있다. 스페인에서는 새로운 교회들이 형제회교단(Brethren Assemblies)과 제휴를 맺었는데, 이는 우리 사역자들이 형제회와 관련을 맺고 그 법적 보호 속에 사역했기 때문이다.

나의 아버지는 장로교에 뿌리를 두고 있었고 어머니는 침례교에 더 가까웠다. 라틴 아메리카에서 우리는 성경과 찬송가라는 '두 책의 사람들'(people of two books)이었다. 최초의 **교회당**(templos)을 지을 때는 특별한 건축 신학이 없었다. 일반적으로 새로운 그룹은 가정에서 시작하여 공식적인 리더십이 등장할 때까지 **회중**(congregación)으로 불렸고, 그 후 일정 수의 세례교인이 확보되고 최소한 파트타임 목사가 세워지면 공식 교회인 **이글레시아스**(Igesias)라고 하였다. 이들은 기능적인 직사각형 형태로 타일 또는 양철 지붕을 얹은 건물을 지을 때까지 임대한 건물에서 모였다.

우리는 소박한 복장을 하고 소박한 예배를 드렸으며, 미국 C&MA 선교회에서 번역(변안)한 스페인어 찬송가에 의해 정해진 예배 순서(전례)를 따랐다. 하나님은 신령과 진정으로 예배하는 자를 사랑하시며, 우리에게 그것은 평이한 복음에 따르는 것을 의미했다! 우리 교단은 우리만 **올바른 교리**(la sana doctrina)라고 불리는 것을 갖고 있다고 주장했다. 주기도문, 사도신경 암송, 문서화된 전례, 성직자 예복 착용 등 가톨릭이 하고 있는 것을 따르지 않고 우리 방식을 고수하였다. 우리는 세상, 육신, 마귀, 가톨릭과는 결별하였고, 우리와 다른 소위 복음주의자들, 특히 오순절파들 그리고 나중에는 새로운 은사주의자들(neo-charismatics)과도 거리를 두었다. 우리는 우리 나름대로의 **건강한 복음**(sana doctrina)을 가지고 있었다. 우리는 방언을 전혀 믿지 않았고 회심이 "가장 큰 기적"이라고 생각했다. 우리들 사이에는 교리 문제로 교회가 분열된 경우가 있었는데, 그 경우 1급, 2급, 심지어는 3급이라고 분류하여 차등을 두었다.

> 도대체 어떻게 이런 다채로운 교단 배경이 나를 다양한 성향과 교리적 특수성을 지닌 복음주의자들과 함께 일하며 글로벌 리더십을 발휘할 수 있도록 만들어 주었을까?

그렇다면 도대체 어떻게 이런 다채로운 교단 배경이 나를 다양한 성향과 강조점, 구조, 교리적 특수성을 지닌 복음주의자들과 함께 일하며 글로벌 리더십을 발휘할 수 있도록 만들어 주었을까?

불확실한 교회 순례―개인적 및 세계적 순례

우리 가족의 1957년 안식년/본국 사역은 내가 고등학교 졸업반이 되던 해와 일치했다. 나의 누이 그레이스는 휘튼 대학에서 공부하고 있었다. 우리는 과테말라에서 일리노이주 휘튼으로 이주했고, 나는 휘튼 성서교회(Bible Church)에 출석하였다. 그 교회의 청소년 그룹은 과테말라에서 온 열여섯 살의 순진한 MK를 열렬히 환영해 주었다. 시카고의 무디에서 보낸 3년 동안 나는 영어나 스페인어를 사용하는 다양한 교회에 출석하거나 섬기는 일을 하였지만 모교회(home church)는 없었다. 대학 공부를 마치기 위해 노스 텍사스 대학교로 편입하면서 아버지는 작은 '독립장로교회'(Independent Presbyterian Church, '독립'이라는 단어가 중요했다)를 찾아보라고 권하셨다. 그곳에서 나는 처음으로 다른 방식으로 운영되는 교회에 입문하였다. 거시서 나는 한 번도 들어본 적이 없는 '사도신경'이라는 것을 알게 되었다. 또한 매주 일요일마다 주기도문을 암송했다. 나에게 그것은 감당하기 어려운 것이었다!

그들은 '전례'(liturgy)라고 하는 정해진 예배 순서에 따라 예배를 드렸다. 라틴 아메리카에서 경험한 것처럼 장로도 있었지만 장로교의 장로는 CAM 교회의 장로와는 달랐다. 이 교회는 미국장로교회(PC USA)에서 분리된 후 그들 나름의 DNA를 갖게 되었다. 그 분열은 서서히 방출되어 점차 교회를 병들게 하는 바이러스를 유입시켰다. 분열은 나중에 또 다른 격렬한 분열로 이어졌다. 나는 일요일 정오에 목사가 그의 추종자들과 함께 행진해 나가던 모습을 결코 잊지 못할 것이다. 나는 이전에 교회가 분열되는 것을 목격한 적이 없었다. 무척 슬펐다. 그리고 그것은 내가 지도하던 청년 그룹을 찢어 놓았다.

나는 수십 년 동안 WEA에서 일하면서, '보내는 나라'(home country)에는 본부 사무실이 있지만 '선교 현장'(on the field)에서는 교단의 형태를 띠는 선교 단체의 사례를 수없이 보았다. 이것은 서구에서 비롯된 선교 역사의 전 세계적인 현실이었다. 오늘날에는 브라질 침례교, 한국 장로교, 나이지리아 오순절 교회 등 본국에서 멀리 떨어진 곳에 이런 개척 교회와 교단이 다양한 형태로 존재한다. 다국적, 다교단 팀이 '선교 현장'에서 사역하는 경우 상황은 더 복잡해진다. 특히 한국 장로교 목사가 방문하여 현지의 교회가 왜 장로교가 아닌지 물어볼 때는 아주 난감해진다. 초창기 YWAM 간사들이 개척한 교회는 하나님의성회(Assemblies of God) 청소년 그룹과 비슷했다.

19세기에는 처음 사역을 시작한 선교회들이 '상호 합의'(comity agreement)에 따라 선교지를 지리적으로 나누어 사역하였다. 이러한 합의는 상당 기간 동안 지켜졌다. 그러나 인구가 집중되는 도시 내에 다양한 교단이 들어오게 되는 도시화와 합의한 경계를 영구적으로 무너뜨린 20세기 초의 세계적인 오순절파의 급격한 성장 등 두 가지 변화로 인해 합의가 깨졌다.

과테말라를 중심으로 사역한 17년 동안 우리는 너무나 많은 교회들이 스스로를 **건전한 교리를 가진 교회**(la sana doctrina)라고 주장하면서도 제도주의(institutionalism), 영적 위축, 율법주의, 그리고 퇴색한 전례 속으로 빠져드는 것을 보았다. 이러한 오래된 교회 안에서는 생명력과 비전을 찾아보기 어려웠다. 무언가 잘못되어가고 있었다. 나를 괴롭히는 의문이 계속 떠올랐다. 무엇이 교회를 제도주의에 빠지게 할까? 이를 돌이킬 방법은 없는가? 생명력이 있고 성장하는 비전을 가진 교회의 특징은 무엇인가? 신약성경은 교회의 형태나 구조에 대한 가르침은 거의 없고, 교회 리더십의 요건과 자질은 강조한 이유는 무엇인가? 예배 스타일은 어떤 역할을 할까? 현재 '전통적'이라고 불리는 대부분의 교회는 성령의 인도하심에 따른 갱신, 새로운 교회 개척, 혁신적인 리더십과 예배를 모색하지 않은 채 쇠퇴하고 있다.

우리는 하나님의 섭리 가운데 과테말라에서 교회 개척의 어려움과 기쁨을 선물로 받았다. 그 덕분에 나는 다른 사람들과 함께 교회의 존재(being)와 사역(doing)이 다양하게 표현되는 것을 실험할 수 있었다. 그렇다, 우리는 오래된 신자 50%와 새 신자 50%로 구성된 공동체에서 몇 가지 일을 잘 해 내었다. 다른 문화권에서 목사-장로로서 지도력을 발휘한다는 것은 어떤 것일까? '엘 카미노 성경센타'(Centro Bíblico el Camino) 사역을 통해 얻은 가장 큰 혜택은 아내와의 파트너십이었다. 아내는 자신만의 개성을 가진 사람이었고, 우리는 다른 문화권 속에서 전도, 제자훈련과 가르치는 사역을 나란히 해 가면서 함께 성숙해 갔다. 기도와 금식에 대한 그녀의 헌신은 그녀의 남은 인생의 궤적에 큰 영향을 미쳤다. 하지만 우리가 시도해 본 것은 교회의 한 모델일 뿐이었고, 나는 더 많은 것을 배워야 했다.

그 뒤에 WEA에서 사역한 수십 년 동안 나는 타문화 선교를 최우선 과제로 삼는 모든 교단과 함께 일하면서 비슷한 곤경에 처하게 되었다. 라틴 아메리카에서의 경험은 나에게 역사적 관점을 갖게 했지만 WEA 사역 중에 놀라운 경험을 하였다. 어느 일요일 나이지리아 조스(Jos)에서 예배를 드렸다. 처음 한 시간 동안은 영국에 있는 것 같았는데, 점차 영국에서 수입된 전례에 지쳐가고 있었다. 하지만 미처 알아차리지 못하는 사이에 전환이 이루어져 예배와 악기, 자유로운 분위기와 춤이 있는 아프리카로 돌아왔다. 인도 하이데라바드(Hyderabad)의 유서 깊은 침례교회에서 설교할 때도 비슷한 경험을 했다. 한 시간 넘게 영어 예배가 이어졌다. 그리고 예배 밴드가 정식 성가대를 대체하면서 예배 스타일이 급격하게 바뀌었고 현대 인도로 돌아온 느낌이 들었다. 나는 회중보다 아주 높은 곳에 있는 강단—영국 본머스(Bournemouth)에 있는 침례교회에서 비슷한 강단을 본 적이 있다—에서 설교했다. 잊을 수 없는 인도에서의 그 예배는 3시간 동안 진행되었고, 이어지는 긴 사역의 시간으로 마무리되었다. 나는 방문 설교자로서 사역 팀과 함께 섬기면서 더욱 긴장하고 놀라움을 경험했다. 사람들은 최근에 설교로 받은 메시지와는 전혀 상관없이 하나님을 갈망하며, 어떤 형태로든 찾아오시기를 바라고 있었다. 겸손하고 건강하게 느껴졌다.

아내와 나는 전통이 오래된 교회와 새로운 교회, 평신도 지도자가 있는 교회와 공식적으로 훈련받은 지도자가 있는 교회, 권위주의적인 지도자가 이끄는 공동체와 민주적인 스타일의 지도자가 있는 공동체, 가정 교회와 대성당 같은 교회당 모두에서 예배를 드릴 수 있는 특권을 누렸다. 전 세계의 그리스도의 몸이 우리를 성장하게 해 주었다. 이러한 다문화 잔치는 하늘에 계신 위대하신 그분(the Big One)께 드리는 예배를 실천하면서 천국에서의 영광스러운 다양한 형태의 예배와 삶을 준비하게 해 준다!

아칸소에서 나는 매우 독립적이고 초교파적인 교회를 섬겼다. 1990년 오스틴으로 이사한 후에는 우리와 협력하는 성서교회(Bible Church)에 다녔다. 동시에 아내는 '영혼의 어두운 밤'이라고 할 만한 긴 고독의 시기를 겪게 되었는데, 이 시기는 나 자신이 영적 사막에 있던 기간과 일치했다. 새롭게 구성된 대학생 연령의 젊은이들을 위한 사역을 맡으라는 초대를 받은 우리는 우리 자신의 싸움에도 불구하고 그렇게 했다. 하나님은 예배와 가르침, 공동체 형성을 통해 우리를 만나 주셨다. 학생과 청년들로 구성된 '대학 플러스' 그룹은 거의 5년 동안 치유의 장이 되었다. 나는 여러 차례 결혼식을 집례했고 그중 많은 사람들과는 지금까지도 친구로 지내고 있다.

성령의 인도하심으로 우리는 10년 동안 은혜로운 카리스마가 넘치는 교회인 호프(Hope) 채플에서 신앙 생활을 하였다. 호프 채플의 예배는 아칸소 교회에서 상처를 입은 내가 영적 치유를 받는 데 큰 도움이 되었다. 호프 채플은 우리가 능력을 받은 복음주의자로서 자유롭게 나아갈 수 있는 공간을 만들어 주었다. 하나님께서는 나를 또 다른 새로운 학교로 보내셔서 예배, 치유 기도, 영적 전쟁, 기적과 육체적 치유에 대한 기대 등 아내와 나 모두 경험을 통해 배우게 하셨다. 우리 둘 다 섬기며 가르칠 수 있는 기회가 열렸고, 나는 다시 설교할 수 있게 되었다. 그곳의 리더십은 튀르키예와 더 넓은 이슬람 세계에 초점을 맞춘 예리한 선교 DNA를 가지고 있었다. 아이러니하게도 당시 오스틴 지역의 영적 필요와 인간의 필요는 선교의 주요 관심사가 아니었다.

호프 채플은 우리에게 "정식 은사주의자"가 되라고 요구하지 않았다. 나는 담임 목사의 권유로 장로가 되었지만 그것이 내 소명이 아니라는 것을 알고 있었다. 하지만 선교 정책을 만들라는 도전을 받아들였고, 글로벌 선교팀을 만들어 1년 동안 일하고 기도한 끝에 첫 번째 글로벌 축제(Fest)를 열었다. 그 기간 동안 놀랍게도 많은 학생과 청년들이 전 세계의 어려운 지역에서 장기 봉사하기로 헌신했다. 하나님은 새로운 방식으로 우리에게 살아 계심을 보여주셨다. 우리가 거기서 지낸 10년은 데이비드가 예술 목사로서 사역한 기간과 겹친다. 호프 채플은 그에게 성인 교육도 맡겼다. 데이비드는 이본에게 켈트(Celtic) 영성 세미나에서 가르치고 연례 예술 축제와 매월 열리는 전통적인 심야 예배에 음악으로 참여할 수 있도록 아낌없이 문을 열어주었다. 아내와 나는 모두 교회를 위한 은사를 가진 종으로 **인정받고 있음을** 느꼈다. 8년째 되던 해에 우리는 호프 시즌이 마무리 단계에 접어들고 있음을 감지했다. 하지만 이제 무엇을, 어디서, 누구와 함께할 것인가? 우리에게 적합한 곳은 어디일까?

우리가 세계 무대에서 얻은 교훈은 개인적인 교회 경험과 대비되는 것이었다.

1987년, WEA-MC 임기를 시작한 지 1년 만에 나는 미국세계선교센터(US Center for World Mission)를 방문했다. 그곳에서 스태프로 일하던 친구들이 랄프 윈터(Ralph Winter)와의 약속을 주선해 주었다. 나는 그를 과테말라에서 만난 적이 있었다. 그와의 만남은 15분으로 예정되어 있었지만 한 시간 동안 진행되었다. 37년이 지난 지금도 나는 그 만남을 생생하게 기억(심지어 내가 소파의 왼쪽 어디에 앉아 있었다는 것도)한다. 나는 그의 말에 귀를 기울였다. 랄프는 전 세계에 흩어진 교회를 대표하는 선교위원회(MC)가 모달리티 교회 단체인 세계복음주의협의회(WEF)에 의해 통제되고 점검을 받는다는 것에 대한 우려를 털어놓았다. 솔직히 나는 "소달리티와 모달리티"가 무슨 뜻인지 전혀 몰랐고 그가 말한 문맥에서 그 의미를 유추하려고 노력했다. 나는 거의 아무 말도 하지 않았고, 그가 일어서자 덩달아 자리에서 일어나 감사의 뜻을 표하고 이러한 우려에 대한 그의 에세이를 보내 달라고 다시 한번 얘기하였다. 에세이를 받고서 나는 그것을 연구하면서 점차 랄프가 말하려는 바를 이해했다. 나는 교회가 모이고 흩어지는 것에 대해 조심해야 할 부분을 포함하여 이야기하면서 개념을 단순화하려고 노력했다.

모달리티는 모이는 것(회당, '모이는' 교회, 지역 교회, 교단, WEA 등)을 의미하고, 소달리티는 흩어지는 것(사도 팀, '흩어지는' 교회, 선교 단체, 로잔 등)과 관련이 있다. 그 만남으로 나는 급격하게 많은 것을 배우게 되었고, 그 후로도 그런 경험을 많이 하였다. 내가 그런 배움을 원하게 될 줄은 몰랐다! 하지만 리더십은 그것을 요구했고 새로운 언어와 개념, 현실을 배우는 것이 필수적이었다.

하지만 왜 소달리티, 즉 '흩어진 교회'를 모달리티, 즉 '모인 교회'와 서로 대립시켜야 하는가? 안디옥 교회가 모달리티이고, 바나바와 사울의 사도 팀은 소달리티였을까? 그럴 수도 있다. 하지만 나는 잘못된 이분법을 강요하거나 어느 한쪽을 희생시키면서 다른 한쪽을 강조하고 싶지 않았다. 성령은 둘 다 축복하시며, 두 범주 모두 고유한 강점과 약점을 지니고 있다. 이 두 가지 하나님 공동체 모델의 상호성과 상호 작용, 그리고 방대한 선교 인프라에서의 이들의 역할을 기쁜 마음으로 축하하는 것은 어떨까?

나는 그 거룩한 교회적 긴장 속에서 살았다. 지금도 그렇다.

전 세계 무대에서 나는 수많은 교회가 겪은 일과 매우 다양한 핵심 정의들을 접할 기회가 있었다. 예를 들어, **지역 교회**란 실제로 무엇을 의미할까? 누가 정의할까? 새로운 교회가 개척되는 동안 그 선교사를 파송한 우리 선교회의 '공식 정의'(official definitions)를 어떻게 적용할 수 있을까? 예를 들어, 과테말라에서 우리는 그냥 그룹으로 시작한 경험이 있다. 시간이 지나면서 이 모임은 예배를 드리고 성경 공부를 하는 공식적인 모임이 되었다. 그러다가 일요일에 모이기 시작했다. 가정 모임에서 스스로 교회라는 정체성을 갖게 되는 신비로운 변화의 전환점을 통과하는 것은 멋진 일이다. 하지만 그렇다고 해서 우리에게 규범을 정할 권리가 부여되는 것은 아니었다.

"교회"의 정의는 최소주의적(minimalism)으로 단순하거나, 중도적이거나, 전례-성례전(나 나름의 언어와 범주) 중심에 이르기까지 다양하다. 이 장을 준비하면서 나는 약 10개의 다른 교회-선교 구조에 속한 동료들에게 편지를 썼다. 교단과 비교단 독립파, 오순절과 은사주의파, 오직 미전도 종족에만 초점을 맞춘 조직, 교회 개척 운동(CPM)과 디스커버리 성경 공부(DBS) 접근법을 강조하는 그룹 등이 포함되었다. 나는 "당신은 '교회'를 어떻게 정의하는가?"라고 물었다. 다양한 응답을 받고 놀랍기도 하고 신선하기도 했다.

최소주의적 정의에는 사도적인 팀, 여성의 폭넓은 역할, 가난한 사람들 사이에서의 가장 큰 성장, 핍박과 영적 전쟁의 상황에서의 섬김, 성령의 기사와 표적의 충만함 속에서 사역하는 것 등이 있었다. 이러한 응답은 놀랍도록 많은 수의 "새로운 교회"가 있음을 보여준다. 오늘 도착한 편지: "작년에 우리는 25만 개의 가정 교회에서 50만 개의 가정 교회로 성장했다." 대략적인 큰 숫자는 때때로 나를 불안하게 한다(처음 25만 개가 모두 여전히 존재하고 있고 가시적인가?). 아직도 우리는 최소주의(미니멀리즘) 패러다임을 따르는 어떤 사람이나 어떤 비전도 폄하하지 않으면서도 근본적인 질문을 던져야 한다. 최소주의는 하나의 렌즈이기는 하지만 하나님의 세계 선교를 바라보는 주된 렌즈는 아니다.

중도 그룹들(centrists)은 교회에 대한 보다 명확한 정의를 제시했다. 특히 가정 모임에서 '회중-교회 전단계(prechurch) 프로젝트'로, 그리고 공인된 교회로 발전하는 과정을 잘 정리하였다. 캐나다 기독교선교연맹(C&MA) 교단은 다음과 같이 정의하였다. "보편 교회의 가시적 표현인 지역 교회는 하나님을 예배하고, 세례와 성만찬의 성례를 지키고, 기도하고, 하나님의 말씀을 통해 교화되고, 교제하고, 지역과 전 세계에 구원의 복음을 말과 행동으로 증거하기 위해 함께 모인 그리스도를 믿는 신자들의 모임이다."[1] 미전도 지역 선교에 집중하는 단체인 Avant의 리더는 나에게 편지로, 교회란 "정기적으로 함께 모이는 신자들의 모임으로, 자신이 그리스도의 몸을 지역에서 나타내고 있음을 인식하고 하나님의 뜻을 이루기 위해 조직된 것"이라고 말했다.

전례-성례전 그룹에 속하는 선교 그룹에는 특별한 도전이 있다. 하나님께서 그들을 보내셔서 전례와 예복, 심지어 건축까지를 완전히 수입한 (예를 들면) '성공회' 교회를 개척하도록 하셨는가, 아니면 구조에 유연성이 있는가? 이 흐름에 속한 그룹의 전 세계적 활동을 보면, 정교회 선교나 초기 로마 가톨릭 교회는 모국의 모교회를 모방하는 경향이 있는 것 같다.

이러한 교회관은 리더십과 깊은 관련이 있다! 나는 제도화되어 활력을 잃은 다소 율법주의적인 중도적 교회론을 가진 교회에서 자랐다. WEA에서 일하는 동안 성령은 나에게 놀랍도록 다양한 교회 구조, 역동성, 내부 정치 체제, 활력, 생명력을 소개해 주셨다. 모든 복음주의 운동은 비슷한

---

[1] World Evangelical Alliance, "Evangelical."

교회 문제와 싸우고 있다. 리더십 팀으로서 우리의 도전은 성령, 신자들의 공동체와 그들의 목자, 그리고 **그들이** 선교를 어떻게 정의하고 실천하는지에 귀를 기울이는 것이었다. 이것은 나 자신의 교회론이 놀랍게 성장하는 원동력이 되었다.

그들의 주장과 역사적 뿌리

우리의 교회에 대한 탐구의 여정은 갈림길을 만났다. 1990년 오스틴으로 이사한 직후, 오랫동안 잠자고 있던 아내의 전례적 전통의 뿌리가 꿈틀거리기 시작했다. 복음 중심의 성공회 교회에서 주요 절기 행사에 참석해 축하해 달라는 요청을 받은 것이다. 나는 차를 몰고 가서 아내와 나란히 참석하곤 했지만 성찬식 예배를 드릴 때는 소외되곤 했다. 나는 전례를 중요시하지 않은 복음주의자였고 감사하게도 그렇게 지내는 것이 좋았다. 나는 아내의 시종일 뿐이었다. 그런데 놀랍게도 밴쿠버에서 먼저 데이비드가, 다음으로는 크리스틴과 클리프가 성공회 교회에서 견진성사를 받았다. 나는 불안했다. 사랑하는 가족에게 무슨 일이 생긴 걸까? 은사주의자**이면서** 성공회 신자?

호프 채플에서 8년째 사역하던 해 어느 날, 65세가 다 되어갈 무렵 나는 마음속 깊은 곳에서 새로운 교회 개척이나 적어도 재개척에 참여하고 싶다는 열망을 느꼈다. 당시에는 '오래된 미래'라고 했던 그 무언가에 대한 초조함, 갈망을 더 이상 부정할 수 없었다. 하지만 촛불과 향을 사용하는 것은 낯선 것이었다. 당시 우리의 사위 클리프는 엘파소에 있는 유서 깊은

> 당시에는 '오래된 미래'라고 했던 그 무언가에 대한 초조함, 갈망을 더 이상 부정할 수 없었다.

복음주의 성 클레멘트 성공회 교회에서 스태프로 일하고 있었다. 우리는 매년 여러 차례 크리스틴과 클리프 워너 가족을 방문하며 커가는 손주들과 추억을 만들어 갔다. 성공회 예배의 아름다움과 풍요로움은 나를 사로잡았다.

2006년 5월, 워너 가족은 오스틴으로 이사했고, 클리프는 시내 근처에 있는 성공회 교회인 홀리트리니티교회를 맡게 되었다. 그 교회는 어려움을 겪고 있던 작은 교회였다. 그 교회의 출석 교인은 아기까지 합쳐 37명으로 줄어들고 있었다. 이것이 우리의 깊은 갈망에 대한 답이었을까? 우리는 우리 부부가 조용히 합류하는 것에 대해 클리프와 크리스틴에게 이야기했다. 호프의 리더십은 우리가 오스틴에서 세 번째 교회를 경험할 수 있도록 놓아주고 축복해 주었다. 우리는 알파코스 팀이 예배를 준비하는 것과 청소하는 일을 도왔다. 처음에는 우리가 크리스틴과 클리프와 가족 관계라는 사실을 아는 사람이 거의 없었다.

나에게는 모든 것이 새로웠다. 예배 중 언제 서고, 앉고, 무릎을 꿇어야 하는지? 들어본 적은 있지만 거의 읽어본 적이 없는 신조를 매 주일마다 반복해서 암송하고 있는 나 자신을 발견했다. 명칭도 달랐다. 예전에는 성만찬과 성찬식이라고 불렀는데, 이제는 '성체성사'(the Eucharist, 나에게는 가톨릭식으로 들렸다)라고 부르게 되었다. 나는 '집도문'(collect prayers)을 알게 되었다. 이는 나에게 또 다른 새로운 언어였다. 주일에는 성공회의 '대신앙고백'(the Great Confession)을 낭송하고, '성체성사'에 참여하고, '니케아 신조'나 '사도신경'을 암송했다. 나는 매주 색다른 '주님의 식탁'(Table of the Lord)을 기대하게 되었다.

성찬식에서 그리스도의 살과 피가 **신비롭게 임재**하는 것은 새로운 경험이었다. 단순히 상징적인 기념이 아니라니? 나는 가파른 학습 곡선을 그리며 배우고 있었지만 성공회 신자가 된 것은 아니었다. 2008년 8월, 홀리트리니티교회는 성공회(Episcopal) 교단을 떠나 그리스도교회(Christ Church)로 재창립되었다. 이 교회는 처음에는 AMiA (Anglican Mission in America)에 가입했고, 나중에는 ACNA (The Anglican Church in North America, 북미성공회교회)에 합류했다.

나는 더 이상 어정쩡한 상태로 있을 수 없었다. 우연이나 우발적인 입교가 아니라 나 자신이 뜻으로 성공회 신자가 되고 싶었다. 나는 견진 과정을 진지하게 받아들이고 신자로 등록하고 성공회 공동체에 입회하는 것을 준비했다. 나는 무릎을 꿇고 성공회 공동체에 허입 되기를 원하던 그 주일을 잘 기억하고 있다. 성공회 전통에 따라 카리스마 넘치는 필립 존스 주교가 우리 안의 성령의 역사를 상기시키기 위해 우리의 얼굴을 부드럽게 두들겼다. 그는 또한 큰 소리로 귓속말을 하였다. **빌, 이제 때가 되었어요!**

하나님은 나를 놀라게 하는 방법을 알고 계셨다. 그리스도교회(Christ Church)는 복음주의(성경), 은사(성령), 전례(성례전)라는 세 가닥의 끈으로 엮어져 있다. 나는 성령의 능력을 힘입은 복음주의자로서의 자아 정체성을 갖게 되는 새로운 보금자리(home)뿐만 아니라 내가 역사적이고 세계적이며 신비와 '하늘 나라를 맛볼 수 있는 곳'(thin places)이라는 특징을 가진 그 무언가에 대한 갈망이 있음을 발견했다. 그곳은 성령과 그분의 역사에 민감한 곳이다. 교회력에서 부활주일과 성탄절만을 경험하고 자란 나는 풍성한 전례 달력에 따라 예배를 드리게 되었다. 전례 달력에는 계절, 행사, 색채, 예복, 성찬 테이블을 준비하는 제단 위원회(alter guild) 등이 표시된다.

성공회의 어떤 측면은 나에게 도전이 된다. 안수받은 사제만이 성찬식을 거행하고, 세례를 베풀고, 결혼 주례를 하고, 장례예식을 치르는 성사(예전에는 **의식**이라고 불렸던 것)를 할 수 있다는 것에 대해서 의문이 있다. 유아 세례와 여성 사제 안수에 대해서는 전적으로 찬성하지는 못하고 있다. 안수받은 여성 집사 제도가 교회 역사에 더 부합하다고 생각한다. 나의 불편함의 정도는 기복이 있지만, 각 교회 제도와 교단 또는 초교파 교회마다 고유하고 "건드리면 엄청 혼란이 일어나는 것들"이 있다는 것을 알기에 대체로 이러한 다른 점들을 받아들였다. 각 전통에는 고유한 약점과 강점이 있다. 물론 어떤 한 교회론도 영성, 순수성, 올바른 교리 또는 겸손을 독점하지 못한다.

우리는 이제 옛날부터 전해오는 세계적인 전례-성사중시주의(sacramentalism)의 유산 안에서 예배를 드리게 되었다. 나는 아프리카에 성공회 신자가 많다는 것을 알고 있다. 나이지리아에는 서구의 모든 국가를 합친 것보다 더 많은 성공회 신자가 있다. 2010년 케이프타운 로잔 총회는 전 세계, 특히 아프리카에 복음 중심적이고 선교 지향적인 엄청난 성공회 공동체가 있다는 것에 주목하였다.

모든 교회에는 전례, 즉 질서 있는 예배 형식이 있다. 나도 그러한 전례를 지키는 교회에서 자랐지만 아무도 그것을 **전례**라고 부르지 않았다. 가톨릭에서만 그렇게 불렀다. 하지만 수십 년이 지나면서 몸이 아파 예배에 참석하지 못해도 예배 시작 후 20분, 40분, 55분에 무슨 순서가 진행되고 있을지 꽤 정확하게 예측할 수 있다는 것을 깨달았다. 전례에는 자연스러운 반복 리듬이 있다. 은사주의적인 교회와 그 자유로운 예배 스타일을 경험하며 10년을 보내는 동안 개방성은 항상 예측 가능한 틀 안에서 작동하였다.

아, 이런 우리의 소속 교회의 변화에는 치러야 할 대가가 있었다. 미국인 동료와 친구들 중 일부는 나의 변화에 대해 궁금해했고, 라틴 아메리카의 다른 친구들은 나의 **개종**에 의문을 제기했다. "기예르모가 **가톨릭 신자**(católico)가 된 건가요? 목에 십자가까지 걸고 있잖아요!" 하지만 최근 몇 년 동안 스페인어를 사용하는 친구들은 성경과 복음에 충실한 전례의 전통이 존재한다는 것을 인식하고 감사하게 되었다. 내가 성공회 선교 지도자들과 친분이 있는 성공회 신자였기 때문에 펜실베이니아주 앰브리지(Ambridge)에 있는 트리니티 목회 신학교에서 목회학 박사 과정의 교수가 될 수 있는 문이 열렸다. 그들은 나를 성공회 선교학자이자 수십 년의 경험을 가진 교사라고 생각했다. 그곳에서 11년 동안 가르치면서 보람을 느꼈다.

돌이켜보면 주님께서 왜 그리고 어떻게 나를 평생 다양한 교회 현실을 경험하도록 인도하셨는지 알 수 있다. 나는 전 세계에서 다양한 형태로 **존재하고 사역하는**(being and doing) 교회가 주님의 선하심을 맛보아 알고 그분을 사랑하고 예배를 드리는 것을 보게 되었다. 라틴 아메리카의 전례와 의식을 중요하게 생각하지 않는 복음주의 교회에서 성서교회(Bible Church)로, 장로교로, 다시 과테말라의 전례와 의식을 중요시하지 않는 복음주의 교회로, 활발한 교회 개척(여전히 라틴 아메리카에 있는 우리의 영적 고향에서)으로, 그리고 은혜로운 은사주의 교회에서 10년을 보냈다. 그리고 지금은 성공회에 속해 있다. 죽을 때까지 성공회 신자로 지내게 될까? 모르겠다. 성령께서 우리 앞에 또 다른 교회 순례의 여정을 남겨두신 걸까? 글쎄. 하나님만이 아신다. 우리는 성령의 인도하심에 따라 나아가며 그리스도의 신실한 **에클레시아**(Ekklesia)의 다면적인 아름다움을 풍성하게 누리고 있다.

수렴, 결론 및 교훈

이 다양한 교회를 경험한 여정은 나와 리더십에 대한 이해를 갖는 데 큰 도움이 되었다. 나는 우리가 진실성, 은혜, 헌신으로 섬기려고 노력한 교회들을 통해 만들어졌다. 아내와 나는 침체된 교회에서도 단순한 관찰자가 아니었다. 우리는 교회가 신자들이 늘어나는 것을 통해, 그리고 슬프게도 분열을 통해 성장하는 것을 보았다.

라틴 아메리카에 온 첫해인 1969년, 나는 초대형 교회의 폭발적인 증가를 이해하려고 노력했다. 엄청난 규모로 급성장하는 초대형 교회도 있었다. 그 무렵 나는 신학자이자 나이가 많은 친구인 르네 파디야(René Padilla)에게 "르네, 라틴 아메리카의 거대한 교회들을 어떻게 설명할 수 있을까요?"라고 물었다. 그의 잊을 수 없는 대답이 돌아왔다. "아, 기예르모, 당신은 비만한 교회와 건강한 교회의 차이를 이해해야 해요. 둘은 같지 않아요. 진짜 알아야 할 것은 교회가 무엇을 의미하느냐 하는 것입니다." 나는 그때부터 그 말을 곰곰이 생각해 왔다.

오랫동안 우리는 거의 모든 것을 관찰할 수 있었다. 우리는 댈러스에서 눈앞에서 벌어진 교회 분열, 과테말라의 '센트로 비블리오 엘 까미노'(Centro Bíblico El Camino)라는 생동감 넘치는 초교파 교회의 탄생, 오스틴에서의 불순한 동기가 뒤섞이고 결함이 있는 과정으로 인한 교회의 **분열**, 교회 갱신과 교단 변경(오스틴에 있는 홀리트리니티교회에서 성공회 소속의 그리스도교회로), 건강한 교회 개척(오스틴의 그리스도교회의 자매 교회)을 목격했다.

나는 하나님 나라와 교회의 관계에 대해 다시 생각해 보았다. 이 주제는 사도행전을 관통하는 성경의 핵심 주제이지만 (신기하게도) 그때는 주요 사도적 가르침이 아니었나? 나는 이 주제를 어떻게 이해하고 있었나? 신학교 시절에 교회는 종말론적으로 1천년 동안에만 지속되는 개념일 뿐이었다. 최근에 나는 새로운 관점에서 교회를 바라보게 되었다. 그것은 **지금이면서 아직은 아닌**(now and not yet) 것이다. 하나님 나라는 교회를 대체하지 않는다. 교회와 믿음의 공동체는 왕이신 그분이 선포되는 전초기지이며, 다가오는 영원한 그 나라를 기다리며 그분의 가르침을 살아내는 곳이다.

어려운 과제

아내와 나는 해외 순방을 하면서 독특한 도전과 씨름하고 있다. 첫째, 전 세계 교회에서 최고의 (그리고 최악의) 예배를 드린 경험이 있는 우리들은 이러한 건강하고, 치유하며, 가르치며, 예배하는 다양한 차원을 하나의 복합적인 혼합체(mélange)로 통합해 버릴 위험이 있다. 우리는 그 융합(fusion)을 우리의 본(home) 교회와 비교하게 된다. 그리고 필연적으로 지역적인 경험은 "만약에 … 하면, 우리가 정말로 지역 교회가 그러하고, 당연히 그래야만 한다고 생각했던 것"에 대한 보잘것없는 대체물로 부상하게 된다. 이것은 공정한 비교가 아니며, 이로 인해 어려움을 겪는 사람들이 많다.

둘째, 나는 전 세계에서 "나는 예수님을 위해, 선교를 위해, 아버지와 성령님을 위해 일하고 있다고 정직하게 말할 수 있습니다. 그렇지만 지역 교회를 위해서는 일하는 것은 아닙니다"라고 말하는 동료와 친구들, 그중에 심지어 선교사로서 살아가고 있는 이들도 보게 된다. 이해할 만하다. 우리 중 많은 사람들이 교회에서 상처를 받고, 지치고, 좌절하고, 소외된 삶을 살아왔다. 그래서 우리는 우리가 원하는 종류의 기독교 공동체를 꿈꾸며 작은 혼합체를 스스로 만들기도 한다. 그렇게 이룬 작은 가정 모임에 만족하지만, 그것을 **교회**라고 부르지는 않는다. 이러한 미묘한 실체는 실재한다. 하지만 결국 이런 것들이 정당한 것일까? 우리는 공동체, 심지어 깨어지고 불완전한 종류의 다양한 공동체를 위해서도 창조되었다.

2007년, 과테말라의 우리 모교회인 엘 카미노 장로들이 창립 33주년을 맞아 나에게 설교를 해달라고 요청했다. 무슨 말을 어떻게 해야 할지 기도하던 중 성령께서 이런 질문을 하셨다. "우리 창립자들인 초대 목사-장로들이 잘한 것은 무엇이며 우리가 놓친 것은 무엇일까?" 건강한 교회를 구상하고 탄생시키면서 우리 창립자들이 고민했던 DNA 문제를 평가하는 것은 어려운 일이었다. 우리는 몇 가지를 놓쳤다. 첫째, 당시에는 사악한 초자연적 현상에 대처할 수 있는 신학과 목회적 지혜가 없었다. 둘째, 전임 목회자가 있는 양육하는 교회를 이루려는 꿈을 갖지 못했다. 지금도 목회자-장로 팀과 목회 사역 코디네이터가 교회를 이끌고 있다. 셋째, 과테말라시티의 전략적 신규 인구 밀집 지역에 새로운 교회를 개척할 비전 DNA가 없었다. 넷째, 바로 옆의 하층민 지역에 복음으로 영향을 미칠 비전이 없었다. 다섯째, 처음에는 글로벌, 타문화 선교 비전이 없었다. 하나님의 섭리 안에서 교회는 이러한 여러 가지 한계를 극복했고, 이는 리더십과 회중 모두에게 간증이 되었다. 2024년 8월, 아내와 나는 창립 50주년을 맞이하여 과테말라를 방문하였다. 창립자들 중 유일하게 생존해 있는 두 사람인 아내와 나는 그 초창기를 되돌아보고 미래에 대해 이야기할 수 있는 영광을 누렸다.

때때로 나는 나의 동료와 친구들, 즉 모든 리더들이 걸어온 여러 가지 교회의 길을 생각하며 그들의 교회 순례가 얼마나 다양했는지 궁금해한다. 그들이 살아가면서 한 번도 변하지 않고 처음 소속되었던 교회의 흐름에서 벗어나지 않는 '한결같은' 모습이었을까? 그들은 비슷한 신학과 교회론으로 비슷한 교회를 시작했을까? 본질적으로 하나님의 선교 지도자는 보편적 교회뿐만 아니라 세계 교회와 지역 신자 공동체를 위해 헌신해야 한다. 이 미시적인 풀뿌리 수준에서 우리는 성장하고, **몸 된 교회**(the body)를 경험하고, 그냥 인간으로 받아들여지며, 책임을 지게 되고, 공동체를 경험한다. 이 지역 공동체는 우리가 하나님의 세계 교회를 더 잘 섬기고 이끌 수 있도록 우리를 만들어간다.

요한계시록의 1세대 교회 7곳 중 5곳이 예수님으로부터 심판을 받은 이유는 무엇일까? 그 공동체들이 속임수, 분열, 민족 간의 경쟁, 신학적 차이, 이단, 부도덕과 배도 등으로 얼마나 급속도로 무너져 갔는지! 왜 그 교회의 초기 역사와 이야기들이 포토샵으로 보정되거나 약간의 조작으로 미화된 모습으로 처리되지 않았을까? 간단히 말해서, 성령은 기록을 미화하는 일에 참여하지 않기 때문이다. 성경의 내러티브는 예수 그리스도의 몸 된 교회의 현실을 그대로 보여준다. 1세대의 실제 현실 속에서든 보다 확장된 삶에서든, 다양한 역사, 지리, 문화, 언어 상황에서 무수히 구체적으로 나타난 모습을 그대로 묘사한다. 지도자는 이러한 도전을 인정하고 직면하면서 동시에 그 과정에서 진실성과 정통성, 정의와 의로움, 연민과 사랑을 위해 싸워야 한다.

캔터베리, 로마, 또는 비잔티움을 향해? 90년대 초 늦은 밤, 아내와 나는 침대에서 책을 읽고 있었다. 나는 아마도 스파이 소설을 읽고 있었고, 아내는 프레데리카 매튜스-그린(Frederica Mathewes-Green)의 책 『동쪽을 향하여: 정교회의 신비로의 순례 여정』(*Facing East: A Pilgrim's Journey into the Mysteries of Orthodoxy*)을 읽고 있었다. 어느 순간 아내의 웃음소리에 침대가 흔들렸고 나는 "지금 뭐 읽고 있어?"라고 물었습니다. 그녀는 제목을 보여주었고, 나는 "그게 뭐가 그렇게 재밌어?"라고 물었다. 매튜스-그린은 정말 웃긴다는 아내의 설명을 듣고 나니 이상한 전율을 느꼈고, 내 안에 깊은 불안이 밀려왔다. 아내의 신학적, 교회적 순례의 여정이 어디로 향하고 있는지 알 수 없었기 때문이었다. 나는 조용히 "이본, 티베르 강(로마 가톨릭)을 건너 비잔티움(동방 정교회)으로 가는 건가, 아니면 캔터베리(성공회)를 향해 가고 있는 건가?"라고 물었다. 그녀는 나를 쳐다보며 "모르겠어"라고 짧게 대답했다. 나는 그날 밤 그녀가 자신의 뿌리에 자양분을 공급할 기독교 신앙의 어떤 흐름으로 향하는 여정에 있다는 사실을 알고 불안한 잠을 잤다. 나는 걱정이 되었다. "빌리, 당신의 아내가 로마나 비잔티움으로 간다면 당신은 어떻게 될까요? 후원자들에게 가톨릭 신자인 아내를 어떻게 설명할 건가요? 새 직장을 찾을 준비를 하세요." 솔직히 걱정이 되었다. 그리고 하나님께서 우리 둘을 인도하셨다.

나는 오늘도 성령의 인도하심에 열려 있기를 원한다. 가장 최근의 우리가 교회와 관련된 임무를 받아 가는 여정은 오늘날 활기찬 복음주의 성공회의 중심지인 싱가포르, 산티아고, 나이로비, 캄팔라를 지나게 되어있었다. 이러한 모든 요소들이 내가 오늘날의 글로벌 복음주의 리더로 성장하는 데 영향을 미쳤을까? 그렇다. 내가 이 공간에 계속 남아 있게 될까? 오직 하나님만이 아신다.

성찰 질문

1. 리더가 지역 교회에 헌신해야 하는 이유는 무엇인가?

2. 사람들은 변화하고, 리더는 성장하며, 심각한 질문에 답해야 한다. 교회를 경험하는 여정은 약한 리더십의 자질을 반영하는가, 아니면 강한 것을 반영하는가?

3. "모이고 흩어지는" 교회에 대한 당신의 경험은 어떤 것이 있었는가?

4. 리더가 교회를 경험하는 여정은 우리의 리더십에 대한 이해에 어떤 영향을 미치는가?

5. 리더가 복음주의 글로벌 교회의 다양성을 이해하는 것이 왜 중요한가?

6. 당신이 교회를 경험한 여정을 설명해 보라. 각 단계에서 당신에게 영향을 끼친 것은 무엇인가?

7

성령, 마스터해야 할 확실성이 아니라 포용해야 할 신비

하나님이 말씀하시기를 말세에 내가 내 영을 모든 육체에 부어 주리니 너희의 자녀들은 예언할 것이요 너희의 젊은이들은 환상을 보고 너희의 늙은이들은 꿈을 꾸리라 그 때에 내가 내 영을 내 남종과 여종들에게 부어 주리니 그들이 예언할 것이요(행 2:17-18).

"QT 없으면, 아침 식사도 없다"

이 무서운 슬로건은 어디서 유래했을까? 아마도 열일곱 살 때 "예수님을 위한 열정에 불타는 무디 학생"이 되기 위해 노력하던 시절, 또는 일리노이 대학교와 노스 텍사스 주립대학교에서 IVF 활동을 하던 시절에 들었던 것 같다. 내가 IVP의 혁신적인 소책자 『큐티』(*Quiet Time*)[1]를 처음 발견한 것은 일리노이에서였다. 그 문구가 나를 단단히 사로잡았고, 지금도 그 서문을 기억하고 있다. "놀랍고 경이로운 것은 살아 계신 하나님께서 당신과 인격적인 관계를 맺기를 원하신다는 사실입니다." 그 작은 책은 60년 동안 기숙사 방, 아파트, 그리고 아내와 함께 살던 집에서 나와 함께 하였다. 나는 그 책이 지금은 정확히 위층 마루 책꽂이에 귀납적 성경공부 안

---

[1] InterVarsity Christian Fellowship Staff, *Quiet Time*.

내서 옆에 놓여 있음을 알고 있다.

성령에 관한 나의 여정은 고등학교 3학년 때 시작되었다. 휘튼 성서교회 청년들은 1957년 겨울 수련회를 위스콘신 스키장에서 열었다(나는 살면서 스키를 타본 적이 없어서 잊지 못할 두 번의 사고를 잘 기억하고 있다). 강사는 다소 괴팍하지만 청소년을 사랑하는 마음을 가진 말콤 크롱크(Malcolm Cronk) 목사였다. 나는 철부지 선교사 자녀였으며 3개월 전에 처음으로 피자를 먹어 보았다. 질의응답 시간에 나는 "목사님, 성령이 무엇인가요?"라고 물었다. 나는 '그것'이 무엇을 하는 것인지, '그것'이 무엇을 의미하는지 전혀 몰랐다. 내가 어려서 생각한 삼위일체는 성부, 성자, 성경이 전부였으니까. 목사님은 친절하게 대답해 주었다. 그 내용은 잊어버렸지만 그분의 마음은 기억하고 있다. 성령의 다스림 속에 있던 그분은 나의 마음을 분별하고, 나를 보고, 지혜로운 말씀을 하였다. 긴 여정을 위한 첫 번째 토대가 놓였던 것이다.

하지만 나는 무엇이 나를 기다리고 있는지 거의 알지 못했다.

최근 아내와의 대화에서 나는, 무디 신학 수업에서 성령에 대해 배운 내용을 되살려 보려고 했다. 그분—킹 제임스 성경에서는 '그것'(it)—은 거룩한 삼위(Holy Trinity) 중의 한 분이었다. 내가 기억하고 있는 것이 그렇다. 나의 세계에서 성령의 주된 사역은 회심, 즉 "위대한 이적"(the Great Miracle)이었다. 나는 성령의 다면적인 사역에 즉, 우리를 구원으로 감싸고, 인치심을 받게 하고, 세례를 받게 하고, 성화를 위한 능력을 부여하고, 각 신자에게 성품과 섬김과 사명을 위해서 은사(자연적인 것과 초자연적인 것)를 베푸시는 것을 거의 이해하지 못하고 있었다.

IVF 시절에는 거의 배운 것이 없었다. 댈러스신학교 시절에는 우리 삶에서 역사하시는 성령의 인격과 사역, 능력을 주시는 것에 더 중점을 두게 되었다. 성령의 은사는 중요했지만, 댈러스신학교는 성경과 역사, 신학을 근거로 초자연적 은사는 1세기에만 있었다고 가르쳤다. 그 당시 우리는 졸업하려면 은사 중단론자(cessasionist)가 되어야 했다. 이에 대한 의문이 생긴 것은 그 후의 일이었다.

1972-74년 오스틴에서 박사 과정을 이수하던 중 교회에서 "영적 은사 발견하기"라는 주제로 시리즈 강의해 달라는 초청을 받았을 때, 성령의 은사에 대한 나의 입장에 의문을 품기 시작했다. 나는 그때 성경과 신학을 공부하는 중요한 시기를 맞이했다. 1974년 초에 나는 초자연적 은사가 사라졌다는 주장에는 명확한 주석적 근거가 없다는 결론을 내렸다. 과테말라 선교지 지도자는 나의 "성령에 대한 신학이 바뀌었다"는 보고를 받았고, 그로 인해 내가 어느 방향으로 가고 있는지에 대해 유익한 대화를 나누게 되었다. 그 기간 동안 겉으로는 나의 견해를 신중하게 유지하고 있었지만, 내적으로는 선을 넘고 있었다. 나중에 DTS에서 강의하고 이사회에서 일해 달라는 요청을 받았을 때 나는 내 입장을 밝혔다. 놀랍게도 나의 바뀐 입장에도 불구하고 두 가지 직책을 맞는 것이 허용되었다. 나는 절제하는 은사 지속론자(continuationist)였다.

나의 신학적-성경적-영적-체험적 깨달음은 그 후 여러 해 동안 점점 더 숙성하였다. 과테말라 사역 후반에 나는 능력을 덧입은 복음주의자로 변모하였다. 하지만 초반에는 그 범주에 적합한 말을 찾지 못하였다. 나는 하나님께 새로운 영적 은사를 달라고 기도했지만 아무것도 받지 못했다. 성령의 내적 증거는 나에게 내가 연마해야 할 은사가 충분하다는 것을 확신시켜 주었다. 나는 수동적인 초자연주의자로 바뀌었다. 나는 여전히 변화의 과정을 겪고 있었다. 게다가 이러한 변화로 인해 SETECA나 소속 선교회에서 사임하고 싶지 않았다. 그런 자유는 나중에 찾아왔다.

하지만 내가 초자연주의를 실천하고 있다는 것을 언제 어떻게 드러낼 수 있을까? 그 질문은 내 마음과 영혼 속에서 소용돌이쳤고, WEF 시절 초기에 해결책을 찾았다. 그 글로벌하고 안전한 공동체 안에서 우리는 하나님과 그분의 말씀을 깊이 사랑하며, 지역 교회와 세계 교회에서 봉사하는 경건하며, 재능 있고 매력적인 사람들을

> 하지만 내가 초자연주의를 실천하고 있다는 것을 언제 어떻게 드러낼 수 있을까?

만났다. 이들은 오순절, 은사주의, 감리교, 루터교, 독립교단, 성공회, 스웨덴 침례파 오순절 교단 등 다양한 교파를 대표하는 사람들이었다. 그리스도의 몸이 우리 눈앞에서 기하급수적으로 확장되었다. 동료들은 내가 댈러스 졸업생이라는 사실을 알게 되면 항상 좋은 질문을 하였다. 가끔씩 내가 여전히 DTS 신앙고백 전체를 받아들이고 있느냐는 질문을 받았을 때 나는 핵심 교리에는 동의하지만 일부 주제에 대해서는 다른 생각을 갖고 있다고 대답했다. 우리는 진정으로 상호 존중을 하고 있었다. 그 이후에는 WEA 내부에서 신학적인 논쟁이 한 번도 없었다. 감사한 일이었다. 우리에게는 맞서서 싸워야 할 더 큰 적들이 있었다.

성령과의 만남

나는 나의 성령과의 순례 여정을 생각하면서 스스로에게 물었다. "이것이 리더십과 무슨 관련이 있을까?" 나는 오늘날 우리의 삶과 교회, 문화 속에서 성령의 인격과 임재, 능력에 대한 확고한 이해가 새로이 부상하는 리더, 이미 부상한 리더 또는 이전의 리더에게 매우 중요하다고 확신한다. 이는 개인적인 카리스마나 놀라운 공적 리더십 은사와는 거의 관련이 없으며, 인격, 진실성, 삼위일체 하나님 앞에서 자신의 연약함을 드러내는 것, 삶의 끝마무리를 잘하는 것과는 깊은 관련이 있다. 이러한 현실은 십자가로 향하여 가는 낮아지는 길에서 우리가 늘 겪는 것이며, 예수님은 우

리에게 최고의 본보기가 되신다.

　1989년 7월 마닐라에서 열린 로잔 2차 대회 기간 중 어느 날 저녁, 나는 처음으로 성령님을 진지하게 만나는 경험을 했다. J. I. 패커와 잭 헤이포드가 강단에 서서 각각 성령에 대한 자신의 확신을 피력하고 있었다. 나의 친구이자 멘토인 데이브 하워드와 함께 발코니에 앉아있을 때 모든 참석자들은 침묵하며 주님의 음성을 듣고 하나님께서 참으로 깊은 일을 하실 수 있는 공간으로 들어가라는 초대를 받았다. 주님께서 나에게 말씀하고 계셨다. 나는 다시 "저에게 새로운 어떤 것을 주시고 싶으신가요?"라고 물었다. 나는 서서 기다렸다. 설명할 수 없는 무엇인가가 내 안에서 빠져나갔다. 아무 변화도 없었지만 하나님은 나에게 하나님을 향한 또 다른 열린 마음을 축복하셨고, 데이브는 나중에 내가 그 경험을 정리하는 데 도움을 주었다.

　두 번째 중요한 성령과의 만남은 1994년경에 당시 우리의 소속 교회였던 호프 채플에서 일어났다. 외부에서 초청된 강사는 기도에 대해 가르칠 예정이었는데, 놀랍게도 마지막 순간에 방언의 은사에 대해 가르치는 것으로 주제를 바꿨다. 강사는 그 은사에 초점을 맞추고 폭넓은 사역을 하는 시간으로 전환하였다. 아내는 자리에 앉아있었고 나는 앞으로 나갔다. 강사는 나에게 다가와서 나를 위해 간절히 기도하면서 펌프에 마중물을 부을 때 나는 소리처럼 한 음절씩만 말하라고 격려했다. 아무 일도 일어나지 않았다. 강사는 나를 그녀의 남편에게 넘겼다. 약 45분 후에 나는 내 자리로 돌아와서 "새로운 일이 일어나지 않았지만", 성령께 온전히 자신을 내어드렸고 성령의 속삭임을 감지할 수 있었다. 성령께서 나에게 "빌, 나는 너의 마음을 기쁘게 받겠지만 새로운 은사를 주지는 않겠다. 이미 가지고 있는 은사를 더 연마하라"고 하셨다. 우리 가족의 진정한 은사주의자인 아내는 "빌, 평안을 누리세요. 주님께서 당신을 원하는 곳에 데려가셨어요.

그렇지 않았다면 하나님께서 당신을 위해 준비하신 더 큰 글로벌 사역을 당신이 감당할 수 있도록 하시지 않았겠지요."라고 말했다. 신비한 고요함이 스며들었다. 그때부터 나는 계속해서 하나님의 영에 대한 열린 마음과 기대 속에 살면서 평안을 누렸다.

1995년 한 해 동안 나는 DTS 캠퍼스를 네 번 방문했다. 1월에는 연례 영성 형성 주간에 네 번의 채플에서, 5월에는 이사회 회의에서, 6월에는 여름학기 수업에서, 11월에는 네 번의 전체 채플의 선교 및 전도 특강에서 아내와 나는 말씀을 나누었다.

몇 년 동안 DTS 교목은 1월 컨퍼런스에 아내와 나를 강사로 초청했다. 아내는 우리의 여정이 어디까지 왔는지를 생각하면서 망설였다. 우리는 컨퍼런스에서 영적 여정을 이야기하는 중에 주님께서 우리에게 무엇을 나누라고 하실지 모른다고 우리를 초청한 교목에게 경고했다. 학생 리더들이 공항에 마중 나와 우리를 학교로 안내하였고 그날 밤 우리는 오리엔테이션과 기도를 위해 전체 팀과 만났다. 나는 하나님의성회 교단 소속의 학생을 보고 흥미를 느꼈다. 그녀는 왜 DTS를 선택했을까? 그녀는 성경을 철저히 공부하고 싶었고 이 학교가 최선의 선택이었다고 설명했다. 그녀는 나를 위해 중보기도할 때 영어와 방언으로 기도했다. 나는 스스로에게 말했다. "빌, DTS에서는 처음이지. 오순절 교단 자매가 당신을 위해 방언으로 기도해 주었네."

아내와 나는 화요일 채플에서 함께 말씀을 전했고, 수요일에 나는 아내가 '영혼의 어두운 밤'(The Dark Night of the Soul)에 대해 혼자 이야기할 것이라고 소개했고, 목요일에는 내가 말씀을 전했으며, 금요일에는 함께 마무리했다. 그 주에 요동치는 듯한 상황과 영적 전쟁이 있었지만 성령의 강한 임재를 느꼈다. 화요일에 우리는 학생들과 교수진을 더 깊은 영성과 이를 위한 훈련으로 초대했다. 분명히 우리는 한계를 뛰어넘고 있었다. 우리가 모두 일어서서 손을 펼치고 하나님께 우리를 만나 주시기를 요청하도록 초청했기 때문이었을까? 아니면 이본의 채플 시간에 한계에 도전하였기 때문일까? 대부분의 참석자들에게 그것은 새로운 개념이었다. 그녀는 자신의 신앙적 고뇌에 대해 마음을 열었고, 솔직하고, 성경적으로, 자신의 연약한 모습을 그대로 보여 주었다. 그녀는 하나님께서 어떻게 어둠을 통과하여 더 깊은 관계로 가도록 인도하였으며, 자신과 영적 여정에 대해 더 깊은 이해를 갖게 하셨는지를 나누었다. 이 주제는 캠퍼스 모든 구성원의 대화를 불러일으켰고, 그날 밤늦게 우리는 교목과 학생 팀과 함께 모여 어떤 일이 일어나고 있는지 이야기하고 기도했다.

누군가 익명의 편지를 통해 우리가 뉴에이지의 전위대라고 비난했지만, 아내는 "영적 지침"(guide)이 **아니라** "영적 방향"(direction)에 대해 이야기한 것이다. 우리는 더 깊은 영적 싸움이 벌어지고 있음을 감지했고, 수요일 밤에 나의 컴퓨터가 이상하게 고장 나서 모든 강의 노트를 잃어버렸다. 우리는 밤늦게까지 이전의 강의 원고 초고를 보고 다시 강의 노트를 만들었다. 목요일 아침, 우리는 그동안 제기되었던 우려에 대해 공개적으로 언급했다. 금요일 마무리 시간에 우리 둘은 다시 한번 하나님의 영의 은혜를 느꼈다. 당시 학장이었고 나중에 총장이 된, 지금은 이사장이 된 분이 아내의 손을 꼭 잡고 눈물을 흘리며 "우리 교수진에게도 말씀해 주셔서 정말 감사하다"라고 말하던 모습을 잊을 수 없다. 다른 교수진과 학과장, 그리고 많은 학생들도 새로운 시각을 갖게 되어 감사하다며 고마움을 표했다. 하지만 이상하게도 일부 교수와 친구들은 아무 말도 하지 않았다. 몇 달 후 화가 나서 우리를 비난하는 글을 보냈던 사람이 우리에게 용서를 구하는 편지를 보내었다. 용서를 하였지만, 이미 엎질러진 물이었다.

정말 놀랍게도 그 모임이 끝나고 일주일 후, (그 중요한 주에 부재중이던) 당시 총장은 편지로 우리에게 우리의 강의와 가르침이 성경적 근거가 불충분한 것이었다고 평가하면서, 학생들이 불만을 제기했으며, 우리는 축복보다 더 큰 혼란을 야기하였다고 비난하였다. 그는 내가 **은밀한 은사주의자**라면서 내가 정직하게 DTS 이사로 계속 일할 수 있는지 의문을 제기했다. 나는 회신을 통해 그에게 이 일에 대해 부총장, 학장, 기타 교수진 및 행정진과 직접 의견을 나누어 보았는지를 물었다. 그는 그런 적이 없다고 하면서 즉시 용서를 구하는 편지를 보내왔고 나는 그를 용서했다. 그러나 그 또한 엎질러진 물이었다.

또 다른 문제가 발생했다. 나는 DTS 미디어 부서에 그 네 번의 채플의 영상 기록 사본을 요청하는 편지를 보내었다. "기술적 문제로 인해 해당 영상 기록은 결함이 있어 쓸모가 없다"는 답변을 받았다. 우리에게 왜 그 답변이 놀랍지 않았을까? 나중에 한 선배 교수가 나에게 아내가 강의할 때 내가 그 옆에 서 있지 않아서 그녀가 공격당하기 쉬웠고, 불확실성을 야기했다고 말했다.

아내는 잠재해 있던 반대에 부딪히고 영적 전쟁이 있을 것을 예상했지만, 우리는 성령께 순종하여 담대하게 말하기로 했다. 그러나 상처를 받은 이 경험을 통해 하나님은 우리를 새롭게 부르셔서 깨달음의 여정을 계속하게 하고 계신 것을 알았다. 또한 하나님의 집인 교회는 상상할 수 없을 정도로 넓고 다면적이라는 것을 기억하게 하셨다. 하나님은 우리를 더 폭넓으면서도 성경과 역사에 뿌리를 둔 그리스도의 몸 된 교회와 함께 나아가도록 인도하셨다. 시간이 지나면서 우리가 학생들과 교수들 앞에서 강의한 내용이 아마도 앞으로 10년 이상 지난 후에 쓸모가 있을 것임을 깨달았다. 그때 그들의 여정이 지적인 확신에서 기꺼이 "신비와 범접하기 어려운 빛 가운데 거하시는" 그분과 "더 깊이, 더 높이" 친밀하게 나아가고자 하는 의지로 바뀌게 될 때 그런 변화가 있을 것이다. 그러나 그 경험은 성령과의 여정에서 또 다른 이상한 분수령의 시간이 되었다.

영국의 스프링 하베스트

성령과의 세 번째 친밀한 만남은 1년 후인 1996년, 영국에서 4개월 동안 다양한 약속을 이행하는 동안 이루어졌다. 평소 친분이 있던 스프링 하베스트(Spring Harvest)의 디렉터 클라이브 칼버(Clive Calver)가 나를 선교 집회의 연사로 초청하여 재능 있는 영국 여성 선교 지도자와 함께 강단에 서도록 했다. 스프링 하베스트는 모든 연령대를 위한 숙소와 오락 시설을 갖춘 거대한 레크리에이션-엔터테인먼트-휴양 공원에서 열리는 연례 제자훈련 축제였다. 컨퍼런스가 열리는 4주 동안 가족 단위로 매주 등록을 받았다. 어린이와 청소년에게는 연령에 맞는 프로그램이 제공되었고, 어른들은 친구 및 동년배들과 함께하는 프로그램에 참여했다. 우리가 참여하였던 주에는 홀리 트리니티 브롬톤(Holy Trinity Brompton, HTB)/알파 네트워크 교회들과 함께 약 15,000명이 참석한 가운데 진행되었다. HTB 교회는 교인들이 스프링 하베스트 모임에 참석하도록 장려하기 위해 일주일 내내 모든 자체 프로그램을 취소하였다.

스프링 하베스트와 HTB-알파를 처음 알게 되는 자리였다. 정말 대단한 한 주였다! 나는 '온화한 카리스마'라는 이름의 강당을 배정받았는데, 그게 무슨 뜻인지 몰랐다. '빅 텐트'라는 이름이 붙은 곳은 중요한 활동이 이루어지는 곳으로, HTB가 그곳에서 '엄청난 은사주의'(nitro-charismatic) 프로그램을 진행하였다. 내 강의는 순조롭게 진행되었지만, 내가 무슨 말을 했는지, 그것이 얼마나 적절하다고 생각했는지는 정말 중요하지 않다는 것을 깨닫고 겸손해졌다. "성령께서 함께 하셨다." 아내와 나는 예배 후 (post-service) 사역 팀에서 일했다. 우리는 많은 사람들을 위해 기도했고, 깊은 휴식을 취하며 조용히 바닥에 눕는 사람들을 보았다. 그들은 이 시간을 **카펫 타임**이라고 하였다. 우리는 별로 말을 하지 않았다. 이 귀한 신자들은 그저 주님께 더 많은 것을 원하고 있었다. 그들은 이마를 기도하는 마음으로 부드럽게 어루만지면서 내려갔다.

아무 순서도 맡지 않은 어느 날 밤 **빅 텐트** 모임에 참석했다. 예배는 풍성하고 장중하였으며, 우리에게는 새로운 코드로 만들어진 것처럼 보이는 영성으로 가득 찬 감동적인 예배였다. 한 강사는 방언으로 긴 메시지를 전했다. 하지만 그때부터 복잡한 문제가 생겼는데, 하나의 동일한 "예언의 말씀"에 대해 두 가지 매우 다른 해석이 나왔기 때문이었다. 나는 고린도전서 12장 7-11절을 떠올리며 바울이라면 이 일을 어떻게 처리했을지 궁금했다.

그날 밤 강사는 방언의 은사에 대해 설교하면서 모든 사람에게 그 은사를 받으라고 권유했고, 이어서 사역(ministry) 시간이 이어졌다. 나는 다시 앞으로 나아가 기도하며 기대를 갖고 조용히 기다렸다. 아무 일도 일어나지 않았다. 본 집회가 끝났다. 나는 텐트 한쪽에 서서 계속되는 사역을 지켜보며 생각에 잠겼다. 그때 "빌, 방언의 은사를 받은 적이 있나요?"라는 소리가 들렸다. 나는 고개를 들어 "아니요, 받은 적이 없습니다."라고 대답했다. "은사를 받기 위해 기도하시겠습니까?" 그가 물었다. "이것이 저를 향해 성령이 원하시는 것이라면 기꺼이 하겠습니다."라고 대답했다. 그러자 HTB의 담임 목사인 샌디 밀라르(Sandy Millar) 목사가 나에게 안수하며 기도해 주었고, 주님이 내게 말씀하시는 것이 무엇이라고 느끼는지 말해달라고 요청하였다. 무엇을 말해야 할지, 무엇을 기대해야 할지 잘 몰랐지만 나는 내가 있어야 할 장소와 공간에 와 있다는 것을 알았다. "빌, 당신의 마음과 영혼을 성령을 향해 열어 보세요." 나는 그렇게 했고, 약 30분 후 그는 잠시 멈추더니 "빌, 마음을 열고 있으세요, 알았죠?"라고 따뜻하게 말하였다. 그 초대는 수동적으로 기다리는 것이 아니라 기대를 갖고 기다리라는 것이었다. "고마워요, 샌디, 그럴게요." 우리는 서로 친구로서 포옹했다.

아무 일도 일어나지 않았지만, 또 모든 일이 일어났다. 나는 내가 성령의 새로운 사역에 열려 있다는 것을 알았다. 또한 주님께서 내가 가진 은사들의 조합에 만족하셨고, 나는 이미 가지고 있는 것을 더 갈고 닦아야 한다는 것을 알았다. 은혜와 안도감으로 문제가 해결되었다. 우리는 부활절 전날 토요일에 스프링 하베스트를 떠나 솔즈베리를 지나서 아름다운 성당을 방문했다. 우리는 스프링 하베스트에서 또 다른 성공회 신부인 루퍼트 차컴(Rubert Charkham)과 그의 아내 리즈(Liz)를 만났다. 유대교에서 개종한 루퍼트는 성 바울 교회(St. Paul's Church)의 교구 사제였다. 우리는 성당이 있는 곳으로 들어갔다. 교회는 문을 닫고 있었지만 우리는 대담하게 본당 문을 두드렸다. 놀랍게도 두 사람 모두 우리를 환영하며 차와 스콘을 내어주었다. 그때 우리는 그 부부와 특별한 우정을 맺었다. 그 우정은 지금까지도 아름답게 유지되고 있다. 잠시 후 우리는 세인트 폴 성당에서 설교하기 위해 솔즈베리로 향했다.

1996년 부활절 아침, 우리는 밀라르 부부의 교구 자택에 점심 초대를 받아 HTB 교회 예배에 참석했다. 몇 가지 포도주를 곁들인 고급 요리로 식사를 하고 이어서 사교 행사가 있었다. 그날 밤 우리는 랭햄 플레이스의 올소울스(All Souls) 교회에서 예배를 드렸는데, 존 스토트가 설교를 하지는 않았지만 예배 후 문 앞에서 인사를 할 수 있었다. 그는 우리가 그에게 다가가자 우리를 바라보며 "과테말라에서 온 이본과 빌 테일러 부부이시죠. 어서 오세요!" 우리는 그가 오래 전에 르네 파디야와 함께 라틴 아메리카 강해와 설교 투어를 할 때 우리 집에서 저녁 식사를 했던 것을 기억하고 있다는 사실에 놀랐다.

몇 년 후 우리는 루퍼트와 리즈와 함께 케임브리지에서 며칠을 보냈는데, 루퍼트는 그때 홀리트리니티케임브리지(Holy Trinity Cambridge) 교회에서 교구 목사로 일하고 있었다. 나는 그 주일에 그의 강단에서 설교하게 되는 영광을 누렸다. 그 교회는 찰스 시므온(Charles Simeon, 이튼과 케임브리지 졸업생인데 케임브리지 1학년 때에 신앙을 갖게 된 인물이다)이 1782년부터 1836년 사망할 때까지 목회했던 역사적인 교회이다. 나는 거기서 설교하기에는 부족한 점이 많은 사람이라고 느꼈다. 시므온은 강력한 영적 부흥을 이끌었고, 그가 목회하는 동안 그 교회는 140여 명의 선교사를 파송했다. 초기 선교사 중 한 명인 헨리 마틴(1782-1812)은 성공회 사제로 인도와 페르시아에서 사역하였다. 마틴은 서른한 살 젊은 나이에 세상을 떠나기 전까지 우르두어, 페르시아어, 아랍어로 성경을 번역했다. 그 외에도 허드슨 테일러가 새롭게 시작한 중국 내륙 선교회(CIM)의 선교사로 중국으로 간 유명한 캠브리지 세븐이 있다. 그 거룩한 예배당에서 설교하는 영광에 압도되고 거룩한 역사의 무게를 느끼면서 나는 하나님의 성령의 임재를 느꼈다.

성령과의 여정의 다른 조각들

나는 하나님께서 이 성령의 여정을 위해 무엇을 계획하셨는지 거의 알지 못했다. 예수님의 삶과 말씀은 나의 순례의 지금 이 단계에서도 계속해서 깊은 영향을 미치고 있다. 2020년 부활절 주간(전 세계 코로나19 바이러스 유행이 시작될 때)에 예수님의 십자가 고난의 날들을 실시간으로 묵상하는 동안 아내와 나는 몇 편의 영화를 감상하였는데 "요한복음"(The Gospel of John)이라는 영화에서 새로운 감동을 받았다.

아내의 영적 여정은 그녀만의 독특한 것이었고, 그녀는 항상 나보다 몇 년 앞서 있었다. 과테말라에서의 마지막 몇 년 동안 성령에 대한 이해와 경험이 깊어지고 있었는데, 그것은 한두 명의 친구들과만 나눌 수 있는 방식으로 이루어졌다. 그렇게 하지 않았다면 우리가 속했던 선교회는 우리에게 사임을 요구했을 것이다. 그녀의 켈트 순례는 1990년 아일랜드 가수

7. 성령, 마스터해야 할 확실성이 아니라 포용해야 할 신비 | 215

> 과테말라에서의 마지막 몇 년 동안 성령에 대한 이해와 경험이 깊어지고 있었는데, 그것은 한두 명의 친구들과만 나눌 수 있는 방식으로 이루어졌다. 그렇게 하지 않았다면 우리가 속했던 선교회는 우리에게 사임을 요구했을 것이다.

겸 작곡가인 엔야(Enya)의 잊을 수 없는 음악과 함께 시작되었다. 로고스 기독교 서점은 켈트족의 영성과 기독교의 다른 전통들에 관한 자료의 보고 역할을 했다.

켈트족의 신앙을 배우고, 성장하며, 영적으로 수행하는 것에 대한 그녀의 여정은 반복적으로 웨일즈, 스코틀랜드, 노섬브리아, 컴브리아, 콘월, 데본, 이오나, 그리고 홀리 아일랜드의 여러 곳을 순례하게 하였다. 나는 아내의 시종처럼 함께 다니면서 시중을 들었다. 하지만 나중에 나의 어머니 쪽의 브릿(Britt) 가문이 브리타니(Brittany)의 켈트족 혈통일 수도 있다는 사실을 알게 되었다. 그 가족적 연결고리와 하나님이 아내에게 행하신 일들이 나로 하여금 경계를 넘어가게 하였고, 신비로운 것이 현실이 되었다. 지금도 생생하게 기억하는 순례의 두 가지 사건은 이오나 섬에서의 '초자연적 세계'(thin place)와 만나는 체험과 린디스판의 홀리 아일랜드에서 영성 지도자 레이 심슨과 함께한 날들이다. 아내는 켈트족 영성 지도자이자 작가인 레이와 특별한 관계를 맺게 되었다. 아내는 그의 수양회에서 그의 가르침을 받았다. 요즈음은 켈트 문화의 거의 모든 것이 우리에게 감동을 준다. 3월 17일 성 패트릭의 생일, 켈트의 세속 음악과 기독교 음악, 특히 친구인 제프 존슨의 음악, 지역 켈트 축제, 아일랜드 춤, 외손자들의 켈트식 이름 등.

2007년 SETECA는 나를 초청하여 영성 형성에 관한 네 차례의 강의를 해달라고 요청하였다. 당시 스페인어로 된 영성 형성에 관한 문헌은 댈러스 윌라드의 책 한 권뿐이었을 정도로 드물었다. 나는 대림절 이야기에 담긴 영성, 즉 자신의 야훼와 성경을 알고 정의에 대한 깊은 신념을 가진 임신한 10대 소녀 마리아, 꿈과 환상 속에서 하나님의 음성을 듣고 사랑하는 정혼한 젊은 연인을 지켜낸 남자다운 남자 요셉에 대해 얘기했다. 요셉은 실천하는 초자연주의자였다. 그리고 마리아를 통해 그리고 성전에서 하나님의 음성을 듣고 하나님을 본 노년의 엘리사벳과 스가랴, 오랫동안 기다린 노년의 시므온과 안나에 초점을 맞춰 강의하였다. 중요한 시기에 섬겼던 그 신학교에서 새로운 세대의 신입생과 교수진에게 말씀을 전할 수 있어서 영광이었다.

하나님께서는 나에게 선교적 삼위일체의 충만함, 특히 성령과 영성에 대한 신학에 대해 말할 수 있는 특별한 자유를 주셨다. 그 신학은 능력을 덧입은 신학이다. 유진 피터슨, 헨리 나우웬, 엘리자베스 엘리엇, A. W. 토저, 제럴드 싯처, 고든 피, 잭 디어, 리치 나단과 켄 윌슨, 로드니 스타크, 앤디 크라우치, 어거스틴, 내 아들 쓴 시편에 관한 책, 셀틱 작가들과 기도서, 저자들의 연약함을 드러낸 회고록과 전기 등 강력한 영성 자원이 나를 만들었다. 아내에게는 어둠 속에서 자신을 인도해 준 과거의 성인들이 영향을 주었다. 마이클 몰리노스, 마담 기욘, 페넬론, 십자가의 요한 등. 어떤 복음주의 작가도 그들만큼 깊이가 없다. 그녀에게 영향을 끼친 다른 사람들은 리처드 포스터, 웨슬리 듀웰, 리스 하웰, 토저, 토마스 머튼, 누웬과 휴스턴, 알렉산더 슈메만, 티모시 웨어 등이다. 다른 켈트족 작가와 중보기도 자료도 있다. 그녀는 신비 속에 살지만 하나님과 씨름하기도 한다. 그러한 신정론(theodicy)은 아주 견고한 것이다.

나에게는 나를 뿌리째 흔든 세 번의 의심의 시기가 있었다. 하지만 나는 스스로에게 삼중의 충고를 했다. 의심을 의심하라, 어려운 질문은 내가 처음 하는 것이 아니다, 자료를 찾아보라. 첫 번째는 대학 4학년 때, 두 번째는 박사 과정 중에, 세 번째는 60세에 딸 스테파니의 신앙 위기가 촉발한 것이었다. 나의 아들 데이비드는 어떤 복합적인 종교적 조합에 의해 만들어진 것도 우리 주님과 비교할 수 없다는 확신을 주면서 유일무이하신 예수 그리스도께 다시 집중하라고 격려해 주었다.

그 마지막 시험의 시기에 나는 이슬람, 애니미즘, 불교, 힌두교, 세속주의, 기독교 등 모든 종교 체계에 대해 결정적인 질문 다섯 가지를 만들었다. 1) 창조 세계의 신비(mystery)를 어떻게 설명하는가? 2) 인간의 신비를 어떻게 설명하는가? 3) 인류에게 무슨 일이 벌어지고 있는지 그 신비를 어떻게 설명하는가? 4) 타락한 인류에 대한 최선의 해결책을 제시하는 시스템은 무엇인가? 5) 창조물과 인간의 미래는 어떻게 될까? 하나님의 영은 나의 싸움, 내가 받은 조언, 그리고 나의 응답의 과정에 동행하셨다. 그리고 하나님의 주기적인 침묵이 계속될 때 믿음의 행보도 계속된다. 그분은 살아 계신다. 그분은 선하시다. 그분은 함께하신다. 그분은 조용히 계실 수 있다.

신비를 품다

1990년 중반부터 1991년까지 아내와 스테파니 그리고 나는 오스틴 동쪽의 교외 지역에 살면서 집이 완공되기를 기다리며 아칸소에서의 4년의 아픔에서 회복하고 있었다. 아내는 2년 반 동안의 '영혼의 어두운 밤'에 들어갔고 나는 영적인 사막에서 길을 잃었다. 스테파니는 텍사스에서 학교 공부와 생활에 나름대로 어려움을 겪었다. 나는 아내의 '문제'가 무엇인지 이해하지 못한 채 그녀를 바로잡으려 노력했다. 어느 날 '세상을 구하는' 여행을 마치고 돌아와서 나를 마중 나온 아내 앞에서 어리석은 행동을 한 내가 부끄러웠다. 나는 혼란에 휩싸여 정신이 없었다. 약 일주일 후, 어둠과 고난의 깊은 곳에서 그녀는 은혜로운 진실을 말해주었다. "빌, 당신은 재능은 있지만 깊이가 너무 없어요. 하나님이 원하시는 사람이 되려면 영적 뿌리를 더 깊게 내려야 해요." 그녀가 성령의 감동을 받아 한 말은 나의 폐부를 찔렀다. 그리고 나는 그녀의 조언을 받아들였다. 그 힘든 전환기에 하나님의 사랑의 주권을 상기하게 되면서, 나는 성령께서 나를 육신이 아닌 영적으로 절름발이가 되게 하셨다는 것을 깨달았다. 그것은 벌을 주려는 것이 아니라 잊었던 것을 다시 생각나게 해 주는 것이었다.

WEA의 새롭게 부상하는 글로벌 선교 리더인 내가 이런 싸움을 벌이는 것이 정당한가? 그렇다면 그 이유는 무엇일까? 그리고 내 앞에는 지름길이 없었다. 내 이야기는 나의 것이다. 내 친구들과 동료들도 각자의 여정을 지나왔다. 그들의 초기 영성에 의문을 품은 사람이 있었는가? 모국 문화를 떠나 다른 문화권에서 사역하고, 어려운 환경에서 아이를 낳고 키우며, 구주 예수님을 따라 어려운 사명을 수행하면서 세월이 지날 때 그들의 영성은 어떻게 되었을까?

> 오늘날 나는 이해하기 어려운 신비를 받아들이고 삼위일체 하나님과 함께 선교적 순례를 하고 있는 리더이다.

오늘날 나는 이해하기 어려운 신비를 받아들이고 삼위일체 하나님과 함께 선교적 순례를 하고 있는 리더이다. 왜 나는 신앙을 지켰고 다른 사람들은 그렇지 못했을까? 가까운 TCK 친구들, 심지어 사역을 함께 했던 동료들 중에서도 신앙을 버린 사람들이 있는데 그 이유는 무엇일까? 왜 그들의 결혼 생활은 실패했을까? 내가 다 이해할 수 없는 일이다. 언제, 어디서, 누가 관여해서 그런 일이 일어났을까? 나는 내 영적 여정이 교회를 경험하는 여정에 어떻게 수렴되었는지를 깨달았다. 전례-성례의 흐름에는 계속 성숙해 가는 영성과 함께 신비를 위한 광대한 맥락, 공간, 장소가 있다.

결론 및 교훈

이 장의 내용을 숙고하면서 나는 리더십에서 성령의 역사가 얼마나 중요한지 깨달았다. 성령은 창세기 1-3장의 선물이다. 동산 창조와 아담과 하와 두 사람에게 문화 명령이 내려졌다. 성경 전체에서 성령은 리더십과 섬김을 위한 능력을 부여하고 있다. 브살렐은 성막을 설계하고 건축할 때 특별한 지혜와 창의력의 은사를 부여받고 다른 사람들이 일할 수 있게 하는 능력까지 갖추게 된다. 성령은 사울처럼 결국 비참한 지도자가 된 사람에게도 임하신다. 훌륭한 지도자가 될 사람들에게도 성령이 임하신다. 모세와 여호수아를 생각해 보라. 선지자 이사야와 에스겔에게는 성령께서 특별히 찾아오셨다.

신약성경에서 예수님은 전략적 그룹인 세 제자, 열두 제자(성격과 배경이 독특하게 혼합된), 70인, 그리고 남성과 여성으로 구성된 다락방 공동체를 선택하셨다. 은사에 대한 바울의 가장 광범위한 가르침은 고린도전서 14-16장에 나와 있다. 이 은사들은 모두 몸을 위한 것이며, 이는 신앙 공동체를 섬기는 것을 말한다. 주요 구절을 공부하다 보면 삼위일체의 각 위격이 영적인 은사를 주신다는 것을 알게 된다. 에베소서 4장에는 리더십 은사라고 불리는 것들이 나열되어 있다. "그가 어떤 사람은 사도로, 어떤 사람은 선지자로, 어떤 사람은 복음 전하는 자로, 어떤 사람은 목사와 교사로 삼으셨으니 이는 성도를 온전하게 하여 봉사의 일을 하게 하며 그리스도의 몸을 세우려 하심이라"(엡 4:11-2). 그 리더십의 핵심 기능은 예수님을 따르는 공동체를 섬기고 강하게 하는 것이다.

이런 질문이 생긴다. 우리에게 필요한 은사, 즉 일반 은사와 영적 은사는 모두 한꺼번에 주어지는 것일까, 아니면 우리가 성장하고 변화할 때 나타나는 것일까? 삶, 사역 또는 리더십의 새로운 단계에 접어들 때 성령께서 우리에게 능력을 덧입혀 주실 수 있을까? 재능과 영적 은사의 독특한 조합은 처음부터 존재했기 때문에 시간이 지나면서 저절로 드러나는 것일까? 내 은사 중 일부는 배아 형태로 먼저 존재했다가 WEA 사역 초창기에 탄생했다고 생각한다.

새로운 리더십 은사를 받기를 원하는 것이 적절한 일일까? 성경은 구약의 성도, 왕, 선지자들의 인생의 결정적인 순간에 성령이 임했다고 묘사한다. 1987년 WEA 선교 지도자로 임명되었을 때 나는 내 앞에 무엇이 놓여 있는지 전혀 알지 못하여 하나님께 도와달라고 기도했다. 의미심장하게도 그 임무는 내가 능력을 받은 복음주의자임을 스스로를 인식하던 시기에 맡게 되었다.

시편 기자는 이렇게 말한다.

> 하나님이여 나를 어려서부터 교훈하셨으므로 내가 지금까지 주의 기이한 일들을 전하였나이다 하나님이여 내가 늙어 백발이 될 때에도 나를 버리지 마시며 내가 주의 힘을 후대에 전하고 주의 능력을 장래의 모든 사람에게 전하기까지 나를 버리지 마소서(시 71:17-18).

오소서, 성령님. 제가 정직하게 섬기고-이끌어 가며, 인생을 잘 마무리하고, 예수님을 따를 수 있도록 힘을 주소서.

성찰 질문

1. 강력한 영성을 갖춘 것과 은사를 받았지만 겸손한 리더십 사이에는 어떤 관계가 있나? 영성이 의심스러운 그리스도인 리더의 사례를 설명해 보라.

2. 여러분이 살아오는 동안 성령과 함께한 여정은 어떠했나?

3. 당신의 영성은 어떤 방식으로 변했고, 그 영성은 당신을 어떤 방식으로 변화시켰는가?

4. 인생의 새로운 계절을 맞아 새로운 은사를 받은 새롭게 부상하는 지도자를 알고 있는가? 한 사람을 소개해 보라.

5. 이 장에서 가장 관심을 끌었던 것은 무엇인가?

8
놓아주기—산기슭의 비전

진정한 리더십은 하나님의 사랑에 대한 확신에 기반을 두어야 한다. 그것은 두려움에 기반한 리더십과는 다른 성공의 표식을 세워 나간다. 그러면 하나님을 기쁘시게 하고 그분께 기쁨을 드리도록 지도력을 발휘할 수 있다. 모든 것을 하나님 나라 가치의 관점으로 바라보기 때문에 이 세상의 관점과는 잘 맞지 않는다.[1]

관다라(Gwandará)

이야기는 내가 전 세계를 누비며 살아온 수십 년 동안 살과 피의 생명, 공간, 그리고 장소를 생동감 있게 해 주었다. 이야기는 오늘날에도 나에게 활력을 갖게 하여 개인, 가족, 공동체, 민족을 변화시키는 하나님의 능력에 대한 존경심을 더욱 깊게 해 준다. 나이지리아 북부의 관다라(Gwandará) 부족 이야기를 처음 들려준 것은 나의 나이지리아 친구이자 동료인 판야 바바(Panya Baba, 전 EMS와 ECWA 교회, 지금의 "Home"의 뛰어난 지도자)였다. 1980년대 초에 1만 명에 육박했던 이 농경민 집단은 오랫동안 복음의 영향을 제대로 받지 못하는 상태로 살아왔다. 서구 선교사들은 이 정령승배 **종족**

---

[1] Overstreet, *Unleader*, 108.

(*ethné*)에게 복음을 전하기 위해 두 번이나 시도했지만 실패했다.

1980년대 초, 장기 선교사로 구성된 세 번째 팀이 가족, 닭, 염소와 함께 이 지역에 들어가 현지 부족의 원로들로부터 집을 짓고 땅을 경작할 수 있도록 허락을 받았다. 이들은 이미 하우사(Hausa)어를 구사할 수 있었기 때문에 주요 장벽은 언어가 아니라 관계, 문화, 영적인 문제였다. "진짜 하우사어"로는 이 부족이 "관다라"가 아니라 "관다라와"(Gwandará-wa)라는 것을 알게 되면서 점점 신뢰가 깊어졌다. 무슨 차이가 있는가? "관다라와"는 말 그대로 "종교보다 춤을 좋아하는 사람들"을 의미한다. 나이든 이야기꾼들과 대화를 나누면서 19세기 초 하우사/풀라니(Fulani) 지하디스트(Jihadists) 무슬림 군대가 북쪽에서 나이지리아로 몰려와 칼을 들이대며 개종을 강요했다는 사실을 알게 되었다.

관다라와 부족은 이슬람의 율법주의보다 그들의 영혼 숭배와 춤을 더 좋아하여 율법주의 침략자들을 거부하였다. 선교사들은 회의를 열어서 "이 새로운 정보를 고려한다면 우리의 의사소통은 어떻게 되어야 할까? 춤을 좋아하는 이 부족에게 예수님의 복음을 전할 수 있는 문화적 연결고리는 무엇일까?"라고 물었다. 은혜와 자유에 대한 이야기를 전하기 위해 그들은 이 사람들에게 성경의 이야기를 춤으로 표현하여 전하기로 결심했다! 이스라엘 민족의 이야기와 예수 그리스도의 삶, 사역, 죽음, 부활, 승천을 통해 진정한 창조주, 그분의 우주론적 구속의 이야기를 적절한 리듬과 가사, 노래로 풀어내면서 창의력이 발휘되기 시작했다. 판야는 춤으로 사도행전의 시작 부분을 표현할 때에 성령께서 초자연적인 능력으로 관다라와 사람들 사이에 임하셨다고 하였다. 최초의 신자들이 생겨났고, 교회가 탄생했다.

선교지로 오기 전에 선교사 훈련 프로그램을 통해 선발되고 준비된 후 미개척지의 선교사로 파송되어, 예술적 문화적 감성으로 이 사람들의 마음을 파고들었던 이 창의적인 선교사들은 누구였을까? 그들은 복음주의선교회(Evangelical Missionary Society, EMS)의 아프리카지역 선교부 소속이었다. 1949년에 설립된 EMS는 아프리카에서 가장 큰 교단들 중 하나인 ECWA(Evangelical Church Winning All)의 선교 기관이다. ECWA는 현재 6,000개의 교회와 회중, 250만 명의 성인 신자, 13개의 모국어 성경학교, 5개의 성경대학 및 신학교, 나이지리아 및 기타 17개국에서 사역 중인 1,600명 이상의 선교사, 출판 프로그램, 강력한 농촌, 교육 및 의료 사역, 고도로 훈련되고 재능 있는 수많은 나이지리아 지도자들을 아우르고 있다. ECWA 교회는 어디에서 시작되었나? 하나님께서는 나이지리아에 교회를 설립하기 위해 원래 서구 선교 기관이었던 한 선교회를 축복하셨다.

하나님의 은혜로 북미에서 기도와 희생을 통해 탄생한 SIM이 있었기에 ECWA와 EMS가 존재할 수 있었다. 북반구(Global North)의 인내심 있는 개척자들은 배와 육로를 통해 아프리카 내륙에 도착하기 위해 긴 여행을 하였으며 이들 중 많은 사람들이 크고 긴 직사각형 상자, 즉 관 속에 짐을 담아서 가지고 왔다.

이런 이야기가 가능하게 한 주인공은 누구였을까? 스코틀랜드 이민자 출신인 캐나다의 마가렛 크레이그 고완스(Margaret Craig Gowans)로, 그녀는 SIM과 ECWA의 미래를 위해 중요한 공헌을 한 사람이다. 19세기 후반, 그녀는 해외 선교의 비전을 가졌다. 그녀는 아들 월터를 아프리카로, 딸 애니는 중국으로 가도록 격려하여 보내었다.

서구에서 시작되었지만 지금은 완전히 국제화된 기관(SIM)과 아프리카의 기관(ECWA)을 특별히 언급하는 이유는 무엇일까? 이 기관들은 성령께서 중보기도 운동과 가족을 어떻게 연결시키는지를 보여 준다. 그 결과로 아마도 가정집이나 도로 주소에 기반을 둔 새로운 선교회가 설립되었을 것이다. 그러나 '선교지'(field)에서 그들은 살아있는 회중과 교회들의 네트워크가 되어 독특한 선교적인 교단으로 부상한다. 항상 희생이 있었으며, 때로는 순교도 있었을 것이다. 그 결과 전 세계적으로 토착 교회 운동은 자기 민족과 그 너머를 향한 선교 비전을 품는 동시에 새로운 파송 기관을 만들어 낸다. 이렇게 하나님의 창조적인 영이 선교를 진전시킨다. 그리고 모든 경우에 선교의 진전에는 담대한 기도, 비전을 품은 지도자, 끈기, 더 나아가 순종하는 과정에서 기꺼이 죽을 수 있다는 의지가 필요하다.

나는 이 전 세계적인 하나님의 선교의 산물이자 평생을 참여한 증인이다. 이는 우리 부부가 속한 선교 단체의 이야기이기도 하다. CAM은 1890년에 설립되었고, 나의 부모님은 1937년에, 아내와 나는 1967년에 합류했다. 나는 MC에서 재직하는 동안 전 세계에서 이 모델이 반복해서 재생산되는 것을 보았고, 그 각각은 하나님의 서사(Epic)의 새로운 장이 되었다.

그리고 나는 그 이야기를 알게 되고 그 속으로 들어가 하나님을 기뻐하고, 모든 문화와 언어에서 우리의 엄위하신 그리스도를 통해 역사하시는 그분의 영을 보게 되었다. 하나님은 그분의 이야기를 아름답게 엮어 나가기 위해 많은 전환을 사용하신다.

서서히 드러나는 산기슭의 비전

이러한 글로벌 경험의 한가운데서 나는 MC 리더로서 어떻게 발전해 나갈지를 고심할 때에 관다라족의 경우와 같은 이야기를 듣고 기뻐했다. 하지만 예상치 못한 생각들이 내 마음과 머릿속에 슬로우 모션의 계시처럼 스며들기 시작했다. 2002년 즈음 나는 WEA-MC의 수장으로서의 나의 리더십 임기가 끝나가고 있다는 사실을 깨달았다. 솔직히 나는 이 특별한 선교 사역 연합 네트워크의 미래를 바람직하게 이끌 지식도, 은사도, 신체적 능력도 없다는 결론을 내렸다. MC 집행위원회에 나의 결정을 알리고 리

> 나는… 안팎으로 완전히 다른 사람이 되었다. 이제 나는 어떤 사람이 될 것인가?

더십 계승과 연속성을 위한 과정을 진행해 달라고 요청했다. 그때 나는 62세였다. 하나님의 섭리 가운데 MC 정신에 따라 또 다른 TCK(스웨덴+브라질) 출신인 버틸 엑스트롬 박사가 나의 후임으로 임명되었다. 그는 나에게 정중하게 계속 새로운 역할을 맡아달라고 요청했고, 나는 그러한 역할을 맡아 10년 더 일했다. 그 후 나는 모든 WEA 플랫폼과 직책에서 완전히 물러나서 내 인생의 미지의 다음 시즌을 맞이하게 되었다. 나는 1986년 중반에 MC를 이끌게 된 빌 테일러와는 안팎으로 완전히 다른 사람이 되었다. 이제 나는 어떤 사람이 될 것인가?

나는 소넨펠드(Sonnenfeld)가 저명한 지도자 50명의 은퇴에 관해 쓴 책을 읽은 기억이 난다.[2] 그 책은 많은 생각을 불러일으키는 책이다. 그는 군주, 장군, 대사, 총독 등 네 가지 주요 **퇴임** 유형을 제시하였다. 그는 또한 마지못해 작별을 고하는 사람, 가부장적인 사람, 그리고 나 자신의 여정에 영향을 준 다른 리더들의 사례에 대해서도 이야기했다. 이 네 가지 리더십 모델 중 나는 자신이 몸담았던 조직을 밖에서 지속적으로 지원하는 대사가 되고 싶었다.

2016년 12월 31일, 나는 30년간의 MC와 WEA 리더십 역할을 마무리했다. 2017년 1월 1일, 나는 불확실한 미래와 함께 낯선 새로운 현실과 생존을 마주하며 깨어났다. 이제 나는 누구인가? 나의 전성기는 끝났는가? 나에게 리더십은 끝났는가? 나는 무엇을 해야 할까? 전환하는 데 얼마나 걸릴까? 평범함의 거룩함, 일상의 영성을 어떻게 받아들일 것인가? 고독이라는 '새로운 낯선 상황'을 만난다는 것은 얼마나 이상한 일일까? 나는 약 2년에 걸친 과정을 통해 '지난 일들'을 분류하고 정리해야 했다.

---

[2] Sonnenfeld, *The Hero's Farewell*.

분류하고 정리하면서 좋은 소식과 당황스러운 소식 모두를 구별할 수 있었다. 좋은 소식: 성령께서 나를 연속성이 있으면서도 또 불연속성도 존재하는 새로운 삶으로 이끌어 주셨다. 당황스러운 소식: 성령께서 나를 연속성이 있으면서도 또 불연속성도 존재하는 새로운 삶으로 이끌어 주셨다. 그 불확실성 속에서 내 삶의 궤적을 산기슭, 산맥, 계곡으로 이루어진 지형의 이미지를 통해 이해할 수 있는 비전이 떠올랐다. 1968년 말 라틴 아메리카로 떠나기 직전, 첫 번째 산맥이 모습을 드러냈다. 나는 "이 산맥을 넘고 나서 다음 계곡에서 일해야겠다"고 생각했다. 내 이전의 삶, 캠프, 교회, IVCF 사역은 내 앞에 놓인 산맥으로 접어드는 산기슭이었다. SETECA에 배정된 17년 동안 나는 초기 타문화 사역, 섬김, 초보적 리더십에 대한 도전을 받아들일 수 있었다. 내가 배운 교훈은 영구적인 것이었다. 실수는 모두 아주 실제적이었다. 라틴 아메리카를 떠나라는 예상치 못한 초대는 나에게 세 번의 죽음을 안겨주었고, 골짜기의 어두운 그림자, 슬픔, 상처와 상실감, 메마른 사막 속으로 내려가는 깊은 낭떠러지만 보이는 것이었다. WEA 사역을 맡음으로 이루어진 부활은 나를 근본적으로 변화시킨 30년간의 사역을 위해 그 거대한 지역을 통과하는 길을 열었다. 또한 한 인간이자 리더로서 내 본질의 불순물들을 불사르는 새로운 도가니이기도 했다. 그리고 그것은 끝이 났다. 그 비전은 정곡을 찌르면서도 달콤쌉싸름하며, 장기적인 것이었다.

그때부터 나의 미래의 지형이 이상하게 바뀌었다. 나는 일련의 산기슭이 이어지는 또 다른 거대한 지역을 예상했다. 하지만 나의 내면의 목소리가 "빌, 너는 그 지역을 넘지 않을 거야. 내가 너와 함께 산기슭까지 걸어갈 것이요, 내 때가 되면 너를 네 조상들과 너의 백성들과 함께 쉬게 할 것이다."라고 말했다.

엄숙하고, 진지하며, 달콤쌉싸름하고, 통렬하지만 명료한 말이었다.

나는 지금 누구인가?

　그 새로운 외로움의 계절을 되돌아보고 고독이라는 새로운 친구를 알기 시작했을 때, 하나님께서 내 마음 속 깊숙이 심어 주신 첫 번째 진리는 "빌, 너는 사랑하는 내 아들이다."라는 것이었다. 그 음성은 나의 일, 이력, 저서, 연설이나 강의에 주목하고 있지 않았다. 뛰어난 리더십에 대한 찬사도 아니었다. 그보다는 나의 핵심적인 정체성이 확인되고 확고해지게 하는 것이었다. 나는 하나님이 인정하신 자아실현의 길로 들어가야 했다. 이 음성은 내 삶에 부드럽게 말을 걸어 주었고, 중심을 잡아주며, 나의 삶의 다음 단계와 맡겨진 일에 집중할 수 있게 해 주었다. "빌, 이제 너는 자신이 누구인지 알겠지. 앞으로 어떤 일이 일어날지 보여 줄게." 신뢰의 언어가 나에게 평안을 주었다.

　나는 조건 없는 사랑을 받았고, 그 실제를 느끼며 나아가게 되었다. 그것으로 충분했다.

　점차 모든 것이 이해되고 관점이 드러나기 시작했다. 나는 라틴 아메리카에서 20년 가까이, 다음으로 죽음 그리고 전환과 부활의 2년, 글로벌 무대에서 30년 동안 공적인 삶을 살았다. 이 수십 년의 기간은 나를 영구적으로 변화시켰다. 2017년이 지나면서 나는 다음과 같은 진리를 소중히 여기게 되었다. 나는 예수님을 사랑하고 정통 기독교에 헌신했던 사람이며, 국제화된 복음주의자였다. 놀랍게도 나는 이제 성공회 신자였다. 나는 리더였다. 나는 다른 문화와 국가에 수많은 지인과 동료가 있다. 내 전화번호부에는 3,351명의 정보가 있었다. 내가 신뢰하는 친구는 소수이고, 엄선된 특별한 사람들이었으며, 전투를 통해 검증된 사람들이었다.

　나는 영적 전쟁과 사역으로 지쳐 있었고, 많은 여행과 다양한 식단으로 인해 몸도 지쳐 있었다. 나는 이제 세 사람에게 시아버지 또는 장인이 되었고 여덟 손주의 할아버지이기도 했다. 나는 이제 일흔다섯 살의 원로이자 베테랑으로 사역의 승리와 함께 상처와 흉터를 갖고 있었다.

성찰을 해 나가는 동안 성경을 공부하면서 나는 히브리어로 '장로'를 뜻하는 자켄(zaqen), '선지자'를 뜻하는 초제(chozeh), '지혜로운, 현명한, 숙련된'을 뜻하는 차캄(chakam)이라는 용어에 흥미를 느꼈다. 이러한 성찰을 통해 나는 "하나님의 영이 나에게 현자, 선지자가 되기를 원하시는 건 아닐까? 그게 무엇을 의미하는 것일까?"라고 질문하게 되었다. 나는 하나님께서 삶을 빚어가는 의도적인 멘토링을 하도록 나에게 다시 임무를 주시는 것을 알게 되었다. 또한 나는 마음과 경험에서 나오는 글을 쓸 수 있는 여유를 갖게 되었다. 나는 스스로를 '현자'라고 부르는 것을 꺼려했기 때문에 기다렸다. 그것이 확인된 것은 내가 멘토링한 소규모 공동체를 통해서였다.

이 말씀은 다시 한번 빌 테일러라는 이름이 변경되는 것으로 이어졌고, 정해진 시간이 되면 **드러나도록** 설정된 것 같은 성령의 메시지를 받았다. "너는 새로운 계절 속에 있으며, 내가 그에 맞게 너를 인도할 것이다. 직책과 영향력에서 물러날 준비를 하라. 다른 사람들, 특히 떠오르는 젊은 리더들에게 너의 삶을 쏟아 부으라." 비전과 개명이 합쳐져 지금의 나를 만들었다. 이러한 말씀에는 불확실성이 생길 여지가 없었다. 창세기 24장 27절(KJV)의 또 다른 적용(문맥에서 완전히 벗어난)으로 내가 살아 계신 하나님의 손에 있다는 것과 어디론가 가고 있는 나를 주님께서 인도하신다는 것을 알았기 때문이다. 동시에 이 계절은 내 삶의 세 가지 차원, 즉 공적, 사적, 비밀의 영역을 살펴볼 수 있도록 나를 초대했다. 내 삶이 내면과 외면의 일관성을 유지하고 있는가? 하나님은 나에게 무엇을 더 요구하시는가?

수십 년 동안 선교지에서 세계 교회를 섬기며 살아온 70대 후반의 내 삶이 어떻게 될지 꿈에도 상상하기 어려웠다. 1986년 중반에 MC 사역을 시작했을 때, 내가 무엇을 하고 있는지 알고 있었나? 아니다. 그 첫 몇 년 동안 나는 성령과 동료들이 나를 인도해 주기를 기다렸나? 그렇다, 기다렸다. 하나님께서 나의 리더십과 스타일을 어떻게 만들어 가실지 거의 깨닫지 못했다. 하지만 나는 1986년 6월 말 싱가포르에서 내린 그 두려운 결정이 옳았다는 것을 전적으로 확신했다. 어둠을 서서히 몰아낼 수 있을 만큼 충분한 빛을 앞에 두고 믿음으로 걸어가면서 그 결정을 실천하는 것이 중요했다.

> 어둠을 서서히 몰아낼 수 있을 만큼 충분한 빛을 앞에 두고 믿음으로 걸어가면서 그 결정을 실천하는 것이 중요했다.

조직에서의 성찰

30년 동안 나는 WEA의 글로벌 네트워크 운동에서 선수-코치-리더가 되었다. 나는 그 역사, 가치, 비전을 실현한 기독교 지도자들이 만들어 놓은 유산의 흐름에 나를 맡겼다. MC도 마찬가지였다. 나는 WEA의 최고 지도자, 다른 비저너리 및 행정가들, 몇몇 역사학자 및 작가들과 함께 일했다. 나는 캐나다 SIM의 베테랑이자 『순종의 사람들: 세계복음주의협의회 이야기』[3]의 저자 W. 해롤드 풀러(W. Harold Fuller)의 친구가 되었다. 나는 내 평생의 멘토이자 『사라지지 않을 꿈: 세계복음주의협의회의 탄생과 성장 1846-1986』[4]의 저자인 데이비드 M. 하워드(David M. Howard)를 섬기는 사람이자 동료였다. 나는 1986년에 WEA나 MC의 역사에 대해 전혀 알지 못한 채 그 사역을 시작했다. 나의 베테랑 멘토들과 나와 함께 리더로 일

---

[3] Fuller, *People of the Mandate*.
[4] Howard, *The Dream That Would Not Die*.

한 분들이 나의 스승이었다.

 MC 리더로서, 흥미로운 질문이 나를 괴롭혔다. 세속적이든 종교적이든, 시장과 같은 삶의 현장에서 생겨나는 조직이든, 글로벌 단체이든, 또는 비정부 조직이든 사람들이 어떻게 그리고 왜 공동의 대의를 위해 함께 모이는가? 이러한 집단들은 변화하는 사회학적 현실, 사람들이 오고 가는 흐름, 정보 및 기술의 역할 또는 시대의 결과로 생겨난 것일까? 아니면 하나님이 설계하신 인간 사회의 DNA에 내재된 것일까? 우리 그리스도인들은 단지 "세속적인" 개념과 구조를 채택하고 적용하여 하나님의 부르심에 필요한 것으로 만들고 재구성하는 것일까? 더 깊이 파고들어, 하나님은 우리 세상을 형성하는 이러한 인간의 조직적 차원과 무슨 관련이 있는 것일까? 이것이 일반 은총일까? 기독교 조직은 다양한 구조를 갖고 있고, 대부분은 그룹, 기관, 운동, 교제, 동맹, 네트워크를 발전시킬 은사를 가진 재능 있고 (우리가 바라는 바대로) 순수한 동기를 가진 경건한 사람들에 의해 시작된다. 더 나아가 조직의 라이프사이클에 대한 하나님의 설계는 어떤 것일까?

 기관들이 제 갈 길을 가다가 일부는 죽은 나무나 마른 시냇물처럼 되어버리는 경우가 너무 많다. 이제는 아무런 역할을 못하는 기독교 단체의 존재를 기념하는 명예로운 '매장(추모) 의식'을 만들어야 할지도 모른다. 우리가 WEA와 MC의 갱신 방안에 대해 논의할 때 존 루이스(Jon Lewis)는 정색을 하고 우스갯소리로 "하워드는 '사라지지 않는 꿈'에 대해 책을 썼는데, 만약 그것이 '사라지지 않는 악몽'이라면 어쩌지?"라고 말하기도 했다.

 "만약 우리 조직을 해체한다면 어떻게 될까?"라고 용기 있게 묻는 리더는 거의 없다. 특히 주기적으로 로잔 운동은 상승하고 WEA는 하강하는 것처럼 보였던 기간에 우리 중 일부는 우리 자신과 WEA에 대해 바로 이런 질문을 던졌다. 나는 WEA와 로잔의 합병 가능성에 대해 가끔씩 은밀하게 대화가 오간다는 것을 알고 있었다. 하지만 그런 일은 일어나지 않았다. 왜 그랬을까? 각 단체의 DNA, 정신, 리더십이 유전적으로 달랐고 합병을 통해서는 건강한 조직이 탄생하기가 어렵기 때문이었을 것이다. 나는 하나님께서 그런 일이 일어나도록 허락하지 않으셨다고 확신한다. WEA가 사라졌다면 몇 년 안에 창의적인 사람들이 새로운 이름으로 비슷한 비전, 리더십 구조, 기능 및 가치관을 가진 단체를 만들었을 것이다.

MC의 입장에서 우리가 선호하는 구조를 가장 잘 설명한 용어는 무엇일까? 영광스럽게도 나는 MC의 리더로서 1990년대 초부터 2004년까지 캐나다, 영국, 네덜란드, 스웨덴, 남아프리카공화국에서 열린 전략적 동반자 대화 모임에서 이러한 문제와 씨름할 수 있었다. 우리는 전 세계 인류의 바다를 항해하기 위한 글로벌 선박을 다시 설계하고 만드는 일(재구상), 즉 갱신을 공동으로 모색했다. 우리는 연맹(federation)이었나? 아니다. 협회(association)였나? 꼭 그렇다고 할 수 없다. 그렇다면, 모호하게 들리겠지만, 제휴 관계(fellowship)였을까? 아니다, 그 이상이었다. 연맹(alliance)이었나? 그렇다고 할 수도 있겠지만 그게 전부였을까? 최소한의 구조와 시스템으로 작동하는 유연한 구조, 공동의 대의와 공동의 목적을 위해 중요한 일이 있을 때 모이고, 순차적으로 바뀌는 리더십에 따라 움직이는 네트워크였을까? 그렇다, 그렇게 볼 수도 있다. 하지만 네트워크에는 약점도 있다. 네트워크가 불안정하면 모임의 핵심적인 사람이 누구인가에 따라 또는 결정적인 이슈로 인해 생존이 위협받을 수도 있다. 사람들은 원하는 대로 움직이고 변화한다. 네트워크에서 가장 주도적인 사람들에게 그저 관심자들의 주소, 몇 가지 우려 사항, 모호한 유산, 재정적 적자만 남겨주는 경우가 너무나 많다.

그리고 우리의 모든 재구상을 가로막는 것은 MC 팀, 프로젝트, 출판물, 프로그램을 지원하기 위한 기금 모금이라는 과제였다. 사실 우리가 WEA를 섬기는 동안 본부의 재정적 지원을 받은 것은 아니었다. 특히 가난한 글로벌 사우스의 주요 인사들을 섭외할 때는 우리 스태프가 자체적으로 필요한 자금을 모금했는데, 이는 큰 도전이었다. 우리는 주요 WEA 행사와 리더십 포럼에 참석하기 위해서도 자체적으로 자금을 모금해야 했다. 하지만 이러한 현실은 아래로부터의 리더십을 반영하는 것이기도 했다.

그 사역이 끝날 무렵, 나에게 가장 적합하고 실행 가능한 MC의 정의는 우리를 글로벌 선교 공동체를 구축하고, 유지하고, 섬기는 데 초점을 맞춘 "리더십의 네트워크이면서 동맹(alliance) 같이 사역하는 조직"이라는 하이브리드 형태였다. 우리는 정보 중심이 아니라 관계 중심이었기 때문에 선교에 대한 열정을 공유하는 동료와 성찰적 실천가들로 구성된 단일한 동맹을 만들어 내었다. 나는 동료들에 대한 위계적 권위를 갖지 않았고, 우리는 모두 공동의 대의를 위한 자원 봉사자였다. "리더십의 네트워크이면서 동맹 같이 사역하는 조직"이라는 표현은 긴 세월이 지나면서 만들어진 MC의 모습을 가장 잘 설명해 준다.

MC 시절을 되돌아보면서 이런 개인적인 질문이 떠올랐다. 내가 무엇을 다르게 할 수 있었을까? 어떤 실수를 저질렀나? 그중 바로잡을 수 있는 실수는 없었을까? 우리를 인도하고 힘을 주시는 성령의 능력에 대한 믿음이 충분하였었나? 나에게 너무 많은 것을 집중시키지는 않았는가? 다른 사람들이 자신의 은사를 최대한 발휘하고, 영향력을 발휘할 수 있도록 위임하고, 자유를 주었는가? 젊고 떠오르는 리더들을 잘 멘토링했는가?

다른 불안한 질문들도 떠올랐다. 그 기간 동안 내가 적을 만들지는 않았는가? 아마도 그랬던 것 같다. 다른 장에서 이 주제를 다룰 것이다. 암묵적인 공동의 규약을 위반한 MC 위원들을 물러나게 할 용기가 있었나? 용기를 갖고 그렇게 했지만 너무 어려웠다. 2006년에 WEA에서 완전히 물러났어야 했나? 아니다, 하지만 버틸과 그의 팀에게 리더십을 넘긴 것을 후회한 적은 없다.

2001-02년 당시 WEA의 국제위원회 의장이었던 데이브 디터트(Dave Detert)가 이끄는 임시 리더십 팀에 초대받았을 때가 나에게는 WEA에서 가장 중요한 시기였다. 더 큰 글로벌 공동체를 섬길 수 있게 되어 영광이었다. 나는 다양하고 재능 있는 사람들로 구성된 이 국제적인 팀에 기꺼이 합류했다. 우리는 획기적인 2002년 '인터데브 연구'(Interdev Study)를 요청받고, 연구 보고서를 제출하였다. 보고서에는 WEA와 그 조직이 이룬 성과, 그리고 바람직한 미래에 대한 명확한 권고가 담겨 있었다.5 그러나 우리는 이를 통해 리더십에 대한 뼈아픈 교훈을 얻었다. 컨설팅 은사가 반드시 WEA와 같은 단체를 이끄는 데 필요한 역량으로 전환되는 것은 아니었다. 유감스럽고 신기하게도 보고서가 승인된 지 1년도 되지 않아 보고서에 대한 관심은 사라졌고, 논의되지도 않았으며, 따라서 권고한 대로 실행되지도 않았다. 이는 나에게 큰 실망을 안겨주었다. 당시 나는 이 보고서가 어려움을 겪고 있는 WEA 공동체에 활력을 불어넣을 수 있는 잠재력을 가지고 있다고 생각했다. 나의 컴퓨터에는 기관의 잘못된 결정에 관해 박사 학위 논문을 작성할 수 있을 정도의 가치가 있는 파일들이 보관되어 있다.

나는 리더십 선택, 특히 리더십 승계에 대해 많은 것을 배웠다. 성경은 다양한 종류의 리더십 범주, 분야, 직책, 자격, 기대치를 보여준다. 예수님에게는 12 제자, 72 제자, 그리고 (가장 넓은 의미에서) 더 큰 그룹의 제자들이 있었다. 하지만 예수님은 12 제자를 직접 선발하여 삶을 통해 삶을 변화시키는 훈련에 투자하셨다. 가장 친밀한 그룹은 베드로, 야고보, 요한이었다. 주님은 재능이 있고 재정적으로 준비되어 있으며 헌신적인 여성들로 구성된 그룹의 존경과 섬김을 받으셨다. 주님은 사도들에게 권위를 위임하셨고 약속하신 성령을 주셔서 그들이 능력을 받도록 하셨다. 성령은 남녀 모두에게 임했다. 사도행전의 이야기들은 떠오르는 리더십과 인정받는 리더

---

5 The Interdev Study, unpublished WEA document, 2002.

십, 의도적이고 관계적인 훈련, 그리고 여성과 남성 모두에서 나타나는 자발적인 리더십을 다양하게 다루고 있다. 또한 1세대 교회에서 일어난 죄, 속임수, 이기심, 배교 등의 불미스러운 일에 대한 기록도 보게 된다! 바울과 베드로는 교회 지도자의 자격에 대해 글을 쓸 때 기술, 은사, 구성보다는 영성과 인격에 초점을 맞추었다. 이러한 가치로 핵심 훈련 커리큘럼을 만들었다.

나는 WEA와 MC에서 리더십의 전환을 여러 번 보았다. 1986년 두 명의 WEF 리더가 일방적으로 나를 임명하였고, 그중 테오 윌리엄스(Theo Williams)만이 나를 이끌어 주었다. 다른 베테랑들이 나를 멘토링해 주었고 우리 팀은 조금씩 성장했다. MC 집행위원회(ExCo)가 우리의 이사회가 되었다. 하지만 우리는 본질적으로 "공중에서 비행기를 조립"하는 것처럼 별다른 뒷받침이 없는 상태에서 시작하였다. 첫 번째 정관은 문제를 명확히 하고 새로운 구조 및 거버넌스 문제에 대한 해결책을 제시했다. 솔직히 말해서 내가 본 최고의 리더십 전환은 2006년 나에게서 버틸로의 전환이었다. 버틸에서 데이비드 루이즈(David Ruíz)로의 전환 과정에서 스태프 팀의 고립, 2003년부터 2006년까지 우리에게 지침이 되었던 역사적 문서를 무시한 것, 문화와 언어의 차이로 인해 발생한 심각한 오해로 인해 큰 실망을 느꼈다. MC의 강점인 다양성이 오히려 약점이 될 수도 있음을 깨달았다. 이후 뉴질랜드 출신인 제이 마텐가(Jay Mātenga)가 총괄 디렉터로 임명될 때 보다 건강한 전환 과정을 보게 되었다.

유산에 관해: 위험한 주제

다행히도 내가 함께한 MC의 지난 30년에서 내가 물려준 유산은 중요한 것이 아니었다. 그런 관점은 나를 불안하게 했다. 하지만 곰곰이 생각해보니 몇 가지 결론이 떠올랐다. 첫째, 내가 물러남으로써 나의 가장 중요한 가치들, 재능의 조합, 기술 세트와 함께 나의 핵심적인 타고난 재능이 더 이상 중요한 것이 되지 않았을 때, 하나님께서 허락하신 전 세계적인 인간관계와 우정에 대해 정말로 감사하게 되었다. 그 결과 성찰적 실천가, 동료, 친구들로 구성된 독특한 선교 공동체가 탄생했다.

둘째, 하나님께서는 나의 초창기 시절에 지혜와 멘토를 주셨다. 나는 의도적으로 책이나 정규 과정의 학습을 통해서가 아니라 '소프트 멘토링'을 통해 리더가 되었다. 그것은 단지 하나님의 은혜와 바나바 모델을 통해 그렇게 된 것이다. 데이브, 테오, 레이, 스탠리, 판야, 바바라, 웨이드에게 감사한다. 점진적으로 하나님께서는 흩어져 있던 재능 있고 경건한 한 그룹의 남녀들을 성장시켜 성찰적 실천가들의 글로벌 공동체로 발전시켜 주셨다.

셋째, 어떤 국가, 지역 또는 글로벌 복음주의 단체도 모든 사람을 대표하지 못한다. 나이지리아의 한 동료가 말했듯이, "아프리카에는 서로 다른 다양한 물줄기가 너무 많아서 하나의 물줄기로 흘러가게 할 수 없다." 따라서 로잔과 WEA, 아프리카복음주의협회(the Association of Evangelicals of Africa)와 MANI(Movement of African National Initiatives), 그리고 기타 자유롭게 움직이는 여러 네트워크에 찬사를 보낸다. 나는 일부 사람들이 불순한 동기를 가지고 주요 MC 리더십 역할을 하려고 시도한 것을 알고 있었다. 그들의 숨은 의도는 권력과 영향력을 장악하려는 것이었다. 하나님은 대부분의 그러한 시도로부터 우리를 지켜 주셨다.

넷째, 창의적이고 글로벌한 MC 팀으로 인해 '동맹'의 구조적 변화가 더 오래 지속되었다. 우리는 "MC 모선에 도킹하는" 단일 시스템을 만들었다. 이를 통해 평행 네트워크 및 기타 선교 구조를 도입하여 모든 참가자에게 명확한 부가가치 혜택을 제공했다. 이러한 독립적인 기관들은 필요하면

도킹을 해제할 수 있었다. 한때는 다른 "MC" 유닛 세트와 함께 최소 10개의 조직이 참여하고 있었다. MC는 국제 선교사 훈련 네트워크와 글로벌 멤버 케어 네트워크와 같이 지금도 우리의 비전을 실현하는 데 있어 중요한 역할을 하는 몇 가지 장기적인 태스크 포스를 출범시켰다. MC가 설립한 단체 중 일부는 독립적인 단체로 분리되었다. 세계화에 관한 것과 같은 일부 임시 연구 단위가 만들어져 출판과 글로벌 컨설팅으로 이어졌다. 다른 기관들은 지속적으로 할 일이 없어서 문을 닫기도 했다.

나는 그 기간 동안 개최된 MC 회의와 발간된 출판물에 대해 감사하고 있다. 이 알차고 귀중한 자료들은 글로벌 이슈에 대해 남녀노소, 글로벌 남과 북, 다양한 선교 지향적인 구조를 대표하는 글로벌 목소리를 내는 것에 대한 나의 헌신을 반영한 것이다. 주제는 선교사 훈련, 전략적 제휴, 선교사 중도탈락과 보존, 글로벌 선교학, 선교하는 교회, 상황화, 선교 동원, 핍박과 순교, 영성과 선교 등이었다. MC가 출간한 다양한 책들을 보면서 하나님께 감사드린다.

> 의도적이고 관계에 초점을 맞춘 나의 멘토링은 나의 은사이자 평생의 열정이었다.

마지막으로 사람의 유산이다. 의도적이고 관계에 초점을 맞춘 나의 멘토링은 나의 은사이자 평생의 열정이었다. 나는 IVCF 간사 시절부터 과테말라에서의 십여 년, WEA의 수십 년 그리고 오늘날에 이르기까지 언제나 그런 관계를 가진 몇 명의 젊은 친구들이 있었다. 하나님의 특별한 섭리 가운데 내가 멘토링을 한 5명이 지금 WEA 내에서 중요한 역할을 하고 있다는 사실을 어제 알게 되었는데, 모두 나와의 인연 때문만은 아니다. 그냥 그렇게 되었다.

비전과 인생의 태피스트리

7년 전쯤에, 30년간의 MC 출판물을 평가할 때 주님의 또 다른 말씀이 들려왔다. "빌, 너는 전 세계 동료들의 목소리를 출판하는 데 헌신했다. 이제 너는 자신의 경험과 지혜를 바탕으로, 마음으로 글을 쓰고 말해야 한다. 네 뜻대로 해봐." 2020년 1월, 나는 소중한 라틴 아메리카 멘티들과 함께 며칠을 보냈다. 내가 받은 이 하나님의 말씀에 대한 묵상을 나누고 있을 때, 내 친구 데이비드 루이즈가 "기예르모, 당신은 이제 혀(가르치고 설교하는 목소리) 대신, 펜(스페인어와 영어로 글을 쓰는 것)을 사용해야 할 때입니다."라고 예언자적으로 말했다. 나는 그 말을 잊을 수 없다.

이제 여든네 살, 하나님께서 어떤 의미에서 내 인생 전체가 지금부터의 삶의 전주곡이었다는 것을 이해하도록 도와주시기를 원한다. 현재의 나는 과거의 나로 인해, 그리고 지금까지 어떻게 지내었고 무엇을 해 왔으며, 어떻게 성장해 온 것으로 인해 존재한다. 다른 사람들 덕분에 지금의 내가 되었다. 가족 덕분에 지금의 내가 되었다. 하지만 나는 또한 다음 임무, 곧 마라톤의 마지막 바퀴를 위해 재임명되고 그 일을 위한 은사를 받았다.

2017년, 미국 선교 단체의 협의체인 미시오 넥서스(Missio Nexus)의 대표인 테드 에슬러(Ted Esler)는 2018년 9월 연례 모임에서 임원진이 나에게 '평생 봉사'(Lifetime of Service) 상을 수여하기로 결정했다는 소식을 전하여 나를 놀라게 했다. 이런 일이 나에게 일어날 것이라고는 전혀 예측하지 못했다. 정말 뜻밖의 선물이었다. 나는 이 영광스러운 상을 받을 만한 자격이 없는데 어쩐 일인가 하는 생각이 들었다. 아내와 크리스틴, 데이비드, 스테파니와 함께 그 순간을 축하할 수 있어서 참 기뻤다. 그 시상식에서 나는 마음을 열고 그 자리에 참석한 교회와 선교 지도자들에게 "많은 지인, 동료, 친구들이 속해 있는 미시오 넥서스 공동체의 여러분은 나의 부족(My Tribe) 입니다."라고 말했다. 나는 그 북미 선교 운동에서 배출되어 평생을 타문화권의 일꾼으로 살아왔다. 나는 그들에게 속했고 그들은 나에게 속했다. 이 운동과 관련된 모든 사람들은 그 세계적인 '부름'에 응답했고, 다른 문화 속에서 자신의 삶을 바쳤으며, 큰 대가를 치르면서, (감사하게도 대부분은) 지금도 예수님을 따르는 자로 남아 있다.

때때로 나는 내가 은퇴한 것인지, 재임용된 것인지, 아니면 재배치된 것인지 스스로에게 묻는다. 나는 노쇠해 가고 있고 한계를 인정하면서도, 그리고 필연적으로 계속 노화될 수밖에 없는 내 몸의 상태를 인정하면서도 후자라고 생각한다. 나는 평범함을 받아들이고 십자가의 낮아지는 길의 또 다른 국면을 경험하라는 부름을 받았다. 이것이 예수님이 가신 길이다. 고질적으로 문제가 되는 소화기관의 문제(83세가 되도록 너무 많은 곳을 돌아다녔고, 가는 데마다 차려주는 대로 먹을 수밖에 없었다)를 포함해 여러 가지 문제가 일어나고 있다. 테드 에슬러가 최근 이메일에서 "나는 전 세계를 돌아다니고 있습니다. 이메일 연결이 어려운 때도 많을 것이니 조금만 인내심을 갖고 기다려 주시기 바랍니다. 7월 31일에 사무실로 복귀할 예정입니다. 그때까지 내 몸이 새로운 종류의 기생충의 놀이터가 되지 않기를 바랍니다."라고 말한 것을 감사하게 생각한다. 다른 문제로는 하루 24시간 리듬이 영구적으로 흐트러져서 생긴 수면 문제와 목뼈가 뻣뻣해지는 일과 퇴행성 관절염이 있다. 나는 이 정도면 이미 건강으로 치러야 할 대가는 충분히 치른 셈이라고 생각했지만 2018년 9월 13일 목요일, 나는 새로운 의사의 진료실에 앉아 그가 우리의 주치의가 될 수 있을지를 평가하고 있었다. 의사가 정해진 절차를 밟으며 손과 청진기로 여기저기를 두드리고, 만져보며 진찰하다가 잠시 멈추었다. "흠, 다시 한번 해보죠." 그는 나를 쳐다보며 말했다. "테일러 씨, 이 증세로 저를 보러 오신 건 아니지만 심방세동, 비정상적인 심장 박동이 심각한 상태입니다. 즉시 심장 전문의에게 가서 검사를 받으셔야 하며, 지금 바로 혈액 희석제를 드셔야 합니다. 무료 샘

플을 드릴게요."

갑자기, 모든 것이, 멈추었다. 나는 아내에게 전화를 걸었고 아내는 즉시 치유와 지혜를 위해 기도하기 시작했다. 며칠 후에 나는 새로운 심장 전문가 팀을 만났다. 새로운 검사 절차, 심장 초음파, 심장박동 전환, 절제술이 기다리고 있었다. 여러 가지 약을 처방받았는데 그중에는 부작용이 있는 약도 있었다. 분명히 내 심장에 수년 동안 심방세동 증상이 있었지만 나는 그것을 인식하지 못했다. 격렬한 과테말라 게릴라 전쟁 기간 중에 심장 박동이 빨라지는 심박급속증을 경험한 적이 있었지만 심방세동은 아니었던 것으로 기억한다.

나는 내 삶이 더 이상 예전과 같지 않다는 것을 명확하게 깨달았다. 나는 더 한가하게 지내게 되었고, "놓치고 싶지 않은" 강의 약속을 취소하고 조용히 글 쓰는 일을 하며 쉬고, 결과가 불분명한 불확실한 치료 과정으로 들어갔다. 2021년 추수감사절 주간에 나는 또다시 심장병으로 입원했고, 이번엔 심장박동조율기를 삽입해야 했다. 2024년 10월에 심장병동에 6일간 입원한 데 이어 최근의 심방세동 투병은 나의 삶에서 하나님을 신뢰해야 할 필요를 더 알게 해 주었다. 그것은 산기슭을 상기시켜 주는 일이었다.

결론과 교훈

2010년 케이프타운 로잔 대회에서 지정된 원탁에 자리를 잡은 후 나에게 독특한 하나님의 섭리를 느끼게 하는 사건이 일어났다. 한 젊은 아프리카 청년도 같은 원탁 자리에 앉았다. 자기소개를 할 때 나는 그의 이름표를 보고 숨을 죽였다. 그는 스티븐 판야 바바 목사였는데, 지금은 주님 곁으로 간 나의 소중한 친구 판야의 아들이었다. 공인회계사인 스티븐은

EMS의 책임자(나중에 ECWA의 회장이 되었다)였다. 그는 나에게 관다라 교회의 근황을 알려주었다. 나중에 보낸 이메일에서 그는 이런 소식을 전했다. "관다라족의 그리스도인 숫자에 대한 실제 조사는 이루어지지 않았지만, 플래토주(Plateu State)에만 한때 12,000명의 관다라족 신자가 있었다고 보고된 것을 고려하면 전체 숫자는 분명히 십만 명이 넘을 것이며, 이는 매우 조심스럽게 추산한 것입니다." 이제 그들은 나이지리아 전역으로 목회자, 선교사, 헌신적인 신자들을 꾸준히 보내는 파송 기지 역할을 하고 있다.

나는 창세기 12장을 살펴보면서 아브라함의 씨를 통해 모든 민족이 복을 받게 될 것이라는 것에 대해 믿음의 조상 아브라함에게 그동안에 일어난 일을 보고하고 싶다. 그 약속이 오랜 세월에 걸쳐 성취되는 것을 지켜볼 수 있는 영광스러운 자리가 그를 위해 마련되어 있는지 궁금하다. 그러다가 나는 관다라와 사람들이 이미 그와 함께 있다는 사실을 깨달았다. 어쩌면 관다라와 순교자들도 그와 함께 있을 것이다. 하지만 십만 명이 넘는 사람들이 아브라함의 길을 향해 가고 있다니?

선교를 위해 세계 교회를 섬기며 30년을 지낸 후 내 삶이 어떻게 될지 전혀 상상하지 못하였다. 전 세계적으로 다양한 선교 지도자들과 구조에 대한 이야기, 교훈, 함께 한 일들을 간단하게 설명할 수 있는 방법은 없다. 오늘날 나는 나이 많은 베테랑 지도자이자 힘 있는 복음주의자, 인생의 굴곡으로 상처를 입은 사람, 현명하게 물러나 지난 일들을 돌아보면서, 아무 제약 없이 새로운 임무를 맡게 된 사람이 되었다. 나는 지난 수십 년의 세월과 그 세월이 지나면서 내가 어떻게 변하였는지, 그리고 긍정적이거나 부정적인 모든 유산을 돌아보는 빚진 종이다. 나는 하나님 나라에서 이 인간으로의 여정 동안 이 땅에 거주하고 있는 이방인이다. 나는 남편이자 아버지이며 할아버지이다.

그러나 나는 삶과 사역에서 움츠러들지 않을 것이다. 앞에 놓인 산맥은 넘지 않겠지만 산기슭은 감당할 수 있다. 실수, 실망, 응답받지 못한 기도 때문에 고민하지 않겠다. 이제 내가 감당해야 할 도전은 용기를 가지고 인생의 마지막 장을 향해 더 깊고, 더 강하고, 더 높이, 힘차게 걸어 들어가는 것이다. 나는 글로벌 선교의 잘 보이지 않는 영역에 집중하려 한다. 나는 감사하게도 전 세계 복음주의 운동과 그 안에서 선교 사역 부문에 참여해온 증인이다. 나의 이러한 표식은 아래로부터 이끌어 가는 것에도 매우 중요하다. 섬기는 왕이신 하나님의 아들에게 초점을 맞춘 마음을 갖는 것이다.

> 이제 내가 감당해야 할 도전은 용기를 가지고 인생의 마지막 장을 향해 더 깊고, 더 강하고, 더 높이, 힘차게 걸어 들어가는 것이다.

그리고 이제 나는 성부께 사랑받고, 아들에 의해 구속되고, 성령의 능력을 받은 원로로서 그 산기슭으로 걸어 들어가고 있다. 나는 하나님의 사랑으로 가득 채워진 주권적인 계획이 어떻게 나의 중심을 빚어가게 될지 알지 못한다. 이 모든 것을 마무리를 잘하는 데 쏟아 붓고 있다.

성찰 질문

1. 관다라와의 이야기와 선교 사역 단체에 대해 어떤 인상을 받았는가?

2. "산기슭을 향해 걷는다"는 말이 여러분의 생각과 마음에 떠오르게 하는 것은 무엇인가?

3. "글로벌 이슈를 다루는 글로벌 의견들"을 위한 공간을 연다는 것은 어떤 의미인가?

4. 인생에서 자신이 남길 유산에 대해 궁금해하는 것이 정당한가? 어떤 위험이 있을까?

5. 당신에게 "산기슭을 걸어간다"는 것은 어떤 의미가 있나?

TEDS에서 과테말라로, 1983년

세 명의 어린 TCK

역사적이며 글로벌한 전환

맥스 페레스 박사,
에밀리오 안토니오 누네스 박사

미국 아칸소주 러셀빌, 1990년

가족 앨범

2014년 지역 교회를 위한 세계 선교

분기점이 된 곳
1986년 WEA 총회 초청장

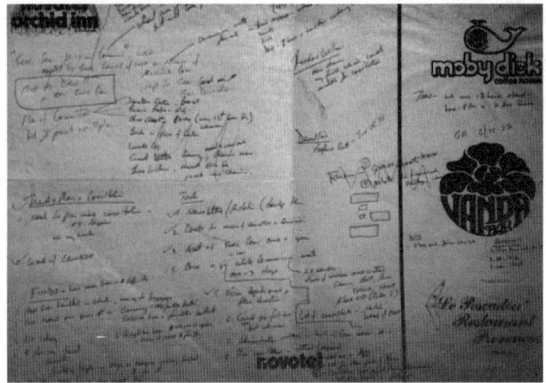

첫 번째 MC 직무 설명서

1967년 어바나 대회부터
나의 멘토가 된 데이비드 하워드

에스더와 테오 윌리엄스 부부와 함께,
뱅갈로, 1988년

WEA 국제 이사회, 1986년

MC 집행위원회, 1992년

버틸에게 리더십 이양
남아프리카공화국, 2006년

MC 스태프 팀, 파타야, 2008년

WEA 총회, 싱가포르, 1986년

선교사 중도탈락에 대한 MC 글로벌 컨설테이션에 참석한 중남미 사람들,
영국 올네이션스 칼리지, 1996년

이과수 선교학 컨설테이션, 브라질 이과수, 1999년

MC 글로벌 라운드테이블 회의, 남아프리카공화국, 2015년

태국 파타야, 2008년

Connections: 사라진 꿈

MC가 발간한 책들

9
하나님께 자신의 눈먼 것에 대해 솔직하게 말하기

2019년 말에 나는 쿠알라룸푸르에서 열린 만찬 모임에 참석했는데, 미국의 한 대형 교회 대표가 자신의 교회가 몇 년 동안 전 세계적으로 운영해 온 리더십 프로그램을 홍보하기 위해 왔다고 자신을 소개하였다. 나는 솔직히 조금 놀랐다. 그의 교회는 올해 초에 담임 목사가 성적 범죄를 저지른 혐의로 사임하게 되어 미국을 비롯한 여러 곳에서 헤드라인을 장식하지 않았던가? 그리고 그보다 훨씬 이전에 제기된 고발에 적절히 대처하지 못한 것을 인정하여 당회원 전체가 사임하지 않았나? 그리고 그의 교회가 전 세계적으로 운영하던 리더십 프로그램과 그 교회의 리더십 붕괴 사이에 어떤 연관성이 있을 수 있다는 사실을 인식하지 못했을까? 분명히 그렇지 못했다! 어쨌든 세상에서 말하듯 '쇼는 계속되어야 한다'(the show must go on)는 말인가![1]

> 나는 아직 종점에 도착하지 않았다. 나는 예수님과 동행하며 **과정 중에** 있는 사람이다.

여든일곱 살의 미켈란젤로가 *"ancora imparo"*(나는 아직도 배우고 있다)라고 한 것은 나에게 격려가 된다. 내 마음은 여전히 잘 작동하고 있고, 새로운 것을 받아들이고, 확장하고, 변화하고 있다. 물론 신중하게 이루어지기를 바라고 있다. 나는 아직 종점에 도착하지 않았다. 나는 예수님과 동행하며 **과정 중에** 있는 사람이다. 나는

---

[1] Yung, *Leadership or Servanthood?*, 17.

나의 부족함과 실수에 대해 용서를 구하는 종이다. 하나님께서는 나를 이 장에서 다룰 다섯 가지 특정 영역을 보지 못하는 장님이었던 것으로부터 구해 주셨다. 삼위일체 하나님께서 주신 영원한 사명을 향한 여정에 있는 이 순례자가 뒤늦게 선물을 받은 것이다.

하지만 내 삶과 사역 초기에 나의 근시안을 깨닫고 방향을 바로잡을 수 있었다면 좋았을 텐데 하는 아쉬움이 있다. 그렇게 했다면 타문화권 선교를 위한 나의 사역이 달라졌을 것이다. 이러한 나의 실제 모습을 더 일찍 알았다면 더 현명한 그리고 더 나은 부모이자 리더가 되었을 것이다. 아래로부터의 리더는 결점에 대해 솔직해야 한다. 그렇게 할 때 좋은 성품과 지혜를 갖게 되고, 앞으로의 사역을 위한 새로운 통찰력과 새로운 은사-기술을 갖게 될 수 있다. 하나님은 그의 은혜로운 때에 나에게 계시와 변화를 가져다주셨다.

이론적 초자연주의자

과테말라에서 사악한 초자연주의가 나를 덮쳤다. 일부 동료들은 이러한 악한 현상을 단순한 '미신'이라고 불렀고, 나는 너무 오랫동안 그것을 그대로 방치했다. 첫 임기 동안 데이비드 하워드가 콜롬비아에서 사역하면서 쓴 삶과 이야기, 메시지, 초자연적인 것(악과 선)에 관한 책들은 당시 안정되었던 내 믿음을 흔들었다. 나는 사악한 초자연주의에 맞설 신학이나 목회 방법을 갖고 있지 않았다. 그보다 더 깊게는, 기적적인 현상으로 나타나는 악한 현실과 선한 현실 모두를 1세기 교회에서만 가능한 것으로 치부하고 있었다. 하지만 정말 1세기 이후 이적이 중단된 것일까? 내가 감당할 수 없는 현실에 부딪힐 때는 삶의 경험이 우선이었다. 데이브의 생생한 이야기는 나로 하여금 성경을 다시 읽고 교회 역사를 다시 돌아보게 했다.

결국 그렇게 달라진 이해는 나의 신학과 실제 목회에 영향을 끼쳤다. 무디의 선교학 수업에서 『여러 나라에서의 악마 체험』2이라는 작은 책을 읽었던 기억이 난다. 물론 이 책에는 미국이나 유럽의 사례는 포함되지 않았다. 아이러니하게도 그 책의 몇몇 장은 과테말라에서 만난 베테랑 동료들이 쓴 것이었다. 하지만 나는 그 이야기들의 실체를 파악할 수 없었다.

두 가지 사례가 내가 이해하기 어려웠던 상황을 잘 설명해 준다. 과테말라에서 호기심에 이끌리어 다른 전통 가톨릭 교회와 비슷한 특이한 모양의 종교 건물에 들어간 적이 있다. 하지만 그 안에 들어서자마자 나의 내재해 있던 분별력은 즉시 경계 태세를 갖추었다. 나는 매우 깊은 불안을 느꼈다. 악을 분별하는 것은 나에게 새로운 것이었다. 그 시기에 우리 집 근처에 있던 이 교회 형태의 건물은 무엇이 문제였을까? 나는 그 건물이 조직화된 과테말라 영매술, 즉 공개적인 악마 숭배의 중심 제단이라는 사실을 알게 되었다.

그러던 중 과테말라 교회의 새 신자 가정에서 경험한 이상한 소리를 내는 귀신(poltergeist) 체험은 나를 뒤흔들었다. 그녀는 젊은 목사인 나에게 도움을 요청하러 왔지만 나는 아무것도 몰랐다. 나는 가구가 움직이고 소음이 나는 것은 그 집의 개가 밤에 가구를 이리저리 흔들기 때문이라고 말했다. 그녀가 집에 개가 없다고 했으니 내가 얼마나 우스꽝스러워 보였을까? 나는 책임 장로로서 이런 일에 부적절했기 때문에 그 사건을 믿을 수 있는 친구이자 아내의 기도 동역자인 로이스 모랄레스(Lois Morales)에게 넘겼다. 나중에 나는 쑥스러워하며 그녀에게 무슨 일이 일어난 것인지 물었다. "오, 그건 분명히 악마의 짓이었어요. 저는 그녀의 집에 가서 그녀의 이야기를 듣고 기도한 다음 문과 창문에 기름을 발라 성스럽게 구별하는 일을 했지요. 사탄을 꾸짖고 귀신을 집에서 쫓아낸 다음 성경을 읽고 다시 기도

---

2 Moody Bible Institute, *Demon Experiences in Many Lands*.

하고 돌아왔어요." 나는 아무 말도 하지 않았지만 그녀의 말이 한동안 내 마음에서 떠나지 않았다.

그다음 도전적인 단계는 성령의 다른 종류의 인도하심에 따른 관점에서 성경을 다시 읽어야 한다는 것이었다. 근대성(modernity)에 의해 형성된 세계관과 신학적 전제들이 나의 성경에 대한 이해, 영적 범주, 목회적 실천을 지배하고 있었기 때문에 이러한 문제에 대해서는 다른 세계관에 바탕을 둔 관점이 필요했다. 만약 그때까지 내가 잘못된 생각을 한 것이라면 어떻게 될까 궁금했다. 나를 향한 은밀한 카리스마를 지닌 아내는 이미 나의 제한된 신학적 구조에 얽매이지 않고 초자연주의자로서의 여정을 시작하고 있었다. 다시 성경으로 돌아와서, 나는 나를 옭아매던 복음주의적 합리주의에서 벗어나기 위해 성경의 최초 청중 또는 독자 중 한 사람이 된 내 모습을 상상해 보았다. 나는 다시 표적 은사(sign gifts)에 대한 중단론자들의 주장을 연구했고, 그것들이 부적절하다는 결론을 내렸다. 이러한 내적 대화는 내가 공개적으로 은사주의적 복음주의로 전환할 때까지 몇 년 동안 지속되었다. 그것은 변화였지만, 폭넓은 정통 WEA 세계 밖으로 나간 것은 아니었다.

그 전환을 통해 나는 악한 초자연주의에 대한 전반적인 이해를 갖게 되었고, 그것과 싸우는 방법도 알게 되었다. 더 중요한 것은 성령의 강력한 임재를 통해 하나님의 선하신 초자연적 능력에 대한 기대를 갖게 하였다는 것이다. 또한 초자연주의와 이스라엘 주변의 정령숭배 문화의 실재가 (성경 전체의) 기본 전제이자 자연스러운 실재라는 보다 히브리적 관점에서 성경을 읽기 시작했다. 호프 채플에서의 10년 동안 우리는 이러한 현실 속에서 살아가는 교회 공동체를 맛보았다. 가장 최근에 우리가 성경, 성령, 성례전의 세 가닥으로 구성된 성공회로 전환한 것은 유기적이고 세계적인 연속성을 제공해 주었다. 친구들은 나에게 "새로운 은사나 현시(manifestation)를 받은 적이 있나요?"라고 묻는다. 내 대답은 "아니요, 하지만 아내는 받았지요."이다. 내 경우에는 성령의 내적 증거에 대한 확증에 더 가깝다. "빌, 너는 지금 내가 원하는 곳에 있다. 네 은사를 갈고 닦아라."

나는 궁금했다. 과테말라에 있을 때 이런 패러다임의 전환을 좀 더 일찍 했더라면 어땠을까? 아마도 선교사직을 사임해야 했을지도 모른다. 그렇다면 하나님께서는 내가 적절한 시기에 전환할 수 있도록 나중에 때가 될 때까지 기다리셨던 걸까? 그럴지도 모른다. 하지만 악하거나 선한 초자연주의 모두 다룰 수 있는 신학적, 목회적 틀이 있었더라면 좋았을 텐데 하는 아쉬움이 있다. 예수님은 분명히 실천하는 초자연주의자였다.

사회 정의 신학의 부재

나는 코스타리카에서 가난한 사람들 **주변에서** 자랐지만 왜 대다수가 가난하고 우리 가족을 포함해서 소수만이 더 잘 사는지 물어본 적이 없다. 내 어린 시절의 우주에 대한 이해에는 그런 질문이 존재하지 않았기 때문이다. 1968년 성인이 되어 아내와 함께, 그리고 나중에 아이들과 함께 라틴 아메리카로 돌아갔을 때, 우리는 주로 우리 집에서 일했던 몇몇 가정과 남편 없이 가정을 꾸려가던 부인들을 위해 미시 경제 개발 프로젝트에 전념했다. 그들은 우리 집에서 일한 덕분에 더 나아가 더 넓은 가족 네트워크에 축복이 되었다. 우리는 개인적인 차원에서 유기적인 동정심을 발휘했다. 하지만 그것으로 충분했을까? 오랫동안 나는 종교적, 정치적 위선도 목격했다. 해방신학은 "가난한 사람들을 위한 우선적 선택"을 옹호했다. 하지만 나는 해방신학을 옹호하는 복음주의자 중 가난하게 살거나, 가난한 사람들과 함께 살거나, 또는 가난한 사람들 사이에서 살았던 사람은 알지 못했다. 그들은 가난한 사람들을 위한 우선적 선택권을 선호했을 뿐 가난을 선호하지는 않았다.

   1970년 데이비드 하워드의 지도 아래 진행된 IVF의 코스타리카 해외 훈련 캠프 프로그램에서 기억에 남는 대화를 나눈 적이 있다. 그날 연설자는 코스타리카 공산당 주석이었다. 젊은 미국인 학생들을 대상으로 강의하게 되어 기뻤던 그는 코스타리카의 낙후된 상황과 전체 체제를 근본적으로 변화시켜야 한다고 설득력 있게 주장했다. 하지만 나는 그에 대해 알고 있던 것이 있었는데, 그의 부인이 코스타리카의 역사적인 과두정치의 일원인 부유한 지주 가족의 일원이었다는 것이었다. 그래서 나는 질의 응답 시간에 순진하게 "프란시스코(가명) 씨, 유익한 강연에 감사드립니다. 부유한 지주들이 가난한 사람들을 돕기 위해 자신의 재산을 포기하는 모범을 보여야 하지 않을까요?"라고 물었다. 그는 "당연히 그래야 하고 그럴 수 있습니다."라고 대답했다. 다시 물었다. "그렇다면 부인과 당신이 커피 농장을 농부들에게 분배함으로써 토지 개혁의 모범을 보이시겠다는 뜻인가요?" 그는 더듬거리며 "글쎄요, 그건 상황이 복잡하니 그에 맞게 적절하게 해야 합니다."라고 대답했다.

   내가 신학교에서 공부하는 동안 사회 정의는 한 번도 언급된 적이 없다. 중남미에서 사역하던 초기 시절에도 나의 선교 사역 동료들은 정의와 변혁의 문제를 다룬 적이 없었다. 변혁이 일어난 예외적인 것은 복음이 개인과 가정을 변화시켜 가시적인 증거가 나타나는 경우였다. 나는 미시적 정의구현 프로젝트에 대해서도 성경적, 신학적 기초가 없었다. 한 동료는 사회 변화를 위한 행동에 참여하는 것은 주님의 재림을 늦추는 반복음적 행위라고 주장했다. 그는 살바도르인 의사에게 그 의사가 운영하던 고아원은 하나님의 축복을 받지 못한다고 열을 올리며 말했다. 나는 그 용기 있는 신자가 미국인 선교사를 공개적으로 올바르게 책망해 준 것에 대해 하나님께 감사드린다.

만약 내가 과테말라에서 연민과 정의, 불의에 대한 규탄과 변혁의 견고한 신학으로 패러다임을 전환했다면 어떻게 되었을까? 아마 사임하라는 요구까지는 받지 않았겠지만 선교회 지도부의 압력에 직면했을 것이다. 우리 선교회 내에서 나는 다른 북미 동료들보다 사회 정의의 편에 더 가까운 입장에 있었다. 르네 파디야, 사무엘 에스코바, 에밀리오 안토니오 누녜스, 페드로 아라나 퀴로즈, 올랜도 코스타스, 발디르 스투에르나겔 등은 말과 글을 통해 내 생각에 영향을 끼쳤고, 한 세대의 복음주의자들의 방향을 다시 정립하게 했다.

물론 하나님은 나를 많이 참아 주셨지만, 개인적, 구조적 불의에 대해 좀 더 강하게 성경적이고 실제적인 접근 방식을 취했더라면 하는 아쉬움이 남아 있다. 나는 레위기 19장, 시편 82편과 146편, 마리아 송가(*Magnificat*), 누가복음 4장, 마태복음 25장의 깊은 의미를 완전히 이해하지 못했다. 이 글을 쓰면서 최근에 구입한 『가난과 정의 성경』[3]을 바라보고 있다. 나는 계속 성장하고 있다.

최근 개신교 종교개혁 500주년과 라틴 아메리카의 종교개혁을 기념하는 행사에서 라틴계 젊은 동료들은 나에게 완전히 새로운 것을 가르쳐 주었다. 그 깨달음을 통해 나는 결정적인 역사적 요인을 이해하게 되었다. 라틴 아메리카에 유입된 개신교 종교개혁의 가치는 유럽과 북미의 교회와 선교 운동을 매개로 전달되었으며, 그 운동은 강한 경건주의와 개인주의 영성을 갖고 있었다. 그러나 이러한 수입된 가치에는 복음의 성경적 사회적 함의와 더 큰 사회를 변화시키는 힘이 결여되어 있었으며, 개혁의 중심 주제인 일의 신학이 없었다. 우리는 또한 직업의 존엄성, 정의, 법에 대한 종교개혁의 입장도 이해하지 못했다. 그 결과는 오늘날 너무도 분명하며, 특히 그것만으로도 국가와 문화, 특히 라틴 아메리카의 실패한 국가와 문

---

[3] American Bible Society, *Poverty and Justice Bible*.

화를 구분 짓는 요인들이 되고 있다.

라틴 아메리카 선교에 대한 비전의 부재

1980년경 SETECA 학생이었던 아나 엘로이사(Ana Eloisa)는 나를 놀라게 했다. 그녀는 "돈 기예르모, 하나님이 과테말라의 마야 익실(Maya Ixil) 부족을 위한 선교사로 저를 부르셨습니다. 어떻게 준비해야 하고 어떤 선교회와 함께 일할 수 있을까요?"라고 물었다. 나는 조용히 속으로 "안 돼. 안 돼, 자매님. 당신이 직업적으로 할 수 있는 일은 자동차 전기 수리이고, 학력은 기껏해야 그저 그런 수준이야."라고 생각하고 있었다. 나는 할 말을 잃고 그저 그녀의 이야기를 듣고 격려해 주고 함께 기도했다. 나는 그녀가 갈 길을 안내해 줄 수 없었다. 더 나쁜 것은 내가 믿음이 없다는 것이었다. 나는 그녀의 꿈이나 하나님의 부르심이 아주 터무니없는 것이라고 생각했다. 그녀는 내가 완전히 틀렸다는 것을 증명했다. 그녀는 모든 난관을 이겨내고 최근 내전 중인 과테말라의 극도로 위험한 지역인 익실 삼각지대에서 오랫동안 사역했다. 그런데 놀랍게도 여러 해가 지난 후 아나 엘로이사는 알바니아에 있는 다른 지역으로 옮겨가 사역했다. 그 당시 선교사나 국내 교수진 누구도 그녀의 비전을 공유하지 않았다는 사실을 깨달았을 때 나의 안타까움은 더욱 커졌다. 그렇게 시작될 일이 아니었다.

당시 선교는 '저 멀리, 바다 건너', 다른 나라, 땅 끝, 타문화에서 장기적으로 하는 것이었다. 이분법적이었다. 주로 유럽인과 북미인들이 하는 것이었고, **서구에서 나머지 지역으로** 가는 것이었다. 라틴 아메리카는 선교지였지 선교를 할 수 있는 힘이 될 수 없는 곳이었다. 그러한 분류는 1980년대 초까지 크게 변하지 않았고, 그때 나를 변화시킨 동료들이 개척자들이 있었다. 그중에 루이스 부시도 창의적인 목회-선교 지도자 중의 한 사람으로 라틴 아메리카의 지도자였으며, 후에 세계적인 지도자가 되었다.

하지만 이에 대해 나에게 확신을 갖게 하고, 회심하여 삶의 방향을 바꾸게 한 것은 1982년 11월 8일에 있었던 나의 TEDS 선교 수업이었다. 그날 강의를 위해 제3세계 선교에 대해 조사하던 중, 나는 나 자신이 영향력을 행사하는 영역인 SETECA와 지역 교회에서 아무것도 하고 있지 않다는 것을 깨달았다. 더 넓은 영역은 말할 것도 없었다. 나는 새로운 비전과 거룩한 기대를 가지고 라틴 아메리카로 돌아갔다. 하나님께서 내게 남은 생애 동안 세계 교회를 섬기도록 초대하시려면 이러한 회심이 필수적이었다. 그때는 내가 앞으로 20년 동안 전 세계를 돌며 글로벌 사역을 하게 될 줄은 꿈에도 생각하지 못했다.

내가 왕성하게 사역하던 기간 동안 12개의 미국 교회가 선교 비전과 프로그램을 시작하거나 활성화하기 위한 과정을 위해 나를 컨설턴트로 초청했다. 그러나 대부분은 멀리 떨어진 해외, 타문화권, 더 넓은 세계를 대상으로 하는 '저 먼 곳을 위한 선교'에 초점을 맞추었고, 어떤 교회는 '10/40창'에만 초점을 맞추기도 했다. 2006년 무렵, 우리가 속한 교회에 사제로 부임한 첫해에 클리프 워너(나의 사위)는 나에게 오스틴 시를 시작으로 사도행전 1장 8절의 관점에서 선교에 대한 교회의 비전을 구체화시켜 달라고 요청했다. 그 경험은 나에게 중요한 의미를 가졌는데, 교회의 선교 비전을 그 교회의 '예루살렘'에 뿌리를 내린 첫 번째 경험이었기 때문이다. 그다음에는 (지리적으로나 문화적으로 가까운) 유대, (지리적으로 가깝지만 문화적으로 다른) 사마리아와 (지리적으로나 문화적으로 먼) 땅 끝까지였다. 왜 이전에는 그걸 놓쳤을까? 그때까지도 나는 잘못된 이분법을 갖고 있었다. 나는 깨어나고 성장하고 있었다. 미국인들은 세계를 "국내 선교"와 "해외 선교"의 대상으로 나눈다. 미국 남침례교인들은 두 개의 연례 선교 헌금에 대해 잘 알고 있다. 그 헌금에는 애니 암스트롱(Annie Armstrong, 국내 선교)과 로티 문(Lottie Moon, 해외 선교)이라는 유명한 여성의 이름이 붙어 있다.

나는 신구약성경으로 돌아가 열방(정치적, 지리적, 민족적)을 향한 하나님의 마음을 깨닫고, 사도행전 1장 8절의 말씀에 순종한 초대 교회의 모습을 살펴보았다. 구약과 신약의 다른 중요한 구절들도 하나님의 선교적 마음을 보여주고 있다. 약 30년 전, 나의 설교와 가르침은 다섯 가지 요소를 총체적으로 통합하여 가르치는 것으로 바뀌었다. 복음, 교회/공동체, 연민, 정의, 그리고 이 모든 것을 박해의 맥락에서 가르치는 것이다. 이것은 누가복음 4장 나사렛 선언에 대한 나의 이해에서 비롯되었으며, 지금은 다른 대위임령 구절들과 통합되어 있다.

그럼에도 불구하고 약 20년 전, 이러한 느린 성찰의 한가운데서 나는 미국에서 새로운 위험이 나타나고 있음을 발견했다. 교회가 주로 지역(그들의 예루살렘과 아마도 상징적인 사마리아)에 집중하고 그 밖의 지역을 배제할 경우, 지역 중심의 단편적인 프로그램으로 끝나고, 많은 경우 긍휼과 정의 사역에만 집중하게 될 위험이 있다는 것이다. 이러한 결함은 일부 신학교에서도 볼 수 있지 않은가? 이미 우리는 긍휼과 정의에만 초점을 맞춘 타문화 사역이 종료된 경우 어떤 결실이 있었는지에 대한 사례 연구서를 만들었다.

예술 신학의 부재—선교 또는 직업에 있어서

"밀드레드(Mildred)와 마놀로(Manolo)를 어떻게 해야 할까?" 이 음악적 재능을 가진 부부는 과테말라의 나이트 클럽과 음악 페스티벌에서 가장 인기 있는 가수 팀 중 하나였다. 그들이 신앙을 갖게 되고 우리의 관계가 시작되었을 때, "이제 그들을 위해 무엇을 해야 할까?"라는 질문이 생겼다. 나에게는 비교적 쉬운 질문이었다. 기독교 노래를 불러야 한다는 것이었다. 하지만 그들이 이전의 세상과 친구들을 완전히 떠나야 할까? 그들의 경우에는 그 후의 삶의 여정에서 기독교 음악과 창의적인 전도 사역을 위해 많은 일을 하게 되었다.

과테말라 국립발레단의 전문 발레 무용수이자 스타였던 엘리아스(Elías)와 아나 엘시(Ana Elsy)는 어떤가? 이본이 아나 엘시를 그리스도께로 인도했고, 엘리아스는 몇 달 후 자신의 삶을 헌신했다. 그들은 그들이 속해 있던 세상을 떠나 다른 생계 수단을 찾아야 했나? 나는 그들이 완전히 새로운 직업을 찾아야 한다고 생각했었다. 하! 아나 엘시는 내 생각과 마음을 변화시켰다. 그녀의 발레 경력은 코펠리아(Coppélia)의 주연으로 마무리되었고, 그 공연이 있던 날 밤 우리는 그녀의 특별 초대 손님이었다. 그 공연은 웅장하고 아름다웠고 내 마음속 깊은 곳에서 무언가를 자극하는 공연이었다. 피날레가 끝난 후 분장실에서 그녀를 만났는데, 그녀는 환한 얼굴로 "이본과 기예르모, 오케스트라의 서곡을 들으며 막이 열리기를 기다리는 동안 코펠리아 공연을 예수 그리스도께 바쳤어요!"라고 외쳤다. 그들은 스테파니의 발레 선생이 되었다. 그들은 또한 우리의 평생의 친구가 되었다. 2018년 6월 과테말라 안티구아에서 열린 우리의 50번째 결혼 축하연에 그들도 참석했는데, 그날 오후에 그들이 스테파니와 나눈 포옹은 결코 잊을 수 없을 것 같다. 그날 그들은 코펠리아 공연 이후 몇 년 동안에 이루어진 일련의 성경 공부와 동료 발레 무용수들의 회심에 대해 이야기했다. 60대 초반인 그들은 여전히 클래식 발레를 가르치고 있다.

하지만 이 모든 것보다 그 후에 내가 예상할 수 없었던 더 놀라운 일이 펼쳐질 줄은 몰랐다. 2008년에 나는 나의 초기 예술 신학과 교회의 세계 선교에서 예술의 위치를 정립할 수 있는 행사에 참여했다. 오스틴(Austin) 심포지엄, "문화 변혁: 교회와 예술을 위한 비전"이라는 주제로 열린 이 모임은 아들 데이비드가 기획, 조직, 감독을 맡았고 힐컨트리현대기독교연구소(Hill Country Institute for Contemporary Christianity)가 공동 주최하였다.[4] 약 500명의 목회자, 예술가, 신학자, 교육자, 사역 리더, 민속음악학자들이 지역 교회에서 열린 행사에 참석했다. 연사 라인업은 데이비드의 개인적인 관계를 바탕으로 한 독특한 구성이었다. 유진 피터슨(Eugene Peterson), 앤디 크라우치(Andy Crouch), 제레미 베비(Jeremy Begbie), 바바라 니콜로시(Barbara Nicolosi), 존 위트블리엣(John Witvliet). 약 27개의 분과 모임이 전체가 모이는 집회를 보완했다. 쉴 새 없이 이어진 토론은 큰 성과를 거두었다. 프로그램을 읽어보니 내가 당시 WEA의 글로벌 대사였기 때문에 선임 고문으로 기재된 것을 알 수 있었다. 나는 이 주제에 대해 무엇을 알고 있었을까?

이 행사에서 나는 하나님의 세계 선교를 위해 예술에 대한 열정을 가진 매우 재능 있는 사람들로 구성된 단체를 만났다. 어떤 이들은 전문 예술가였고, 어떤 이들은 교사나 트레이너였으며, 어떤 이들은 민속음악학자였다. 모두 예술을 하나님의 성품의 표현으로 보고 긍정적으로 받아들였다. 그들은 선교에서의 예술, 선교를 위한 예술에 대한 열정을 갖고 있었다. 그들은 모두 서로를 알고 있었지만 나는 신참이었다. 그런데도 그들은 내가 WEA 선교위원회를 대표한다는 이유로 심포지엄이 끝난 후 그들과 함께 만나도록 나를 초대했다. 로빈 해리스(Rovin Harris), 존 프랭클린(John Franklin), 콜린 하빈슨(Collin Harbinson), 질 포드(Jill Ford), 프랭크 포투나토(Frank Forunato), 브라이언 슈라그(Brian Schrag), 제임스 크레이빌(James Kraybill), 이들은 내 인생을 바꿔놓았다. 나는 하나님의 성품과 그분의 공동체와 예술적 선포에 대한 이 예술적 태피스트리를 전혀 이해하지 못한 채 지내왔었다. 얼마 지나지 않아 버틸 엑스트롬은 2008년 11월 태국 파타야에서 열린 컨설테이션에서 세계적 맥락에서 예술을 사랑하는 다른 주요 인사들과 함께 데이비드에게 예술에 대해 강연해 달라고 요청했다. 그곳에서 MC는 선교와 예술에 관한 새로운 태스크포스를 구성하여 예술, 문

---

4 Taylor, *For the Beauty of the Church*.

화 그리고 교회의 선교에 대한 헌신을 확인했다. 곧이어 MC의 저널인 커넥션에서 두 번에 걸쳐 이 주제를 다루었다. 이 일을 계기로 데이비드는 예술과 교회에 관한 첫 번째 저서를 출판하게 되었다.

이러한 깨달음은 선교의, 또는 선교를 위한 예술에 관한 것뿐만 아니라 크리스천 예술가의 부르심과 소명에 관한 것에 있었다. 선교계에 있는 우리들은 안타깝게도 매체를 불문하고 예술을 오로지 선교를 위한 것으로만 보는 함정에 빠질 수 있다. 우리는 YWAM의 선구적인 사역과 창의적인 거리극 제작에 대해 잘 알고 있다. 이러한 시도는 예수님을 향한 대화의 장을 열어주는 것이었다. 그러나 예술가 자신에 대해 생각할 때는 이야기가 달라진다. 그들을 제자화하는 최선의 방법, 그들을 기독교 공동체로 맞아들이는 방법, 그들의 직업과 소명을 확고하게 해 줄 수 있는 방법에 대해 생각해야 하기 때문이다. 우리의 목표는 예술가들이 그들의 평생 직업을 통해 하나님의 영광을 위해 아름다운 예술작품을 창작하고, 우리가 하는 모든 일에 하나님의 성품을 반영하도록 하는 것이다.

개인적인 이야기를 하나 하자면, 이 영역에서 나의 순례의 또 다른 장은 데이비드가 예술과 아름다움에 대한 심오한 신학을 가진 예술가인 페이드라(Phaedra)와 결혼하며 펼쳐졌다. 페이드라는 섬세하고 깊고 감동적인 의미를 지닌 예술을 창조하는 멋진 며느리이다.

창조세계 돌봄 신학의 부재

동료들이 창조세계 돌봄을 하나님의 선교의 핵심으로 부각시키는 말을 하는 것을 처음 들었을 때 나는 불안했다. 기껏해야 그들은 본질적인 것에서 이 부차적인 주제로 관심을 돌리려는 것처럼 보였다. 1996년 아내와 나는 크리스 라이트(Chris Wright)가 학장으로 있는 영국의 올네이션스크리스천칼리지(ANCC)에서 잠시 방문 교수로 일했다. 다른 방문 교수로는 현재 21개국에서 뚜렷한 존재감을 드러내고 있는 단체인 로차 인터내셔널(Rocha Internatinal)의 설립자 미란다와 피터 해리스(Miranda and Peter Harris)가 있었다. ANCC에서 함께한 몇 주 동안 그들은 자연 환경 보호가 하나님의 창조를 위한 마음 중심에 있음을 지적하면서 보다 넓은 개념의 선교를 은혜롭고 명료하게 정리해 주었다.

처음에는 그들의 홍보가 나를 불안하게 했다. 나는 그들을 존경했기 때문에 질문을 던졌다. 나중에 나는 같은 열정을 가진 신뢰할 수 있는 인도의 또 다른 WEA 동료를 발견했다. 하지만 1999년 11월 이과수에서 열린 MC 컨설팅에서 (크리스 라이트가 함께한 덕분에) 이 문제가 불거졌고, 우리 모두는 도전을 받았다. 6개국에서 온 7명의 남녀로 구성된 팀이 53개국에서 온 160명의 참가자들 사이에서 토론을 거쳐 '이과수 선언문'을 작성했다. 우리는 마지막 날 밤 공식 초안에 서명했다. 크리스는 그 팀에서 활동했다. 열두 번째 선언은 다음과 같다.

> 지구는 주님의 것이며 복음은 모든 피조물을 위한 기쁜 소식이다. 그리스도인은 하나님께서 모든 인류에게 지구를 돌보라고 주신 책임을 공유한다. 우리는 모든 그리스도인이 창조세계에 대한 책임 있는 청지기 정신을 실천하는 데 있어 생태학적 온전성에 헌신할 것을 촉구하며, 환경을 돌보는 것과 보호하는 일에 주도적으로 참여할 것을 기대한다.[5]

이과수 이후에도 크리스는 하나님의 선교와 창조세계 보살핌의 총체적인 본질에 대한 나의 이해를 새롭게 해 주었다. 즉 창조세계를 보살피는 것은 하나님의 선교의 중심이며, 따라서 우리의 선교의 중심이 된다는 것

---

[5] Taylor, *Global Missiology*, 20.

이다.

사실, 과테말라에서 우리의 뿌리는 녹색(자연 환경 보호, 역자 주)이라는 개념이 생기기 훨씬 전부터 녹색이었다. 우리는 가능한 모든 것을 수리하고 재활용했고, 물건을 수리하고 많은 폐기물을 재활용하는 과테말라에서 살았다. 오랫동안 우리는 미국의 소비주의와 낭비에 저항하며 검소하게 살기 위해 노력했다. 하지만 당시의 과테말라의 천연자원과 환경을 보존하기 위한 우리의 노력과 관심은 창조세계 보호에 대한 명확한 신학에 바탕을 둔 것은 아니었다.

결론 및 교훈

그들은 닭 뼈를 먹었다!

나는 1988년 중반에 아칸소에서 과테말라로 단기 비전 여행을 떠났던 것을 생생하게 기억한다. 친한 가족 친구인 리스베스 피에드라산타(SETECA 졸업생으로 TEDS에서 기독교 상담학 석사를 받았으며 과테말라시티 쓰레기장에서 이루어진 포터스하우스[The Potters House] 사역의 공동 설립자)의 인솔하에 우리는 절대 빈곤층 아이들이 다니는 시골 기독교 학교를 방문했다. 과테말라 닭고기 특산품인 폴로 캄페로(Pollo Campero)를 한 양동이씩 가져가서 우등생 아이들과 나누고 나니 마지막 날 할 일을 잊어버렸다. 그것은 그때 나에게 **일어난 일**이 나를 정신없게 만들어 놓았기 때문이다. 커다란 식탁에 둘러앉아 기도를 하고 점심을 먹기 시작했다. 나는 샐러드, 감자튀김, 고기를 먹으면서 자연스럽게 뼈는 한쪽에 모아 두었다. 하지만 내 왼쪽이나 오른쪽에 있는 아이들은 그렇지 않았다. 아이들의 빈 접시를 바라보며 뼈가 어디로 갔는지 궁금했다. 아이들이 뼈를 먹고 있었다! 왜? 뼈는 먹는 것이 아니라는 걸 몰랐던 걸까? 아니면 닭고기를 먹어본 적이 없었던 걸까? 또는 칼슘이 고갈된 몸에 뼈 영양분이 필요했던 걸까? 나는 그 식사를 결코 잊을 수 없다. 아직도 그 뼈들이 사라지던 광경이 눈에 선하다.

점심 식사 후 경건한 교장 부부는 학교로 사용하는 공간을 임대한 직후 본관 벽 한쪽에서 역겨운 냄새가 났다는 이야기를 들려주었다. 그것은 기괴하고도 사악한 것이었다. 주변 자연 환경에서 악취를 유발하는 것은 아무것도 없었다. 그는 이야기를 계속했다. 기도하던 중, 그들은 성령의 인도하심으로 이전 건물주들이 기독교 학교를 저주하여 무언가를 벽 안에 묻었다는 것을 알아차렸다. 썩은 냄새가 가장 심한 콘크리트 블록 벽을 헐었고, 놀랍게도 악취의 근원인 악령이 깃든 뼈와 기타 물건과 썩은 생물체가 담긴 주머니를 발견했다. 그들은 그 주머니를 불살라 버렸고, 학교를 망가트리기 위해 파견된 마귀의 사자들과 악한 세력으로부터 구해 달라고 온 힘을 다해 기도했다. 사탄의 세력이 무너졌다. 밖에서 불어온 바람이 방을 상쾌하게 했고 원수들은 쫓겨났다. 그러나 나를 포함한 우리 미국인들은 침묵하고 말문이 막힌 채 생각에 잠겼다. 우리들은 방금 들은 내용을 이해할 수 있는 세계관을 갖고 있지 않았다.

아칸소주의 작은 마을에 있는 작은 교회의 작은 팀인 우리에게 왜 그런 일이 일어났을까? 그리고 왜 아직도 그 일이 그렇게 생생하게 기억날까? 부분적으로는, 내 삶과 사역의 첫 번째 주요 시기에 나의 두 가지 맹점을 보여주기 때문이다. 그것은 가난과 불의에 대한 것과 사악한 초자연적 현상을 하나님의 능력으로 궤멸시킨 것이다. 내가 좀 더 일찍 이런 일에 대한 지식을 갖고 준비했다면 좋았을 것이다. 지금도 하나님의 은혜로 나는 성장하고 변화하고 있다.

> 나는 나 자신의 맹점에서 배웠다. 이 모든 것은 아버지께서 남은 기간 발휘해야 할 나의 리더십을 위해 나를 재훈련시키시는 과정의 일부였다.

나는 나 자신의 맹점에서 배우고, 보고, 분별할 수 있는 새로운 눈을 주신 하나님께 감사드린다. 이 모든 것은 아버지께서 남은 기간 발휘해야 할 나의 리더십을 위해 나를 재훈련시키시는 과정의 일부였다.

성찰 질문

1. 리더가 자신의 실패나 '맹점'을 고백하는 것이 적절한 이유는 무엇인가?

2. 맹점은 어떤 의미에서 선물이 될 수 있는가? 그것이 용서와는 어떤 관련이 있나?

3. 다섯 가지 주제 중 가장 관심을 끌었던 것은 무엇인가? 그 이유는 무엇인가?

4. 여기서 언급한 '고백들'은 리더십과 어떤 관련이 있나?

10

자신을 너무 심각하게 생각하지 않는 사람은 복이 있다

늙은 랍비 모이쉬(Moishe)와 교황

수세기 전, 교황은 모든 유대인이 로마를 떠나야 한다고 (다시) 결정했다. 당연히 유대인 사회에서는 큰 소동이 일어났다. 그래서 교황은 거래를 제안했다. 유대인 공동체의 랍비 한 명과 토론을 벌이기로 한 것이다. 랍비가 이기면 유대인들은 로마에 남을 수 있었다. 교황이 이기면 유대인들은 로마를 떠날 것이다.

선택의 여지가 없다는 것을 깨달은 유대인들은 현명하고 나이 많은 랍비 모이쉬를 대표로 뽑았다. 모이쉬는 토론에 한 가지 조건을 걸었다. 토론을 더 흥미롭게 만들기 위해 양측 모두 말을 하지 못하도록 하자는 것이었다. 교황은 동의했다.

대토론의 날이 다가왔다. 모이쉬와 교황은 시스티나 성당에서 5분 동안 마주 앉아 있다가 먼저 교황이 손을 들어 손가락 세 개를 내밀었다. 모이쉬는 교황을 바라보고 잠시 멈춘 후 손가락 하나를 좌우로 움직이며 들어 올렸다. 교황은 잠시 멈췄다가 손가락을 머리 주위로 원을 그리며 흔들며 반격했다. 모이쉬는 즉시 그가 앉은 땅을 가리켰다. 침묵. 교황은 빵과 와인 한 잔을 꺼냈다. 모이쉬는 사과를 꺼냈다. 깜짝 놀란 교황은 일어서서 침묵을 깨고 이렇게 선언했다. "포기하겠습니다. 이 랍비는 정말 대단합니다. 유대인들은 떠나지 않아도 좋아요."

잠시 후 시스티나 성당에서 추기경들이 교황을 둘러싸고 무슨 일이 있었는지 물었다. 교황은 "먼저 내가 삼위일체를 상징하는 세 손가락을 들었지. 그는 한 손가락을 들어 우리 두 종교에 공통된 신이 여전히 한 분이라는 것을 상기시켜 주었어. 나는 하나님이 우리 주변에 계시다는 것을 그에게 보여주기 위해 손가락을 흔들었지. 그는 땅을 가리키며 하나님이 여기 우리와 함께 있다는 것을 나타내 주었어. 그런 다음 나는 성찬용 떡(wafer)과 포도주를 꺼내서 하나님이 우리의 죄를 용서하셨다는 것을 보여주었어. 그는 원죄를 상기시키는 사과를 꺼냈어. 그는 모든 것에 대한 답을 가지고 있었지. 내가 뭘 더 할 수 있었을까?"

한편 유대인 공동체는 랍비 모이쉬 주위로 몰려들었다. "무슨 일이 있었나요?" 그들이 물었다. "글쎄요." 모이쉬는 "먼저 교황은 유대인들이 3일 내에 이곳을 떠나야 한다고 했어. 나는 우리 중 누구도 떠나지 않을 거라고 했지. 그러자 그는 이 도시 전체에서 모든 유대인이 쫓아낼 것이라고 하더군. 나는 우리가 바로 이곳에 그대로 있을 것이라고 했지." 한 여성이 "그리고 나서요?"라고 물었다. "모르겠어." 랍비 모이쉬는 "그는 자기 점심을 꺼냈고 나는 내 점심을 꺼냈지. 그러자 그는 포기했어. 우리가 이긴거지. 우리는 여기 남게 되었어."[1]

이 이야기는 문화 간 상호 소통에서 우리가 직면하는 어려움을 설명하는 것으로, 인간의 잘못된 의사소통에 대한 비규범적인 예이다. 나는 선교학 강의나 전 세계 어디에서든 이 이야기를 꺼낼 때마다 웃음이 나온다. 나는 60년 동안 타문화 사역을 하면서 순진하거나 고지식한 실수를 저질렀고, 멍청하거나 어리석고 어쩌면 심각한 실수도 저질렀다. 이 장의 제목을 "내가 저지른 실수, 어떤 것은 웃기고, 어떤 것은 멍청하고, 어떤 것은 심각

> 나는 순진하거나 고지식한 실수를 저질렀고, 멍청하거나 어리석고 어쩌면 심각한 실수도 저질렀다.

---

[1] 이 이야기는 구전에 의한 스토리텔링으로 전해온 것이다. 여기에 실린 것은 노트를 첨가하여 저자가 재구성한 것이다.

했다"라고 할 수도 있었지만, 좀 더 모호하고 흥미롭게 하려고(나의 기대) 지금처럼 하였다. 나는 실수(faus pas)를 거듭하며 리더가 되어갔고, 실수를 반복하지 않고 실수로부터 배워서 나를 변화시켜 나가길 바랐다.

과테말라, 우리의 교실

아내와 내가 타문화 생활에 대한 초기 교훈을 얻게 된 것은 우리가 공유하는 새로운 세계의 문화적 특징을 배우면서 '문화적 이해력'(cultural intelligence)을 높여가는 과정에서였다. 문화는 확실히 시간 관념과 관계가 있다는 것을 금방 알게 되었다. 우리는 내가 과테말라에서 고등학교에 다니면서 알게 된 친구의 집에 저녁 식사 초대를 받았는데, 저녁 7시 30분으로 예정되어 있었다("저녁 7시 30분쯤으로 하자"라는 말의 뉘앙스를 잘 알지 못했을지도 모른다). 우리는 (미국식으로) 5분 일찍 도착하였는데 집에 불이 켜져 있지 않았다. 그래서 우리는 한 시간 넘게 동네를 주기적으로 돌며 집 앞을 지나갔다. 드디어 집안의 불빛을 보고 주차한 후 초인종을 눌렀다. "아, 일찍 오셨군요. 어서 오세요! 마리오가 아직 병원에서 돌아오지 않았는데 들어와요!" 마리오는 한 시간 후에 도착했다. 나중에 나는 반대로 시간을 정확하게 지키는 미국인 방문자에게 라틴식으로 해 보려다 큰 실수를 하였다. 문화가 모든 것을 압도한다.

SETECA에서 가르치는 일을 시작하였을 때 또 다른 심각한 실수를 저질렀다. 평등주의적인 북미인으로서, 스페인어의 보다 공식적인 대명사 '우스테드'(usted)와 보다 친밀한 인칭 대명사 '투'(tú)의 차이에 대한 통찰이 불완전한 상태에서 나는 학생들과 친밀한 관계를 맺고 싶었다. 나는 수업 첫날에 '투' 대명사를 사용하겠다고 발표했다. 결과는 부정적이고 예상치 못한 것이었다. 나는 결과적으로 신뢰할 수 있는 관계적 친밀감, 친밀한 우정, 상대에 대한 존중을 위해 사용되는 '투' 대명사를 잘못 사용하는 심각한 실수를 한 셈이었다. '우스테드'는 교수와 학생 사이처럼 공적인 관계와 사회적 계급 차이가 있을 경우 그 거리를 유지하도록 적절한 경계를 유지시켜주는 대명사이다. 내가 그 실패한 실험을 취소했을 때 피해를 복구하거나 체면을 살릴 수 있는 쉬운 방법은 없었다.

다른 실수도 있었다. 첫 임기 동안에 기름을 아끼고 재미있게 지내려고 모터 스쿠터를 샀다. 나중에 더 큰 오토바이를 구입했다. 하지만 한 번의 큰 사고와 두 번의 전복 사고 후 나는 스스로에게 "빌, 이 친구야, 죽기 싫으면 이걸 팔아야 해"라고 말했다. 나중에 수리가 필요한 낡고 아주 오래된 메르세데스 벤츠를 발견하고 그 차를 구입해서 도색을 다시 했는데 꽤 멋지게 느껴졌다. 차가 오래되었기 때문에 정당화할 수 있다고 생각했다. 하지만 그것은 어리석은 결정이었다. 선교사인 내가 과테말라에서 낡은 벤츠라도 그런 차를 몰고 다닌다는 것은 신중하지 못한 일이었다. 성령께서 나를 책망하시는 것 같았다. 그래서 팔았다. 애초에 사지 말았어야 했다.

글로벌 공간과 시간

1986년 중반, 전혀 예상하지 못한 채 내가 새로운 MC 리더가 될 싱가포르로 **가는 길에** 도쿄와 홍콩에 들러 TEDS 학생들을 만나 보았다. 친절한 일본인 제자 레이코는 일본식 호텔과 미국식 호텔 중 어느 곳에 묵고 싶은지 물어보았다. 무슨 뜻인지도 몰랐고 일본 문화와 "완전한 동일시"를 원했던 나는 "당연히 일본식입니다."라고 대답했다. 아, 내가 무슨 생각을 하고 있었던 걸까? 공항에서 신칸센을 타고 시내로 이동해 이른 저녁을 먹고 호텔로 향하는 동안 나는 낯선 것들에 압도당했다. 나의 첫 아시아 여행이었으니까. 선교사들 사이에 전해지던 "수백만 명이 작은 지역에서 복닥거리며 살고 있다"는 말이 문자 그대로 사실이었다.

영어를 할 줄 아는 직원이 아무도 없었는데도 레이코가 나를 호텔에 체크인시켜 주었고, 그들은 나를 다소 이상하게(흥미롭게?) 쳐다보았다. 레이코는 나를 내 방까지 안내해 주었다. "신발은 문 밖에 두세요. 아무도 훔쳐가지 않아요. 들어갈 때 고개를 숙이세요. 짐은 저쪽에 두세요. 화장실은 제가 확인해 볼게요." 흠. 나는 내 작은 방을 다시 살펴보았다. 화장실은 없었다. 침대도 없고 텔레비전, 전화도 없었다. 작은 정원이 내다보이는 아주 작은 창문이 있을 뿐이었다. 그녀는 돌아와서 "아, 잘 됐어요. 복도 끝에 화장실은 남성용이에요. 욕실은 그 옆에 있습니다. '가족 화장실'은 한 층 위에 있어요."라고 말했다. 화장실(toilet)과 욕실(bathroom)은 같은 말이 아닌가? "가족 화장실"(toilet)?

문을 닫으며 레이코는 "이제 다도를 해 보겠습니다. 바닥에 앉으세요."라고 말했다. 순식간에 불안감이 엄습했다. 아내가 아닌 다른 여성과 단둘이 침실에 들어간 적이 없었는데. "빌, 심호흡하고 숨을 내쉬어, 여긴 일본이야. 네가 원했잖아."라고 스스로에게 말했다. 그녀는 다도의 요소와 과정, 의미를 설명하며 차를 만들고 건네주었다. 나는 그렇게 우아한 다도를 처음 경험했다. 자리에서 일어나며 그녀는 마지막 지시를 했다. "매트리스는 저 문 뒤에 있어요. 베개가 좀 다를 거예요. 별일 없기를 바랍니다. 내일 아침 9시 아침 식사 후에 시내 투어를 할 때 뵙겠습니다. 일본에 오신 것을 환영합니다, 안녕히 주무세요." 나는 드디어 혼자 남게 되었다.

긴 비행으로 지치고 땀에 젖은 나는 '욕실'로 향했고, 짙은 색의 물이 담긴 매우 큰 욕조 구조물을 발견했다. 호기심과 용기를 내어 옷을 벗고 욕조에 들어가 비누로 몸을 씻으며 긴장을 풀었다. 주위를 둘러보며 벽에 걸린 작은 프라이팬처럼 생긴 것이 무엇인지 궁금해하다가 문득 깨달았다.

"바보! 욕조에 들어가면 안 돼! 옆에 서서 팬을 이용해 물을 퍼서 부어야지!"라는 생각이 들었다. 다행스럽게도 나는 다른 사람이 들어오기 전에 욕조에서 튀어나왔다. 아주 작은 수건으로 물기를 닦고 옷을 입은 후 서둘러 방으로 돌아왔다. "아, 멍청하고 못난 미국인." 일본 TV에 대한 호기심이 발동한 나는 많은 채널에서 포르노만 방영한다는 사실을 알게 되었다. 독성이 가득한 것이었다. 꺼버렸다. 매트리스는 얇은 패드였고 베개는 돌처럼 딱딱했다. 나는 잠을 설쳤다.

다음날 아침, 나는 로비로 내려가 식당을 찾아 헤맸다. 직원들은 또다시 재미있다는 표정으로 나를 조용히 쳐다보았다. 안뜰 건너편에 있는 식당을 찾아 자리에 앉았지만 아무도 서빙을 해주지 않았다. 아무도. 그러다 로비 직원이 다가와서 서툰 영어와 손짓으로 조식이 제공되는 작은 옆방으로 안내해 주었다. 아침 식사? 제공된 음식은 어젯밤에 먹은 것과 매우 비슷했다. 하지만 음식은 음식이다. "감사해라, 빌. 조심해 그리고 기도해. 완전한 일본식 경험을 원했잖아."

레이코는 나를 만나 어떻게 지냈는지 물었다. 나는 미소 지으며 대답하였지만 자세히 말하지는 않았다. 하지만 전날 밤 초밥 등 몇 가지 맛있는 음식을 과식한 탓에 속이 매우 메스꺼웠다. 하루 종일 점점 더 증상이 악화되었다. 그날 밤 홍콩으로 가는 비행기를 타기가 꺼려질 만큼 상태가 좋지 않았다. 친절하고 섬세한 레이코가 공항으로 데려다 주었고, 나는 비행기에 올랐다. 아직도 나는 초밥을 먹지 못한다.

그 WEF 총회에서 나는 홍콩과 일본의 목회자들과 지도자들을 만났다. 일본의 유력한 목사 한 분이 나에게 도쿄를 경유해 귀국하는 길에 그의 교회에서 수요일 저녁 예배에 설교를 해달라고 초청해 주었다. 그의 교회에 들어서면서 나는 라틴식으로 그를 포옹하였고, 그런 격렬한 행동을 본 적이 없는 교인들의 얼굴에서 내가 실수했다는 것을 바로 깨달았다. 나는 포용을 풀고 크게 고개를 숙여 깊이 사과했다.

그해 두 번의 일본 방문에서 나는 두 번 다 0점을 받았다. 이 이야기를 쓰면서 웃어도 될까?

홍콩: 멍청함, 재능, 아니면 둘 다?

TEDS에서 재직하는 동안 여러 나라에서 온 뛰어난 학생들을 만났다. 그중 일부는 친구가 되었고, 일부는 미션 커미션(WEA MC)의 동료가 되었다. 2009년에는 한 중국인 졸업생이 홍콩의 신학교에서 강연을 해달라고 나를 초청했다. 아내와 나는 이전에 그녀를 방문한 적이 있고, 서로 잘 알고 존경하는 사이였기에 기꺼이 수락했다. 신학교에서는 교통비와 숙박비, 그리고 "적당한 사례비"를 제공했다. 영어에서 광둥어 또는 북경어로 동시통역이 이루어질 예정이었다. 강의 주제는 선교사 중도탈락, 파트너십, 총체적 선교, 미전도 종족의 도전, 선교에서 중국 교회의 역할, 박해와 순교 등 내 마음에 와 닿는 주제들이었다. 낮에는 학생들이 주요 청중이었지만, 저녁과 주말 시리즈는 "목회자, 선교 단체 관계자, 선교사 및 선교사 후보생, 신학교 교수진과 학생, 교회 지도자 및 향후 선교 사역을 할 생각이 있는 사람들을 위한 특별 심포지엄"으로 일반인에게도 개방했다. 나는 기도하며 정성껏 준비했다. 준비가 잘 되었다고 생각했다.

긴 시간 동안 잠 못 이루는 여행을 한 끝에 도착하니 오랜 친구인 사무엘 치앙이 신공항에서 나를 기다리고 있었다. 우리는 기차를 타고 홍콩으로 가서 점심을 먹고 신학교 선교학 교수와 만나기 위해 선착장으로 걸어갔다. MC 책으로 가득 찬 무거운 가방까지 들고 더 먼 섬으로 가는 배에 몸을 싣자 갑자기 불안한 마음이 들었다. 뭔가 잘못되었다는 생각이 들었다. 어떻게 이런 일이? 나는 '에반젤신학대학'(Evangel Theological College, 역사적으로 중국과 미국의 복음주의 자유교회와 관련이 있는 학교)에서 강연을 한다고 생각하고 있었는데, 다른 졸업생이 섬기고 있는 청차우 섬의 '얼라이언스성경신학교'(Alliance Bible Seminary, Christian and Missionary Alliance)로 가는 길이었다는 것을 알게 되었다. 나는 어떻게 해야 할지 몰랐다. 내가 어떻게 이런 엄청난 실수를 저질렀는지 민망하여 침묵을 지켰다. 아무 말도 할 수 없었다. 좋아, 유연하게 대처할 수 있어. 그러나 무슨 말을 해야 할까?

객실은 멋졌고, 샤워도 할 수 있었다. 한 시간 후 선교학 교수가 나를 데리러 왔고, 학생 미션 팀과 함께 저녁 식사를 하기 위해 선착장 근처로 걸어갔다. 걷기 좋은 아름다운 섬이었지만 아직 더 많은 놀랄 일이 우리를 기다리고 있었다. 우리는 메뉴판도 없는 노천 식당에 앉았다. 여전히 상황을 몰라 궁금하던 나는 학생들에 대해 물었다. "아, 음식을 가지러 갔어요. 곧 도착합니다." 곧 그들은 우리의 저녁 식사가 담긴 커다란 비닐봉지 세 개를 들고 왔다. 다양한 물고기가 담겨 있었는데 나는 서너 가지 밖에는 식별할 수 없었다. 물고기들은 봉지에서 벗어나려고 맹렬히 퍼덕이고 있었다. 그제야 실수로 인해 울적했던 나는 조용히 웃으며 이 우연한 모험을 즐길 수 있었다. 요리사가 봉지를 가져다가 생선을 끓는 물에 넣고 몇 분이 지나자 김이 모락모락 나는 매콤하고 신선한 해산물 요리가 식탁에 올라왔다. 그중 몇몇 생선은 특이하게 보였다. 나는 거의 다 먹어 치웠다. 서로를 알아가는 대화는 즐거웠고 성령이 그 공간과 장소를 장악했다.

계속 많은 것이 새롭게 밝혀지고 있었다. 나는 나의 강의 약속이 상당히 복잡하고 다층적인 것이라는 것을 잘 알지 못하고 있었다. 홍콩 시내에 있는 캠퍼스의 모임에 참석하는 청중은 매우 달랐다. 강의 준비 과정에서 나는 그런 변수를 고려하지 못하였지만 청차우 섬에서 주 강의로 8번 하려던 것을 시내 캠퍼스에서의 모임에 참석한 청중을 위해 강의하는 것으로 바꾸려고 시도하면서 몇 가지 좋은 점을 기대할 수 있어서 다행이었다. 순차 통역 덕분에 콘텐츠도 줄일 수 있었다. 내 인생에서 이렇게 다양한 주제와 상황, 페리 선박 여행, 그리고 무엇보다도, 생각지 못한 **엉뚱한** 신학교에서 강의를 하게 된 것 등 그렇게 긴장을 한 적은 없었다.

정말 미친 상황이었지만 하나님이 주신 멋진 선물이기도 했다. 나는 강의로 많이 지쳤지만 홍콩을 떠날 때는 풍성한 은혜를 감사하며 변화된 마음을 갖게 되었다. 나는 음악을 공부한 적이 없는 중국 본토의 젊은 여성이 작곡한 절묘하고 아름다운 『가나안의 노래』 찬양 모음집의 가사와 멜로디를 알게 되었다. 나의 옛 제자였던 (나이가 많은) 메리 청 여사가 기쁨으로 나를 반겨주었고, 그제서야 나는 혼란의 원인이 된 수수께끼를 풀 수 있었다. 둘 다 성이 같았던 것이다. 홍콩을 떠나기 전, 나는 (더 젊은) 오이링 청과 점심을 먹으며 내가 실수한 것을 얘기해 주었다. 우리는 한참을 웃었다. 하지만 나는 고마운 신학교 호스트들에게는 아무 말도 하지 않았다. 내가 큰 실수를 하였지만 하나님의 주권이 모든 것을 덮어버렸기 때문이다. 검증된 지도자에게도 통제할 수 없는 일이 일어난다.

물론 나만 이런 실수를 한 것은 아닐 것이다.

교훈 모음집

미국에서의 역문화 충격 속에서도 배울 것이 있었다. 아칸소로 이사한 지 몇 달 후 어느 일요일, 아내는 내가 설교할 때 내가 확실히 믿고 있지 않은 신념을 전하려 한다고 느끼는 사람들이 있다고 말했다. 약간 기분이 상한 나는 그 이유를 물었다. 아내는 이렇게 설명했다. "빌, 내 생각에는 이런 일이 일어나고 있는 것 같아요. 당신은 마음속으로 스페인어에서 영어로 번역하면서 '아마도…, 이런 상황에서라면…, 어쩌면…, 고려해야 할 수도 있습니다…, 때때로…, …이 아닌지 잘 모르겠어요' 등과 같은 가정법

구문을 너무 많이 사용하고 있어요. 스페인어로는 그렇게 해도 좋지만 영어에서는 직설법을 더 많이 사용해요." 나의 스페인어 뿌리가 아직 살아있다는 사실에 기뻐하면서도, 사람들을 혼란스럽게 하고 있었음을 깨달았다. 최악의 실수를 한 것은 첫 번째 부활주일이었다. 나는 열정을 가지고 설교했지만 그 주일에만 교회에 출석한 사람들을 비난한 것이 되고 말았다. 나는 질책을 받았다. 몇몇 사람들을 화나게 하고, 또 다른 사람들을 소외시키고 말았던 것이다. 나는 미국에서, 그것도 영어로 설교하고 목양하는 법을 배우고 있었다. 이는 험난한 과정이었다.

1987년 나는 아내와 함께 영국, 그리고 인도, 마지막으로 싱가폴을 방문하여 일련의 약속을 이행하고 있었다. 싱가폴에서는 데이비드와 필리스(Phillis) 하워드 부부, 그리고 WEF 국제 본부를 방문할 예정이었다. 인도 벵갈루루에서는 내 친구이자 MC 위원장인 시어도어 윌리엄스 박사와 그의 아내 에스더의 환대를 받았다. 우리는 (선풍기가 작동하는) 소박하지만 편안한 호텔에 머물면서 개척자적인 역할을 하는 기관인 인도복음주의선교회(India Evangelical Mission)의 3년마다 열리는 컨퍼런스에서 강의하였다. 잊을 수 없는 이야기들이 우리를 감동시켰다. 복음이 처음으로 여러 문화와 민족 속으로 침투하고 있었고, 교회 설립 초기에 표적과 기사가 나타나면서 성장이 이루어지고 있었다. 우리가 그 넓은 행사장을 가로질러 걸어갈 때 사람들이 내 손을 잡아주었다. "긴장을 풀어요, 빌!" 그곳의 형제자매들이 우리에게 한없는 사랑을 보여 주었다. 잊을 수 없는 모임이었다.

우리는 인도 영어의 다양한 표현과 문구에 매료되었다. 이는 영국에서 수입되어 인도 문화에 의해 변형된 영어의 산물이었다. 광고 문구는 다음과 같다. "Family-bachelor room available, Fully furnished with wife"(가족-독신실 이용 가능, 부인과 함께 가구 완비). 우리는 기독교 잡지에서 부모가 아들이나 딸의 결혼을 주선하는 광고를 읽었다. 많은 광고에서 예비 아내를

'가정적인'(homely), 즉 집과 가족을 위해 헌신하는 사람으로 묘사했다. 그 밖에도 "Liquid tea available here"(여기서 액상 차를 마실 수 있습니다), "Out of station"(외출 중), "Beware, ferocious dogs and ghosts"(사나운 개와 귀신 조심), "Prepone"[sic](예정보다 일찍 시작함), "Do the needful"(상황에 맞게 필요한 일을 하세요), "Kindly adjust"(상황에 맞게 하시면 됩니다), "What is your good name?"(당신의 이름은 무엇입니까?) 등의 문구가 있었다. 그리고 내가 가장 좋아하는 문구 "I passed out of college"(나는 대학을 졸업하였다)도 있었다.

벵갈루루에서 에어 인디아를 타고 첸나이로 가서 싱가폴 항공으로 짐을 옮겨 실었다. 첸나이의 덥고 습한 라운지에 150여 명의 다른 승객들과 함께 앉아 있는데, 창문에 설치된 에어컨이 있었지만 전원이 꺼져 있고 코드가 뽑혀 있었다. 나는 살그머니 라운지를 한 바퀴 돌며 전원을 연결했다. 아무도 눈치채지 못했다. 나중에 나는 보안 요원이 칸막이 뒤에서 수하물을 면밀히 살펴보는 것을 보았다. 나는 천천히 그의 뒤를 따라가 보았는데 엑스레이 기계가 없는 것을 발견했다. 하지만 그는 일하고 있었다. 그 공항에서 나는 아시아식의 쪼그려 앉는 화장실을 경험했다. 그 후 싱가폴 항공은 우리를 21세기로 데려갔고, 현대 도시 싱가포르는 우리에게 모더니티의 미래 모습을 보여 주었다.

MC 시절 초기에는 겸임 교수로 TEDS에서 강의를 하였다. 1988년 바르셀로나 근처에서 해방신학에 관한 스페인어 수업을 한 적이 있다. 나는 TEDS 친구들을 만나기 위해 브뤼셀을 경유하여 바르셀로나로 가는 비행기를 탔다. 비행기에서 내려 활주로를 가로질러 터미널로 걸어가는데 지갑이 없어졌다는 것을 깨달았다. 나는 뒤돌아서 문을 닫고 모로코로 출발하려는 비행기로 급히 달려갔다. 그런데 어느새 경찰이 지프차 두 대를 몰고 굉음을 내며 달려와 나를 멈추게 했다. 내가 상황을 설명했더니 놀랍게도 그들은 "비행기로 올라가세요. 여기서 기다렸다가 터미널로 데려다 드리겠습니다."라고 말했다. 하지만 지갑은 없었다. 브뤼셀 공항 신문 가판대에서 도난당한 것이었다. 나는 이본에게 전화해 신용카드를 취소하고 중요한 증서를 교체하기 시작했다.

그 실수를 계기로 여행 중 귀중품을 보호하기 위한 몇 가지 안전장치를 마련했다. 지금은 집을 나서기 전에 지갑(앞주머니), 지폐 벨트(예전에는 셔츠 안쪽), 아이폰(카고 바지 앞주머니), 여권(왼쪽 카고 바지 주머니), 모든 중요한 서류의 컬러 복사본, 위탁 수하물에 넣은 스위스 군용 칼 등 목록을 인쇄해 두고 확인한다. 최근에는 주머니가 15개나 달린 고가의 소매치기 방지 바지를 구입했다.

> 나는 MC 임기 초기에 부유한 미국의 기부자들이 모인 회의에서 연설할 기회를 얻었다. 나는 "너무 지적인" 사람이었다. 큰 대가를 치른 실수였고 한 푼도 모금하지 못하였다. 나는 다시 초대받지 못했다.

MC 임기 초기에 나는 기독교 사역에 기부하는 미국의 부자들이 모인 회의에서 연설할 기회를 얻었다. 새로운 수입원이 될 수 있는 사람들 앞에서 연설을 할 수 있게 된 것이다. 나는 청중을 아주 잘못 판단했고, 너무 트렌드 지향적으로, 너무 길게, 실제적인 적용 없이, 질문할 시간도 거의 없이 이야기했다. 나는 "너무 지적인" 사람이었다. 큰 대가를 치른 실수였고 한 푼도 모금하지 못하였다. 나는 다시 초대받지 못했다. 그 초기에 나에게 그런 일이 너무 많이 일어났다. 그러는 동안 나는 아주 다른 청중들에게 어떻게 의사전달을 해야 하는지를 배웠다.

그 초기 몇 년 동안 내가 사용하는 어휘가 늘어났다. '네트워킹', '네트워크', '시너지' 등의 용어가 실제로 무슨 뜻인가? 한 동료는 한 주요 컨퍼런스에서 본회의에 참석하지 않는 대신 내내 네트워킹을 하며 훌륭한 WEA 인맥을 쌓았다고 말했다. 나는 그에게 나에게 그 방법을 가르쳐 달라고 부탁했다.

청중을 잘못 파악한 경우가 몇 번 있었다. 나는 어떤 문화권이나 언어로든 남자들의 수련회에서 강의하는 것을 좋아하지 않는다. 하지만 2010년경 플로리다의 한 개혁침례교회(Truly Reformed Five-Point Calvinist)의 남성들을 대상으로 강의해 달라는 초대를 받았다. 거절했어야 했지만 재정 파트너의 강한 권유로 참석하게 되었다. 많은 사람들이 그 지역에 있는 미군 기지에서 근무하는 현역 또는 전직 군인이었다. 나는 신앙의 갈등에 대해 솔직하게 털어 놓았고, 실제적인 이야기를 하고, 전 사위의 신랄한 표현을 정확하게 인용하기도 했다. 그런 나의 강의는 나쁜 습관을 극복하려는 남성들, 하나님과 그리스도인의 삶을 포함하여 매사에 명확한 요구 사항을 전달받고, 질서 정연하게 해 나가는 것을 원하는 군인들에게는 너무 지나친 것이었다. 많은 일이 일어났다. 금요일에 참석한 남자들 중 일부는 다시 돌아오지 않았다. 나는 상황을 완전히 잘못 판단하였던 것이다. 나는 너무 많은 잘못된 전제를 갖고 있었고 그 교회 목사를 소외시켰다. 나는 완전히 체면을 구기고 말았다. 내가 배운 것은 결국 남은 인생 동안 남자들 수련회에 가서 강의하지 않아야 한다는 것이었다. 특히 그들이 진정한 개혁주의자(Truly Reformed)라면 절대로 하지 않겠다는 것이었다. 나는 실제로 그렇게 하였다. 또한 후원 파트너도 잃었다.

마지막으로, 강연이나 강의, 설교를 위해 지나치게 많이 준비했던 것을 후회한다. 결국 필요한 것보다 두 배나 많은 콘텐츠를 만들어서 목사나 담당자가 정해준 시간 제한을 지키지 않았다. 이 문제는 지금까지도 나를 괴롭히고 있다. 나는 특히 미국 교회에서 그 대가를 치렀지만 라틴이나 아프리카 교회에서는 그다지 많지 않았다. 아마도 이것이 내가 일부 미국 교회로부터 한 번은 초청받았지만 그 이상은 초청받지 못했던 이유 중 하나일 것이다.

2004년 8월, 나는 2년마다 열리는 학생 선교 대회인 '선교한국'(미국의 Urbana 대회와 유사)에서 강연을 했다. 주최측은 그 무렵 스티브 호크(Steve Hoke)와 내가 함께 쓴 IVP의 책, 『글로벌 미션 핸드북』(Global Mission Hand Book: A Guide for Cross Cultural Service)을 번역하고 한국의 상황에 맞게 재구성했다. 그들은 나를 공동 저자로 소개하였다. 나의 친한 친구이자 동료인 한국의 선구적인 타문화 선교 개척자 이태웅 박사가 나를 호스트하고, 대회가 열리는 도시로 데려다 주었고, 통역도 해 주었다. 호텔 예약이 꽉 찼기 때문에 그는 우리를 위해 러브호텔이라는 낯선 곳에 방 두 개를 예약해 두었다. 이 박사는 호텔 전체, 특히 우리 방에 하나님의 성령의 정결케 하는 능력이 임하도록 기도하고 악한 영이 호텔에 머물지 않도록 해야 한다고 말했다. 이유는? 그런 호텔의 주요 고객은 불륜이나 매춘을 위해 시간 단위로 방을 이용하는 사람들이었다. 많은 객실에 몰래 카메라가 설치되어 있을 수도 있고, 지나치게 화려한 장식과 조명이 설치되어 있었다. 그들의 두 번째 고객은 우리 같은 가난한 관광객인 것 같았다. 직원들은 우리가 나이 많은 동성애자라고 생각했을까? 그런 것은 상관없지만 우리는 둘 다 잠을 설쳤다. 이틀 밤이 지난 후 이 박사가 "여기서 나가자"고 했다. 그 일로 인해 '선교한국' 대회에 끝까지 참석하지 못했다. 그 호텔은 정말 끔찍했다.

MC 사역 기간 중반에 말레이시아에 약속이 있었다. 나의 좋은 친구이자 동료인 필립 장(Philip Chang)은 운전기사와 함께 초현대식 쿠알라룸푸르 공항에서 나를 기다렸다. 운전기사는 이라크 무슬림 출신으로 예수님을 향한 멋진 꿈을 가진 사람이었다. 은행의 임원인 필립은 여가 시간을 국내 및 지역 선교 활동에 투자하고 있었다. 그는 오랫동안 두 가지 직업을 가진 그리스도인 사역자의 모범을 보여 주었으며, 독신인 덕분에 유연성과 물질적 자원을 확보할 수 있었다. 내가 그 여행을 하게 된 주된 목적은 새로운 국가별 선교 운동(NMM)의 출범식에서 강연하는 것이었다. 나는 필립과 행사 코디네이터인 베람 쿠마르(Beram Kumar)에게 새로운 연합체와 그 안에서의 말레이시아복음주의연맹(MNEA)의 역할에 대해 설명해 달라고 부탁했다. 나는 뜻밖에도 두 단체가 서로 관련이 없다는 사실에 놀라움을 금치 못했다. MNEA에 선교위원회가 **있긴** 했지만 별 기능을 하고 있지 않았고, 그 공백으로 인해 NMM이 만들어진 것이었다.

이 때문에 나는 곤경에 처하게 되었다. "베람, 이 새로운 그룹이 MNEA와 아무런 관계가 없다는 건가요? 그들이 새로운 조직에 대해 알고 있긴 한 건가요?" 그는 확답을 하지 못했다. 나는 제도적, 세대적, 문화적 차이로 인한 갈등의 한 가운데 있게 되었다. 각 나라의 복음주의연맹(NEA) 선교위원회를 강화할 책임이 있는 WEA 선교위원회의 대표인 내가 그 '반대파'라고 볼 수 있는 단체를 지지하고 있는 상황이 된 것이다. 나는 즉시 MNEA 대표에게 전화를 걸어 내가 말레이시아에 와 있게 된 상황을 설명했다. 그는 달가워하지 않았지만 나는 MNEA 안에 선교위원회의 존재, 기능이 발휘될 가능성, 교회로부터의 인지 가능성과 지속 가능성이 있는지에 대해 파고들었다. 그는 그런 위원회가 존재한다고 하였다. 나는 공식적으로 누가 그 위원회의 지도자인지 물었다. 또 한 번 놀랐다! 기능을 발휘하지 못하고 있는 이 기관의 책임자로 임명되어 있는 사람은 다름 아닌 필립이었다.

나는 그 당혹스러운 상황에서 겨우 빠져나와 기능이 중복되는 두 기관이 될 가능성에도 불구하고 새로운 네트워크를 축복하였다. 하지만 이 사건은 전 세계적으로 나타나고 있는 모든 MC 리더십의 문제를 보여주는 것이었다. 전 세계에서 가장 강력하고 대표적인 국가별 선교 운동의 대부분은 각 나라의 NEA와 유기적으로 연결되어 있지 않았다. 왜 그럴까? NEA 구조는 유연하고 기업가적이기보다는 관료주의적인 경향이 강했다. 우리는 산하의 선교위원회가 제대로 작동하지 않고, 자원이 부족하며, 창의적이거나 유능한 리더십이 부재한 국가별 복음주의 연합이 너무 많다는 것을 발견했다. 하지만 누군가 물어보면 그들은 **존재하고** 있는 것이었다.

그러나 기업가적 네트워크 리더의 약점은 주로 강력하고 혁신적인 비전가에게 의존(동맹 구조의 리더와는 아주 다르게)할 때 나타난다. 그들 중 일부는 새로운 운동을 시작하는 일은 아주 잘 하지만 그 운동을 지속적으로 유지하기 위한 일은 잘 하지 못한다. 그리고 새로운 운동이 지속성과 효율성을 갖도록 이끌어 갈 수 있는 새로운 리더십을 멘토링하는 데 헌신하는 사람은 너무 적다. 우리는 느슨한 네트워크 구조를 선호하는 NMM에서 이러한 문제를 발견했다. 재능 있는 리더들이 네트워크를 시작했지만, 너무 많은 사람들이 곧 다른 도전적인 일로 옮겨갔다. 장기적으로 있으면서 지속적인 활성화와 변화에 열린 자세로 임하는 사람들이 주도하는 NMM은 상대적으로 적었다. 말레이시아 여행만으로도 나는 인간 본성에 대한 이해, 문화적 지능, 성령의 은사, 지혜와 용기, 그리고 장기적인 선교 구조에 대한 장기적인 헌신을 불러일으키는 일의 중요성을 알게 되었다. 그런 일이 활성화되어야 모든 곳에서 모든 곳으로 복음을 전하는 일이 제대로 일어날 수 있다는 도전을 받았다.

그리고 이 모든 것은 리더십의 여정에서 경험하게 된 것들이다. 정말 멋진 여정이 아닌가!

결론 및 교훈

개인적인 이야기: 잠언은 우정의 개념에 대해 엄격한 현실주의를 보여준다. "면책(open rebuke)은 숨은 사랑보다 나으니라. 친구의 아픈 책망은 충직으로 말미암는 것이나 원수의 잦은 입맞춤은 거짓에서 난 것이니라"(잠 27:5-6). 이본과 내가 결혼하기 직전인 1967년 여름, 나는 콜로라도의 베어

트랩 목장에서 열린 IVCF의 '학생 리더십 훈련 프로그램'에서 스태프로 봉사했다. 캠프 디렉터였던 짐 칼슨(Jim Carlson)은 나에게 당시 IVCF 학생 잡지 His를 홍보해 달라고 부탁했다. 나는 그렇게 했다. 청중들과 나는 웃음이 끊이지 않는 모임을 가졌다. 정말 환상적이었다. 나는 그 일을 잘해 내었다. 기대 이상으로 잘 한 것 같았다. 집회를 마치고 짐이 걸어 나오면서 "빌, 오늘 밤 프로모션은 어땠어요?"라고 물었다. 나는 "좋았어요… 왜 물어보시죠?"라고 대답했다. 그의 말은 따끔했다. "글쎄요, 내 생각에 당신은 실패한 것 같아요. 당신이 한 일은 웃음 제조기인 빌 테일러에 대해 주목하게 한 것뿐이에요. 당신은 내가 갖고 싶었던 재능, 즉 대중을 웃기는 유머 감각을 가졌어요. 하지만 빌, 당신은 그것을 절제하는 법을 배워야 해요. 유머가 당신을 통제하게 하지 말고." 아, "진실한 친구로부터 받은 상처". 또는 (17절에서) "철이 철을 날카롭게 하는 것 같이 사람이 그의 친구의 얼굴을 빛나게 하느니라"는 말을 실감하게 한 일이었다. 지금까지도 나는 짐의 용기에 감사하고 있다. 나는 그 경험을 잊지 못한다.

이 젊은 시절 사역 초기의 교훈은 모든 리더십 기회에서 나의 자기 이해와 성령에 대한 민감성을 형성하게 하였고 변화를 가져왔다. 하지만 그 당시에는 나의 어떤 리더십 은사를 통해 은혜롭고 효과적이며, 지혜롭게 봉사할 수 있을지 전혀 몰랐다. 각각의 도전은 독특했고 그때마다 나는 배웠다. 영화 시리즈 "선택받은 자"(The Chosen)는 나에게 깊은 감동을 주었다. 특히 초기 에피소드에 묘사된 것처럼 주님의 유머 감각과 인간에 대한 사랑, 고난을 통해 순종을 배우시고, 우리와 마찬가지로 모든 면에서 시험을 받으셨지만 죄가 없으셨다는 사실에 감사하면서 다시 주님과의 사랑에 빠졌다. 나의 리더인 예수님은 접근하기 쉽고, 연약하고, 인내심이 많지만 3년 동안 사도들을 엄격하게 양성하셨다. 이 예수님은 내가 실수하고 심각한 실수를 저질렀음에도 불구하고 잘 마무리할 수 있도록 격려해 주신다.

성찰 질문

1. 리더는 자신의 실수를 드러내야 하는가? 설명해 보라.

2. "랍비와 교황" 이야기에서처럼 문화가 서로 다른 상황에서의 의사소통 경험이 있으면 얘기해 보라.

3. 이미 저지른 실수가 있는가? 어떤 것이었나?

4. 실수를 하고 실수로부터 배우기 위해서는 어떤 준비를 해야 할까?

5. 자신에 관한 일을 웃어 넘기는 것이 왜 중요한가?

6. 당신은 리더십 여정에서 어떤 방식으로 질책을 받은 적이 있나?

11
리더십 여정에서 만난 힘든 사람들

이
주제에
대해서는
정말
더
이상
말하지
않겠습니다.

내가 배운 교훈은 다음 장에서 확인해 주세요.

12

그런 사람들에게서는 배울 것이 없다

12. 그런 사람들에게서는 배울 것이 없다

우리는 리더로서 권력의 부패한 악에 절대 굴복하지 않을 것이라고 생각하고 싶지만, 사실 교회 역사에는 그런 잘못을 저지른 사람들의 이름이 도처에 많이 보인다. 그렇다면 당신에게 갑자기 더 많은 권력이 주어지거나, 원하던 승진을 하거나, 꿈에 그리던 직책을 맡게 되었다면 어떤 리더가 되겠는가? 여러분의 리더십은 섬김과 정의의 본보기가 될까, 아니면 그 권력이 달콤하게 제시하는 유혹에 굴복하는 리더십이 될까? 하나님은 기뻐하실까, 아니면 당신을 그런 위치에 올려놓으신 것을 후회하실까?[1]

고통스러운 일들

이 첫 번째 이야기는 리더십과 직접적인 관련이 없지만, 일찍이 우정과 대인 관계에 대해 나에게 교훈을 준 일이다. 신학교 시절, 나와 친한 친구 중 한 명은 저명한 미국 복음주의 지도자의 아들이었다. 그는 아주 똑똑했다. 기말고사를 위해 함께 공부할 때면 내가 밤늦게 공부하는 동안 그는 일찍 잠자리에 들었다. 그는 항상 내 성적을 물어보곤 했는데 나는 단 한 번도 그를 이긴 적이 없었다. 그는 우리 결혼식에도 참석했다. 하지만 우

---

[1] Overstreet, *Unleader*, back cover.

리가 신임 선교사로 댈러스를 떠나 코스타리카로 간 직후, 그는 우리 소그룹 친구들에게 "이본이 버티지 못할 거야. 6개월 내로 돌아올 거야"라고 말했다고 한다. 어리석게도 그 친구들 중 한 명이 그 말을 우리에게 전했다. 글쎄, 그가 오판하였다. 완전히 틀렸다. 이본과 나는 라틴 아메리카에서 6개월이 아니라 17년 동안 사역하였다. 둘 다 살아남았을 뿐 아니라 큰 성과를 거두며 글로벌한 마음을 가진 철저한 다문화인이 되었다. 결과적으로 우리는 다시는 그를 보지 못했다. 신뢰는 깨졌고 우리는 그와 영적으로 아주 다른 길을 가게 되었다. 우리는 그와 같은 그룹 속에서 움직이지 않았고, 우리의 삶은 이제 멀리 떨어진 중앙아메리카에 있었다.

하지만 그 경험을 통해 얻은 교훈은 강하고 오래 지속된 우정이나, 일로 인해 맺어진 관계도 전혀 예상치 못한 방향으로 흘러갈 수 있다는 것, 용서의 **마음**으로 애쓰는 것과 그러한 경험을 통해 지혜를 얻는 것이 중요하다는 것이다.

> 타문화권 선교의 세계에서 일할 때 우리는 "현장에서" 동료 사역자를 선택할 수 있는 기회를 거의, 또는 전혀 갖지 못한다. 우리의 도전은 우리에게 주어진 패를 잘 활용해야 한다는 것이다.

타문화권 선교의 세계에서 일할 때 우리는 "현장에서" 동료 사역자를 선택할 수 있는 기회를 거의, 또는 전혀 갖지 못한다. 우리의 도전은 우리에게 주어진 패를 잘 활용해야 한다는 것이다. "보세요, 하나님, 패를 잘 섞어서 더 좋은 카드를 만들어 주세요."라고 요구할 수 없다. 결과적으로 우리는 함께 하기 어려운 동료를 만나게 될 것이고, 경우에 따라서는 그런 동료들과 함께 일해야만 한다.

내 인생에서 이러한 상황들은 나 자신에 대해, 인간관계에 대해, 우정에 대해, 심지어 배신에 대해, 그리고 내 여정의 이 후반부에서 지키려고 하는 관계적 가치에 대해 많은 것을 가르쳐 주었다. 이 장에서 중요한 주의 사항은, 내가 언급하는 각 사람(일부는 가명을 사용함)은 나와의 관계에 대해 자기 나름의 할 말이 있다는 것이다. 나는 이를 인정하고 필요에 따라 기꺼이 나의 기록을 수정할 것이다. 여러분의 너그러움과 그리고, 어쩌면, 용서에 감사한다.

라틴 아메리카에서 사역하는 동안 나는 존경하고 배울 것이 많은 사람들과 함께 일했다. 또한 매우 까다로운 지도자, 고집불통의 지도자, 불안정하고 상처받은 지도자, 미성숙하고 이기적인 지도자(외국인과 현지인 모두) 밑에서 일하기도 했다. 여러 해에 걸쳐 일하는 동안 많은 라틴 아메리카 동료와 일과 관련된 사람들이 친구가 되었고, 그 관계는 지금까지도 지속되고 있다. 과거에 내가 가르친 대부분의 유학생들은 고국으로 돌아가 성실하게 사역하고 있고, 일부는 먼 곳으로 가서 일하고 있다. 그들 중에는 내가 그들의 자녀들과 연락을 주고받고 있는 경우도 있다. 어떤 경우에는 그들이 잘못된 선택을 하여 결혼 생활이 파탄을 맞아 큰 어려움을 겪기도 하였다. 다행스럽게도 나는 그들의 자녀들 중 일부와도 연락을 주고받고 있다.

하나님께서는 최근 과테말라 시절에 있었던 두 가지 이야기를 생각나게 하셨는데, 이는 선배 선교사들과의 관계에 있어 겪은 어려움과 갈등을 보여주는 것이다. 첫 학기 동안 나는 뛰어난 재능을 갖고 있지만 고집이 센 교수와 함께 일했다. 같은 학과에서 근무했지만 내가 아이디어를 내놓을 때마다 그분은 곧바로 그 아이디어를 무산시켰다. 마침내 나는 이성을 잃었다! "조지, 당신과 함께 일하는 것은 불가능해요. 그래서 지금부터는 함께 하는 프로젝트에 참여하지 않겠습니다. 이걸로 끝입니다!" 나의 태도는 예의 바르지도 않았고 그리스도인답지도 않았지만 효과는 있었다. 하지만 성령께서 역사하셨고 두 번째 임기에는 관계가 회복되었다. 그들 부부는 우리 부부와 함께 매우 창의적이고 새로운 벤처 사역을 건강하게 진행하였다.

세 번째 임기 동안 나는 학술 집행위원회의 새로운 리더로 임명되어 재능 있는 남녀 인재들과 함께 일하게 되었다. 그때 피터가 있었다. 그는 부정적인 분위기를 만드는 재능을 가지고 있었고, 내가 제안하는 모든 아이디어(좋은 아이디어도 있고 그렇지 않은 아이디어도 있었지만)에 대해 즉시 "우리는 **결코** 그런 식으로 해본 적이 없다"며 무력화시켰다. '**결코**'라는 단어가 내 귀에 박혔다. 피터는 다른 사람들이 나를 빈정거리게 만들었다. "빌에게는 말 조심해야 해. 빌의 아버지가 우리 선교회의 회장이라는 걸 잊지마." 솔직히 그는 1985년 우리가 과테말라를 영구히 떠날 때 누구보다도 기쁘게 작별 인사를 했던 사람이었다. 우리 가족은 그 후 여러 번 여름에 과테말라로 돌아갔다. 그런 방문 중에 한 번은 내가 채플에서 설교를 마친 후, 피터가 나에게 다가와 "나중에 사무실에 잠깐 들르시겠어요?"라며 초청하여 깜짝 놀랐다. 나는 떨리는 마음으로 사무실로 갔다. 그는 또 한 번 나를 놀라게 하며 "빌, 우리가 ExCo에서 함께 일하는 동안 저는 당신의 몸에 끈질긴 가시였어요. 우리의 절친한 친구인 대니 캐롤과 얘기하는 가운데, 그의 도움으로 당신이 우리 신학교를 위해 무엇을 하려고 했는지 이해하게 되었습니다. 죄송합니다, 빌, 용서를 구합니다." 그의 **포옹**(*abrazo*)은 따뜻하고 진정성 있는 것이었다. 우리의 관계는 새롭게 시작되었다. 그는 "늙은 개도 새로운 재주를 **배울 수 있죠**."라고 말했다. 물론 내가 화해를 요청하고 용서를 구한 경우도 있다.

나는 최근에 젊은 엘리자베스 엘리엇과 그녀의 번역 사역 동료인 SIL 회원 레이첼 세인트(창에 찔려 사망한 조종사 네이트 세인트[2]의 누이동생)에 관한 이야기를 읽고 놀랐고, 어떤 면에서는 격려를 받았다. 이 두 사람은 물과

---

2 Long, *Gods in the Rainforest*, back cover.

기름처럼 전혀 서로 잘 어울리지 못했고, 각기 다양한 재능을 가진 사람들이었다. 그러나 두 사람 모두 하나님께서 에콰도르 열대우림의 '와오라니'(Waorani)족 사이에서 살도록 각자를 개별적으로 부르셨다고 확신했다. 그들은 각각 이 독특한 언어를 분석하고, 신약성경을 '와오 테데코'(Wao tedeko)어로 번역하는 데 언어학적 토대가 될 알파벳을 만들고, 그 언어를 문자로 표기할 수 있도록 하겠다는 꿈을 갖고 있었다. 여러 해가 지난 후 마침내 둘 사이의 관계가 파국을 맞았고, 엘리자베스는 '와오라니족'을 갑작스럽게 완전히 떠나야 했고, 얼마 지나지 않아 작가이자 강연자로서의 새로운 소명을 받아들여 에콰도르를 떠나 미국으로 돌아왔다. 결국 레이첼 세인트는 SIL을 떠나야 했고, 열대우림에서 마지막 몇 년을 살다가 세상을 떠났다. 화해는 불가능했고, 엘리자베스의 인생은 전혀 다른 길로 접어들게 되었다.

> 전 세계의 자립형 자원봉사자로 이루어진 오랜 역사를 가진 선교의 세계는 특히 기업가형의 사람들, 꿈을 가진 사람들과 권위나 행정 구조 아래서 일하는 것을 싫어하는 고독한 방랑자들을 끌어 모으고 있다.

전 세계의 자립형 자원봉사자로 이루어진 오랜 역사를 가진 선교의 세계는 특히 기업가형의 사람들, 꿈을 가진 사람(비저너리)들과 권위나 행정 구조 아래서 일하는 것을 싫어하는 고독한 방랑자들을 끌어 모으고 있다. 이러한 가치가 선교 단체의 중요한 DNA 요소는 아니고, 자원 봉사자(선교사)가 합류하기 전에 앞으로 자신이 어떤 상황을 겪게 될지를 알지 못한다면, 선교 단체에서 합의된 공동의 비전이나 헌신적인 팀 정신을 구축하기는 매우 어렵다. 우리가 속한 선교회에는 기업가적, 관료주의적(가장 좋은 의미에서) 리더와 함께 각자의 임무에 충실한 헌신적인 선교사들도 많이 있었다. 이러한 조합은 독특한(또는 특이한) 공동체를 형성했다. 농촌과 도시 지역 사역자들 사이에는 긴장이 있었고, 전자는 자신들이 진정한 선교사라고 생각했다. 기관에 속하여 일하는 사람들과 현장에서 나름대로 사역하는 사람들 사이, 신학교에서 일하는 사람들과 다른 훈련 센터에서 일하는 사람들 사이에는 또 다른 긴장이 존재했다. 소속 단체의 리더가 되기 위해 밟아야 할 경로나, 리더십을 개발하는 것에 대한 명시적인 가치도 정리되어 있지 않았다. 그냥 시간이 지남에 따라 다양한 스타일의 리더들이 부상하여 각기 다른 직책을 맡게 되었다. 과테말라에서 우리가 정말 하나의 팀으로 일한 적이 있었는지 잘 모르겠다. 정말 혼란스러웠다. 때때로 아내와 나는 우리가 이러한 문화에서 어떻게 처신해야 하는지 몰랐었다.

우리 가족의 아칸소에서의 과도기는 교훈과 축복, 상처와 아픔이 뒤섞인 독특한 훈련의 시기였다. 그곳에서 3년 반 동안 나는 한때 가장 친했던 친구들이 나를 반대하는 상황에서 교회를 섬기려고 노력했다. SETECA에서 나는 동료들과 성격, 정책, 절차의 차이로 인해 어려움을 겪었지만 누구도 내가 진실성이 없다거나, 거짓말을 한다든지 또는 내가 문제의 근원이라는 식의 비난을 하지는 않았다. 아칸소는 달랐다. 나는 당회원들이 나를 직접 꾸짖기 위해 모인 회의에 참석했었다. 그때 나는 침묵하는 법을 배웠고 메모를 하게 되었다.

한 집사가 교회 장로 징계 위원회에 나를 정식으로 고발했다. 나는 그를 내가 멘토링하는 사려 깊은 제자라고 생각했다. 그는 나에게 좋은 질문을 하곤 했다. 그가 나를 고소하려고 나의 잘못을 찾고 있다는 사실을 모르고 있었다. 장로들이 그 회의를 소집했을 때 그는 나에 대한 혐의를 제기했다. 어떤 대응도 소용이 없었다. 위원장이 어떤 결과를 원하느냐고 묻자, 그는 "빌은 모든 리더십에서 물러나고 장로들의 징계에 복종해야 하며, 그의 성품과 행동이 진정으로 바뀌어야만 장로직을 회복할 수 있다"고 말했다. 나는 조용히 기다렸다. 위원장은 그 요구를 받아들일 수는 없지만 고려해 보겠다고 대답했다. 고발자는 회의장을 떠났다. 나는 멍하니 앉아있었다. 아무도 디모데전서 5장 19절 "장로에 대한 고발은 두세 증인이 없으면 받지 말 것이요"라는 말씀을 언급하지 않았다.

그리고 위원장이 마무리했다. "좋아요, 오늘 회의 안건은 여기까지 합시다." 회의가 끝나고 나는 겨우 인사를 하고 한 젊은 장로와 함께 집으로 향했다. "조, 오늘 밤 무슨 일어난 일을 설명해 주시겠어요?"라고 그에게 물었다. 그는 "정말 모르겠어요. 말하자면 그들이 당신을 애매한 상태로 남겨두고 끝낸 거죠?" 나는 "네, 바람에 휘둘렸죠."라고 대답했다. 훨씬 후에 시편 55편 12-13절이 여전히 아물지 않은 상처를 치유하는 데 도움이 되었다. "나를 책망한 자는 원수가 아니라 원수일진대 내가 참았으리라 나를 대하여 자기를 높이는 자는 나를 미워하는 자가 아니라 미워하는 자일진대 내가 그를 피하여 숨었으리라 그는 곧 너로다 나의 동료, 나의 친구요, 나의 가까운 친우로다." 많은 세월이 지난 후, 이 젊은 장로는 자신의 침묵에 대해 용서를 구했다. 너무 부족하고 늦은 사과였나? 아니다.

그 모임은 나에게 분수령(watershed)—아니 워털루(Waterloo)라고 해야 하나—이 된 자리였다. 내가 친구라고 생각했던 이 장로들(한 사람은 우리의 결혼 전부터 알고 지내던)이 배신한 것이었다. 그것은 교회가 기능이 심각하게 망가져가고 있다는 징후였으며, 그 지역의 다른 영적 지도자들에 의해 확증된 병리 현상이었다. 일부 교인들은 우리에게 남아서 새로운 교회를 시작하자고 요청했다. 그렇게 했다면 그것은 엄청난 실수였을 것이다. 그 분기점을 지나고 약 1년 후, 나는 1989년 12월 31일부로 가르치는 장로직을 사임했다. 1990년 1월 1일에 나는 WEA-MC의 전임 사역자로 전환했고, 1990년 9월에 우리는 오스틴으로 이사했다. 슬프게도 우리는 멀리서 교회가 점차 와해되는 것을 지켜보아야 했다. 일부 지도자들은 이혼을 하고 다른 지도자들은 정통 기독교에서 멀어졌다. 우리의 상처는 천천히 그렇지만 제대로 치유가 되었다. 하나님께서는 우리가 관대하게 용서하였음을 아실 것이다. 하지만 솔직히 말해서 이 글을 쓰는 지금도 내 마음은 여전히 멍들어 있는 것 같다. 나는 불타고 남은 재의 씁쓸한 맛을 안고 살아가고 있다. 러셀빌 교회는 신도들과 지도자들 모두가 고질적인 '바이러스'에 감염되어 있어서 불행과 분열의 정신이 사로잡고 있었다. 나는 그 일을 겪기 전에는 지역 교회가 존재하는 동안에 일어나는 사탄의 역사에 관한 신약성경 구절을 제대로 이해하지 못하였다. 우리는 그 일로 귀신의 역사와 영적 전쟁 기도에 대한 분별력을 키울 수 있었다.

부활이 완성되었다.

정상에 너무 가까이

2년 동안 TEDS 교수로 재직하는 동안 나에게 좋은 본보기가 되어준 지도자들과 동료들을 인하여 하나님께 감사드린다. 그들은 내가 DTS를 졸업하고 두 개의 일반 대학에서 박사 학위를 취득한 17년 경력의 세계 선교 베테랑이라는 사실을 잘 알고 있었으며, 너그럽고 넓은 마음으로 대해 주었다. 그들은 나를 가르치는 은사와 통찰력, 지성, 연구 및 독특한 타문화 경험이 어우러져 있는 한 인간이자 학자로 존중해 주었다. 하지만 2년 차가 되면서 나는 학계의 정치에 대해 더 많은 것을 배웠고 예상치 못한 어려움에 직면했다. 한 번은 내가 상사에게 농락당하고 있다는 생각이 들었지만 그런 게임에 뛰어드는 것을 거부했다. 또한 슬프게도 한 동료가 가정과 학문 활동 사이의 우선순위 충돌로 인해 이혼하는 것을 옆에서 지켜보기도 하였다.

WEA에서 30년 동안 일하면서 나는 국내 및 세계 복음주의 지도자들과 최대한 가까이 지냈다. 몇 명 안 되는 최고 리더십 후보 명단에 내 이름이 두 번이나 올랐다는 것을 알았지만, 나는 그것이 내 인생에 있어서 하나님의 부르심이 아니며, 내 은사와도 맞지 않는다는 것을 알았다. 다른 사람들의 과도한 기대에 부응하기 위해 치러야 하는 대가는 '영광'을 누리는 것에 비해 너무나 크다는 것을 아주 잘 알고 있었고, 숨겨진 중독의 미묘하고 잠재적인 유혹을 간파하고 있었

> 숨겨진 중독의 미묘하고 잠재적인 유혹을 간파하고 있었다. 더 높은 곳으로 올라갈수록 산소는 더 희박해지고, 친구는 더 줄어들고, 책임 있는 공동체는 더 희귀해지는 것 같았다.

다. 더 높은 곳으로 올라갈수록 산소는 더 희박해지고, 친구는 더 줄어들고, 책임 있는 공동체는 더 희귀해지는 것 같았다.

수십 년 동안 일부 이전의 글로벌 리더들이 높은 위치에 오른 후 안타깝게도 소박하고 평범한 삶과 봉사로 잘 전환하지 못하는 것을 보았다. '그 자리에 오르기 위한 욕구' 자체가 독이 되었을까? 아니면 명성과 영향력을 가져다준 지위가 그들을 망가뜨린 걸까? 높은 지위에 오른 리더들의 재능과 카리스마, 매력적인 성격, 말솜씨, 외교 및 행정 능력, 큰돈을 모으는 능력, 어떤 경우에는 가려진 야망 등을 연구하면서, 나는 하나님께서 나를 MC 공동체에 머물게 해 주신 것에 감사하고 있다.

흥미롭게도 우리 주님의 서로 다른 사도 팀에서 야망이 분출하였음을 본다. 그들은 높은 지위를 얻기 위해 서로 경쟁하였다. 그들 중 일부는 다른 사람들보다 훨씬 더 그랬다. 그들은 초림 때의 예수님의 메시아적 운명을 오해했고, 어머니가 아들의 지위와 영광을 위해 로비를 할 정도로 군림하는 지위를 필사적으로 원했다. 이 이야기는 우리에게 많은 것을 가르쳐 주며, 예수님과 열두 제자는 긍정적이든 부정적이든 통찰력 있는 교사이다.

이 장에서는 야망에 대한 몇 가지 흥미로운 생각을 제기한다. 어떤 이들은 야망을 칭찬하고, 어떤 이들은 비난한다. 야망은 미덕일까, 아니면 잘못

> 때로는 거룩한 꿈과 소망 또는 건강하지 않고 해로운 야망의 차이를 분별하기가 쉽지 않다.

된 것일까? 야망이 권력, 지위, 영향력, 명성을 얻고자 하는 결집된 욕망이라면 크리스천 리더십에 있어 야망은 위험한 것이다. 그러나 야망이 건강한 방식으로 뿌리를 내리고 정화된다면, 가난에서 벗어나고, 구조적인 가정의 결핍을 극복하고, 가족을 부양하고, 값진 정규 교육과 직업을 얻으려는 것은 잘못된 것이 아니다. 또는 더 효과적으로 사역하려는 간절한 소망도 잘못된 것이 아니라고 생각한다. 때로는 거룩한 꿈과 소망 또는 건강하지 않고 해로운 야망의 차이를 분별하기가 쉽지 않다.

리더십에 관한 책을 읽는데 거기에 "당신의 리더십을 **좋은 것에서 위대한 것으로**(good to great) 발전시키라"는 아이디어가 제시된다면 어떤 일이 일어날까? 그 아이디어나 동기가 규범에 어긋나지 않고 순수한 것일까? 이 인간 욕망에 담긴 교묘하고 복잡한 요소들은 무엇일까? 이것이 어떻게 은밀한 중독에 빠지게 하는가? 누가 당신에게 그러한 위험에 대해 진실을 말해 줄까? 예수님께서는 뭐라고 하시고, 성령은 어떻게 하실 것이며, 여러분의 배우자는 뭐라고 할까? 기독교 조직에서조차 사람들이 높은 지위에 올라가려고 계획을 세우거나, 전략을 세워서, 스스로를 승진시키려 하여 결국 그들 자신의 경력을 설계하거나, 승진을 탐내거나, 정상에 오르려는 꿈을 꾸는 등 불건전한 일을 도모한다면 어떻게 해야 할까? 내 친한 친구가 신학생 시절 주교가 되는 길을 모색하던 성공회 신학교 동기에 대해 이야기해 주었다. 그는 실제로 목표를 달성했다! 최근에 나는 처남의 기억 치료 센터에서 일하는 젊은 매니저의 승진을 축하해 주었다. "잘했어요, 매기!" 그런데 그녀는 "고마워요, 하지만 전 저 사람 자리(전무이사실을 가리키며)를 노리고 있어요."라고 대답했다. 아이러니하게도 두 사람 모두 얼마 지나지 않아 그 직장에서 떠나야 했다. 나는 스스로에게 "조심해야지 빌리, 스스로를 탈락하게 만드는 함정을 조심하고, 너에 관한 언론 보도 자료는 절대 믿지 말아야 해."라고 말해야 했다.

내가 여러 위치에서 함께 일했던 고약한 사람들

이 장을 쓰면서 나와 함께 일했던 사람들의 유형을 분류해 보았다. 대부분은 관대하고 재능이 있으며 비교적 안정적이고 건강한 리더십의 모범을 보였고, 새롭게 부상하는 리더를 두려워하지 않았다. 그러나 좋은 사람이 잘못된 위치에 있어서 "피터의 법칙"의 예가 되는 경우가 있었다. 이 법칙은 유능한 사람들이 종종 자신의 "무능이 드러나는 수준"까지 승진한다는 경영학의 개념이다. 능력이 있어서 승진했지만 결국 자신이 받은 은사로는 감당할 수 없는 지위까지 올라가 끝을 보게 될 수 있다는 것이다.

내가 함께 일했던 리더들 중에는 '그릇이 작은', 즉 방어적이고, 불안정한 사람들도 있었다. 그리고 나의 영국인 동료인 롭 헤이(Rob Hay)가 MC팀에서 시행한 "선교사들의 중도탈락: 지속적 사역에 관한 연구"의 결론 부분에서 설명한 것처럼 독성(toxic)이 있는 리더도 있었다. 나는 다행히도 그런 사람들 밑에서 또는 그들과 동료로서 함께 일한 적은 거의 없었다. 독성이라는 용어는 생소했지만 내가 겪은 일을 설명하는 데 도움이 되었다.

유감스럽게도 MC팀에서 일하는 동안 근무 규정, 윤리 강령을 위반하거나, 동료에 대한 태도가 문제가 된 몇몇 사람들을 해고해야 했다. 한 명은 장기간의 불륜으로, 다른 한 명은 너무 잦은 여행으로 인해 결혼 생활이 파탄난 후였다. 나는 그에게 명백한 여행 중독에 대해 경고했다. 그러나 그는 그의 모든 여행이 매우 중요한 것이라고 주장하였다. 또 다른 세 명은 선교 공동체가 공유하는 가치가 아니라 자신의 개인적인 계획과 국제적인 플랫폼을 얻기 위해 MC 리더십을 남용했기 때문에 해임되었다. 우리는 유명하고 카리스마 넘치는 국제 선교 지도자 몇 명이 우리 주변을 맴돌며 더 많은 영향력과 지위를 얻기 위해 거래를 시도하는 것을 보았다. 하나님께서 우리를 보호해 주셨다. MC 사역 초기에 한 연로한 유명한 지도자가 "내가 나의 다수 세계(Majority World) 지역에서 '미스터 선교'(Mr. Missions)이니 MC 리더십의 최고 자리에 앉을 자격이 있다"고 주장했다. 그는 결코 그 자리에 앉지 못했다.

탁월하고 뛰어난 재능을 갖고 있지만 까다로운 지도자가 세계에서 가장 덜 알려진 종교 중 하나에 집중하기 위해서 MC에 합류하였다. 나는 그와 협력할 수 있기를 바랐지만, 그가 MC를 자신의 능력을 보여주는 개인적인 글로벌 무대로 활용하고, 아무런 의논도 없이, 일방적으로 자기가 하고 싶은 일을 시작할 줄은 예상하지 못했다. MC와 이 지도자 사이의 최종적인 결별은 매우 어려웠다. 그러나 또한 꼭 필요한 것이기도 했다.

WEA와 그 병렬 구조는 리더십을 발휘하기가 어려운 글로벌 조직들이다. 새로운 사무총장-CEO는 인재발굴(headhunting) 그룹이 추천하는 외부인을 임명하는 방식이 아니라 조직 내부에서 발탁하는 것이 가장 바람직하다. 이 직책을 맡을 사람은 거의 불가능하다고 할 수 있을 정도로 어려운 일을 겨우겨우 할 수밖에 없는 도전적인 상황을 이해해야 한다. 연합을 구축하고, 연맹 관계에 있는 단체들을 방문하여 관계를 강화하고, 지역기구의 필요와 추진력과 국가기구의 필요와 추진력 사이의 균형을 맞추고, WEA의 사역 단위(예: 위원회)와 협력하고, 기금을 모으고, 전 세계 종교, NGO, 경제, 세속 사회, 정부 당국에 대해 복음주의를 대변해야 하는 것이 그러한 일들이다. 이러한 일을 하는 사람은 여행에 중독되어서는 안 된다. 그렇게 되면 결국 무너져 버릴 수밖에 없기 때문이다. 나는, 이 자리는 자녀들이 성인이 되어 출가한 성숙한 사람으로 제한해야 한다는 결론을 내렸다. 가정을 희생하는 것은 결코 바람직하지 않다. 어떤 한 리더가 "비행기 좌석에 앉았을 때 비로소 자신의 임무를 다했다는 생각이 들었다."라고 말했다는 얘기를 들은 적이 있다. 그리고 그 좌석은 항상 일등석이었다.

내가 만나고 싶지 않았지만 그들을 관찰하면서 교훈을 얻었던 몇몇 사람들을 생각하면 마음이 우울해진다. 몇몇은 화려한 자기 이미지와 엄청난 권력을 사랑했다. 어떤 사람들은 출세 지향적이거나, 교묘하게 사람을 조종하거나, 상처받고 분노에 차 있거나, 완전히 불쾌감을 주는 사람들이었다. 함께 일하는 것이 가장 어려운 사람들은 나르시시스트였다. 그들의 병적 증세는 치명적이었다. 하지만 대체로 이런 문제가 있는 사람들조차도 나에게 우상을 조심하라고 가르치고, 산소가 부족한 고공에 있는 지도자들을 위해 기도해 달라고 요청했다.

리더에게 오랫동안 치유되지 않은 상처는 결국 가정이나 사역에서 그대로 나타나며, 항상 가족과 인간관계의 문제로 표출된다. 숨겨진 흉터나 아픔은 연약한 상처의 세포조직에서 곪아 터진다. 특히 우리 인생에서 가장 좋지 못하거나 불안하고 위험한 순간에 터져 나온다. 심지어 죽어서 장례를 치른 후에도 나타날 수 있다. 특히 우리가 가장 사랑하거나 가장 가까이에서 함께 일하는 사람들에게 영향을 미친다.

크리스천 리더십: 가치와 슬픔

> 좋은 신학, 은사, 카리스마가 경건한 크리스천 리더십을 보장하지는 않는다.

좋은 신학, 은사, 카리스마가 경건한 크리스천 리더십을 보장하지는 않는다. 인격이 결정적으로 중요한 요소이다. 내가 가장 함께 일하고 싶은 크리스천 리더의 특징은 다음과 같다. 검증된 영적 성숙, 건강한 결혼 생활, 예수님의 향기, 말이 아니라 행동으로 나타나는 책임감, 고난을 받은 경험, 문화적 지능, 섬기는 마음, 같은 팀에서 사역하는 동료에 대한 너그러움, 숨겨진 중독에 대한 인식, 재능이 있으면서도 겸손한 태도, 의도적인 멘토링, 언제 떠날지를 아는 성숙함. 너무 비현실적으로 들릴 수도 있고 사도 바울조차도 이 모든 것을 갖추고 있지 못하였을 수도 있다는 것을 안다. 하지만 꿈을 꿔본다.

우정은 개인적이고 흔들리기 쉬우며 신비로운 것이다. 우정이 깨어질 수도 있으며 아주 회복되지 못할 경우도 있다. 하나님의 섭리에 의해 회복되는 우정도 있다. 이 장은 내 인생 전체를 돌아보게 만들었고, 그 동안 화해하지 못한 관계의 파편이 주변에 남아 있는지 확인하게 했다. 그렇지 않기를 바란다. 어떤 경우에는 성령께서 내 삶에서 나를 괴롭힌 사람들에게 관대하게 은혜를 베풀고, 그들을 하나님께 맡기도록 감동시키셨다. 그러나 신뢰와 관계가 깨졌을 때 용서를 베풀고, 용서를 주고받았다고 해서 무조건 이전의 좋은 관계로 돌아가야 하는 것은 아니다. 용서는 우리가 상처와 분노에서 놓여나게 하고 그 결과 화평이 이루어지고 상황이 명료해진다. 로마서 12장 18절에서 볼 수 있는 바울의 관계의 균형과 현실주의는 나에게 격려가 된다. "할 수 있거든 너희로서는 모든 사람으로 더불어 화목하라."

안타깝게도 나는 도덕적 실패로 인해 사역을 망가뜨리고 다른 많은 사람들을 어렵게 만든 동료와 고위 지도자들이 남긴 후유증을 감당해야 했다. 널리 알려진 비극적인 한 사건을 계기로 WEA의 국제 대표였던 준 벤서(Jun Vencer)는 1994년 나에게 WEA(당시 WEF) 스태프들이 공감하고 따를 수 있는 윤리 강령 초안을 작성해 달라고 요청했다. 이 선언은 나중에 '싱가포르 언약'(The Singapore Covenant)이 되었다. 나는 이 문제를 다각도로 연구하고, 주요 인사들과 직접 인터뷰하며, 목격자들(즉, 빌리 그래함 팀)로부터 귀한 자료를 받아 초안을 작성했다. 우리는 결혼, 사역, 신뢰도, 평판 등 우리를 무너뜨릴 수 있는 함정이 무엇인지를 확인했다. 나는 개인적으로 그래함의 첫 번째 팀이 만든 '모데스토 선언'(Modesto Menifesto)에서 가장 큰 영향을 받았는데, 이 선언문은 우리를 보호하고 정결함을 지켜갈 수 있는 가이드라인을 설정하고, 이를 실천하는 데 중점을 둔 것이었다. 안타깝게도 WEA '싱가포르 언약'은 이후 우리 역사에서 한 번도 언급되지 않았다.

크리스천 리더십에서 자발적이든 비자발적이든 예상보다 일찍 물러나게 하는 문제에는 어떤 것이 있을까? 책임감의 상실 또는 부재, 권위와 권력의 남용, 잘못된 재정 관리, 성적인 죄, 결혼 생활의 붕괴, 중대한 교리 이탈, 파괴적인 숨겨진 중독, 선을 넘어가는 부적절한 행동, 적절하지 않은 분노, 나르시시즘, 그 밖에 일반적인 도덕적 문제 등을 들 수 있을 것이다. 이러한 문제들은 난마(亂麻)처럼 서로 복잡하게 얽혀 있는 경우가 많기 때문에 원인이 한 가지만 있는 경우는 드물다. 간통 사실이 폭로된 미국의 한 유명 목사는 나중에 데이비드 하워드에게 "데이브, 나처럼 타락한 다른 리더들의 사례를 검토해 보니 피해를 당한 사람들에게 합당한 책임감을 느끼고 있는 사람은 아무도 없었다."라고 고백했다.

이런 사람들도 다시 사역에 복귀할 수 있을까? 그렇다, 하지만 진정한 회개와 장기적인 회복 과정을 거쳐야만 가능하다. 우리는 은혜와 자비를 베풀지만, 진정한 상처는 시간이 걸리더라도 깊은 치유 과정을 통해서만 제대로 치유될 수 있다. "나는 충분히 고통받았고, 용서받았으며 주의 종은 성령의 은사를 부정할 수 없으므로 다시 사역해야 한다"고 주장하며 징계를 가볍게 여기는 사람들에게 실망과 불신을 느낀다. 목사, 선교 지도자, 신학교 교수 또는 기타 기독교 사역의 책임자가 간음 또는 기타 윤리적 타락으로 인해 직위를 박탈당했다가 다시 그 사역으로 돌아올 수 있을까? 어떤 사람들은 "그렇다, 적절한 때가 되면"이라고 주장한다. 다른 사람들은 "아니다, 그 사람은 목회직이나 교수직 또는 기타 공적 사역에 복귀할 수 있는 도덕적, 영적 권위를 상실한 것이다"라고 말한다. 이러한 형제자매들은 먼저 하나님 앞에서 낱낱이 그 잘못된 모습이 그대로 드러나야 하며, 그렇게 철저하게 깨어진 후에야 성령께서 그들을 다시 세우셔서 다른 사역으로 인도하실 수 있다.

다행히도 내가 60년 동안 타문화 사역을 하는 동안 함께 또는 나의 지도하에 사역했던 대부분의 사람들은 진실한 사람들이었다. 나는 그들 모두로부터 배웠다. 그들의 삶과 사역이 나의 삶을 빚어 놓았다. 물론 그들 모두가 함께 일하기 쉬운 것은 아니었다. 그렇지만 그게 뭐 새로운 것은 아니지 않은가? 나와 함께 또는 나의 지도하에 일했던 사람들 중 일부는 내가 항상 존경하거나 존중할 수 없었다. 스페인어로 "*No es santo de mi devoción*"라고 하는데, 번역하면 "그는 내가 섬기고 헌신하는 성자가 아니다"라는 뜻이다. 미묘한 뜻을 가진 말이다.

나는 널리 알려진 기독교 지도자의 자녀에 대한 감명 깊은 이야기로 우리에게 감동을 주려는 의도를 가진 책에 대해 회의적이다. 이는 위험하고 기만적인 것이다. 조작된 위인전처럼 큰 기대를 갖게 할 수 있기 때문에 위험하고, 좋은 경우의 이야기만 들려주기 때문에 기만적이다. 아버지는 나에게 데이비드 리빙스턴(David Livingstone)의 아들 로버트(Robert)가 미국으로 건너와, 루퍼트 빈센트(Rupert Vincent)라는 이름을 갖고 남북전쟁에서 뉴햄프셔 연대에서 싸우다 포로가 되어, 노스캐롤라이나주 솔즈베리(Salisbury)에 있는 '남부 연합 포로 수용소'에서 사망했다고 말해 주셨다. 그는 유명한 그의 아버지에게 더 이상 자신을 아들로 여기지 말라고 썼다.

나는 유명한 그리스도인의 자녀들에 대한 이야기를 너무 많이 알고 있다. 그 이야기는 다양하고 때로는 가슴 아프고 모두 복잡하다. 살면서 많은 일이 일어나고, 부모가 실수를 하고, 잘못된 결정으로 인해 가정이 흔들리기도 한다. 최고의 가정(그것이 무엇을 의미하든)에서 태어난 아이들도 때때로 잘못된 결정, 가슴 아프고, 심지어 비극적인 결정을 내리기도 한다. 나는 어느 정도 잘 알려진 지도자의 가정에서 자랐고 전 세계 복음주의 세계에서 나의 삶과 사역을 투자해 왔다. 그 말은 내가 너무 많은 것을 알고, 죄로 점철된 삶의 모습을 너무 많이 보았다는 뜻이다. 신앙에서 완전히 멀어진 아들이나 딸의 진솔한 이야기를 누가 해 줄 수 있겠는가? 자녀들이 힌두교도가 되거나 무신론자가 된다면 어떻게 될까? 기독교 지도자의 자녀들은 모두 특별한 공격을 받고 있다. 나는 이들을 위해 기도하고, 어떤 이들을 위해서는 울면서 기도한다.

우리 중 누구도 부자가 되려고 선교사가 되어 장기적인 사역을 하지 않는다. 선교사가 된다고 해서 영토가 생기는 것도 아니다. 그러나 다른 유혹, 다른 숨겨진 중독이 있다. 야망은 다양한 얼굴과 모습으로 나타난다. 어떤 이들은 부를 포기하는 대신 "큰 희생"을 내세워 권력과 영향력을 얻어낸다. 그리고 그 권력과 영향력을 통해 후원자들로부터 부질없는 명성을 얻어내려 한다. 나는 어쩌다 보니 "선교지에서 부업으로 돈을 버는" 선교사들을 만나본 적이 있다. 그들은 사기꾼(*personas metalizadas*, 문자 그대로 금전적 이익을 추구하는 사람)이라는 명성을 얻었다. 그들의 이야기도 끝이 좋지 않다.

결론 및 교훈

우리는 이 장에서 멀고도 깊은 여행을 했다. 타문화 사역의 오랜 세월을 돌아보면서 기독교 사역의 선하고 건강한 모범을 보여준 남녀 동역자들을 주신 하나님께 감사를 드린다. 그 과정에서 나는 몇 가지 교훈을 얻었다. 먼저 화해와 회복을 추구하되 정직하고 성실하게 해야 한다는 것과 어떻게 부정적인 일을 통해 얻게 된 교훈조차도 하나님의 유익을 위해 우리를 만들어 가는 데 사용될 수 있는지 하나님께 물어봐야 한다는 것이었다. 나는 어떤 사람들은 나 역시 함께 일하기 어려운 사람이라고 생각했다는 것을 알게 되었다. 나는 무의식적으로 리더십을 개발하는 과정에서 많은 동료들을 모방했다는 사실을 발견했는데, 수십 년이 지난 후에야 이를 깨달았다. 시간이 지나면서 내 다양한 능력과 여러 가지 재능은 팀에 속해 있을 때 가장 잘 발휘된다는 것을 알게 되었다. 또한 내가 사역해서는 안 되거나 내가 별로 흥미를 느끼지 못하는 분야 또는 하나님께서 내게 주신 능력으로 감당할 수 있는 리더십 수준보다 더 높은 능력이 필요한 분야가 있다는 것을 알았다. 나는 일부 리더들이 자신이 감당할 수 있는 범위를 넘어서서 욕심을 내다가 대가를 치르는 것을 보았다.

과테말라에서 함께 섬겼던 사람들, 그리고 나를 만들어 간 30년간의 WEA 사역에서 함께 일했던 동료와 친구들을 주신 하나님께 감사드린다. 물론 의견 충돌도 있었고 쉽게 해결할 수 없는 어려운 상황도 있었다. 하지만 그런 일을 함께 겪을 만한 가치가 있었다. 이 장에서 다루어진 여러 교훈들은 하나님께서 우리를 다시 만들어 가시기 위해 우리를 처음으로 돌아가게 하시고, 다시 지어 가시기 위해 부숴 버리시는 과정에서 얻게 된 것이다. 화융(Hwa Yung)은 하나님께서 우리를 변화시키시는 과정에 대한 부분을 마무리하면서 다음과 같은 점을 지적하였다.

> 첫째, 좋든 싫든 우리가 하나님의 목적을 위해 쓰임 받으려면, 우리 각자는 이처럼 깨어지고, 근본적으로 변화되는 과정을 거쳐야 한다. 앞서 언급했듯이, 죄는 우리 모두에게 다양한 정도의 역기능을 남겨 놓았다. 더욱이, 우리는 우리 주변 세상의 영향과 압력 속에서 성장하면서 의식적이든 무의식적이든 세상이 자랑하는 부패와 교만의 많은 것을 흡수해 왔다.[3]

---

[3] Yung, *Leadership or Servanthood?*, 120.

오래전 어느 해 한국에서 모인 MC 스태프와 ExCo 팀은 호스트이자 너그럽고 재능 있는 동료인 이태웅 박사의 안내로 "매우 중요한 목사님"을 방문하게 되었다. 우리 일행 20명은 엄청 넓고, 화려한 책상과 주요 회의를 위한 커다란 테이블이 있는 집무실로 안내되었다. 학위증, 졸업장, 상장, 화려한 감사 편지, 예술품 등으로 벽이 가득 덮여 있었다. 그렇다, 정말로 **덮여** 있었다. 나는 그 놀라운 '오만함의 기념비' 주변을 조용히 돌아보았다. 다음 날 나는 데이빗(이태웅 목사의 영어 이름)의 사무실을 방문하게 되었다. 그 방은 책으로 둘러싸인 아주 작은 사무실이었다. 거기에 나타난 그의 태도와 정신의 단순함과 소박함이 그 전날 보았던 엄청난 사무실에서 느꼈던 것과는 극명하게 대비되었다. 언제 어디서나 이태웅 박사와 함께하고 싶다. 나의 사랑하는 친구인 그는 시작을 잘했고, 그렇게 계속해 왔으며, 마무리도 잘해가고 있다.

여기서 나는 교훈은 나에게 깊은 의미를 갖고 있으며, 내 마음에 각인되어 마무리를 잘하기 위한 노력을 하는 데 큰 도움이 되고 있다. 나는 어려운 사람들뿐만 아니라 도저히 어쩔 수 없는 사람들로부터도 배웠다. 나는 용서뿐만 아니라 은혜와 여유를 구하는 법을 배웠다. 그리고 때로는 마지못해서, 그러나 궁극적으로는 온전히 같은 것을 베풀어야 했다. 그리고 이 원고를 편집하는 동안에도 회복되는 관계가 있었다. 이것이 바로 은혜, 하나님의 은혜이다.

우리의 모범이 되시는 예수님, 모든 찬양을 받으소서!

성찰 질문

1. 당신은 함께 하기 어려운 사람들과 일하면서 어떤 교훈을 얻었나? 한 가지 사례를 들어 설명하라.

2. 야고보는 왜 "내 형제들아, 너희는 선생된 우리가 더 큰 심판을 받을 줄 알고 선생이 많이 되지 말라"(약 3:1)고 경고하는가? "선생"을 "지도자"로 바꾸고 그 의미를 생각해 보라. 이것은 어떤 점에서 사실인가?

3. 바울이 교회 지도자에 대해 쓰면서 "새로 입교한 자도 말지니, 교만하여져서 마귀를 정죄하는 그 정죄에 빠질까 함이요"(딤전 3:6)라고 한 이유는 무엇인가? 이러한 성경적 규범이 직업적 기독교 사역에도 적용될 수 있는가?

4. 이 장에서 여러분의 성찰을 자극하는 또 다른 내용은 어떤 것인가?

13
성령의 은사에 놀람

기록된 바 "하나님이 자기를 사랑하는 자들을 위하여 예비하신 모든 것은 눈으로 보지 못하고 귀로 듣지 못하고 사람의 마음으로 생각하지도 못하였다 함과 같으니라 오직 하나님이 성령으로 이것을 우리에게 보이셨으니 성령은 모든 것 곧 하나님의 깊은 것까지도 통달하시느니라"(고전 2:9-10).

기독교 리더십이 다른 어떤 형태의 리더십과도 가장 구별되는 점은 아마도 하나님으로부터의 선물이라는 점일 것이다. 어떤 상황에서든 그리스도인에게 있어 리더십은 소명이며, 하나님으로부터 받은 신성한 위임이다.[1]

나는 아직도 배우고 있다(Ancora Imparo)

피터 드러커(Peter Drucker)는 "우리는 이제 학습이 변화를 계속 따라잡기 위한 평생의 과정이라는 사실을 받아들이고 있다. 그리고 가장 시급한 과제는 사람들에게 배우는 방법을 가르치는 것이다."[2]라고 말했다. 그의 통

---

[1] Parkinson, *Understanding Christian Leadership*, 252.
[2] Drucker, *Leadership Now*.

찰은 끝까지 배움을 멈추지 않으려는 열망을 갖고 있는 나에게 격려가 된다. 그 비전이 나의 살아온 이야기 전체를 만들어 왔지만 아직 완성되지 않았다. 최근 아내와 나는 추억이 담긴 가구와 예술품, 책, 그랜드 피아노, 심지어 아코디언까지 가득한 박물관 겸 미술관인 현재의 집을 정리하고 더 작은 집(지구에서의 '마지막' 거주지?)으로 이사할 시기를 다시 의논했다. 우리는 이 집에서 추억과 가슴 아픈 일, 축하해야 할 일과 슬픈 일에 둘러싸여 있다. 벽이 우리에게 말을 걸어온다. 그 결정이 일시적으로 보류된 지금, 우리는 어떻게 이 황혼기의 불확실성을 받아들일 수 있을까?

한편, 더 깊은 성찰이 일어난다. 나의 속에 있는 가장 깊은 '나'는 살아 계시고 은혜로우신 아버지 하나님의 실재와 임재, 그리고 그분의 아들 된 나로 인하여 기뻐하고 축하하게 된다. 그분은 우리를 언제나 기분 좋게 해주거나 못살게 구는 분이 아닌 선하시고, 은혜로우시며, 유일하고 공의로우신 분이시다. 그분은 우주와 열방, 역사, 그리고 나의 가족과 삶을 다스리시는 주권자이시다. 그분은 내 인생의 최고 통치자이시며, 나는 그분이 여전히 나의 이 황혼기에서도 나를 위한 목적을 가지고 계신다는 사실을 기뻐한다.

나는 산기슭의 비전, 즉 나의 여정이 또 다른 산맥을 넘지 않고 눈에 보이는 산등성이와 절벽 어딘가에서 끝날 것이며 그곳에서 내 조상들과 내 백성과 함께 안식할 것이라는 부드러우면서도 확고한 성령의 말씀을 받아들였다.

다시 개명하다

개명이 무슨 뜻인가? 개명은 몇 번까지 할 수 있나? 개명을 하는 실존적 현실은 신비롭고 개인적인 것이다. 때때로 우리는 스스로 이름을 바꾸

> 개명이 무슨 뜻인가? 개명은 몇 번까지 할 수 있나?

기도하고, 다른 사람이 바꾸기도 하며, 하나님도 그렇게 하실 수 있다. 나는 과테말라의 아메리칸 스쿨에서 고등학교를 시작할 때 '빌리'에서 '빌'로 이름을 바꿨다. 나는 17년 동안 과테말라에서 가족과 함께 **타문화 선교사**로 사역하면서 주로 선생으로 일했다. 박사 학위 덕분에 나는 **라틴 아메리카 전문가** 대접을 받기도 했다. 1985년 미국으로 이주한 후 몇 년 동안 나는 과도기적인 삶을 살았다. 1992년쯤 나는 "빌, 너는 **세계화된 섬기는 리더**다"라는 하나님 아버지의 속삭임을 들었다. 그 말은 나의 새로운 현실과 부합하는 진실된 것이었다. 높으신 하나님은 나의 핵심 소명을 보여주는 새로운 표현으로 내 이름을 바꾸어 주셨다.

지난 10여 년 동안 나는 의도적인 멘토링, 약간의 가르치는 일, 글쓰기라는 세 가지로 표현되는 새로운 미래가 다가오고 있음을 직감했다. 2010년에 내가 마지막으로 선호하는 미래로 나아가기 위한 법적 플랫폼으로 TaylorGlobalConsult가 설립되었다. 그 무렵 나는 **장로, 선각자, 현자**를 뜻하는 세 가지 히브리어 용어를 연구하기 시작했다. 그 단어들이 나를 매료시켰고 나는 그것들을 곰곰이 생각해 보았다. 하지만 내가 스스로 새로운 이름을 정할 수는 없었고, 다른 사람들이 나를 새로운 이름으로 부르게 되는 것이 가장 현명해 보였다. 그리고 그렇게 되었다. 나의 첫 미국인 멘토링 집단인 매트와 매트, 마이크와 더그가 나를 "현자"(sage)라는 말로 부르고 안수하면서 "개명식"을 인도했다. 그것은 성령으로부터 온 것이었다. 그 독특한 의식에서는 아버지, 멘토, 장로, 선견자, 요다(Yoda), 오비완 케노비(Obi-Wan Kenobi), 그리고 내가 가장 좋아하는 성 시므온(St. Simeon)의 언어가 사용되었다.

이 용어들은 무엇을 의미하거나 가리키는가? 구약성경에서 171번 사용된 '장로'에 해당하는 히브리어는 말 그대로 수염이나 턱을 가리키는 어근인 자퀜(*zaquen*)에서 유래했다. 이 단어는 노인을 가리키며, 모세를 보좌하는 통치 권한을 가진 70명의 그룹을 가리킨다. 신명기에서 장로는 재판관과 지파의 우두머리와 함께 등장한다. 나중에는 이 용어가 마을의 우두머리에게도 적용된다. 기본적으로 이 용어는 나이와 지혜를 결합한 것이다. 이와 동등한 그리스어인 프레스부테로스(*presbuteros*)는 새로운 교회의 공동체적 리더십에 사용되었으며, 이후 교회 역사를 통해 오늘날까지 조금씩 변경되어 왔다.

초제(*chozeh*)에서 비롯된 선견자는 흥미로운 단어이다. 이 단어는 구약성경에 17번 등장한다. 선지자(*prophet*)의 의미와 유사하며, 선지자라는 말보다 먼저 쓰였다. 열왕기하 17:13에서 이 둘은 통합된다. 역대상 9:22에서는 사무엘을 선견자로 지칭한다. 갓은 다윗의 선견자이고 나단은 그의 선지자이다. 선견자와 선지자는 권위를 가지고 왕들에게도 주님의 말씀을 전했다. 사무엘상 9장 9절은 이 용어를 괄호 안에 두고 다음과 같이 명확히 설명한다. ("옛적 이스라엘에 사람이 하나님께 가서 물으려 하면 말하기를 선견자에게로 가자 하였으니 지금 선지자라 하는 자를 옛적에는 선견자라 일컬었더라.") 선견자는 사람, 현실, 미래에 대해 바른 판단을 할 수 있는 통찰력을 가진 사람으로 인식되었다.

구약성경에서 133번 사용된 차캄(*chakam*)은 지혜로운 사람 또는 능숙한 사람을 가리킨다. 세 가지 용어 중 가장 풍부한 의미를 지닌 차캄은 통찰력 있는 사람, 지혜로운 마음을 가진 사람, 가장 지혜로운 사람, 능숙한 사람 등 현자를 묘사하는 자질을 나타낸다. 이러한 수식어는 총리가 된 요셉을 설명할 때 쓰였다. 또한 예술적 재능을 가진 브살렐과 그의 팀을 지칭하기도 한다(출 28:3; 31:2; 36:1-2).

누군가 내게 이 세 번의 개명이 내 인생에서 어떻게 나타났는지 물었다.

나는 잘 모르겠다. 부분적으로는 젊은 세대 리더들에게 지혜와 경험을 전수해야 한다는 소명/헌신을 위한 것이었다. 또 부분적으로는 멘토링이나 성령이 인도하는 중요한 대화를 통해 표현되기도 했다. 여기에는 현대 사회의 독특한 저주처럼 나타나는 잘못된 부모를 가졌거나, 부모가 없는 아이들을 아버지처럼 양육하는 정신이 담겨 있다. 또한 진실을 말하기 위해서는 용기가 필요하다. 아내와 나는 동등한 파트너이다. 최근 한 친구가 우리 집에서 며칠 동안 깊은 대화를 나누고, 마음을 터놓고, 기도한 후 우리에게 편지를 보내왔다. "두 분이 시간을 내어 주시고 영적 부모의 역할을 해 주신 희생에 감사드립니다." 의도적인 멘토링은 상처받고, 사악한 문화 속에서 그 문화를 거스르는 경건한 자들이 생존하고, 더 나아가 번성할 수 있도록 포용하고 준비시켜 준다. 최악의 상황은 아직 오지 않았으므로 우리는 정치, 경제 제도, 종교적 박해, 그 어느 것이든 더 고통스러운 미래를 대비해야 한다. 이 시대의 징조는 전례 없는 악이 다가오고 있음을 예고하고 있다.

이 세 가지 히브리어 용어는 나의 새 이름의 본질을 잘 요약한 것이다. 지금의 내가 되도록 해 왔으며, 앞으로 내가 소망하는 미래의 나를 만들어 가는 것이다. 그러다 전혀 예상치 못한 순간, 하나님께서 나에게 세 가지 은사를 주셨다는 사실을 깨달았다. "빌, 하나님께서 당신의 가장 깊은 꿈에 다시 힘을 실어 주시어 몇 가지 은사를 주셨어요."라고 적절한 언어를 사용하여 처음으로 얘기해 준 사람은 아내였다.

첫 번째 선물

내가 사랑하는 라틴 아메리카에서 다시 예상치 못한 기회가 생겼다. 스페인어로 말하고, 가르치고, 상담하고, 멘토링하고, 파트너가 될 수 있는 그 기회는 지역, 스페인어, 사역을 모두 아우르는 것이었다. 나는 COMIBAM의 10년마다 열리는 대회에 네 번 모두 참석하고 관여할 수 있는 기회가 있었다. 이 대회는 브라질, 멕시코, 스페인, 콜롬비아에서 열렸다. SETECA 워크북인 『세계 선교』는 1984년 판에서 새롭게 편집되고 확장되어 2025년에 출판되었다. 첫 판이 출판된 지 30년이 지난 지금, 이 교재는 20개의 레슨으로 확장되었고 강력한 하나님의 선교학이 담겨 있다. 이 워크북은 현대의 중요한 이슈를 다루고 있으며, 모든 장은 지역 교회에 적용할 수 있도록 되어있다. 현재 스페인어 온라인 교육 사이트인 '오브레로 피엘'(Obrero Fiel)에서 이 과정을 제공하고 있다. 이 교재가 더욱 널리 사용되도록 하기 위한 여러 계획을 세우고 있다.

2013년 초, SETECA의 두 리더인 아르헨티나 출신 카를로스 로페즈(Carlos López, 당시 총장)와 그의 젊은 칠레 동료인 곤잘로 차모로(Gonzalo Chamorro)가 새로운 연구 센터를 설립하려는 꿈을 가지고 나에게 다가왔다. 이 비전이 담긴 개념이 나를 매료시켰다. 그들이 "당신의 이름을 따서 이름을 짓고 싶습니다."라고 하여 놀랐다. 이유를 물었더니 "당신은 28년 전에 떠났지만 우리가 늘 기억하고 있고, 당신의 유산은 계속 이어지고 있으며, 우리는 당신을 기리고 싶습니다."라는 대답이 돌아왔다. 나는 아내와 함께 숙고하고, 기도하며, 의논할 시간을 요청했고, 아내가 나와 함께해 주어 하나님께 감사했다. 함께 의논하고 하나님의 뜻을 구하고 나서 그다음 날 아침, 나는 친구들에게 "영광이지만 나보다 어른이시고 멘토이자 친구인 에밀리오 안토니오 누녜스 박사의 이름을 앞에 붙여주면 수락하겠다"고 말했다. 두 사람은 동의했고 누녜스도 이 새로운 계획을 축복해 주었다. 아마도 그가 치매로 인해 어려움을 겪기 전 사역과 관련한 마지막 결정이었을 것이다. '누녜스와 테일러 연구 센터'가 구상되었다.

비전이 구체화되고 SETECA와 TGC(TaylorGlobalConsult) 이사회가 이 사

업 계획을 승인했다. 곤잘로는 핵심 팀을 이끌었고, 곧바로 신학교와 더 다양한 교회에 대한 사역을 시작했다. 창의적인 책자들이 출판되었다. SETECA는 사무실 공간을 제공하고 직원을 보내주었고, TGC는 이 전략적 제휴를 위한 기금을 조성하여 향후 건물을 지을 재원을 마련했다. 그러나 전혀 다른 생각을 가진 새로운 총장이 취임하면서 상황이 급변하였다. 그는 센터에 대한 비전도 없었고 카를로스와 곤잘로의 유산을 없애기로 결심하였다. 이 계획은 놀라운 속도로 무산되고 말았다. TGC와 SETECA의 이사회와 새 총장은 양해각서에 서명했다. 그러나 며칠 만에 그는 승인을 철회했고, TGC는 파트너십에서 탈퇴해야 했다. 곤잘로는 SETECA에서 퇴출 압박을 받았다. 꿈은 사라졌다. TGC는 신탁과 관련된 이유로 재정 투자의 대부분을 회수해야 했다. 다시 물거품이 되는 것을 보게 되었다. 쓰디쓴 고통을 맛보았다.

일흔네 살이 되어 꿈꾸던 일이 무산되면 어떻게 받아들여야 하나? 나는 슬픔과 고통을 받아들여야 했고, 공의를 바라는 시편으로 기도하며 평정을 잃지 않기를 바랐지만 쉬운 일은 아니었다.

그런데 1년 후, 놀랍게도 곤잘로는 나에게 다른 꿈을 얘기해주었다. 그는 라틴 아메리카의 남녀 갈등과 가족, 기독교 윤리, 기독교 정신의 위기 등 독특한 의제를 다루는 새로운 변증 플랫폼을 구상하고 있었다. 그것은 하나님의 일이었다. 우리는 전 세계의 다른 유사한 그룹과 기관을 조사했다. 그런 일을 하는 기관은 더러 있었지만 중앙아메리카, 아마도 남미 대륙 전체에도 이와 같은 것이 전혀 없었다. 하나님은 토론하고, 구상하고, 꿈꾸고, 기도할 수 있도록 5명으로 구성된 창의적인 팀을 탄생시키셨다. 2018년 6월, 우리는 25명의 복음주의 지도자들로 구성된 싱크탱크를 구성했다. 그들은 비판적으로 경청하고, 어려운 질문을 던지고, 현명한 제안을 하고, 기도했다. 그 결과 이 프로젝트를 추진하는 것이 "성령과 우리 모두에게 좋게 보인다"는 결론이 내려졌다.

그 후 1년 동안 핵심 리더들은 중요한 이슈, 비전과 사명, 서비스, 리더십, 거버넌스 등을 논의했다. 이 새로운 벤처 사업이 많은 일을 하기 위해서는 과테말라 정부에 NGO로 등록해야 하는데, 이는 쉽지 않은 일이었다. 이 새로운 조직을 무엇이라고 부를까? '연구소'(Institute)라는 개념이 도입되었다. 몇 주간의 논의 끝에 국제적으로 통용되는 이 개념을 채택하기로 결정했다. 어느 날 비몽사몽간에 길과 아이디어의 교차점, 십자가를 연상시키는 CRUX라는 용어가 떠올랐다. 또 다른 기적이 일어났다. 과테말라에 새로 설립되었지만 휴면 상태였던 기독교 재단인 '좋은나무재단'(Fundación Buen Arbol)이 법률 및 재정 플랫폼을 제공하겠다고 하였다. 이 재단이 CRUX 연구소를 수용하고 출범시켜 지원할 수 있게 된 것이다. 2019년 5월, 이 사역은 공식적으로 시작되었다. 그 이후로 팀은 곤잘로의 지칠 줄 모르고 창의적인 SETECA 출신 제자들로 구성되어 성장하였고, 현지에서 그리고 TGC와의 파트너십을 통해 모금을 하였다.

9개월 후, 전 세계가 코로나19라는 치명적이고 전례가 없는 바이러스의 공격을 받게 될 것이라고 누가 상상이나 했을까? 팬데믹은 2020년 CRUX 연구소의 프로그램과 서비스를 근본적으로 변화시켰다. 봉쇄조치가 내려지기 며칠 전, 연구팀은 사려 깊은 청년들로 구성된 첫 번째 실험적 변증학 캠프를 개최하여 핵심 질문을 파악하는 데 도움을 주었다. 전염병으로 인해 들끓는 상황과 과테말라 자체의 통치 체제의 문제로 인한 재난 속에서 일련의 Zoom 및 YouTube 패널 토론으로 팬데믹에 대한 논의를 진행하였다. 그리고 그 결과가 라틴 아메리카인들이 저술한 독특한 책, 『위기의 시대의 대화: 팬데믹으로부터의 성찰』(Dialogues in Times of Crisis: Reflections from the Pandemic)[3]을 전자책과 인쇄본으로 출판하였다.

---

[3] Chamorro and Estrada, Diálogos en Tiempos de Crisis.

곤잘로의 비전, 열정, 재능, 리더십이 이 모든 과정을 이끌었다. 실속 있고 존재감 있는 실행 이사회가 라틴 밀레니얼 세대로 구성된 이 팀을 든든하게 지원하고 있다. 나는 곤잘로, 프랭크 사엔즈(Frank Saenz), 휴고 모랄레스(Hugo Morales)와 같은 동료들과 함께 일하는 영광을 누리고 있다. 성령께서 "부활은 죽음을 필요로 하고 오직 죽음 뒤에만 이루어진다"는 말씀을 다시 한번 상기시켜 주셨다. CRUX는 NTRC의 죽음이 있은 후에야 탄생했다. 그러나 그 죽음이 남긴 재속에 있는 영양분이 풍부한 밑거름으로 하나님은 예상치 못한 것을 창조하셨다. 누가 'CRUX 연구소'를 꿈꿨을까? 아무도 없었다. 과테말라에서 운영되는 이 기관은 전 세계 스페인어권으로 뻗어 나가고 있다.

두 이사회의 기억에 남는 첫 만남이 있었다. 2018년 말, CRUX와 TGC 이사회는 오스틴에서 만나 두 조직 간의 관계와 TGC가 CRUX를 지원할 수 있는 방법을 의논하였다. 테이블에 둘러앉은 이사회에서 TGC의 회장인 하워드 모리슨은 공식적으로 환영 인사를 하고 기도로 합동 이사회를 시작했다. 그런데 놀랍게도 나의 오랜 친구이자 동료인 데이비드 루이즈가 끼어들며 "형제 여러분, 제가 먼저 한마디 하고 싶습니다. 분명히 할 것이 있지요? 우리는 여러분을 만나고, 여러분을 알아가고, 함께 걸어가는 법을 배우기 위해 과테말라에서 왔습니다. 우리는 여러분의 재정적 자원에 그다지 관심이 없습니다. 우리는 여러분의 마음이 어떤지, 여러분의 개인적인 삶은 어떤지를 알고 싶습니다. 우리는 함께 가고 싶습니다. 이런 교제를 나누는 것으로 시작하면 안 될까요?" 나는 그 말을 듣고 숨을 멈추었다. 나는 데이비드가 국제 파트너십의 '황금률'을 자유롭게 행사하는 미국의 주요 기부자들을 상대해 왔다는 사실을 알았기 때문이었다. 황금률은 '황금을 가진 자가 마음대로 할 수 있다'라는 것이다.

성령의 인도하심을 받은 하워드는 즉시 "데이비드, 정말 멋진 생각이에요. 제 이야기로 시작해도 될까요?"라고 말했고, 북미 이사들은 가족의 어려움, 응답 받지 못한 기도, 삶 속에서 일하시는 하나님의 신비를 나누면서 모두에게 특별한 경험을 갖게 했다. 라틴 이사들도 같은 마음과 자신의 연약함을 드러내는 것으로 화답했다. 나는 솔직히 그 중요한 이사회 회의의 나머지 부분은 잊었지만, 예수께서 우리의 마음을 고난과 은혜, 아픔과 기대 속에서 하나로 묶어 주셨다는 것을 알고 있다. 재정에 관한 안건도 다루었지만 투명한 상호 파트너십의 맥락에서 논의되었다.

그러나 모두가 '누네스와 테일러 연구 센터'의 꿈을 포기한 것은 아니다. SETECA의 새로운 리더십은 센터를 되살려서, 인력을 배치하고 예산을 편성하고, 새롭게 뿌리를 내리고, 특별 행사를 주도하며 새로운 출판물을 제작할 수 있는 공간을 마련했다. 조용히 새로운 형태를 갖추기 시작했다. 이전의 계획이 좌절된(죽게 된) 후 남은 재가 밑거름이 된 예상치 못한 결실인가? 또 다른 죽음과 부활인가?

라틴 아메리카의 보너스 선물

2014년 코스타리카 시민권을 취득하기 위한 절차를 시작하면서 라틴 아메리카가 주는 선물의 독특한 면이 나타났다. 몇 년 동안 나는 그 가능성을 두고 고민했다. 왜 그랬을까? 솔직히 잘 모르겠다. 내가 잉태되고, 태어나 어린 시절을 보내어 그 문화적 토양에 기반을 두고 있다는 나의 뿌리에 대한 의식과 관련이 있다고 생각한다. 또는 제3문화권 아이들에게 공통적으로 나타나는 '사우다드'(*saudade*, 포르투갈어로 부재하는 무언가 또는 누군가에 대한 깊은 그리움)의 또 다른 징후였을까?

나는 휴스턴에 있는 코스타리카 영사관에 전화해 절차를 시작했다. 하나님의 섭리 속에서 나의 아버지는 (무엇이 아버지를 사로잡은 걸까?) 나의 법적 출생 증명서(코스타리카 및 미국 대사관 버전 모두)를 보관하고 계셨다. 하지만 다음 장애물은 넘을 수 없는 것이었다. 1940년 11월 7일 코스타리카 산호세의 '클리니카 비블리카'(Clínica Bíblica)에서 내가 태어났다는 것을 확인해 줄 증인 두 명이 필요하다는 것이다. 영사에게 아무도 없다고 말했더니 영사는 "하지만 보증해 줄 형제자매나 사촌이나 다른 가족이 있지 않나요?"라고 물었다. 나는 나 밖에 없다고 말했다. 영사는 외무부에 문의해 보고 공식적인 답을 해 주겠다고 했다.

3주 후에 그녀의 이메일이 도착했다. "외무부에서 오늘, 코스타리카에서 귀하가 출생증명서의 인물이 맞다고 법적으로 보증해 줄 두 사람을 찾기만 하면 된다고 하더군요. 그 증인들과 코스타리카 출생증명서 및 기타 서류를 제출하면 절차를 마무리할 수 있습니다." 나는 두 명의 증인이 서명한 공식 서류를 가지고 휴스턴으로 가서 최종 서류에 서명한 다음, 집으로 돌아와 코스타리카 선거에서 투표할 수 있는 시민권 카드와 내가 원하던 여권을 발급받기 위해 통지를 기다렸다.

휴스턴으로의 마지막 여행은 감정의 소용돌이를 일으켰고 아들 데이비드가 영사관까지 동행했다. 코스타리카는 공식 사진 촬영에 대한 요구 사항이 독특하다. "고개를 오른쪽으로 돌리세요. 웃지 마세요." 또한 흉내내기 어려운 독특한 서명을 남겨야 했다. 그것은 라틴 아이들이 어떻게 자신의 서명, 즉 지문 피어를 만드는지가 기억났다. 나는 영사관 직원이 "그것이면 될 것 같아요."라고 말할 때까지 시도했다. 나는 다시 그 서명을 재현할 수 없을 것 같다.

나는 2015년 4월 16일에 발급받은 코스타리카 여권과 선거관리위원회에서 발급한 신분증(Cédula de Identidad)을 오른쪽에 두고 이 글을 쓴다. 나는 코스타리카와 미국의 시민이며, 거주와 결혼으로 인해 텍사스 자치공화국의 시민이 되기도 했다. 내가 살고 있는 행성 지구에서 나는 임시 거주 중인 이방인이다. 천국에서의 시민권과 함께 그것이 현세에서 그리고 영원히 나를 보호해 줄 것이다.

두 번째 선물

1986년 중반 트리니티 복음주의 신학교를 떠난 후 나는 또 다른 큰 상실이 있을 것을 예상했다. 나는 더 이상 정규 학교에서 가르치는 일은 없을 것이라고 생각했다. 더 이상 강의실에서 내 평생의 기술을 연마하지 않을 것이었다. 가르치는 일은 나의 핵심 은사이자 열정이었다. 하지만 나는 성령의 속삭임이 느껴졌다. "빌, 내가 1985년에 라틴 아메리카에 대한 너의 생각을 내려놓고 나를 따르라고 했는데, 이제 1986년에는 정규 학교 교육에 대한 너의 생각을 내려놓고 나를 따라야 한다. 그러면 네가 원하는 미래가 열릴 것이고 너는 성공할 것이다." 그 성령의 감동이 아픔을 덜어주었다. 한편으로는 아칸소 교회에서의 경험으로 몹시 낙심 되었지만, WEF 선교위원회와 함께 전 세계로 뻗어 나가는 일이 실제로 일어나면서 나는 완전히 새로운 세계로 빨려 들어갔다. 아시아, 유럽, 아프리카, 아메리카, 남태평양, 중동, 카리브해의 수많은 나라 출신의 자매, 형제들과 질적으로 깊은 관계를 구축하기 위해 새로운 은사가 필요했고, 나의 모든 타문화 경험은 이제 더 확장될 것이었다. 라틴 아메리카에서 17년간의 경험을 바탕으로 점점 더 세계화되면서 나는 은사, 열정, 성숙함의 독특한 융합을 받아들였다.

하지만 가르치는 일은? 아… 나는 MC 사역을 하던 그 수십 년 동안의 여정을 통해 엄청난 교육 인프라를 필요로 하지 않는 교육의 형태, 즉 비형식 교육의 현황과 가능성을 연구하게 되었다. 이러한 형태의 교육은 기숙사, 시험, 각종 의식, 캠퍼스를 만들기 위한 막대한 투자, 도서관 및 교수진, 일반 학교와 기독교 학교의 인증 요건 등 끊임없는 요구 등에 시달릴 필요가 없다. 비형식 교육은 교사 중심이 아닌 학생의 자기 발견에 초점을 맞추어 가시적인 성과와 기대치를 염두에 두고 의도적으로 설계할 수 있다. 전 세계의 MC 팀은 중요한 질문을 제기했다. 어떻게 하면 타문화 사역을 위해 남녀 후보생들을 가장 잘 훈련하고 준비시킬 수 있을까? 어떻게 하면 아무런 전제 없이 전혀 새로운 훈련 프로그램을 설계할 수 있을까? 어떻게 하면 창의적인 교육적 상황화를 통해 전 세계에 새로운 선교사 훈련 센터를 구상하고 만들어 갈 수 있을까? 공식 교육 시스템이 비공식 교육을 받은 졸업생들을 받아들일 수 있을까? 새로운 상황에서 **탁월성**(excellence), **접근성**(access) 같은 용어는 어떻게 적용될 수 있을까? 이런 교육 훈련은 장기적인 타문화 사역의 자격을 갖춘 모든 사람에게 열려 있어야 했다. 우리에게 있어 탁월함이란 학문 수준이나 학점에 관한 것이 아니라 결과로 나타나야 하는 것이었다. 즉 졸업생들이 그리스도인으로서의 성품의 진실성을 가지고 사역하게 되어, 어려운 사역에도 잘 준비되는 것을 의미했다. 나는 이 일에 있어서 존 루이스, 롭 브린욜프슨, 바요 파모뉴어, 밥 페리스, 로이스 풀러, 루디 기론, 데이비드 할리, 스티브 호크, 이태웅, 타이터스 룽, 레이 윈저에게 큰 빚을 지고 있다. 특히 존을 통해 나는 비형식 교육, 그리고 비형식 교육을 통해 모든 차원에서 효과적인 사역을 할 수 있는 준비를 갖추게 하는 것을 이해하게 되었다. WEA 사역을 마무리할 무렵, 하나님께서는 예상치 못한 선물 즉 다시 강의실에서 가르치는 일을 하게 해 주셨다.

다시, 안코라 임파로(Ancora Imparo)

2008년 라틴 아메리카의 주요 신학 교육자들을 양성하기 위해 마련된 DET (Doctorado en Educación Teológica) 프로그램에서 SETECA를 시작으로 정규 학교에서 다시 가르칠 수 있는 새로운 문이 열렸다. 나는 누녜스 박사의 "라틴 아메리카를 위한 신학 교육의 상황화" 강의를 물려받았다. 나는 이 강좌를 새롭게 만들면서 신학적, 교육적 엄격성뿐만 아니라 신학 교육에 있어서의 영성에 대한 혁신적이고 근본적인 초점으로 명성을 얻었다. 이 학술 코호트는 매 3년마다 시작되어 준비하고 수정하며 쉴 수 있는 시간이 주어졌다. 나의 SETECA 동료이자 공동 지도교수인 데이비드 수아조는 기꺼이 학생들을 평가하는 일을 맡아 주었다. 성령께서 2021년에 나를 가르치는 일에서 놓아주셨다. 이제 다른 교수가 강의를 재구성하게 되었다.

하지만 2023년 초에 SETECA가 나에게 **명예 신학 교육학 박사** 학위를 수여하여 나를 놀라게 할 것이라고는 상상도 못했다. 폴 브랜치 박사와 데이비드 수아조 박사가 학위 수여식과 업적 소개에서 보여준 격려와 존경의 말씀은 우리가 공유하는 상호 사랑과 존경을 돋보이게 했다. 특히 아내의 참석은 놀라움을 함께 나누는 의미 있는 시간이 되게 하였다. 초임 교수 시절부터 최근의 기회에 이르기까지, SETECA와 나의 1970년부터 2024년까지의 인연은 나에게 특별한 추억을 선사해 주었다.

2010년에 TSM (Trinity School for Ministry, 펜실베이니아주 앰브리지에 있는 성공회 신학교)에서 2011년부터 목회학 박사(D.Min.) 과정의 선교학 강의를 맡아 달라는 초대를 받았다. 5일 동안 집중적으로 진행되는 30시간 수업의 학점 과정을 만드는 것이 과제였다. 중요한 것은, 이 강의가 『세계 선교』를 대폭 확장한 내용이 반영된다는 점이었다. 이 책이 라틴 아메리카와는 다른 학생들과 학문적 수준에 맞게 상황화되고 번역된 것이다. 나는 매일 아침과 오후에 기도회가 있고 수요일마다 성체성사가 있는 신학교에서 가르치는 축복을 받았고, 그 덕분에 성공회를 더 깊이 이해하게 되었다. 그리고 2021년, 그 과목을 11년간 맡아 강의한 귀한 세월이 지나고, 물러날 때가 되었다.

CRUX 연구소는 새로운 일련의 Zoom 웨비나, 교육 이벤트, 블로그를 개설하여 다양한 상황과 콘텐츠에 나의 스페인어를 활용할 수 있게 해주었다. 요약하자면, 은혜로우신 하나님 아버지께서는 내 인생의 노년기에 나의 처음 사역 당시에 가졌던 가르치는 일에 대한 사랑을 다시 불 붙일 수 있도록 나를 놓아주셨다. 나는 전 세계의 다양한 교육적 상황에서 가르치는 일을 연습하고 경험할 수 있었다. 나는 정규 교육에 20년, 비정규 교육에 30년을 투자했고, 마지막에는 두 가지 상황에서 모두 가르쳤다. 노년기에 접어들어 가르치는 일은 이야기와 경험, 성숙함과 선교학, 새로운 프로그램과 방법에 대한 비전, 비정규 교육과 정규 교육의 가치, 그리고 학교에서의 대면 교육(공동체가 개발되고 경험되는 상황 가운데)과 이에 대비되는 가상 공간을 이용한 학습의 역할 등으로 내용이 풍성하고 보다 충실한 것이 되었다. 나는 모든 새로운 방법에서 영성과 글로벌한 무대의 관점에 중점을 두었다. 물론 팬데믹으로 인해 모든 교육 훈련의 전제를 새롭게 검토하게 되었지만, 나는 우리가 창의적이면서도 새로운 상황에서 요구되는 방식들, 특히 원격 교육에 있어 비교적 상당히 잘하고 있다고 확신한다.

다면적인 선물을 받은 나는 참으로 축복받은 사람이다.

세 번째 선물

내가 전업 선교사로 사역을 시작했을 때 우리는 **제자훈련**이라는 용어를 사용했다. 이 용어는 한동안 통용되던 용어였다. 라틴 아메리카에서 사역하는 동안 용어가 바뀌었다. 오늘날에는 **멘토, 멘티, 멘토링**이라는 용어가 제자훈련과 비슷하게 사용되고 있지만 다른 사역의 장르를 시작하게 한 면이 있다. 나는 멘토링을 위해 태어났고, 그렇게 형성되었고, 부름을 받았으며, 재능을 타고났다고 생각한다. 나는 또한 이 은사를 잘 다듬어 왔다.

그러한 사역의 공간에서 변혁적 제자도에 대한 열정이 생겨났고, 이제는 의도된 제자훈련을 하고 있다. 이렇게 삶과 삶이 부딪혀서 생겨나는 역동성은 관계를 나타내는 여러 가지 용어들로 표현된다. 즉 "본보기", "모델", "교사", "제자", "멘토" 등이다. 멘토링에는 "지식의 말"과 "지혜의 말"이라는 은사가 필요한 것 같다. 우리는 이 대단히 중요한 주제에 대한 광범위한 성찰, 글, 연습, 교육 과정을 만들어 준 바비 클린턴(Bobby Clinton) 박사와 근래에 등장한 그의 아들 리처드에게 큰 빚을 지고 있다. 이와 관련된 자료를 찾아보기 바란다.

사무엘 에스코바는 멘토링에 대한 내 생각을 잘 표현하고 있다.

> 누군가 당신을 한 인간으로 관심을 갖고, 당신의 이름을 기억하고, 당신을 자신의 영역으로 끌어들여 가르치고, 상담하고, 이끌어 주고, 애정과 신뢰의 끈을 놓지 않고 필요할 때에 당신을 책망하거나 권면하는 것, 그것이 바로 목회적 돌봄의 우선적이고 가장 중요한 경험이라고 할 수 있다. 그것이 멘토를 다른 사람들과 구별되게 하고 그 안에 있는 소명을 일깨워줄 것이다. 그것은 어떤 책에서도 배울 수 없다.[4]

최근 몇 년 동안 나는 나의 **멘토링 지표**를 개발하였다. 그것은 의도성, 공동체, 동료 관계, 지속성, 장기적 헌신, 자신의 약점을 드러낼 수 있는 취약성, 정직성, 비밀 유지, 고백, 웃음과 눈물과 회개를 위한 안전한 공간, 말하고 책망할 용기, 긴 침묵의 시간, 거룩한 독서(Lectio Divina), 저녁 기도, 치유의 말과 따뜻한 신체 접촉, 자신의 사적이고 은밀한 삶을 깊이 파고드는 것, 가족의 시스템이 어떻게 그들을 긍정적으로 또는 부정적으로 만들었는지 살펴보도록 격려하는 것 등이다. 나는 언제 관계나 동아리를 끝내야 하는지 분별할 수 있는 능력과 필요성을 개발하였다. 하나님께서는 내

4　Samuel Escobar와 저자 사이의 개인적인 대화, 2020.

가 개인과 그룹, 두 가지 매우 다른 범주의 멘토가 될 수 있도록 허락하셨다.

어떤 경우에는 몇 사람을 초대하여 소규모 공동체를 만들기도 했다. 나는 그들에게 명확한 지침을 제시하였다. 한 시즌 동안 기도해 달라고 요청하고, 그 후 그들이 이 익명의 독립적(off-grid) 그룹을 받아들일 수 있는지 나에게 알려달라고 하였다. 그 과정에서 하나님께서는 미국에 3개, 라틴 아메리카에 3개, 총 6개의 그룹을 탄생시키셨다. 각 '십자가 공동체'(Community of the Cross) 참가자에게는 코스타리카산 원목으로 만든 작은 십자가와 묵상과 대화를 기록할 수 있는 노트가 제공된다. 각 모임 때마다 주요 주제의 중심이 되는 책을 읽을 것을 요구한다. 참가자들은 매년 갖는 모임 전체에 반드시 참석해야 한다. 우리는 공동체를 시작할 때에 개인의 이야기와 대화, 기도와 안수하는 시간을 충분히 갖도록 한다. 라틴 아메리카 동료들(모두 전업 사역을 하고 있음)은 그들의 정체성과 역할의 상징으로 목자의 지팡이를 받았다. 천천히 그들에게 성찬 전례 훈련을 소개하여 저녁 취침 전 기도문을 읽도록 하였다. 우리는 기도문(Collects), 시(psalms), '교회에 보내는 편지'(Letters to the church)를 쓰는 방법을 배웠다. 나는 그들이 삶을 잘 마무리하게 되기를 바라며, 내가 잘 죽는 것뿐만 아니라 기품 있게 늙어가는 것의 모범이 되기를 바란다. 이것은 어려운 도전이다. 우리는 성찬식으로 마무리한다.

나는 축복의 힘과 축복을 보류하는 것의 놀라운 힘을 배웠다. 멘티들은 나의 삶에, 나는 멘티들의 삶에 예언적인 말을 해 준다. 나는 그러한 그룹 내에서 용서를 구했다. 쉽지는 않았지만, 나는 신성한 임무가 순조롭게 끝났을 때 용기를 가지고 지혜롭게 그룹을 마무리할 수 있었다.

두 문화적 상황 모두에서 나는 남성들의 자신의 약점 들어내기, 진실 말하기, 정직함의 수준에 만족했다. 라틴 문화에서는 몇 가지 가치가 더 미묘하게 작용하는데, 나는 그중 일부만 이해하였다. 나의 문화에 대한 지적 기술이 더 확장되었다! 그러나 이러한 맥락에서는 매우 사적인 주제도 등장한다. 미국 그룹에서 나는 주로 일반적인 직업을 가진 남성들을 멘토링 하면서 그들이 공통으로 갖고 있으면서도 독특한 소명을 갖게 한 특별한 가치를 분별하게 되었다.

특히 수십 년 동안 WEA 선교위원회 책임자로 있는 동안 성령께서 일대일 멘토링의 많은 사례를 갖게 해 주셨다. 방금 전 나를 **멘토**로 불러준 40명의 명단을 만들었다. 어떤 경우에는 그들이 나를 비공식적인 멘토로 생각했다는 것을 전혀 알지 못했다. 이전에 의도적으로 관계를 맺었던 다른 사람들과의 관계는 그들에 대한 나의 과제가 완료됨에 따라 마무리되었다. 흥미롭게도 그들 중 일부는 몇 년 동안 은혜 가운데 헤어졌다가 다시 돌아왔다.

2019년 중반에 잊지 못할 삶과 삶이 만나는 경험을 했다. 나는 나의 친구이자 동료인 윌리 크루(Willie Crew)가 설립하고 이끄는 중요한 사역의 30주년 기념식에서 연설하기 위해 남아프리카공화국으로 갔다. 그 행사 후 아드리안 아담스(Adriaan Adams)와 그의 가까운 친구인 테르티우스 니우보우트(Tertius Nieuwoudt)는 나를 데리고 7일간 보츠와나를 가로지는 여행을 했다. 우리는 아주 독특한 곳인 엘러펀트 샌즈 캠프에 머물렀고, 그 후 짐바브웨를 거쳐 잠비아로 이동하여 빅토리아 폭포와 데이비드 리빙스톤 기념비("삼대 폭포" 즉, 이과수, 나이아가라, 빅토리아 체험의 마지막으로)를 방문했다. 우리는 차를 타고 나미비아를 거쳐 다시 보츠와나와 남아프리카공화국으로 돌아왔다. 연로한 나와 젊은이들이 쉬지 않고 대화를 나누며 솔직하게 서로 자신의 연약함을 드러내며, 풍성하고 서로를 부요케 하는 대화—'한계성'(liminality)의 개념과 모이는 교회와 흩어지는 교회 양편 모두의 풍성함의 도전에 대한 놀랍고 지속적인 대화가 이어졌다—를 나누었다. 어느 날 밤 나는 하마와 너무 가까이서 잠을 잤다. 그 예정에 없던 기회가 나의 삶과 세계관의 일부를 만들어 주었다. 하나님은 우리가 먹고 마시고, 그가 지으신 세상을 관찰하고, 기도하고, 대화하고, 울고, 잠을 자는 동안 도로와 길 위에서 우리를 만나주셨다. 나는 그런 식으로 삶을 사는 것을 좋아한다. 그 젊은이들은 그들의 삶을 내 삶 속으로 쏟아 부었다. 지금의 내가 된 것 또한 그들 덕분이기도 하다.

나는 영광스럽게도 전 세계의 동역자들 및 친구들과 동료 멘토링 관계를 유지할 수 있었다. 그러한 관계의 장르는 매우 독특하지만 강력하기도 하다. 리더의 삶에서 책임감이 결여되면 필연적으로 숨겨진 중독, 슬픔, 상처로 인한 고통을 받고, 많은 경우 지위를 잃게 되는 죄로 이어지기도 한다. 이러한 삶과 삶이 만나는 관계에 대한 마지막 코멘트는 다음과 같다. 나는 멘토링을 하지 않는 기독교 지도자들이 많다는 데 대해 놀라움과 우려를 금할 수 없다. 멘토링은 소수의 사람들에게만 주어지는 특별한 은사, 소명, 헌신일까? 왜 그들은 멘토링을 하지 않을까? 왜 멘토링이 그들의 삶의 현장에는 없는 걸까? 당황스럽다.

결론 및 교훈

그렇다, 이 세 가지 선물은 나를 놀라게 했다. 라틴 아메리카를 떠난 지 그렇게 오랜 세월이 지난 후에 그런 선물이 나에게 주어질 것이라고는 꿈에도 생각하지 못했다. 그리고 그 선물은 평생의 사역 끝에, 그리고 30년 동안의 WEA-MC 리더십 시행착오 끝에 비로소 나에게 전해졌다. 혼인 잔치 마지막 부분을 위해 최고의 포도주를 남겨두었다는 것인가?

나는 이제 나이와 건강, 현재의 삶과 소명이 갖고 있는 독특한 상태 때문에 천천히 걷고 있다. 나는 또한 지나간 삶의 다양한 전투의 트로피인

> 나는 이름이 바뀌어 확장된 나의 정체성을 받아들인다.

내면의 절룩거림을 경험하고 있다. 나는 이름이 바뀌어 확장된 나의 정체성을 받아들인다. 나는 계속 책을 읽고, 배우고, 참여하며, 때로는 동의하지 못할 때도 있을 것이다. 나는 서로 다른 문화에서의 상황화뿐 아니라 하나님께서 내가 뿌리내리게 한 텍사스 오스틴이라는 도시에서의 상황화를 이해하고 싶다. 나는 하나님을 더 깊이 숙고하고, 그분의 말씀을 더 깊이 탐구하며, 그분의 영을 더 친밀하게 경험하고, 그분의 교회와 더 깊은 관계를 경험하고 싶다. 나는 인종 및 민족 간의 갈등과 폭력, 종족주의와 이민, 그리고 갈갈이 찢긴 미국 사회에서 참된 기독교에 대한 반감이 커지는 것에 대해 고민하고 있다. 나는 선교적으로 그리고 선교학적으로 생각하고 싶다. 나는 성찰적 실천가로서 계속 성장하고 싶다. 나는 세속적이든 기독교적이든, 네트워크든 동맹이든 연합이든 또는 이들의 조합이든 간에 사람들을 협력적 벤처사업으로 하나로 모으는 힘과 요인이 무엇인지에 대해 계속 탐구하고 있다.

나는 마지막 한 바퀴를 돌고 있는 이 독특한 계절에 기대고 있다. 나는 단순화하고, 물건과 책 등을 처분하고, 우리의 '물건'을 줄이고, 다음 시즌을 준비하기 위해 진지하게 노력하고 있다. 나는 여전히 배우고 있다. 그러한 정신이 내 상상력을 사로잡고 있다. 나는 지금은 낡고 갈라진 오래된 신발을 신고 있다. 나는 인생 말년에 주어진 마지막이 될지도 모르는 선물에 감사하고 있다. 잘 마무리하고 싶다.

성찰 질문

1. 인생 끝부분에 이름을 바꾼다는 것은 어떤 의미가 있나?

2. 당신은 어떤 의미에서 이미 개명했다고 할 수 있나?

3. 저자가 뒤늦게 받은 선물이 하나님의 본성에 대해 보여주는 것은 무엇인가?

4. 나이가 들고 단순히 늙어 간다는 것이 주는 주요 도전은 무엇인가? 그것이 어떻게 재구성될 수 있는가? 직면해야 할 도전은 무엇인가?

5. 잘 마무리한다는 것은 무엇을 의미하나?

현재까지

Missio Nexus의 상을 받고 가족들과 함께,
플로리다 올란도에서

테드 에슬러 박사
Missio Nexus, 2018년

결혼 50주년 기념 가족 모임, 2016년 과테말라 안티구아

이본의 연주: Reflections of Beauty

빌: 트리니티목회신학교(TSM)

아드리안과 테르티우스,
남아프리카공화국, 2019년

1기 십자가 공동체, 2023년

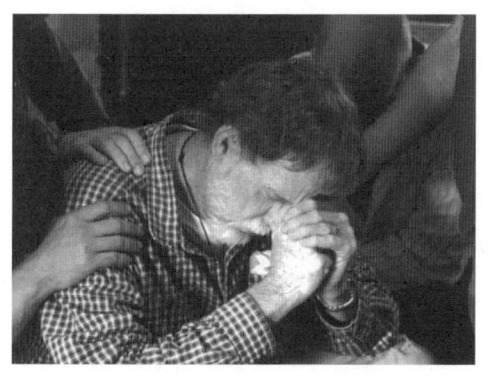

서로를 위한 기도

2기 십자가 공동체, 2023년

CRUX 연구소 직원, 2024년

곤잘로 차모로

SETECA 졸업식에서의 연설, 2023년

나는 아직도 배우고 있다
(*Ancora Imparo*)

아버지의 신발

성 시므온(St. Simeon)

결론
잘 이끌고 잘 마무리하기

나는 여러분에게 손을 뻗는 리더의 이미지를 남기고 싶다. 그는 낮은 곳을 향하는 삶을 선택하는 리더이다. 기도하는 리더, 자신의 연약함을 드러내는 리더, 신뢰하는 리더의 이미지이다. 그 이미지가 여러분의 마음을 희망과 용기, 자신감으로 가득 채우길 바란다.1

내가 산 자들의 땅에서 여호와의 선하심을 보게 될 줄 확실히 믿지 않았다면 절망하였을 것이다(시 27:13, NKJV).

"내가 왔어"

1972년 3월 과테말라의 어느 늦은 밤, 초인종 소리에 아내와 나는 깜짝 놀랐다. 그때는 군부가 정한 통행금지 시간이 있었다. 삼중 잠금 장치가 된 차고 문을 열고 보니 내가 잘 알고 있고, 사랑하는 우리 선교회의 회장이었다. 하지만 그는 그때 과테말라가 아닌 댈러스에 살고 있었다. 의아한 나는 "여기서 뭐 하세요?"라고 물었다. 그의 짧고 전혀 설명이 없는 대답이 돌아왔다. **"내가 왔어."** 나는 대문을 열고 그를 따라 계단을 올라가 우리의 작은 집으로 들어갔다.

---

1 Nouwen, *In the Name of Jesus*, 71, 73.

그는 내가 최악의 상황을 겪고 있던 때에 나타났다. 나는 우리 선교회의 현지 리더와 해결되지 않는 갈등으로 인해 상처를 받고 있었다. 그는 엄청난 재능을 가졌지만 나로서는 그 밑에서 일하기 어려운 나의 직속 리더였다. 1972년 초 몇 달 동안 나는 망연자실했고, 꿈이 산산조각 났으며, 실패의 문턱에 서 있다고 느끼고 있었다. 성령께서 나를 **첫 번째** 맹렬한 해체의 불길 속으로 던져 넣으셨다는 사실이 이해되지 않았고, 내 힘으로는 아무것도 할 수 없고, 출구도 없는 용광로 속에 있었다. 나는 내가 쌓아오던 경력이 무너질지도 모르는 막다른 상황 속에서 쓰디쓴 재를 맛보는 것 같았다. 중도탈락을 하기 직전까지 간 나는 참담한 상태였다. 가족, 동료, 후원자, 심지어 나 자신에게까지도 나의 실패를 설명할 자신이 없었다. 낙오자가 된 내가 도대체 미국에 돌아가서 무엇을 할 수 있을까? 게다가 나는 미국을 좋아하지 않고 있었다.

그런데 그분이 그날 밤늦게 갑자기 나타난 것이다. 그는 크리스틴의 침실을 들여다보고 그 아이를 축복한 다음 작은 거실로 돌아와 자리에 앉았다. 그는 우리(나와 아들 데이비드를 임신한 지 8개월 된 아내)를 바라보며 "어떻게 지냈어?"라고 물었다. 나는 주체할 수 없이 흐느꼈다. 나는 그가 나를 깊이 사랑한다는 것을 알고 있었다. 나는 그와 함께 있으면 안전하다고 느꼈다.

나는 더듬거리며 문제를 설명하려고 했다. 그는 경청하였고, 반응을 보였다. 한참이 지난 후 그는 부드럽게 "빌, 주님의 포도원에는 너를 위한 자리와 역할이 있어. 우리가 너를 위해 그 자리를 찾아 줄게. 박사 과정을 위해 떠날 때까지 4개월을 버틸 수 있겠어? 시간은 충분해." 그가 조용히 앉아 경청하고, 의견을 말하고, 질문하고, 기도하면서 긴 치유의 대화가 시작되었다.

놀랍게도 아내는 나보다 훨씬 더 큰 문화적 충격과 적응의 어려움을 경험했지만 그 당시에는 위기를 겪고 있지 않았다. 신비롭게도 그녀는 평정심을 잃지 않고 있었고, 나의 아픔을 같이 느끼며 영적, 업무적, 관계적, 정서적인 어려움을 겪고 있는 나에게 흔들리지 않는 버팀목이 되어주었다. 방문객은 자리에서 일어나 어둠 속으로 사라졌다. 지금까지도 나는 그가 그때 왜 과테말라로 날아왔는지, 내가 위기를 겪으며 갈림길에 서 있을 때에 어떻게 그날 밤 우리 집 문 앞까지 왔는지, 누구와 함께 떠났는지 전혀 알지 못한다. 그는 전혀 예상치 못하게 우리 앞에 나타난 것이다. 심지어 그가 천사였는데 우리가 못 알아본 것은 아닐까 하는 생각도 들었다. 우리는 그 방문에 대해 이야기한 적이 없다. 그날 밤 나는 편안한 마음으로 잠들었다. 다시 희망이 생겼다. 수십 년이 지나서야 그 방문자가 나의 남은 인생의 리더십 비전에 어떻게 절묘하게 영향을 끼쳤는지 알 수 있었다.

그 사람은 윌리엄 해리스 테일러(William Harris Taylor) 박사였는데, 당시 CAM 인터내셔널(이후 Camino 글로벌, 현재는 Avant에 흡수 합병)의 대표였다. 앞서 그분에 대해 언급하면서 그는 리더십과 영향력이 절정에 달했을 때 대표직에서 사임하여 우리를 놀라게 하였다는 것도 이야기했었다. 그분은 나의 아버지, 아빠, 그리고 신비로운 존재였다. 천사였을까?

이야기 해석하기

아버지도 어머니도 리더십에 대한 비전이나 열망이 없었다. 그들은 예수님을 사랑했고, 복음과 잃어버린 자들에 대한 열정이 있었다. 예수님이 곧 다시 오신다고 믿고 있었다. 아버지는 그 어려운 가정법을 포함하여 탁월하게 스페인어를 습득하셨다. 그는 대단한 이야기꾼이었다. 그와 어머니, 그리고 그 세대의 수천 명의 다른 사람들도 그리스도가 없는 사람들에 대한 엄청난 부담을 갖고 있었고, 예수님의 재림이 곧 일어날 역사적 사건이라는 확신을 가슴에 품고 증기선을 타고 전 세계로 나아갔다. 옛 찬송가는 "그들을 데려오자. 그들을 데려오자. 그들을 죄의 들판에서 데려오자"라고 하였다. 그들은 그 어떤 대가도, 평생 그 대가를 치르면서라도, 핍박을 두려워하지 않고, 부름을 받으면 순교까지 할 각오가 되어 있었다. 시골 소녀였던 어머니와 도시에서 자란 아버지는 애초에 그들이 세계 곳곳으로 뻗어 나간 위대한 세대(Great Generation)를 대표하는 자들이 될 것이라고는 상상도 못했을 것이다. 그들은 처음부터 끝까지 장기 선교사로 일하기를 원했다. 그들은 큰 상급을 받고 본향으로 돌아갔다.

아버지는 1938년에 사역을 시작하면서 자신이 현장 지도자, 지역 지도자, 그리고 선교회 대표가 될 것이라는 것을 예감할 수 있었을까? 나는 그러지 않았을 거라고 확신한다. 그것은 그의 성격과 맞지 않았다. 그의 이야기는 리더십을 추구하지 않았지만, 성령이 그런 역할로 부르셨을 때 회피하지 않은 사람의 이야기이다. 그가 리더십에 이르는 길은 리더가 되려면 누구나 가는 일반적인 길이 아니었고, 예측되었던 길도 아니었다. 그렇다면 어떤 길이 정상일까? 그는 나에게 '아래로부터의 리더십'의 모범을 보여 주었다.

그 늦은 밤의 방문은 나에게 돌이킬 수 없는 영향을 주었고, 지금도 잊지 못한다. 그는 나의 미래에 대한 새로운 비전을 제시해 주었고, 하나님 나라에 내가 설 자리가 있음을 알고 내가 볼 수 없는 것을 보았고, 열심을 다해 첫 임기를 잘 마무리하도록 도전해 준 목자, 리더, 경청하는 사람의 모범을 보여 주었다. 그 후에 비로소 성령께서 나에게 새로운 문을 열어 주시고, 예상치 못한 소명의 가능성도 보여주셨다. 그날 밤 아버지의 인격적인 리더십은 중도탈락을 줄이거나 문제 해결 또는 미성숙한 신입 선교사와 함께 시간을 보내는 따분한 일에 초점을 맞추지 않았다. 아버지는 목자였고, 나는 연약한 어린 양이었다.

코스타리카 출신의 빌리

약 84년 전 코스타리카에서 태어난 이 갈색 눈동자의 선교사 아들(MK)은 자신의 인생이 어떻게 될지 가늠할 수 없었다. 하지만 누구인들 알았겠는가? 나는 평탄하게 자라지는 못했지만 하나님이 함께 하셨다. 사랑이 많으면서도 소극적인 부모님 밑에서 자랐지만 하나님은 그곳에 계셨다. 나는 근본주의적 분리주의 세계에서 자랐지만, 하나님은 그 극단으로부터 나를 보호해 주셨다. 부모님이 그 세계관 안에서 일하면서도 그 극단적인 것에 휘둘리지 않았다는 점을 하나님께 감사한다. 그 은혜로 인해 나는 자유롭게 되었고, 하나님 아버지가 보시기에 나는 누구인지에 대한 확고한 자기 이해를 갖게 되었다. 나는 투리알바(Turrialba)와 과달루페 데 산호세(Guadalupe de San José)의 먼지 날리는 길에서 자랐고, 과테말라의 두 도시에서 젊은 시절을 보냈다. 하나님의 앞서 행하시는 섭리 속에서 나는 성인기의 대부분을 전 세계를 무대로 살았다. 나는 기다릴 줄 아는 사람이 되었다. 야고보와 베드로의 "주님 보시기에 겸손하라, 그리하면 주님께서 너희를 높이시리라"는 말씀이 반복적으로 나의 마음에 울려 퍼졌다. 온 세상을 돌아다닌 순례자는 이제 느린 걸음으로, 때로는 은유적인 절름발이의 모습으로 인생의 말년을 지나고 있다.

이 말년에 내 인생의 과제는 대부분의 직위와 직책, 역할을 내려놓고 한 걸음 물러나 여유를 갖고 젊은 세대에게 투자하며 그들의 성장과 성공, 도전, 그리고 때로는 실패하기도 하는 것을 함께 기뻐하라는 초청에 응하는 것이다. 다양한 색깔로 얼룩진 길을 지나온 이 긴 여정에는 고통과 아픔, 상실감, 응답 없는 기도도 없지 않았다. 처음으로 소명을 식별하는 것이 흔들릴 때 나는 내가 무엇에 부름을 받고 있는지 알지 못했다. 누군들 알겠는가마는. 어린 시절의 회심, 9살 때 받은 선교로의 초대, 스물여섯 살 때 이본이라는 하나님께서 선물로 주신 사람을 인생의 동반자로 받아들인 것 등 세 가지 중대한 결정이 나를 돌이킬 수 없이 변화시켰다. 그 결정들은 나를 변화시키고 또 나를 만들어 갔다.

> 나의 사무실 선반에 놓여 있는 아버지의 낡은 신발은 아버지의 체화된 모범을 생각나게 한다. 그것은 은유이자 모델이 되었다. 또한 아버지는 내가 나만의 여정을 향해 가고, 나 자신의 신발을 신고 경주를 하도록 나를 놓아주었다.

나의 사무실 선반에 놓여 있는 아버지의 낡은 신발은 아버지의 체화된 모범을 생각나게 한다. 그것은 은유이자 모델이 되었다. 또한 아버지는 내가 나만의 여정을 향해 가고, 나 자신의 신발을 신고 경주를 하도록 나를 놓아주었다. 그 자유는 내가 자라온 좁은 세계관과 공동체를 뛰어넘게 해주었다. 나는 그 근본주의의 좋은 선물은 받아들였지만, 성령께서 나를 글로벌 복음주의로 인도하셨을 때 돌이킬 수 없이 변화되었다. 성령은 나의 신학과 실천, 영성, 선교학, 교회론을 재구성하게 하셨다.

리더십 교훈과 잘 마무리하기

이 책의 최종 초고를 작성하는 동안 성령은 나를 인도하셔서 2023년의 대부분을 원고가 숙성하도록 하셨다. 그 기간 동안 나는 세 가지 뚜렷한 사실을 발견했다. 첫째, 과테말라에서 보낸 17년(1968-1985년)은 기이하고도 구체적인 방식으로 나에게 리더십을 발휘할 수 있는 독특한 장을 마련해 주었다는 것이다. 리더십의 은사와 기술을 발휘할 수 있는 공간과 장소,

기회가 열렸지만 나는 그 어떤 것도 추구하지 않았다. 그곳에서 나는 많은 실수를 저질렀고, 그중에는 지금까지도 부끄러운 실수도 있다. 하지만 큰 은혜가 임하였다. 어려움은 나를 더 대범한 사람으로 성장시켰다. 가르치는 일을 하라는 소명을 따르면서 우리 부부는 교회 개척도 하였다. 우리 아이들은 과테말라에서 태어났고, 우리는 국제화된 TCP 가족이 되었다. 그 기간은 엄청나게 소중한 시간이었다. 그러나 그것이 어떻게 세계복음주의연맹 선교위원회(WEA-MC)와 함께 세계 무대에서 30년(1986-2016년)간 일할 것을 준비하는 것이 될지는 상상도 못했다. 둘째, 세 번의 죽음과 부활의 과도기는 나와 나의 미래를 위한 필수적인 통과의례였다는 것이다. 셋째, 내 삶을 주관하시는 하나님의 손길이 있었고, 성령께서 나를 보호하시고, 다스리시고, 인도하시고, 힘을 주시고, 내 삶을 향한 성령의 목적을 위해 나를 자유롭게 해 주셨다는 것이다.

2010년, 내 칠순 생일에 아들 데이비드가 노화와 죽음에 관한 책들을 선물로 주었다. 제목이 마음을 불안하게 흔들어 놓는 책들이었다. "왜 이 책들이야, 데이비드?" 그는 "아버지의 이 시기와 마지막까지를 준비하시라는 뜻"이라고 말했다. 그 수수께끼 같고 날카로운 말이 마음에 와 닿았다. 그래서 결국 나는 잘 알려진 또는 별로 알려지지 않은 그리스도인과 세속 사회의 사람이 쓴 노화와 죽음에 관한 책, 자서전, 회고록 등 여러 권을 읽으며 준비했다. 각각은 지혜가 담긴 것들이었지만, 어떤 것은 다소 자기 중심적이거나 미화된 경우도 있었고, 어떤 것은 저자의 연약함을 그대로 보여주는 진실성이 담긴 경우도 있었다. 그 모두에서 나는 가치를 발견했다. 이 글쓰기 여정에서 읽은 다른 자료들과 함께 그 책들도 내 책상 앞에 길게 놓여 있다. 이제 나는 *ars moriendi*, 즉 "잘 죽는 기술"(art of dying well)이라는 고대의 이해에 더 가까이 다가가고 싶다.

나는 이 마지막 계절을 잘 마무리하고 있는가? 이전의 삶의 계절을 잘 마무리했는가? 선교 사역 동료이자 친구인 폴 맥커한(Paul McKaughan)은 몇 년 전 나에게 제프리 소넨펠드(Jeffrey Sonnenfeld)의 사려 깊은 작품인 『영웅들의 작별: CEO가 은퇴하면 어떤 일이 일어나는가』2를 소개해 주었다. 2006년 MC 리더십이 버틸로 교체되던 시기에 이 책을 주의 깊게 읽었는데, 내가 리더십 교체에 대해 진지하게 검토하도록 해 주었다. 나는 퇴임한 후 쿠데타를 일으켜 복귀하여 "회사를 구출"하려는 CEO들의 행태를 종종 "창업자 증후군"이라는 유형으로 분류한 것에 충격을 받았다. 나는 퇴임하는 리더 중 '주지사'(governor)와 '대사'(ambassador) 유형에 가장 공감이 되었다. 쉽게 두 범주 모두 다른 삶의 영역으로 품위 있게 이동하려는 것으로 묘사되기 때문에 나 자신의 소망과 궤적에 잘 맞는 것 같았기 때문이다. 아버지는 교회 개척자의 뿌리로 돌아가는 그 길을 선택하셨다.

최근 리더십에 관한 책을 읽으면서 마무리를 잘하는 방법을 다룬 책이 거의 없다는 사실에 놀랐다. 그런데 존 스토트의 마지막 저서인 『제자도』3를 읽으면서 신선한 예외를 발견했다. 이 작은 책은 마무리를 잘한다는 것이 무엇을 의미하는지를 배우는데 있어서 최종적인 도전이 되었다. 스토트는 확실히 마무리를 잘하였다. 이 주제는 나의 주요 참고 자료인 이안 파킨슨(Ian Parkinson)의 『기독교 리더십의 이해』4에서도 빠져 있다. 노화와 죽음에 관한 대부분의 책은 잘 마무리하는 것에 대해 거의 이야기하지 않고 있다. 이것은 복음주의 도서에 관한 걱정스러운 발견이었다. 잘 마무리하는 것은 결코 쉬운 일이 아니며, 이 마지막 단계에서의 싸움은 치열하고 가차없는 것이다.

이 마지막 장을 숙고하고 있을 때 데이비드가 "아빠, 만약 새롭게 부상한 젊은 리더나 베테랑들이 모인 자리에서 그들이 '빌, 당신이 평생 동안

---

2 Sonnenfeld, *The Hero's Farewell*.
3 Stott, *The Radical Disciple*.
4 Parkinson, *Understanding Christian Leadership*.

배운 최고의 리더십 교훈을 요약해 주세요'라고 말한다면 뭐라고 말씀하시겠어요?"라고 물었다. 이 날카로운 질문은 내 나름의 정의를 바탕으로 인생의 교훈에서 얻은 중요한 결론, 즉 나의 성찰을 요약하도록 도전하였다. "리더란 바람직한 미래에 대한 비전을 제시하고, 다른 사람들이 그 비전에 참여하도록 초청하고, 모으고, 권한을 부여하는 사람"이다. 리더십은 타고난 기술 세트와 영적 은사, 훈련과 의도성을 결합하며, 창의적인 비전을 제시하여 리더를 따르는 사람들을 그 모험에 동참하도록 초대하는 것이다.

첫째, 리더십 역할이 주어지는 대로 받아들인다. 성령께서 당신에게 리더십의 어떤 영역이든 필요한 자질을 갖게 하셨다면, 그 리더십을 맡을 기회가 주어질 것이다. 그것을 추구하거나 쟁취하려 할 필요는 없다. 나는 오랫동안 스스로를 리더라고 생각하지 않았다. WEF 사역 초기에도 나는 리더라는 용어를 사용하기를 꺼려했다. 다른 사람들이 나를 리더로 규정할 때면 나는 회피했다. 왜 그랬을까? 정말 모르겠다. 거짓 겸손 때문이었나, 아니면 부족함을 느끼는 데서 오는 겸손 때문이었나? 솔직히 내가 리더십을 발휘할 수 있을 거라고는 생각하지 못했다. 나는 팀플레이어였고, 기꺼이 더 재능 있는 사람들의 지도를 받아왔다. 하지만 내 삶을 돌아보면서 특정 임무를 수행하기 위해 특별한 영역으로 초대받았을 때 그 임무를 받아들여야 한다는 것을 감지했다. 나는 실제로 그 초대를 수락했지만 다시 **팔로워**의 정체성으로 돌아가곤 했다. 나는 나의 리더십의 가능성을 느끼고 있었다. 신학교에서, IVCF 간사로, 그리고 SETECA에서 리더십을 경험했다. 하나님의 영이 주저하는 리더에게 힘을 실어줄 수 있을까? 그렇다, 가능하다. 실제로 그랬다.

과테말라에서 첫 임기 동안 우리의 주요 임무는 언어와 문화를 배우고, 미국과 다른 상황에서 살아가는 법을 배우며 가정을 이루는 것이었다. 나는 초보자로서 정식으로 가르치는 일을 시작했고, 실수도 많이 했다. 하지만 나는 내 일을 사랑했고, 가르치는 기술을 연마해갔다. 돌이켜보면 나는 심중에 교사이자 목자라고 느끼고 있었던 것 같다. 리더십은 과테말라 IFES 학생 그룹의 고문으로서, 그리고 몇몇 젊은이들을 제자훈련하면서 간접적으로 나타났다. 그중 한 명은 나의 라틴 아메리카 멘토링 그룹 중 가장 나이가 많은 멤버이다. 두 번째 임기 때, 내가 새로 설립한 교회에서 서른 세 살의 아주 젊은 장로가 되었을 때 분명한 리더십이 나타났다.

리더십에 관한 흥미로운 성경의 사례 연구를 통해 알 수 있는 것 중 하나는 미래의 역할에 대한 하나님의 기름 부으심이 공적 영역에 들어가기 훨씬 전에 이루어진다는 것이다. 요셉, 모세, 다윗, 예수, 바울을 연구해 보라. 따라서 우리는 하나님의 타이밍을 이해하지 못한 채 기다리며 사역하는 경우가 많다. 이와는 대조적으로, 축하 로켓처럼 발사되어 하늘 높이 치솟아 찬란한 조명을 받다가, 용도를 다한 포탄 껍질처럼 곤두박질치는 리더도 있다. 나는 이런 경우를 많이 보았다. "성공으로 가는 길에는 지름길이 있다"고 하며 새로운 MBA 프로그램을 선전하는 광고도 주의해야 한다. "영향력의 지표"를 약속하는 기독교 학교도 있다.

이는 리더십의 카리스마 문제를 제기한다. 릭 워렌은 "카리스마는 리더십과 전혀 관련이 없다"라는 유명한 말을 남겼다. 하지만 정말 그럴까? 나는 그렇게 생각하지 않는다. 이 용어는 세속적인 책에서, 또는 기독교적인 책에서 뜨거운 논쟁을 불러일으키고 있으며, 많은 사람들이 막스 베버의 원래 생각으로 돌아갔다. "베버에게 카리스마의 본질은 다른 사람들이 따르지 않을 수 없게 만드는 리더의 강력한 인격적 특성이었다."[5] 인격은 분명히 중요한 역할을 하지만 진정한 기독교 리더십에서는 카리스마를 주시는 분, 즉 성령의 통제를 받아야 한다.

---

5 Koessler, "Charisma Has Fallen," *Christianity Today* (May-June, 2024): 60–66.

성공적인 리더십은 카리스마에 달려 있는데 여기서 카리스마라는 말은 보다 넓은 성경적 의미에서 사용된 것이다. 카리스마는 하나님께서 성령을 통해 부여하시는 은사이다. 리더십 능력과 리더 자신은 성경에서 나타나는 것과 마찬가지로 오늘날에도 하나님이 주시는 선물이다. 이들은 우리가 성경에서 보는 지도자들만큼이나 인격이 다양하고 불완전하다. 내 생각에 우리는 누군가의 인격에 대한 반응이 아니라 오직 성령의 감동으로만 움직이게 되는 것을 갈망하고 있다. 그런 일이 분명히 가능하기는 하지만 일반적인 것은 아니다. 대부분의 경우 하나님은 사람을 통해 일하신다. 사람이 있는 곳에는 항상 인격이 중요한 요소이다.[6]

결국, (많은 국가에서) 강력한 카리스마를 지닌 선교 지도자들은 자신의 조직을 설립하고, 성장시키고, 널리 알려지게 하여, 때로는 죽을 때까지 그 조직을 위해 오랫동안 일하는 경향이 있다. 이들은 주요 행사에 초청 연사로 나서기도 하고, 일종의 부가가치 협상을 위해 자신의 이름을 '빌려주기도' 한다. 하지만 그들은 팀 플레이어가 아니기 때문에 리더의 밑에서 책임감을 가지고 일하기는 어렵다. 우리는 수치스럽게 사임하거나 아주 어두운 그림자를 남긴 채 사역을 끝내는 사람들을 너무 많이 목격했다. 카리스마는 까다로운 선물이다.

나는 나의 아버지의 인격과 그의 리더로서의 성장 과정을 통해 형성되었다. 나는 아버지의 사역 초창기 일기와 오랫동안 아버지를 관찰하면서 많은 것을 알게 되었다. 아버지는 리더십을 추구한 적은 없지만, 리더로 초대받을 때 외면하지 않았고, 리더십의 공백이 있거나 비전과 지침이 부족한 공간에 발을 들여놓는 것을 주저하지 않으셨다. 그는 진실을 말하는 것을 두려워하지 않았고, 일부 동료와 선교사들에게 말하기 어려운 진실

---

6 Koessler, 63.

을 말하는 것을 주저하지 않기 위해서는 치러야 할 대가가 있다는 것과 그러한 일이 중요하다는 것을 배워서 알고 있었다.

둘째, 멘토가 예수님의 스타일을 어떻게 모델링하는지를 기준으로 멘토를 평가하라. 진정으로 예수 스타일을 모델로 삼은 사람들 밑에서 성숙한 떠오르는 지도자는 복이 있다. 예수님에게 리더십은 대부분 결과에 관한 것이 아니었다. 그것은 그분과 함께 다니며 변화하는 배움의 여정이었다. 십자가, 부활과 승천, 성령의 임재, 그리고 세계 선교에 이르는 길에서 제자들은 리더십을 배웠다. 폴 리틀(Paul Little)은 다른 사람이 흉내 낼 수 없는 지도자였으며, IVCF의 스태프 디렉터로 나의 성장에 큰 영향을 끼쳤다. 과테말라에서 나는 매우 다른 스타일을 가진 다양한 리더들 밑에서 일했는데, 어떤 리더는 어려운 결정을 내리는 것을 두려워하지 않으면서도 건강했고, 나를 동료 같이 대하는 리더도 있었다. 물론 몇몇 리더들은 함께 일하기 어려운 사람들이었지만, 나의 **반면교사**가 되었고, 어려웠지만 그들을 섬겼다. 라틴 아메리카에서 처음 6년 동안 아버지는 선교회 대표였고, 나는 아버지가 어떻게 선교회를 조직하고, 관리하며, 무기력한 기관을 새로운 분야와 지역으로 나아가도록 이끌어가는지를 가까이에서 지켜보았다. 또한 나는 사람들이 단순히 "대표의 아들"이라는 이유로 선입견을 가지고 나를 대하는 일도 겪었다. 긍정적인 사례와 부정적인 사례에서 리더십을 배운 것이다.

> 나는 완전히 다른 세 가지 사역 분야에서 일하면서 많은 것을 배웠다.

셋째, 다양한 분야에서 일해 보라. 나는 완전히 다른 세 가지 사역 분야에서 일하면서 많은 것을 배웠다. 첫 번째는 학문의 세계였는데, 이 분야는 보다 구조화된 경계, 수직적 위계질서, 시스템과 역사, 통과의례, 내규와 거버넌스, 교육에 필요한 자격, 학술 및 승진 카테고리가 있었다. 두 번째는 경계가 모호한 자원자(volunteer)들의 단체였다. 이러한 조직에서는 재정이나 직접적인 책임 소재 등은 그 조직에서 일하는 사람들의 헌신과 참여에 별 영향을 끼치지 못한다. 이러한 조직으로는 선교 단체, 네트워크, 협의회, 지역 협력 조직 등이 있다. 나는 이 후자에 속하는 세계에서 아래로부터의 리더십에 대한 이해를 발전시켰다. 개인적인 관계로 맺어진 글로벌 공동체 안에서 열정을 공유하고 있는 이러한 조직은 대체로 동료 같은 분위기와 수평적인 구조를 갖고 있다. 나는 또한 MC 안에서 다양한 문화와 언어적 배경을 가진 50여 개국 출신의 독립적인 리더들과 그들이 대표하는 다양한 조직과 구조를 아울러야 하는 도전을 받아들여야 했다. 세 번째는 지역 교회였다. 지역 교회의 도전에는 교회론과 정치, 개인적인 성향과 세대 간의 관계, 과거에 대한 끊임없는 헌신 또는 미지의 세계에 대한 열정적인 포용, 기독교 문화와 세속 문화가 교회에 요구하는 혼란스러운 성공 지표 등이 있었다.

새로운 영역으로 전환하면서 하나님의 영은 점차 새로운 기술과 은사를 나에게 주셨다. 나는 리더십을 발휘하도록 성장하고 있었고, 하나님께서 힘과 자원을 주셨다. 이러한 은사 중 일부는 잠재되어 있었던 것이다. 다른 은사들 중에는 새로운 것, 주어진 것, 드러나게 된 것, 행사되는 (exercised) 것도 있었다. 새로운 사역에 초대를 받을 때마다 그 사역을 검토해 보고 기도했지만 언제나 받아들였던 것은 아니다. 열린 문이 나타났다고 반드시 그 모든 문 속으로 들어가야 하는 것은 아니다.

나는 오랜 역사를 지닌 복음주의 조직인 WEA에서 사역할 수 있는 특권을 누렸다. WEA는 전 세계에 구성원이 있으며, 정해진 규정이 있고, 연속성에 대한 헌신과 국가 및 지역 연합과 위원회와의 뿌리 깊은 관계를 맺는 조직이다. 때로는 WEA의 글로벌 정체성, 역할, 영향력이 불확실해 보이기도 했지만, 안정적이고 고무적인 경우도 많았다. 때로는 줄타기를 하는 행동에서 리더가 되는 법을 배워야 할 것 같기도 했다. 한 가지 확실하게 배운 것은 장기적으로 지휘자 없는 오케스트라는 있을 수 없다는 것이다. 리더십은 삼위일체 공동체에 뿌리를 두고 있으며, 이는 창조와 교회 DNA의 핵심이다. 남녀를 불문하고 우리는 모두 창조와 문화를 돌볼 책임이 있는 청지기이다.

넷째, 유혹을 경계해야 한다. 1985년 미국으로 돌아와서 처음에는 TEDS에서 강의하고, 그다음에는 미자립 교회에서 파트타임으로 목회를 했고, 마침내 세계 복음주의 무대로 진출하면서 나는 매혹적인 리더십 유혹의 힘에 직면하게 되었다. WEA는 그 규모가 국제적이지만, 그 구조의 상당 부분이 서방 국가들에서 만들어졌기 때문에 그 안에 숨겨진 중독과 화려한 이미지의 유혹이 있었다. 하지만 나는 더 복잡한 현실을 알게 되었다.

전 세계의 모든 문화와 모든 문화권의 모든 교회는 권력과 영향력, 돈과 성, 부패하고 독성을 가진 리더십, 그리고 특정 스타일의 리더십 문제로 어려움을 겪고 있다. 나의 아프리카 동료들 중 일부는 부족의 추장과 같은 전제 즉, 임기 제한이 없다는 전제를 갖고 있었다. 라틴 문화권에는 '카우디요'(*caudillo*, 강한 남자)라는 것이 있다. 아시아 문화권에서는 리더십에 영향을 미치는 수치심과 명예라는 가치들 외에도 연장자에 의한 권력 행사라는 문제가 있다. 대부분의 서구식 리더십은 위로부터의 리더십을 모델로 삼는 것처럼 보였다.

MC 세계를 어렵게 만들 수 있는 몇 가지 유혹은 상충되는 리더십 스타일과 우선순위에서 비롯되었다. 측정 가능한 연구를 수행하는 것, 숫자와 종료 시한이 주어진 게임을 하려는 것, 우리의 과제에 큰 투자를 할 수 있는 능력을 가진 기부자들로부터 손쉽게 기부를 받기 위해 우리의 제안을 적당히 바꾸려는 것, "지상 대위임령을 완수"하려는 열정적인 욕구 등이 그러한 유혹이었다. MC는 모든 모임과 원탁회의, 컨설테이션에서 사용하는 명찰에 참가자의 지위 표시를 없애고, 이름과 출신 국가 또는 사역만 표시하였다. 직함 없이 평등하게 만났다. 그러나 모든 국가별, 지역별 WEA가 그렇게 하지는 않았다.

'재정 건전성을 위한 복음주의 위원회'(ECFA)가 주로 거버넌스와 재정에 관한 기준을 세워 왔다. "올해 이 위원회는 사역 지도자의 청렴성과 성품에 관한 새로운 요건을 추가할 계획을 발표했다. 이는 45년 만에 ECFA의 기준이 가장 크게 바뀌는 변화이다."[7]라는 보고는 고무적인 것이다. 이것이 제대로 마무리하는 것(finishing well)을 어렵게 만드는 위기를 줄일 수 있을지는 지켜봐야 한다. 하지만 각 단체의 이사회가 고려해야 할 새로운 차원의 강력한 책임을 부과한다는 것은 분명하다.

다섯째, 당신 자신의 은사를 분별하라. 나는 나의 능력과 은사 조합에 가장 적합한 직업적(vocational) 사역이 무엇인지 잘 몰랐다. 여러 사역을 시도해 본 결과, 나에게 맞지 않는 분야를 분별할 수 있어서 하나님께 감사했다. 나의 주된 소명/은사는 교회 목회, 이사, 기관장 또는 교육 기관의 리더가 아니다. 프로젝트나 프로그램 관리자도 아닌 것 같다. 신학생 시절에 선교회 사무실 앞에서 잔디를 깎고 있는데 전직 선교회 대표 한 분이 나와서 나와 이야기를 나눈 적이 있다. 갑자기 그분이 "빌, 언젠가는 당신이 우리 선교회 대표가 될 거야"라고 말했다. 믿을 수 없는 일이라, 나는 그 사람을 바라보기만 했다. "글쎄요, 그럴 것 같지 않은데요"라고 말한 것 같다. 오랫동안 나는 나 자신을 중간급 리더로 생각했고, 그렇기 때문에 MC에서의 내 역할이 적합하다고 생각했다. 나는 WEA의 최고 직책을 맡아보겠다고 한 적이 없다.

나는 또한 더 높은 직책을 원하여 임명되거나 선출된 사람들의 유형을

---

7   Evangelical Council for Financial Accountability, 2024.

연구하면서 글로벌 무대에서의 리더십을 배웠다. 선교 단체와 그 최고 운영 팀, 선교 현장 책임자, 느슨하게 구조화된 유연한 선교 네트워크, 전략적 협력 추진 조직, 기타 글로벌 단체 등 각 역할에는 특별한 유형의 리더가 필요하다. 규모가 큰 단체는 교단의 조직이며 하향식으로 운영되는 경향이 있다. WEA와 같은 세계적인 연합체를 이루는 단체도 있습니다. 로잔과 같은 일부 글로벌 네트워크는 통전적 복음화 운동, 세계 교회, 다양한 이해 집단에 초점을 맞추고 있으며, 일종의 국가 또는 지역 조직 구조를 가지고 있는 경우가 많다. 로잔은 다양한 문화권에서 기업가적 리더를 끌어들이는 것 같다. 기도 네트워크의 리더, 연구와 통계, 전략적 제휴 또는 "과업 완수"에 초점을 맞춘 조직 등 여러 분야의 리더가 있다. 각 분야에는 특정한 자질을 가진 리더가 필요하다. 한 전문 분야의 리더를 다른 역량이 필요한 다른 직책으로 승진시키는 것은 현명하지 않다. 나는 관리자와 리더의 차이를 배웠다.

여섯째, 남녀 젊은 후배들을 멘토링하는 것을 두려워하지 않고, 그들에게 공간을 열어주고, 더 큰 재능과 잠재력을 가진 사람들로 인해 위협을 느끼지 않는 리더에게서 배워야 한다. 여전히 당황스러운 것은 멘토링을 하는 선교 리더가 아주 적다는 사실이다. 그들은 멘토링에 재능이 없는 걸까? 멘토링의 필요성을 느끼지 못하는 걸까? 멘토링은 단지 예수님이나 바나바, 바울 같은 사람만이 할 수 있는 일인 것처럼 보고 있는 것일까?

젊은 리더들과 함께 일할 때의 기쁨 중에는 그들이 실수와 은혜를 통해 경험을 쌓고, 어려운 상황에 직면하면서 성장하는 모습을 관찰하는 것이 있다. 어떤 이들은 낮은 수준의 리더십에 머물기도 하는데, 그곳이 성령께서 예비한 그들을 위한 자리이기 때문이다. 어떤 이들은 중간 직책에 오르기도 한다. 또 다른 사람들은 더 큰 책임을 지는 위치에 가게 된다. 우리가 그들의 성장에 작은 역할이라도 했다면 그것만으로도 기쁨이 아닐까? 끝으로, 나는 선교위원회에서 젊은 리더들과 함께 일하는 동안 그들이 나에게 없었던 기술을 가르쳐 주었다는 점을 얘기하고 싶다. 존 루이스와 버틸 엑스트롬, 레이 윈저, 로즈 다우셋을 나에게 보내어 주신 하나님께 감사드린다. 그들은 나의 큰 스승이었다.

나는 MC 공동체에서 다양한 리더십의 덕목과 스타일이 내 앞에 나타나는 것을 경험하였다. 우리 중에는 섬기는 리더와 주도적인 리더, 계획하고 체계를 잡아가는 리더와 관리자, 자원 봉사자, 보이지 않는 무대 뒤의 리더들이 있었다. 우리는 하향식으로 일하는 데 익숙한 사람들을 수평적인 관계로 이끌어 가는 리더들, 새롭게 부상하는 리더들이 현재 영향력 있는 사람들과 함께 일하는 모습을 관찰하기도 했다. 하지만 특별히 기뻤던 것은 모든 MC 행사에서 그들의 이름표에 직함이 없었다는 것이었다!

일곱째, 장기 사역은 더 나은 안목을 갖게 한다. 나는 MC에서 장기 근속하면서 사역의 점진적인 성장과 그것이 미치는 새로운 영향력을 관찰할 수 있는 특권을 누렸다. 때때로 이 부분은 신비스러운 것이었다. 그것은 어떤 **손길**을 느낄 수 있었다는 것인데, 특히 글로벌 공동체로서 MC가 목적의식을 갖고 발전해 가는 데에는 전 세계 실천가들을 통해 나타나는 이러한 손길이 있었다. MC는 WEA와 그 밖의 그룹과 함께 소집하고, 소통하고, 영향력을 행사하고, 조정할 수 있는 특별한 능력과 힘을 가지고 있었다. 그리고 개인적으로 장기 근속한 덕분에 나는 수많은 옛 친구, 학생, 제자, 멘티, 동료들의 여정을 따라가며 그들의 삶을 추적하고, 그들에 대한 하나님의 축복을 기뻐하며, 많은 이들을 위해 기도할 수 있었다. 장기간 리더로 일하는 데 따르는 힘겨운 부담 중 하나는 숨겨진 중독, 공공연한 죄, 불성실함 등으로 인해 탈선하는 동료들을 보게 된다는 것이다. 이로 인해 특이한 씁쓸함을 맛보곤 했다.

여덟째, 아래로부터의 리더십에 대해 가능한 모든 것을 배우도록 하라.

나는 하나님께서 아래로부터 이끄는 사람들을 따르도록 나를 설계해 주신 것에 감사한다. 나는 이런 스타일을 타고났다고 생각하지만, 여러 상황 속에서 그런 스타일을 발전시켰다. 분명 '무언가 좀 다르게 했더라면 좋았을 텐데'라고 후회하기도 한다. 그게 인생이다. 아래로부터의 리더십은 성령의 인도를 받는 리더가 섬기는 마음으로 자신을 따르는 사람들을 동료로 섬기며, 스스로를 낮추는 십자가의 길을 함께하는 것을 필요로 한다. 그것은 스스로의 연약함을 드러내며, 뚜렷한 부가 가치나 이익이 없는 희생적인 섬김, 고통과 응답 받지 못한 기도로 점철된 삶을 살고, 상처와 아픔을 견디며, 섬기라는 부르심에 순종하는 것이다. "예수님, 우리가 또 다른 누구에게 갈까요?"라고 하는 것이다. 그리고 당연히 세계 선교라는 도가니 (큰 통, 뜨거운 주전자, 시련의 장소, 고난, 고통, 정화) 속에서 이러한 교훈을 배우고 실천하는 것이다.

아래로부터의 리더십은 나 자신의 리더십 부족과 실수, 그리고 그러한 경험을 통해 하나님과 삶이 내게 가르쳐 준 것을 인정하는 것을 포함하고 있다. 그리고 내가 초창기에만 실수를 저지른 것이 아니다. 나는 개인적인 고통스러운 현실 속에서 나를 이끌어 준 동료와 친구들을 매우 존경하게 되었다.

아홉째, 상처와 아픔을 감추지 않으면서도 그것을 자랑하지도 않는 리더를 존경하라. 이것 역시 마무리를 잘하는 DNA에 속한다. 나는 손대는 것마다 금으로 변하는 것처럼 보이게 하는 번쩍이는 이미지와 탐스러운 권력에 매혹되어 능력을 과시하고 화려한 경력을 뽐내는 리더는 신뢰하지 않는다.

세월이 흐르면서 아내와 나는 예수님을 따르기 위해 지불한 대가로 인생의 타격을 입은 사람들에게 매력을 느끼고 존경심을 갖게 되었다. 그들은 큰 고통을 겪었지만 그 모든 것에도 불구하고 계속 예수님을 사랑한다.

상실과 슬픔을 겪으면서도 그들의 제자도는 흔들리지 않고 변혁적이다. 안타깝게도 너무 많은 선교 편지가 이러한 현실을 무시하고 왜곡하고 있다. 문화적 복음주의의 왜곡된 주제는 일부 신자들을 성경적이지 않은 목표로 유혹하여 가능한 한 고통 없이, 편안하고 성공적인("모든 것이 잘 풀리는") 삶이 목표인 "아메리칸(또는 한국, 나이지리아, 브라질) 드림"에 빠지게 했다. 그러나 우리는 십자가의 고난의 그림자가 드리워진 길을 걸으라는 그리스도의 부르심을 받았다. 이본은 『영성 훈련』(Spirituality in Mission)이라는 책의 "깨어짐과 해체로의 초대를 받아들이기"라는 장에서 이것을 잘 설명했다. "하나님은 고난의 도가니에서 그의 성도들을 빚으신다."[8] 그 길을 택한 사람들은 그 모습도 아름다웠다. 우리는 그런 많은 사람들을 친구로 삼을 수 있는 특권을 누리고 있다.

우리 부부가 가장 최근에 깊은 고통과 싸웠던 것은 2018년 4월에 딸 크리스틴이 죽을 뻔한 사고를 당했을 때였다. 크리스틴은 6일 동안 사경을 헤매다가 하나님께서 기적적으로 다시 살려주셨다. 그녀는 외상성 뇌 손상과 경막하 혈종, 폐 천공, 경동맥 절개, 안면 골절(말 그대로 십여 가지 손상으로 안면 재건술이 필요함), 간 파열, 갈비뼈 7개 골절, 발 뼈 골절 등으로 중상을 입은 상태였다. **탈리타 쿰**(Talitha cum, 어린 소녀야 일어나라)을 위해 전 세계의 많은 신자들이 기도했다. 놀랍게도 딸은 회복되었지만, 여러 해가 지난 지금도 그녀의 활동 능력은 여전히 예전의 절반 정도에 불과하다. 이런 상황에서 부모는 어떻게 기도하고 선하신 하나님을 신뢰할 수 있을까?

우리는 중국의 열악한 지역에서 장기간 타문화 사역을 하다가 자신들 또는 자녀의 삶에서 대단히 힘든 건강상의 위기를 겪은 다섯 부부가 있다. 우리는 그들은 개인적으로 알고 사랑하고 있다. 암, 자궁 내 기형아(한 명은 병원 복도를 따라 200호실로 가서 낙태 수술을 받고 돌아오라는 말을 들었고, 다른 부부는

---

8 Amalraj, Hahn, Taylor, *Spirituality in Mission*.

똑같은 장애가 있는 한 명의 태아가 자궁에서 치유되었다). 다른 세 부부에게는 장애를 가진 자녀가 있다. 마귀의 짓? 도시 오염? 무작위? 한계를 넘어선 고통? 그렇다.

다시 헨리 나우웬이다.

> 그리스도인 지도자의 길은 우리 세상이 그토록 많은 '위로 향하는 길'이 아니라 십자가에서 끝나는 '아래로 향하는' 길이다. … 영적 삶에서 무력함과 겸손은 아무런 줏대도 없이 다른 사람이 자기 대신 결정을 내리도록 내버려 두는 사람을 가리키는 것이 아니다. 그들은 예수님을 깊이 사랑하는 사람들로서 그분이 인도하는 곳이면 어디든 따를 준비가 되어 있고, 그분과 동행함으로써 삶의 의미를 발견하고, 풍성한 삶을 누리 수 있다는 것을 항상 신뢰하는 사람들이다.9

마지막으로, 나의 좋은 친구들이여, 항상 성장하려고 노력하자. 예수님을 사랑하고, 예수님을 본받고, 예수님을 공부하자. 성경을 공부하자. 역사를 공부하자. 문화를 공부하자. 은사가 있는 사람들을 관찰하면서 지도력을 발휘하는 법을 배우자. 성령께서 여러분에게 주신 은사를 분별해 보자. 비전을 펼치고, 자신을 재교육하고, 이 여정에서 함께 꿈을 꾸도록 다른 사람들을 초대하자. 우리는 삼위일체 하나님과 함께 하는 공동 리더이다. 도전을 받아들이자. 아래로부터 이끄는 것을 해 보자.

결론, 산기슭을 바라보며, 잘 마무리하기

"내가 미처 몰랐네." 이 문구는 이 글을 쓰는 내내 계속 떠올랐다. 내가

---

9 Nouwen, *In the Name of Jesus*, 62–64.

어떻게 알았거나 꿈꿀 수 있었을까? 그런 예언자적 통찰력을 가진 사람은 아무도 없다. 그래서 나는 그저 "하지만 하나님은 알고 계셨고, 알고 계십니다."라고 받아들일 뿐이다. 이 확신이 나를 안심시킨다. 나는 어린 시절을 혼란스럽게 보냈다. 나는 **진로를**

> "내가 미처 몰랐네." 이 문구는 이 글을 쓰는 내내 계속 떠올랐다. 나는 그저 "하지만 하나님은 알고 계셨고, 알고 계십니다."라고 받아들일 뿐이다.

고민하지 않았다. 이제 80대 중반에 접어들면서 긴 여정의 마지막 조각들을 발견할 수 있을 것이라는 희망과 기대, 심지어 조심스러운 설렘을 갖고 있다. 유진 피터슨은 이를 복음주의 언어와 경험에 녹여낸 "한 방향으로의 오랜 순종"이라는 말로 표현하였다. 내 인생에 대한 가장 깊고 진실하게 기억될 것은 **영구 주소 변경** 후에(즉 나의 삶의 간증을 통해) 나타나고 이해될 수 있을 것이다. 그때 나에게는 그곳이, 다른 사람들에게는 이곳이 본향(Home)이 될 것이다.

나는 일찍이 하나님께서 내게 주어진 계절과 임무에 관계없이 잘 마무리할 것을 약속하게 하시는 것을 느꼈다. 다시 말하지만, 나의 아버지는 자신이 한 일과 하지 않은 일을 통해 나아갈 방향을 암시하였다. 젊은 솔로몬을 기억해 보라. 그는 돈이나 명예를 구하지 않고 지혜를 구했다. 하지만 하나님은 세 가지를 모두 주셨고, 그는 이를 낭비하여 우리에게 좋지 못한 것도 뒤섞인 유산을 남겼다. 하나님께서 주신 은사를 소중히 관리하자. 나는 내가 믿었던 지도자들이 신뢰할 수 없는 사람으로 드러날 때 깊은 실망을 느꼈고, 심지어 배신감과 씨름해야 했다. 나는 오늘도 이들 중 일부를 위해 그들이 깨어져서, 회개하고, 회복될 것을 위해 기도한다.

최근 몇 년 동안 나는 **남녀를 불문하고** 고위 리더십에 있었던 사람들의 이야기를 읽고 곰곰이 생각해 보았다. 그들은 흔히 성, 영향력, 돈, 명예와 관련되어 고위직에서 해임되거나, 불명예스럽게 사임하거나, 권력을 남용한 것이 드러난(생전 또는 사후에) 사람들이다. 우리를 탈선하게 하는 다른 힘들도 있다. 자기 연민, 자기 가치의 상실, 파괴적인 의심, 마지막을 나태하게 지냄, 너무 많은 '만약…했더라면', 쓴 뿌리, 하나님에 대한 실망, 치유되지 않은 상처와 좌절된 꿈 등. 좋든 나쁘든, WEA와 함께한 수십 년 동안 나는 국적이나 문화에 관계없이 전 세계에서 일어난 가슴 아픈 사례들을 알게 되었다. 그중에는 개인적인 친구들도 있었다. 나는 슬퍼하고 있다. 잘 마무리하는 것은 쉽지 않다. 늙어가는 것은 힘든 일이다.

나는 스스로에게 물었다. 훌륭한 리더가 마무리를 잘 하지 **못할** 수 있을까? 아니면 좋은 리더십은 마무리를 잘하는 것을 내재적으로 포함하는 것일까? 나는 내가 훌륭한 리더라고 생각했던 사람이 실망스럽게 인생을 마무리하고, 활력을 잃고, 타성에 젖어 안주하고, 더 이상 성장하거나 배우는 것을 중단하기로 하는 경우를 보면서 당황했다. 그래서 나는 좋은 리더십이란 마무리를 잘하는 것을 포함한다고 결론을 내린다.

"은퇴"가 나를 응시하고 있다. 이 시기에는 세속적이거나, 진부하게 영적인 것처럼 포장되는 것을 거부하고 용기 있는 자기 성찰, 느린 걸음으로 바꾸는 것, 더 적은 것이 더 큰 것이라는 것(less-is-more)을 수용하고 내려놓는 것이 나타나야 한다. 나는 이전과는 다른 방식으로 사랑하고 기도하고, 이전과는 다른 방식으로 멘토링하고 글을 쓰고 싶다. 성경에는 나이, 노인, 백발, 지혜로운 사람, 장로가 언급되는 구절이 있다. 레위인은 50세가 되면 일부 의무를 내려놓았다. 오늘날 우리가 이해하는 인생 후반기는 우리에게 기독교적 가치로 재구성할 것을 요구하는 현대적 구성물(construct)이기도 하다. 제프 하넨(Jeff Haanen)의 『은퇴를 위한 흔하지 않은 가이드: 인생의 다음 계절을 위한 하나님의 목적 찾기』[10]는 대단히 좋은 책이다. 얼

---

10 Haanen, *An Uncommon Guide to Retirement*.

마 전에 앨리스 프라이링(Alice Fryling)의 통찰력이 담긴 주옥 같은 책, 『충실하게 나이 들기: 나이 듦으로의 거룩한 초대』[11]를 읽고 내 인생의 이 단계에서 가장 도움이 되는 지혜를 많이 얻게 되었다.

현재의 삶에 몰두하면서, 이제 나는 젊은 리더들을 놓아주고 싶다. 나는 하나님의 은혜로 현자가 되고 싶다. 나는 비전을 보고 꿈을 꾸고 싶다. 그리고 이 모든 것을 관통하는 것은 힘있게 잘 마무리하려는 열정적인 추진력이다. 이것이 의미하는 바의 핵심은 내가 편집과 제작을 도운 마지막 MC 책에 요약되어 있다. 그 책의 제목은 『영성 훈련』[12]이다.

> 신발 끈을 동여매고 내 앞에 놓인 산기슭을 바라볼 때 세 가지 핵심적인 열정이 나를 인도한다.

신발 끈을 동여매고 내 앞에 놓인 산기슭을 바라볼 때 세 가지 핵심적인 열정이 나를 인도한다. 첫째, 아내와의 결혼 서약을 다시 확인하고 끝까지 충실히 지키며 죽음을 맞이하는 것이다. 둘째, 내 아이들이 내 관을 텍사스의 묘소로 옮길 때 서로에게 "아빠는 자신의 사역을 위해 우리를 희생시키지 않았다"고 말할 수 있기를 바란다. 마지막으로, 나는 내가 따르고 믿으려 했던 핵심 진리, 즉 선교하시는 삼위일체 하나님, 예수님의 유일성, 성경의 권위, 교회의 사명, 능력과 영광으로 다시 오시는 그리스도를 확신하는 믿음을 갖고 죽기를 원한다. 나는 니케아 신조에 표현된 정통 기독교의 역사적 확증을 존중하고 소중히 여긴다. 누가복음 18장 8절의 "인자가 올 때에 세상에서 믿음을 보겠느냐?"라는 예수님의 말씀은 나를 불안하게 한다. 내 친구들을 포함해 전 세계에서 예수님으로부터 멀어지고 있는 그리스도인들을 보면서 이 구절을 더 잘 이해하게 되었다.

---

[11] Fryling, *Aging Faithfully*.
[12] Amalraj, Hahn, Taylor, *Spirituality in Mission*.

나는 내 이야기가 선교사 열전(hagiography)의 느낌이 나지 않기를 바란다. 그 열전은 "하나님이 정말 사랑하고 특별히 상 주시는 선교사, 언어와 문화를 빨리 배우고 병에 걸리지 않으며 모든 기도가 응답되는 선교사, 매우 거룩하고 특별한 재능을 가진 항상 모범적인 사람들"로 미화되어 있다. 하나님께서는 실제로 내가 그렇지 않다는 것을 알고 계신다. 나의 개인적인 이야기는 주로 가족, 친구, 동료들에게 의미가 있다. 더 넓은 범위에서 그려진 나의 모습은 내 인생이라는 큰 틀의 맥락에서 이야기한 것이다. 나의 여러 세대에 걸친 가족의 이야기는 그들이 받아들인 구체적인 임무와 상관없이, 복음을 위해 고향을 떠나 먼 곳으로 간 수많은 타문화 사역자들 중 한 사례 연구에 불과하다. 그리고 이 모든 것을 뛰어넘는 우리의 이야기는 창조주이자 구속주, 십자가에 못 박히시고, 부활하시고, 다시 오실 심판주이신 그리스도 안에 계신 하나님의 서사적인 이야기(the Epic Story)이다. 진정한 명예와 영광은 궁극적으로 그리고 필연적으로 우리의 엄위하신 삼위일체 하나님께 귀속된다.

이는 "이러한 선택을 하면 많은 대가를 치러야 하는가?"라는 질문에 대한 통찰을 제공한다. 그렇다, 예수님은 그렇게 될 것이라고 말씀하셨다. 그래, 나에게는 힘들고, 도전적이며, 가슴 아픈 일들이 많이 있었다. 일부는 내가 촉발했고 그렇지 않은 것들도 있었다. 하지만 모두 내가 본받을 만한 유일한 아이콘인 예수님의 형상을 닮아가는 데 기여했다.

나는 그저 내 인생의 이 시기를 잘 마무리하고 싶을 뿐이다. 언제, 어떻게 (구약 족장들의 언어로) "내 백성에게 가게 될지"는 모르겠다. 몇 년 전, 아내와 나는 텍사스의 작은 마을 공동묘지에 못자리를 구입했다. 우리는 장례 서비스 비용도 지불했다. 우리의 관은 소박한 소나무로 만들어질 것이다. 그것은 정교회의 수도원에서 장인들이 만드는데, 그 수도원 장인들은 그 상자 속에서 쉬었다가 진토로 돌아갈 사람들을 위해 기도할 것이다. 우리는 우리의 유해가 오스틴으로 보내지는 것을 보장하는 '여행자 보험'에 가입하였다. 우리는 데이비드에게 장례식에서의 추모와 의식을 조정하도록 위임하고 최종 장례예배 지침을 작성했다. 우리 아이들은 중요한 정보와 비밀번호가 어디에 있는지 알고 있고, 우리 유언의 핵심 사항도 알고 있다. 아내와 나는 함께 본향 집으로 가고 싶지만, 그 시기는 하나님만이 조정하실 수 있다. 아이러니하게도 나는 방금 운전면허증과 여권을 갱신했는데, 이번이 마지막 갱신이라고 생각했다. 가슴이 찌릿해지는 순간이었다.

주님이 먼저 재림하지 않는 한, 나에게는 언제 닥칠지 모르는 나 자신의 죽음과 마주하는 일이 두려운 일이 아니다. 정말로 그렇다. 내가 가장 두려워하는 것은 알츠하이머로 인해 사랑과 삶에 대한 기억이 서서히 지워져 뇌 속에 들은 것과 진정한 자아를 잃어버리는 것이다. 하나님, 제발 그 병에서 저를 구해 주세요! 하지만 결국 아버지의 말처럼 "내 주소를 영구적으로 변경"할 방법은 내가 선택할 수 없다. 그 이후의 미래는 측량할 수 없을 정도로 영광스럽게 변화할 것이다. 나는 천국에서 함께 시간을 보내고 질문하고 싶은 사람들, 성경에 나오는 많은 사람들과 역사상 수많은 사람들의 목록을 가지고 있다. 유진 피터슨의 『메시지』(The Message) 성경은 빌립보서 1장 22-26절을 아름답게 번역하고 있는데, 나 역시도 우리가 "장막을 걷는" 그날을 기다리고 있다.

리더십에 관한 이 이야기를 쓰는 동안, 나의 인생 80년이 조금 넘는 세월이 탐색되는 중에, 많은 것이 드러나고 분류되었다. 나의 개인적인 이야기는 하나님을 따르고 그분의 선교를 이루기 위해 노력하는 수천 명의 다른 제3문화의 아이들(TCK)의 이야기와 유사하다. 우리 중 우리 삶에서 역사하고 있는 영원한 삼위일체 공동체를 진정으로 그리고 온전히 이해한 사람이 있을까? 나의 경우에는 아버지 하나님께서 나에게 그분의 사랑을 나타내셨고, 아들의 완성된 사역은 나를 구속하셨으며, 인간의 모범과 통전적 선교의 모범을 보여주셨다. 그리고 성령께서는 나를 사랑으로 부르시고, 확신을 주시고, 훈련을 시키시고, 은사로 능력을 주셨으며, 그분의 인격과 능력과 임재에 대한 비전을 내 앞에 제시해 주셨다. 그리고 삼위 모두 나에게 리더십을 맡기셨다. 이것이 나의 삶과 은사의 궁극적 융합이다.

> 내가 내 신발을 신는 동안 아버지의 낡은 신발은 나에게 걷고, 인내하고, 기뻐하고, 웃고, 잘 지도하고, 강하게 잘 마무리하라고 상기시켜 주었다.

이 글을 쓰는 동안 아버지의 신발은 끊임없이 나를 바라보고, 말을 걸고, 용기를 주었다. 내가 내 신발을 신는 동안 아버지의 낡은 신발은 나에게 걷고, 인내하고, 기뻐하고, 웃고, 잘 지도하고, 강하게 잘 마무리하라고 상기시켜 주었다.

리더십과 잘 마무리하는 것에 대한 이야기를 마무리한다. 오늘은 평생의 기억과 감사의 물줄기가 나를 덮치고 있다. 유진 피터슨은 나에게 "익명성"(Anonymity)이라는 새로운 "친구"와 함께 삶을 받아들이도록 가르쳐 주었다. 나의 종말이 아직 임박하지는 않았을지도 모르지만, 나는 그 종말이 닥칠 것에 대비한다. 내가 내 삶을 주관하시는 손길을 감지하고 있는가? 내 이야기에 전체를 아우르는 거대 담론(meta-story) 라인의 조각들이 제자리를 찾아가고 있는가? 그렇다, 이것은 나에게 능력을 주시고, 보호하시고, 보존하시는 성령의 조용하고, 꾸준한 임재에 의해 보호받는 삶의 연대기의 서술이다.

이 여정을 함께해 준 가족, 친구, 가까운 동료들을 인하여 하나님께 감사드린다. 여든 다섯 살이 된 갈렙의 용기와 요청이 나를 격려해 준다(수 14:6-15). 예수님은 잘 마무리하셨지만 그렇게 되기 위해 십자가와 그다음 부활로 이어지는 아래로 향하여 가는 길이 필요했다. 감사하게도 그 위대한 최후의 날에 우리 중 누구도 성과로 평가받지 않고 진실성과 신실함으로 평가받을 것이다. 나는 그 나라의 친구들과 함께 "더 위로, 더 안쪽을" 향해 나아간다.

성찰 질문

1. 헨리 나우웬은 리더십에 대해 우리에게 무엇을 가르쳐 주고 있나? 현대의 리더십에 대한 사고와 스타일에 어떤 면에서 도전이 되는가?

2. "배운 교훈" 중 가장 공감이 가는 것은 무엇인가? 그 이유는?

3. "각 시즌을 잘 마무리한다"는 것은 당신에게 어떤 의미가 있는가?

4. 은퇴와 잘 마무리하는 것의 차이는 무엇인가?

5. 당신은 '위로부터의 리더십'과 '아래로부터의 리더십'을 어떻게 대비하겠는가? 하나님은 두 가지 스타일을 어떻게 사용하실 수 있을까?

기도문

세상의 민족들을 향한 하나님의 마음

오 주님, 하늘과 땅의 모든 족속의 이름이 있게 하신 주님, 오늘 열방을 축복하소서. 우리가 기도하오니 우리를 사용하셔서 이 땅의 모든 민족에게 당신의 영광을 증거하게 하소서. 그리하여 당신의 도가 온 땅에 알려지게 하시고, 열방이 기뻐하며 즐겁게 노래하게 하소서. 모든 언어와 종족과 나라의 대표자들이 함께 모여 찬양을 드리는 분의 이름으로 우리의 기도를 드립니다. 아멘(W. David O. Taylor, 2022).

후기

다음 세대

하트퍼드셔(Hertfordshire) 카운티의 웨어(Ware)라는 시골 외곽에 있는 이스니 에스테이트(Easneye Estate)의 웅장한 고택 정문을 들어서면 넓은 응접실 끝에 넓은 계단이 있다. 사암 벽난로 옆의 광택이 나는 바닥을 가로질러 계단을 오르면 일반인 출입이 금지된 유리로 둘러싸인 라운지가 나온다. 오늘날까지 이 라운지는 올네이션스 크리스천 칼리지(ANCC) 석사 과정 학생들의 대화 공간으로 사용되고 있다. 나는 1998년 봄에 그곳에서 빌과 이본 테일러 부부를 처음 만났다.

그 만남이 어떻게 이루어졌는지는 기억나지 않지만, 당시 내가 속한 선교 단체가 선교사 중도탈락에 관한 (최초의) REMAP 연구 보고서인 MC의 1997년 도서 『잃어버리기에는 너무 소중한 사람들』(*Too Valuable to Lose: Exploring the Causes and Cures of Missionary Attrition*)을 적용하는 방식을 비판하기 위한 석사 논문을 작성하고 있었던 것은 기억이 난다. 이러한 연구 결과를 바탕으로 우리 선교회는 신세대 선교사들은 선교사 생활의 고단함을 견뎌낼 만한 열정이 없다는 것을 주장을 하고 있었다. 새로운 세대의 한 사람으로서, 그리고 동원 사역이 선교 사역으로 부각되는 것을 일찍 인식하고 있던 나는 그 주장을 받아들일 수 없었다. 결론을 직접 읽어 보고 나서 선교회를 떠나는 또래 친구들과 나눴던 대화를 떠올리며 "그 주장은 잘못된 것"이라고 생각했다. "선교사들에게 책임이 있는 것이 아니라 선교 구조에 책임이 있다." … 그리고 어쩌면 그런 잘못된 결론을 도출하게 되도록 연구한 결과를 제시한 그 책의 편집자에게도 책임이 있다고 생각했다. 이제 바로 그 편집자와 이야기를 나눌 기회가 온 것이다! 당시 나는 서른 살이었고 아내와 선교 사역을 시작한 지 3년이 되는 때였다.

내가 하는 일에 대한 열정으로 가득 찬 나는 테일러 부부와의 약속 장소에 도착하자마자 내가 왜 그곳에 왔는지 바로 잊어버렸다. 내 앞에는 켈트식 패션의 옷을 입고 있는 다소 반문화적으로 보이는 나이 든 미국인 부부가 앉아 있었는데, 내가 예상했던 선교 지도자의 모습과는 달리 위압적인 분위기는 전혀 찾아볼 수 없었다. 부드러운 말투와 영혼을 탐색하는 눈빛을 가진 부부의 모습에 나는 즉시 무장해제되었다. 그들은 나와 나의 관심사에 대해 물어보았고, 실제로 나의 과장된 의견에 귀를 기울이고 있었다. 게다가 그들은 내가 이해한 우리 세대의 관점과 관심사에 빠져들어 가고 있었다. 그들의 이런 아량은 나에게 매우 이례적인 것이었다. 우리는 GenX이다. 우리는 무시당하고, 관심에서 벗어나 있고, 과소 평가받는 데 익숙해져 있었다. 그런데 이 베테랑 선교 지도자 부부는 정말 사랑스러울 만큼 독특했다.

게다가 빌은 다음 세대를 위한 선교의 미래를 모색하기 위해 젊은 선교 리더들이 모이는 홀리 아일랜드 원탁회의(Holy Island Roundtable)에 대한 비전을 나에게 설명하고, 참석을 고려해 보라고 권유했다. 초대를 받을 거라고는 전혀 예상하지 못했지만 그 순간 영광이라고 느꼈다. 놀랍게도 나에게 초대장을 정말로 보내었지만 마침 다른 단체의 대표로 임명되었고, 그 단체의 첫 국제 회의 일정과 겹쳐서 참석하지 못했다. 그 모임의 결과물이 바로 『포스트미션: 포스트모던 세대의 세계 선교』(Postmission: World Mission by a Postmodern Generation)라는 책으로 나왔다. 이 책은 동료 GenX 세대이자 원탁회의의 좌장인 리처드 티플래디(Richard Tiplady)가 편집했다.

나는 아내와 함께 2004년 뉴질랜드 북섬(North Island, 마오리어로 Aotearoa) 한가운데 있는 타우포(Taupo) 호수 기슭에서 빌을 다시 만났다. 그는 뉴질랜드의 선교 인터링크(Missions Interlink)의 전국 선교 대회의 주 강사였다. 그때는 내가 선교 리더십을 맡아 일하기 시작한 지 4년 차에 접어들었을 때였다. 나는 15년간 그 일을 하며 뉴질랜드의 아오테아로아에서 선교사(대부분 X세대)를 동원, 모집, 파송하여 돌보고, 다시 보내는 일을 하고 있었다. 나는 그 모든 일을 함에 있어서 ANCC 석사 과정 연구에서 도출한 원칙을 따르고 있었다. 그 선교 연합 행사에서 행한 빌의 기조 강연은 우리의 기억 속에 새겨져 있다. 그때 빌이 조금만 더 뒤로 제치고 있었다면 거의 누운 상태가 되었을 것이다. 뒤로 기대고, 흉내 낼 수 없는 사고와 말투로 그는 하향 이동성에 대해 이야기했다. 그는 리더십에 대한 기대와 성공 지표에 대한 일반적인 생각을 뒤집고, 우리에게 스스로를 내어 주시는 하나님의 마음을 향해 우리를 이끌어 주었다. 화산으로 인해 생긴 호수의 기슭에서 실시간으로 하늘에서 내려오는 것 같았던 그의 리더십에 관한 생각은 거의 20년간 더 발전되고, 실천을 통해 다듬어져서 이 책에서 더욱 확장된 모습으로 제시되고 있다. 그의 열정이 끓어오르며 새롭게 분출할 준비가 되었다.

2007년에 빌은 나에게 사람들이 선교에 참여하는 이유(선교를 어떻게 이해하든)를 조사하는 전 세계적인 프로젝트에 연구원으로 참여하는 것을 고려해 보라고 권유했다. 그 연구의 결과는 2016년에 출간된 책, 『움직이는 선교: 선교 동원에 대해 솔직하게 말하기』(Mission in Motion: Speaking Frankly of Mobilization)로 출판되었다. 나는 사회학 교수인 말콤 골드(Malcolm Gold)와 이 책을 공동 집필하였다. 한 권의 책이 완성되자 빌은 내가 MC의 출판 책임자를 맡을 만큼 업무에 대해 잘 알고 있다고 생각했다. 내가 다음 책인 『영성 훈련』(Spirituality in Mission)의 출판을 협의하는 동안, 그때 MC의 대표였던 데이비드 루이즈(2016-2018)가 나에게 부대표 팀에 합류해 달라고 초청했다. 몇 달 후 데이비드는 사임을 발표했다.

그 ANCC 라운지에서 빌과 이본 테일러를 만난 지 22년이 지난 후, 나는 빌이 대표직을 훌륭하게 수행했던 바로 그 공동체의 리더십을 맡으라는 초대를 받았다. 지난 13년 동안 나는 세계복음주의연맹의 선교위원회와 이에 속한 뛰어난 다른 지도자들에 대해 많은 것을 배웠다. 이에 관하여는 앞에서 빌이 기쁜 마음으로 소개한 바 있다. 리더들 각자의 몸에 배인 겸손과 관대한 정신은 아래로부터 이끌고자 하는 빌과 이본의 헌신으로 나타난 MC의 정신에 대해 많은 것을 말해 주었다. 이 글을 쓰는 지금 나는 빌이 참석하지 않는 첫 번째 글로벌 컨설테이션(2023년 태국 치앙마이)을 진행하느라 정신없이 바쁘게 움직이고 있다. 또한 새로운 세대의 성찰적 실천가들이 비전을 펼쳐 갈 새로운 시대의 시작을 알리는 자리이기도 하다. 이 대회 참가자의 대다수가 1965년에서 1982년 사이에 태어났기 때문에 이제 GenX 세대는 공유된 바람직한 비전을 이루기 위해 참여자들을 독려해야 할 책임이 있다.

MC는 계속해서 성찰적 실천가의 공동체로서 기존의 리더들과 새로이 부상한 글로벌 리더들이 모여 그들의 선교 경험을 공유할 수 있는 장을 마련하고 있다. 무엇보다도 겸손, 상호성, 섬김이 이 공동체의 핵심 가치로 남아 있다. 우리는 지속적으로 전통적인 선교사 파송국의 이미 확립된 창의적인 관점과 함께 다수 세계(the Majority World)가 나름대로 선교에 관한 관점을 모색하는 것을 돕는 일에 지속적으로 헌신하고 있다. 세계 교회와 선교 공동체가 하나님의 선교의 미래로 나아갈 수 있도록 하나님의 영의 움직임을 분별하는 것이 우리의 핵심 사역이다. 이 모든 것은 열방에서 하나님이 영광을 받도록 하기 위한 것이다.

세대가 바뀌면서 우리는 "선교의 세계화"에 초점을 맞춘 것—1997년에 출간된 『잃어버리기에는 너무 소중한 사람들』부터 2018년 『영성 훈련』에 이르기까지—으로부터 "선교의 미래"에 대해 초점을 맞춘 이 책에 이르기까지 초점의 변화가 있었다. 나의 민족인 뉴질랜드 아오테아로아의 마오리족(Māori)에게는 "카 무아, 카 무리"(Ka mua, ka muri)라는 표현이 있다. 대략 번역하면 "미래를 향해 거꾸로 걸어간다"는 뜻이다. 이 말에는 우리가 어떻게 현재에 이르렀는지 이해하고 앞으로 나아갈 방향을 결정하기 위해서 과거를 돌아보아야 한다는 전제가 담겨 있다. 우리는 결코 우리의 뿌리를 잊지 않았다. 우리의 원로들은 항상 우리와 함께하며, 우리는 오늘날 우리의 좋은 삶에 대한 그들의 공헌을 기리는 것을 잊지 않고 있다. 나는 이제 리더십 상징인 은유적인 망토와 실제로 존재하는 남아공의 나무로 만든 지팡이를 물려받아 MC를 위해 일하면서 나보다 먼저 MC를 이끌어 오신 분들을 영예롭게 하기 위해 최선을 다하고 있다.

지금도 나는 내가 빌과 이본의 영향을 받은 것처럼 아래로부터의 리더십의 정신을 이어받아 나아갈 수 있는 후임 리더를 찾고 있다. 하지만 내가 때때로 경험했던 것처럼, 내가 실패하더라도 적어도 그들은 이 책을 통해 배울 수 있을 것이다. 나는 그리스도의 좁은 길, 즉 하나님의 뜻을 따라 섬기는 길, 자기를 낮추는 케노시스(kenosis, 비움)의 길을 가고자 하는 모든 사람에게 이 책을 추천한다(빌 2:5-11). 그 길은 다음 두 단어를 사용하여 탐색할 수 있다. "네, 주님."

2024년 5월
Jay Mātenga
WEA MC(선교위원회) 대표

역자 후기

빌 테일러 박사를 처음 만난 것은 30년 가까이 된 것 같다. 선교한국을 비롯해서 국내외 회의나 모임에서 몇 차례 만날 수 있었는데 만날 때마다 특별한 느낌을 갖게 되었다. 꾸밈이 없는 다정한 모습과 예술적 감각이 느껴지는 다양한 표현들은 리더십에 대한 나의 생각에 큰 자극이 되었다. 이 분과 이태웅 목사님 사이의 각별한 우정도 큰 울림이 있었다. 두 분은 동갑내기로 삶의 궤적을 같이하는 부분이 많았던 것 같다.

테일러 박사가 80대 중반에 접어들어 삶을 돌아보며 쓴 자서전적인 이 책은 나에게 큰 감회를 느끼게 하였고 나 또한 삶을 어떻게 마무리할 것인가를 깊이 생각하게 해 주었다. 이 책을 번역해 달라는 부탁을 받고 처음에는 내용이 너무 개인적인 것 같아 조금 망설였으나 뒤로 갈수록 저자의 진솔하면서도 겸손한 모습과 복음주의 세계 선교와 리더십 전반에 대한 솔직한 평가에 큰 감명을 받았다.

저자는 선교사의 자녀로 대단히 근본주의적인 문화에서 자랐고 아주 보수적인 신학 훈련을 받았다. 그리스도인의 사회 참여는 한 번도 생각해 본 적이 없을 정도였다. 그러나 결혼 후 부인과 함께 선교사로서 사역하고 세계적인 복음주의 지도자로 일하는 동안 전통적인 복음주의에 매몰되지 않았고, 성경적이면서도 개방적이고 변혁을 추구하는 지도자의 모습을 보여 주었다. 이는 한국의 복음주의 전통에서 자란 나에게 복음주의, 특히 미국의 복음주의에 대해 보다 객관적인 이해를 갖게 하였고 한편으로는 큰 격려가 되었다.

'아래로부터의 리더십'(leading from below), '성찰하는 실천가'(reflective practioner)와 '삶을 잘 마무리하기'(finishing well)라는 세 가지 주제가 키워드처럼 계속 나타난다. 다양한 리더십 이론을 무시하지 않으면서도 독특한 실천적 리더십의 모습을 제시한다는 점에서 나 자신을 돌아보고 노년에 접어든 나 자신을 가다듬는 계기가 되었다.

이태웅 목사님과 테일러 박사님 두 분의 강건하심을 위해 기도한다.

참고 문헌

Acemoglu, Daren, and James A. Robinson. *Why Nations Fail: The Origin of Power, Prosperity, and Poverty*. New York: Crown Currency, 2013.

Amalraj, John, Geoffrey W. Hahn, and William D. Taylor. *Spirituality in Mission: Embracing the Lifelong Journey*. William Carey Publishing, 2018.

Augustine, Saint. *Confessions*. New York: Dorset Press, 1986.

Austen, Lucy S. R. *Elisabeth Elliot: A Life*. Wheaton, IL: Crossway, 2023.

Barna, George. *Master Leaders: 30 Leadership Greats. 16 Keys to Success. One Amazing Conversation*. Carol Stream, IL: Tyndale House Publishers, 2009.

Buechner, Frederick. *Telling Secrets: A Memoir*. San Francisco: Harper, 1991.

Carroll, Lewis. Illustrated by John Tenniel. *Through the Looking Glass*. Orinda, CA: SeaWolf Press, 2019.

Chamorro, Gonzalo, and Josué Estrada, eds. *Diálogos en Tiempos de Crisis: Reflexiones a Partir de la Pandemia*. William D. Taylor House, 2020.

Christian and Missionary Alliance in Canada. Accessed February 7, 2024. https://thealliancecanada.ca/beliefs/.

Drucker, Peter. *Leadership Now Remembers*. Accessed May 14, 2024. https://www.leadershipnow.com/druckerremembered.html.

Evangelical Council for Financial Accountability. Accessed May 24, 2024. https://www.christianitytoday.com/news/2024/.may/ecfa-evangelical-accountability-leader-integrity-standard-m.html.

Elliot, Elisabeth. *Furnace of the Lord: Reflections on the Redemption of the Holy City*. Hodder and Stoughton, 1969.

_____. *No Graven Image*. New York: Harper and Row Publishers, 1966.

_____. *The Savage My Kinsman*. New York: Harper and Brothers Publishers, 1961. (First edition a coffee table size, with full color photographs. Subsequent editions were paperbacks with black and white photographs.)

_____. *Shadow of the Almighty*. New York: Harper and Brothers Publishers, 1958.

_____. *A Slow and Certain Light: Some Thoughts on the Guidance of God*. Word Books, Publishers, 1973.

_____. *These Strange Ashes: Is God Still in Charge?* New York: Harper and Row Publishers, 1975.

_____. *Through Gates of Splendor.* New York: Harper and Brothers Publishers, 1957.

_____. *Who Shall Ascend: The Life of R. Kenneth Strachan of Costa Rica.* New York: Harper and Row Publishers, 1968.

Foxe, John. *Foxes Christian Martyrs of the World.* Chicago: Moody Press, no date.

Franklin, Kirk. *Towards Global Missional Leadership: A Journey Through Leadership Paradigm Shift in the Mission of God.* Oxford: Regnum Books International, 2017.

Fryling, Alice. *Aging Faithfully: The Holy Invitation of Growing Older.* Colorado Springs, CO: NavPress, 2021.

Fuller, Harold. *People of the Mandate: The Story of the World Evangelical Fellowship.* Ada, MI: Baker Book House, 1996.

Haahnen, Jeff. *An Uncommon Guide to Retirement—Finding God's purpose for the Next Season of Life.* Chicago: Moody Publishers, 2019.

Hitt, Russell T. Jungle Pilot: The Life and Witness of Nate Saint. New York: Harper and Brothers, 1959.

Hoke, Steve, and Bill Taylor. *Global Mission Handbook: A Guide for Crosscultural Service.* Westmont, IL: InterVarsity Press, 2009.

Howard, David M. *The Dream That Would Not Die: The Birth and Growth of the World Evangelical Fellowship, 1846-1986.* Exeter, UK: Paternoster Press, 1986.

_____. *Hammered as Gold: A Poignant Drama of Human Suffering and New Hope Among the Evangelical Christians of Colombia.* New York: Harper and Row Publishers, 1969.

InterVarsity Christian Fellowship Staff. *Quiet Time: A Practical Guide for Daily Devotions.* Westmont, IL: InterVarsity Press, 1976.

Koessler, Kohn. "Charisma Has Fallen on Hard Times in the Church." *Christianity Today* (May-June, 2024): 60-66.

Lane-Gay, Julie. *Common: Fifty Reflections on Everyday Life.* Vancouver, BC: Regent College, 2021.

Lawhead, Stephen. *Byzantium.* New York: Harper Prism, 1996.

Lederleitner, Mary T. *Women in God's Mission: Accepting the Invitation to Serve and Lead.* Westmont, IL: InterVarsity Press, 2018.

Lidstone, Julyan. *Give Up the Purple: A Call for Servant Leadership in Hierarchical Cultures.* Carlisle: Langham Global Library, 2019.

Lingelfelter, Sherwood G. *Leading Cross-Culturally: Covenant Relationships for Effective Christian Leadership.* Ada, MI: Baker, 2008.

Long, Kathryn T. *Gods in the Rainforest: A Tale of Martyrdom and Redemption in Amazonian Ecuador*. Oxford: Oxford University Press, 2019.

Mathewes-Green, Frederica. *Facing East: A Pilgrim's Journey into the Mysteries of Orthodoxy*. New York: HarperOne, 1997.

McKelvey, Douglas Kaine. "A Liturgy for Those Who Have Not Done Great Things for God." *Every Moment Holy, Vol. 1*. Nashville: Rabbit Room Press, 2019.

The Modesto Manifesto. Accessed May 14, 2024. https://www.billygraham.ca/stories/the-modesto-manifesto-a-declaration-of-biblical-integrity/. 2016.

Moody Bible Institute. *Demon Experiences in Many Lands*. Chicago: Moody Press, 1960.

Nouwen, Henri J. M. *In the Name of Jesus: Reflections on Christian Leadership*. Spring Valley, NY: Crossroad Publishing Company, 1990.

Núñez, Emilio Antonio, and William Taylor. *Crisis and Hope in Latin America: An Evangelical Perspective*. William Carey Publishing, 1996.

_____. *Crisis in Latin America: An Evangelical Perspective*. Chicago: Moody Press, 1989.

Overstreet, Jane. *Unleader: The Surprising Qualities of a Valuable Leader*. Westmont, IL: InterVarsity Press, 2011.

Parkinson, Ian. *Understanding Christian Leadership*. London: SCM Press, 2020.

Pleuddemann, James E. *Leading Across Cultures: Effective Ministry and Mission in the Global Church*. Westmont, IL: InterVarsity Press, 2009.

Pollock, J. C. *Hudson Taylor and Maria*. New York: McGraw-Hill, 1962.

Poverty and Justice Bible. Philadelphia: American Bible Society, 2009.

Saldívar de Escobar, Dina, and Guillermo David Taylor. *La Pirámide del Amor*. 2nd ed. Puebla, MX: Ediciones Las Américas, 1993.

Smith, Gordon. *Consider Your Calling: Six Questions for Discerning Your Vocation*. Westmont, IL: InterVarsity Press, 2016.

_____. *Courage and Calling: Embracing Your God-Given Potential*. Westmont, IL: InterVarsity Press, 2011.

Sonnenfeld, Jeffrey. *The Heroes' Farewell: What Happens When CEO's Retire*. Oxford: Oxford University Press, 1998.

Stetzer, Ed. Accessed May 13, 2024. https://www.linkedin.com/pulse/defining-leadership-what-why-does-matter-. July 8, 2021.

Stott, John. *The Radical Disciple: Wholehearted Christian Living*. London: InterVarsity Press, 2010.

Taylor, Guillermo D., and Sergio Mijangos. *La Familia Autenticamente Cristiana*. 2nd ed. Grand Rapids, MI: Portavoz, 2002.

_____., David D. Rúiz, and Eugenio Campos. *Misiones Mundiales*. Guatemala: Estudios CLASE, 2025.

Taylor, W. David O. *For the Beauty of the Church: Casting a Vision for the Arts*. Ada, MI: Baker Books, 2010.

Taylor, William D. *Global Missiology for the 21st Century: The Iguassu Dialogue*. Ada, MI: Baker Academic, 2000.

_____. *Too Valuable to Lose: Exploring the Causes and Cures of Missionary Attrition*. Pasadena, CA: William Carey Publishing, 1997.

_____., Antonia van der Meer, and Reg Reimer. *Sorrow and Blood: Christian Mission in Contexts of Suffering, Persecution and Martyrdom*. Pasadena, CA: William Carey Publishing, 2012.

Taylor, Yvonne Christine DeAcutis. "Embracing the Invitation to Brokenness and Deconstruction." In *Spirituality in Mission: Embracing the Lifelong Journey*, John Amalraj, Geoffrey W. Hahn, and William D. Taylor, 135-42. Pasadena, CA: William Carey Publishing, 2018.

Vaughn, Ellen. *Becoming Elisabeth Elliot*. Nashville, TN: B&H Publishing, Pasadena, CA: 2020.

Vaughn, Ellen. *Being Elisabeth Elliot*. Nashville, TN: B&H Publishing, Pasadena, CA: 2023.

World Evangelical Alliance on "Evangelical." Accessed May 20, 2024. https://worldea.org/who-we-are/who-are-evangelicals/.

Wright, Christopher J. H. *The Great Story and the Great Commission: Participating in the Biblical Drama of Mission*. Ada, MI: Baker Academic, 2023.

Wright, Christopher J. H. *The Mission of God: Unlocking the Bible's Grand Narrative*. Westmont, IL: InterVarsity Press Academic, 2006.

Wright, Christopher J. H. *The Mission of God's People: A Biblical Theology of the Church's Mission*. Grand Rapids, MI: Zondervan, 2010.

Wright, Christopher J. H. "An Upside-Down World: Distinguishing Between Home and Mission Field No Longer Makes Sense." *Christianity Today* (January 18, 2007): 42.

Yung, Hwa. *Leadership or Servanthood? Walking in the Steps of Jesus*. Carlisle: Langham Global Library, 2021.

글로벌리더십포커스(GLFocus)는 사단법인 한국해외선교회(GMF) 산하 선교사 연장 교육기관으로, 2007년 설립 이후 21세기 글로벌 선교 시대에 부응하는 선교 리더 양성에 힘써왔습니다. 형식적, 비형식적, 비공식적 교육을 통합적으로 활용하여 타문화 사역자들이 각 분야에서 전문성을 갖춘 성숙한 리더로 성장할 수 있도록 지원합니다.

주요 사역으로는 선교학 박사학위 과정(KGLI), 여성리더십 개발 사역(WLF), 선교 포럼과 세미나 등 다양한 프로그램을 운영하고 있습니다. 이를 통해 현대 선교 환경에 효과적으로 대응할 수 있는 글로벌 선교 리더십을 개발하고, 선교사들의 전문성과 영향력을 높이는 데 주력하고 있습니다.

Homepage: www.glfocus.org

아래로부터의 리더십
세계 선교의 현실과 교훈

초판 1쇄 발행	2025년 11월 11일
지 은 이	윌리엄 D. 테일러
옮 긴 이	김동화
발 행 인	양승헌
편 집 인	홍현철
디 자 인	윤희정
발 행 처	한국해외선교회 출판부(GMF Press)
주 소	서울 양천구 목동중앙본로18길 78, 4층
전 화	(02)2654-1006
이 메 일	krim@krim.org
등 록 번 호	제21-196호
등 록 일	1990년 9월 28일

ⓒ 2025년 GMF Press. (한국해외선교회출판부)

이 책의 전부 혹은 일부를 서면 허가없이 전재 및 복사할 수 없습니다.